経営人事管理論

佐藤正男

弘文堂

はしがき

　本書の読者としては、人事管理の初学者から大学院生・学部学生まで、企業等の経営者・管理者から一社員まで、さらには労働組合のリーダーから一組合員まで、を想定している。それというのも、筆者がそれらの仕事・立場の拙い経験があり、また、各々に対する期待・希望などがあるからである。そして、本書を執筆するにあたっては、次のような特徴をもつことを志向した。

　第1に、「労働観」を序章のテーマとして取り上げたことが、本書の一番の特徴であると自認している。この点について、多くの読者は、「何故、労働観の話題から始めるのか。本来、本書でいえば、序章は人事管理の解説に入る前の導入部として位置づけるべきものではないか。そうすると、そこでは、第1章とのつながりをもたせるようなテーマ・内容で論じるべきではないか」と訝しく思うかもしれない。もちろん、そうした指摘について理解できるが、本書としてはそれ以上に、本論を展開する原点として位置づけたい「労働観」について、まず、話題を提供しておきたいということである。その理由・背景に関して、以下に述べておこう。

　現代日本は政治、経済、雇用社会、個人等あらゆる分野・レベルで軋みが生じている。こうした事象あるいは社会的現象は、人事管理に係わる領域でも例外ではない。そればかりか、元来、職業を中心に据えることによって、安心・安定し充実した人生と秩序ある社会を築いてきたが、近年、それが揺らいでいる。しかも、そうしたエートス・効果の源泉・機能が組み込まれている「職業」に代わるものが他にあるのかと問うてもその答えは返ってこない。そうだとすると、私たちは、「労働観」や「職業観」あるいは「働く意味」について、人間の営みの歴史等から学んだり、何かを気付かされたりするとともに、「働きがい」や「生きがい」への繋がりなどについても思考・吟味してみることが必要であり有益でもあろう。そして、労働観や職業観に対する一定の見識や認識をもつことができたり、前向きの感想をもつことに至ったりすることが長い職業人生を送る上で必須の要件になるのではないかとさえ思えてくる。

そこで、本書としては、不規則ながらも、人事管理論について展開し考察する前に、まず、序章では古代ギリシャを始めとした、ヨーロッパの労働観の変遷に思いを致すとともに、日本人特有の労働観にも言及することとしたということである。

第2に、本書としては人事管理の展開と現代社会との間に、少なからずの相関関係があることに着目・留意した人事管理論を展開する。また、そうした「労働観」や「職業観」を原点に据えた上で、人事管理の諸制度や諸施策を設計し実践躬行することが、経営者・管理者と社員双方の働きがい・生きがいを実現することとなり、ひいては健全な企業の維持・発展にも繋がることを意図・標榜する。

第3に、第2章は他の章に比べてもかなりの紙面を割いて、特に、職能資格制度について論述した。産業界ではグローバリゼーションの進展とともに、企業間競争の激化に対応できるとされる人事管理の諸制度や諸施策に改変しようとする動きが目立つ。それに対して、本書は、激動期だからこそ人事制度等を安易に改廃するべきではない、特に、日本文化や日本人の気質に適っているものについては改廃するのではなく、まず例えば、次のような施策を講ずることである、とする。

- 組織的価値を共有・共鳴することの有益性について啓発すること
- 組織としての意思決定のスピードアップを図ること
- 日本人の強み・弱みを把握するとともに、強みの一層の発揮と弱みの補完・補充を徹底すること
- トップが先頭に立って、企業文化の点検と必要な整備・ブラッシングを実施すること
- 必要な情報の共有化を促進すること

などを念頭に置いて、人事管理を展開する。

こうしたことからも、本書としては職能資格制度の志向する方向性、または根源・根本のところでは概ね是認できるとして、世界規模での企業間競争が激化する中で問題・課題が生じても、そこは人事管理の執行体制を厳正かつ適宜・適切に機能させるならば十分対処できるとする。この点については、テキストとして不適切であると判断されることも想定されるが、そもそも、万全な制度設計などというものを期待すること自体に問題があるし、また、それを受け止める視点や

態度によっても、当該制度の趣旨が生かされない場合も多々ある。さらには運用次第というところがあるのも事実である。読者としては、こうした点にも留意して大いに批評したり問題提起し合ったり、人間の営みの深遠な領域まで踏み込んで議論したりすることを期待したい。

　第4に、第8章の労使関係管理と労働組合のテーマについても紙幅を割いて論述した。特に、労働組合の組織率が20パーセントを割って久しいという厳しい実態に着目して、本書としての考え方にも言及した。労働組合の組織率低迷を克服するための具体的対策・手立てを講ずることは容易ではないが、今日的時代背景や雇用社会の状況下における労働組合の役割という視点などを考え合わせると、①これまでの労働運動の歴史を振り返るとともに、内省を行ってみること、②「労働運動の原点」に立ち返ってみること、③労働組合こそ、「労働観」・「職業観」・「働く意味」に対する一定の見解を明らかにするべきであること、④労働組合は集団主義に基づいた、組織体・共同体の典型的事例である。その「労働組合」こそは、集団主義の理想を具現する立場にあることに着目すること、⑤過去の労働運動の経緯にとらわれず、混迷する現代日本社会を見据えて、労働組合・労働運動が目指すべき方向性、特に、組合員はもとより国民の健全な幸福、成熟した社会等に繋がる労働運動のあり様といった視点から、新たな構想を練ってみること、⑥「国家・国益と労働組合」および「政党と労働組合」の各々の関係のあり様に関して、検討・吟味してみること、⑦労働組合のリーダーこそは労働法・人事管理等に関する見識を深めておくべきであること、などについて指摘できよう。

　第5に、最後にもう1つ本書の特徴を挙げるとすれば、それは、第10章の「職場経営」である。この章は企業活動の最前線の舞台における職場経営者の奮闘ぶりを論じる本書の最終章である。ここでは、主に、①経営責任者（「社長等」を想定）、②トップマネジメント（「人事担当役員」を想定）、③人事担当部長以下の人事部門のスタッフ、④職場長以下の職場経営者（ライン管理者等）、など四者の連携により構築する人事管理の諸制度等、つまり、序章および第1章ないし第9章などに込められた、労働観を含めた人事の諸制度や諸施策、その他各種機能・仕組み人事管理の執行（運用）体制などを拠り所・基盤として、また、それらを集大成あるいは総動員して、職場長以下の職場経営者が職場経営を展開する。した

がって、この章では序章で取り上げた「労働観」を受けて、職場長以下の職場経営者が各々の労働観を打ち立てるとともに、それを職場経営、特に部下社員との様々な場面でのコミュニケーション、あるいはリーダーシップを発揮する場面・局面を念頭に置きながら、随所で具体的で嚙み砕いた労働観について述べた。

本書の出版にあたっては、現在、中央労働委員会会長・東京大学名誉教授・日本学士院会員である、菅野和夫先生に原稿を一通り見て頂いた上、出版社を決める際にもお力添えを頂いた。また、東京大学社会科学研究所の水町勇一郎先生にはコメントとともに、勇気が湧いてくるありがたい激励のお言葉を添えて頂いた。同じく堀田聰子先生には一橋大学大学院の島貫智行先生を紹介して頂くとともに、アムステルダム在住で日本とオランダの往来が激しいなど大変多忙な日々を送っているにもかかわらず、自らも丁寧に読んで下さり、貴重な助言あるいは忌憚のない指摘そして的確なコメントを頂いた。島貫智行先生には貴重なコメントとともに、助言・指摘など忌憚のない有難い意見を頂いた。

弘文堂の清水千香さんには、本書出版編集の担当を引き受けて頂くとともに、出版に関わる全過程を通じてありがたい御配慮や激励を頂いた。特に、丁寧な校正ぶりには大いなる感銘を受けた。記して謝意を表したい。

最後に、筆者の今日があるのは永年に亘って支持し導いて下さった、田尾憲男氏・松本正之氏・宮川泰夫氏そして葛西敬之氏・阿久津光志氏のお陰である。ここに記して謝意を表したい。

　　　平成23年3月

　　　　　　　　　　　　　　　　　　　　　　　　　　佐　藤　正　男

目　次

序　章　ヨーロッパの労働観の変遷と日本の労働観
　　1　ヨーロッパの労働観の変遷(1)
　　2　メダの「労働」概念批判(6)
　　3　杉村の「働くこと」の意味：働くことは生きること(10)
　　4　日本人の労働観(12)

第1章　人事管理とは何か
第1節　社会的存在としての企業と経営者 ……………………………… 14
　　1　企業目的と最大限利潤の追求(14)
　　2　最大限利潤の追求から適正利潤の追求へ(15)
　　3　企業活動が地域社会等に及ぼす影響と責任(17)
　　4　企業経営と経営者の責任(18)
第2節　経営と人事管理 ……………………………………………………… 20
　　1　経営と管理(20)
　　2　人事管理の用語・呼称の変遷(22)
　　2-1　わが国における人事管理の用語・呼称の変遷(22)
　　2-2　アメリカにおける人事管理の用語・呼称の変遷(25)
　　3　経営における人事管理の位置と目的・役割(27)
　　4　人事管理の特徴と意義(30)
　　5　人事管理の主体(32)
　　6　人事管理の対象(33)
　　7　人事管理の執行（運用）体制(33)
　　8　わが国における人事管理の現状の一端と問題・課題(35)
　　9　人事管理の展開と現代社会の相関関係(35)

第2章　人事（社員）制度

第1節　社員区分制度 …………………………………………………………… 39
　1　多様な社員の存在と社員区分の意義(39)
　2　社員区分の基準(40)

第2節　社員格付制度 …………………………………………………………… 42
　1　人事制度と経営管理・人事管理(42)
　2　人事制度の構成と仕組み・機能(43)

第3節　職能資格制度 …………………………………………………………… 45
　1　資格制度の運用の変遷(45)
　2　職能資格制度の概要(46)
　2-1　職能資格制度の定義(46)
　2-2　職能資格制度の仕組み・特徴と機能(47)
　2-2-1　社員の評価の仕組み(47)
　2-2-2　「仕事（役職）と資格の分離」の仕組み(48)
　2-2-3　「資格を給与に直結させること」の仕組み(49)
　2-3　職能資格制度の機能・効用(49)
　3　職能資格制度の短所・弱点(56)
　3-1　職能資格制度の問題・課題と打開策(56)
　3-1-1　職能資格制度の弱点に係る指摘・提唱(56)
　3-1-2　指摘・提唱に対する本書としての態度・考え方(62)
　3-1-3　職能資格制度の限界等を指摘・提唱する背景(77)
　3-2　職能資格制度の長短の比重と弱点の補完・克服(80)
　3-3　職能資格制度に係る人件費増大(83)
　3-3-1　基本給と人件費増大(89)
　3-3-2　諸手当・所定外給与（基準外賃金）と人件費増大(93)
　3-3-3　賞与・期末手当（一時金・特別給与）と人件費増大(93)
　3-3-4　現金給与以外の労働費用の増大(94)
　3-4　職能資格制度と仕事能力の不具合・ミスマッチ問題(95)
　3-4-1　問題の背景と日本企業のとるべき方向性・スタンス(95)
　3-4-2　社員の知識、技術・技能等の不具合・ミスマッチ(98)

3-4-3　人事制度の視点からの克服(100)
　　　3-4-3-1　人事考課の評価項目に「実際力評価」を
　　　　　　　加えることによる克服(101)
　　　3-4-3-2　各部門長、職場長等の役割・連携強化による克服(104)
　　3-5　成果主義の諸問題と職能資格制度の展望(108)

第3章　採用管理

第1節　採用管理の意義と手段・手続・原則 ……………………………116
　　1　採用管理の意義(116)
　　2　採用管理の手段・手続と原則(117)
第2節　採用管理の過程 …………………………………………………118
　　1　必要な要員査定と採用計画(118)
　　2　要員計画(119)
　　3　採用・求人計画・募集活動(120)
　　4　採用活動(121)
　　5　採用管理と法による規制(122)
　　5-1　募集に際しての法律による制約(122)
　　5-2　採用の自由と法の規制(122)
　　5-3　採用の手続（労働契約の締結）に関する法の規制(123)
　　6　配置（初任配置）(124)

第4章　人事評価と人事異動

第1節　人事評価 …………………………………………………………127
　　1　人事考課の意義・目的(128)
　　2　人事考課基準の構成と体系(130)
　　2-1　人事考課の対象(130)
　　2-1-1　評価項目とその細目(132)
　　3　評価基準の体系(137)
　　4　人事考課の方法・手順(138)

5　人事考課制度の役割と課題(140)

　第2節　人事異動管理 ……………………………………………………145
　　　1　人事異動の必要性・背景と概念(145)
　　　2　人事異動の意義・効用(146)

　第3節　人事情報管理の意義・目的 …………………………………150
　　　1　人事情報管理とは何か(150)
　　　2　人事情報の主な収集源と留意点(151)
　　　3　人事情報の受け止め方（情報処理）と留意点(152)
　　　4　人事情報の活用上の留意点(153)

第5章　教育訓練・能力開発管理

　第1節　教育訓練・能力開発管理の意義 ……………………………156
　　　1　教育訓練・能力開発等の用語の意味(156)
　　　2　社員の位置づけと教育訓練・能力開発(157)
　　　3　教育訓練・能力開発の意義(159)
　　　4　教育・訓練・能力開発の基本的内容(164)
　　　4-1　教育訓練・能力開発の体系(164)
　　　4-2　教育訓練・能力開発の方法(165)

第6章　労働時間・休憩・休日管理

　第1節　わが国の労働時間管理の特徴と法定労働時間短縮の推移 …168
　　　1　わが国の労働時間管理の特徴(168)
　　　2　労基法改正と労働時間短縮の推移(169)
　　　3　労働時間短縮実現の体制(170)

　第2節　労働時間の規制 …………………………………………………170
　　　1　わが国の労働時間法制の仕組みと労働時間の原則(171)
　　　2　労働時間の弾力化(171)
　　　3　恒常的例外と一時的例外(173)
　　　3-1　恒常的例外(173)

3-2　一時的例外(173)
　　4　適用除外の措置（労働時間・休憩）(174)
　　5　労働時間の計算方法(175)
　　5-1　事業場外労働のみなし労働時間(175)
　　5-2　裁量労働制(176)
　第3節　労働時間規制の意義と労基法上の労働時間 …………………… 177
　　1　労働時間規制の意義(177)
　　2　労基法上の労働時間（労働時間の法的概念）(177)
　第4節　労働時間管理 ……………………………………………………… 178
　　1　労働時間管理の意義(178)
　　2　労働時間の長さの管理(180)

第7章　賃金管理

　第1節　賃金管理の意義 …………………………………………………… 182
　　1　賃金とは何か(182)
　　2　社員に対する人事評価の結果としての賃金(185)
　　3　賃金管理の意義(185)
　第2節　賃金額の管理 ……………………………………………………… 186
　　1　賃金総額の管理(186)
　　2　個別賃金の決定(188)
　第3節　個別賃金と賃金制度 ……………………………………………… 189
　　1　賃金制度(189)
　　2　賃金形態(190)
　　3　賃金体系の意義と役割(190)
　　4　基本給の主な類型(192)
　　5　諸手当(194)
　　6　賞与・一時金(194)

第8章　労使関係管理と労働組合

第1節　企業内（レベル）の労使関係と労使関係管理の意義 …………195
　　1　労使関係の意味(195)
　　1-1　労使関係とは(195)
　　1-2　個別的労働関係と集団（団体）的労使関係(195)
　　1-3　労使関係をどうみるか(196)
　　1-4　労使関係の根底に横たわる本質的対立要素と労働組合の登場(197)
　　1-5　労働組合・労使関係の影響(197)
　　2　労使関係管理の意義(198)
　　2-1　労使関係管理の展開の必然性と目的(198)
　　2-2　労使関係管理の意義・役割(198)

第2節　労働組合 ……………………………………………………199
　　1　労働組合の誕生(199)
　　2　わが国における労働組合の法的地位・立場(201)
　　3　わが国の労働組合の特徴(203)
　　3-1　企業別（内）労働組合(203)
　　3-2　連合団体(205)
　　3-2-1　産業別労働組合（産別）(205)
　　3-2-2　ナショナルセンター(206)
　　3-3　その他の労働組合(207)
　　4　ショップ制と組合員の範囲(207)
　　5　わが国の労働運動・労働組合の活性化(209)
　　5-1　戦後労働運動の経緯の概要(210)
　　5-2　労働組合・雇用社会を取り巻く現状(211)
　　5-2-1　労働組合の現状(211)
　　5-2-2　雇用社会等の現状(212)
　　5-3　労働運動、労働組合の活性化・再生のための留意点と着眼点(213)
　　5-4　労働運動、労働組合の活性化・再生のための根幹的課題(218)

第3節　労使関係と労使関係管理 ……………………………………225
　　1　労使関係のレベル・段階・舞台（交渉・協議等の単位）(225)

2　労使関係管理の対象となる労使関係(226)
　　3　わが国の団体交渉・労使協議・苦情処理機関(228)
　　3－1　団体交渉と交渉事項(228)
　　3－2　労使協議制(231)
　　3－3　苦情処理機関(234)
　　3－3－1　雇用労働に伴う苦情・紛争の発生と苦情処理機関(234)
　　3－3－2　苦情処理機関の手続・機能・役割(235)
　　3－3－3　苦情処理機関と団体交渉の関連性(237)
　　3－3－4　苦情処理機関の課題(238)
　　3－4　労働紛争の外部（公的）解決機関(239)
　　3－4－1　行政機関による個別紛争解決(239)
　　3－4－1－1　労働基準監督署、公共職業安定所および
　　　　　　　　雇用均等室による解決(239)
　　3－4－1－2　都道府県労働局長による個別紛争解決(239)
　　3－4－2　裁判所による個別紛争解決(241)
　　3－4－3　その他(241)

第9章　福利厚生管理

　第1節　福利厚生管理とは ·· 243
　　1　福利厚生の目的(243)
　　2　法定福利と法定外福利(243)
　　3　福利厚生費の推移と企業負担の増大(245)
　　4　企業の福利厚生を取り巻く環境の変化とその対応(246)
　　4－1　企業の福利厚生を取り巻く環境の変化(246)
　　4－2　福利厚生の再構築の必要性と企業の対応(247)
　　5　福利厚生の問題・課題の事例と対応(248)

第10章　職場経営

　第1節　「職場経営」構想 ·· 255

1　本書における「職場」の概念と職場像(255)
　　　2　「職場経営」の方向性とその構想(257)
　　　2-1　「職場経営」構想の背景(257)
　　　2-1-1　世界規模での企業間競争の激化(257)
　　　2-1-2　企業・職場で働く人々の価値観とその
　　　　　　　働き方の変容・多様化(257)
　　　2-1-3　今日的職場の問題・課題(261)
　　　2-2　「職場経営」の主体とその意図・目的(263)
　第2節　職場経営者とリーダーシップ ……………………………………264
　　　1　マネジメントとリーダーシップ(265)
　　　1-1　管理（マネジメント）とは(265)
　　　1-2　リーダーシップとは(265)
　　　1-3　マネジメント（管理）とリーダーシップの異同(268)
　　　2　職場経営におけるリーダーシップの4つの機能(270)
　第3節　リーダーシップ発揮の基盤・前提条件 …………………………273
　　　1　職場経営者の位置づけと役割(273)
　　　2　業務管理(275)
　　　3　社員マネジメント(277)
　　　4　職場環境管理(278)
　第4節　職場経営の方向性 …………………………………………………279
　　　1　社員マネジメントの方向性(279)
　　　2　目標とする職場の状態(283)
　第5節　職場経営者に求められるもの ……………………………………285
　　　1　職場経営者としての留意点(285)
　　　1-1　職場経営者としての「スタンス」の確立(285)
　　　1-2　職場経営者（リーダー）の資質と行動(287)
　　　2　社員満足度の向上(292)
　　　2-1　快適な職場環境の実現(292)
　　　2-2　職場経営者と部下社員の「職務満足度」の向上(295)
　　　2-3　社員の企業・職場満足の維持と向上(297)

3　職場運営および社員育成上の留意点(299)
第6節　危機管理 …………………………………………………………302
　　　1　「職場規律」に対する危機管理(302)
　　　2　適度な緊張感の欠如・ルーズな仕事ぶり等に対する危機管理(304)
　　　3　いわゆる「ハラスメント」や「過労死」等に対する危機管理(305)
　　　4　社員の不祥事に対する危機管理(306)
第7節　職場経営者と「職場で働くこと」の意義・効用 ……………307
　　　1　スポーツ・芸術・その他の趣味・文化活動の限界(308)
　　　2　「働くこと（仕事）」の意義・効用(309)
　　　3　「職場に集合して働くこと」の意義・効用(311)

事項索引 ……………………………………………………………………314

序　章　ヨーロッパの労働観の変遷と日本の労働観

1　ヨーロッパの労働観の変遷

(1)　古代ギリシャの労働観[1]

　古代ギリシャの自由市民は、「必要に迫られて行われる物質的諸活動（「労働」）[2]は不自由で卑しい（軽蔑される）活動である」として、その労働を奴隷にやらせていた。こうして、「労働」を軽蔑していた彼らは、「哲学し、美しいものを眺め、政治的活動を実践するという非物質的活動こそ真に自由で人間的活動である」と考えていた。また、「そこでは、市民の社会的つながりの基礎は、経済的・社会的依存関係のなかで行われる生産活動（「労働」）とは対極にある市民の自由な諸活動……特に、平等な市民が人間の最も卓越した能力である理性と言葉を用いて社会生活の諸目標を共に決定する活動としての政治的実践活動……に求められていた」という。この哲学や政治などの活動を「自由」、不自由な活動を「労働」として蔑視するという、古代ギリシャの労働観は、「その後も、ローマ帝国の支配を経て中世の終わりに至るまで、西欧社会で生き続けることになる」ということである。

　ちなみに、労働を奴隷にやらせていたのは、必ずしも古代ギリシャだけではない。奴隷の存在は近代まで、世界の多くの国で少なからず認められる現象である。その典型的例が、奴隷売買の対象としてアメリカにつれてこられた、アフリカ系奴隷の存在である。

---

[1]　水町勇一郎『労働社会の変容と再生』（有斐閣、2001年）234・235頁。橘木俊詔＝佐藤博樹監修・橘木俊詔編著『働くことの意味』（ミネルヴァ書房、2009年）4・5頁、今村仁司『近代の労働観』（岩波新書、1998年）4頁以下参照。

[2]　水町は「古代ギリシャでは多様な職業や生産活動を包括する統一的概念としての『労働』概念は存在しておらず、……」と述べている（前掲注（1）・『労働社会の変容と再生』234頁の脚注164参照）。

《トピック‐1》
　ローマ帝国時代に発展をみたキリスト教、特に、旧約聖書の厳格な解釈においては、「労働」はそもそもアダムとイブが犯した罪に対して神によって科された罰とされていた。

(2)　宗教改革前のイギリス等西欧の労働観

　サッカー、ラグビー、テニス、ゴルフ、クリケット、馬術等の発祥の地は全てイギリスである。イギリス等における貴族は労働をしないでこうしたスポーツなどを日課として、一旦緩急あるときに備えていたのである。すなわち、イギリス等の西欧では、ギリシャと同様の労働観であった。

　しかし12世紀以降になると、資本主義誕生の前触れ的徴候と思われる、例えば、肉体労働を認めるようになったこと、勤労によって得る報酬を肯定するようになったこと、などの変化が出てきた。[3]

(3)　宗教改革・プロテスタンティズム的労働観[4]

　中世に入り、神学者は古代ギリシャの労働観を転じて、生活に必要なものを得るために働くことを是認するようになった。すなわち、神への祈りと、生きていくために働くこと、この2つを人生における尊い行為としたのである。[5]1517年、ルーテルがカトリック教会の腐敗を糾弾し、その改革を企てた。その結果としてプロテスタント協会が生まれた[6]。

　また、野田は、「近代初頭のピューリタンたちは、世俗の職業というものは神から人間に与えられた使命であると考え、禁欲を守って自己の職業に孜々として励むことが『神によって選ばれた者』の義務であると教えられた。……合理的な近代資本主義が成立する背景には、世俗の職業を神聖視し、それに禁欲的に献身することが人間としての義務だとみなす精神があったことである。……要するに、

---

3)　前掲注(1)・『働くことの意味』7頁参照。
4)　野田宣雄『二十一世紀をどう生きるか―「混沌の歴史」の始まり』(PHP研究所、2000年) 54頁以下、前掲注(1)・『働くことの意味』10・11・36頁参照。
5)　前掲注(1)・『働くことの意味』6・7頁参照。
6)　同上・『働くことの意味』8・9頁参照。

ある段階までの近代資本主義を支えていたのは、宗教的理由によるにせよ、そうでないにせよ、一定の職業に就いて勤勉に働くことが、人間としての義務であり人生の意義であると考える人々であった。そういう人びとにあっては、当然、職業が生活の中心であり、職業生活をまっとうすることが人生の最高の意義であると見なされた。そして、人びとの生活を律する倫理も、職業生活をはなれては考えられず、とりわけ勤勉・正直・規律といった徳目が職業に関連して重んじられた。逆に、一定の職業に就かずに怠惰に暮らすことは、人間としての義務を怠るものとして非難された。先進諸国の近代資本主義社会は、国民の大多数が勤勉で篤実な職業人であるということで成り立っていたのである」とし、近代における「職業を中心とした社会と人生」が如何に機能していたかについて述べている。

《トピック－2》
　職業を神聖視し、職業と倫理を一体不可分なものとして人生を送るという精神は、ウェーバーが説いたように、プロテスタンティズムの教えが広まった地域にだけ生まれたわけではない。日本の江戸時代における商家の家訓といったものを見れば、やはりそこでも勤勉・信用・節倹といった徳目が説かれ、ビジネスの世界における活動が人間の倫理的な生き方と表裏一体のものとして捉えられている例が少なくない。[7]

⑷　ドイツ、フランスの労働観

　19世紀には、ヘーゲル、マルクスらによるドイツ哲学やフランスで展開された初期社会主義理論によって、「労働」は単なる「手段・道具」であることを超えて、「人間の本質」として位置づけられることになる。[8]

〈ドイツ〉

・ヘーゲルの労働観

　ヘーゲルは、「労働」を「精神」が自らを認識するために自己と外的与件（自然世界）とを対置させて自らの潜在的能力を引き出していく……外的にみえるものとの対置によって自らの内部に潜むものを発現させる……精神的な活動であると観念し、それ以降

---

7)　前掲注(4)・『二十一世紀をどう生きるか』56・57頁。
8)　前掲注(1)・『労働社会の変容と再生』237・238頁参照。

「労働」は人間の自己創造・自己実現の理想をなす本質的な活動と位置づけた。[9]

【ヘーゲルの「人間と労働」を巡る視点と見解】
　「多様な欲求をもち、それを満たす手段を必要とする人間は、自分の活動が頼りである。労働を媒介として人間は自分の欲求を満たすわけで、その点からして、ここには一般的な（協働の）働きが入り込んでくる。……わたしは労働によってしか自分の欲求を満たす手段を手にすることができないし、労働のなかで、他人の欲求を満たす手段を生みだす。……労働は他人の欲求を満たす手段を生み出す、という相互関係の上に成り立つとされ、欲求があるからこそ労働も成り立つとされる。……１ポンドの鉄は１グロッシェンの値打ちしかないが、労働によってその価値を１万倍にも高めることができる。……労働を通じて得られる実践的教養とは、新しい欲求の産出と仕事の習慣、さらに、素材の性質やとくに他人のわがままに合わせて自分の行為を制御する習慣、そして、こうした訓練で身についた客観的活動の習慣と万能の技量の習慣である。

　個人は社会生活を営み、一定の職業につき、特定の欲求の１つにもっぱらかかわりをもつことによって、はじめて、現実の存在として認められる。こうした労働の体系のなかで共同の関係を生きていく上では、自分の決定にもとづき、自分の活動と勤勉さと技量によってみずから市民社会の一翼を担う社会の一員となり、また、一員としての位置を保持しているという、そうした誠実心と階層的名誉心が支えとなる。このように市民社会の共同性に媒介されることによって、個人は、はじめて、自分の生計に配慮をめぐらすこともできるし、自分の目から見ても、他人の目から見ても、一市民として価値あるものと見なされるのだ。……この市民社会は、道徳がなりたつ固有の場でもある。そこでは、自分の行為への反省や、特殊な欲求としあわせを求める心が主たる活動であって、欲求が満たされるかどうかは偶然に左右されるため、偶然で場当たり的な援助が、義務として要請されることもあるのだから。」[10]

・マルクスの労働観

　マルクスは「労働は人間にとって必要不可欠なことである。労働することによって生産に関与するのであり、それが人間の本質である」と理解した。ところが、「資本主義社会における現実労働は、欲求や必要に支配され、富を獲得する「手段」として「労働の本質」から離れた（「疎外された」）ものとなっている」と分析した[11]。そして、「これを克服するためには、その最終段階において労働を本質的なもの、自己表現的であるとと

9）　同上237・238頁。
10）　G・W・F・ヘーゲル著＝長谷川宏訳『法哲学講義』（作品社、2009年）385頁以下、408頁。
11）　前掲注（1）・『働くことの意味』35・37頁参照。

もに人間と人間とを結びつける社会的なものとして開花させる高度な共産主義社会を実現することが必要である」という結論に達した。

〈フランス〉
・サン゠シモン、プルードン等（社会主義思想家）の労働観
　彼らは、「『労働』は人間の幸福を実現し、人類の社会的繋がりを基礎づける源である」として賛美するようになる。また、サン゠シモンは「労働は経済活動であるとともに道徳的な活動として評価できる」とした。

⑸　社会民主主義の台頭
　19世紀末には、労働の本質的・理論的考察を棚上げにし、現実の諸制度を受け入れて、その枠内で具体的・現実的な利益調整を図ろうとする社会民主主義が台頭することになる。そこでは、暴力革命によって理想的な社会を実現することが目指されるのではなく、現実の労働関係、つまり、アダム・スミス的な抽象的労働関係を受け入れながら、その代償として労働者に富の配分・保護を行うという道が選択されたのである。

　【アダム・スミスの国富論（「労働」概念の歴史的発明）】
　　アダム・スミス『国富論』（1776年）は、「道具・手段としての抽象的な『労働』概念の発明であった。富を増大させるための手段を探求し近代的経済を切り開いたスミスの理論の本質は、由労働によって生産された商品が自由に交換されることによって国民全体の富の増大がもたらされるという点にあったが、そこでは『富の源泉』としての『労働』に強い関心が示され、その中で『労働』は、一方で、個人の自由――各個人が自らの中にある身体・能力を働かせて生きていく自由――の発現形態でありつつ、同時に商品の交換価値を測るための究極的尺度であって、それ自体人間から切り離して交換の対象とされるもの（一つの『商品』）として捉えられるに至った。すなわち、そこでは、①これまで卑しい行為とされていた労働が富の増大や個人の自律のための重要な手段として捉えられ、かつ、②それまで具体的で多様な活動とみられていた労働が人間から切り離されて交換の対象とされる抽象的な商品と位置づけられるようになり、その意

---

12)　前掲注（1）・『労働社会の変容と再生』238頁。
13)　同上238・239頁。
14)　同上239頁。

味で、『労働』概念に『二重の革命』がもたらされた。多様な労働諸活動を包括する抽象的・同質的概念としての『労働』概念が歴史的に発明されたのである。」[15]

2 メダの「労働」概念批判

　近年、職場などにおける人間関係の希薄化現象が指摘されて久しいが、ここにきて「無縁社会」とか「高齢者の行方（所在）不明」問題といった容易ならない事態が現実の問題となっている。また一方では、過労死問題や派遣労働などの非正規労働者の増大とその劣悪な労働条件に伴う「労働の意味を問うことも憚られる労働者」などの存在の増大も見過ごしできない事態となっている。しかも、これらは、「働くこと」の意味・「労働」概念に直結する問題である。そこで、ここでは世界規模での企業間競争の激化を背景とする今日的経済・産業界の動向を概観して、少なくとも、メダの現状分析に着目しつつ、その「労働」概念批判、特に、経済思想・経済学を巡る批判的指摘に注目したいと思料するに至った。
　そこで、ここでも、水町に依拠するとともに、その著書を引用するなどしてメダの「労働」概念批判の一端について言及することとしたい。

(1) メダの現状分析[16]

　水町は、メダについて、「ヘーゲル、ハンナ・アレント、さらにはハーバーマスの流れを汲みつつ、アリストテレス的な人間社会・政治共同体の復活を標榜する現代の政治哲学者であると同時に、フランス政府内において社会政策の企画・立案に大きく影響を与える要職に就く存在でもある」と紹介している。そして、彼女の労働観の背景・信念に言及し、「メダの哲学の根幹については、経済思想に支配された今日の労働社会に対する根本的な批判・懐疑にある」とする。
　さて、メダの「労働」概念批判の一端についてであるが、水町によれば、それは、まず、第１に、「労働」を「自己実現・自己表現の場」とみるヒューマニズム思想に対する批判である。その理由としては、①「労働」は自己実現の追求と

---

15) 同上236頁。
16) 同上240頁以下。

いう「目的」として生まれたものではないこと、②「賃金労働」関係の核心には、「従属性」が存在しており、他者から指揮命令される活動は自己表現・自律性の源とはならないこと、③「労働」は技術発展によって、……世界を人間化・文明化する……という「目的」によって最終的には正当化されてきた。しかしながら、今日の労働社会においては、人々はなぜ労働するのかという目的を知らないまま、「必要に迫られた労働（物質的再生産）」に全ての力を注ぎ込んでいる状態にある。人間が科学技術によって自然を支配する関係を築いていく中で、主体たるべき人間の理性自体が形式化・数式化していき、人間世界までもが計算（実証主義やプラグマティズム）によって支配されるようになっていった……その意味で、手段が自己目的化し、手段・道具によって支配される社会となったこと、……メダは、このように、かつてないほどに大きく効率性の論理によって支配されている「労働」は、各個人が自己を実現し開花させる場とはなり得ないとして、19世紀以来のヒューマニズムおよび生産至上主義の論理を根本的に批判している。

　第2に、「労働」を「社会的つながりの基盤」とみる経済的イデオロギーを根本的に批判する。「労働」を賛美・擁護する論者は、「労働」を自己実現・自己表現の場であるとすると同時に、人々の社会的つながりを基礎づける基盤であるとし、現実の法政策でもこのような観点から労働や雇用を促進する措置が数多く展開されている。これに対して、メダは、確かに今日では、「労働」は、社会での生活を学び、人々と出会い、社会化していく手段となっているが、そこで得られているのは、「労働」が今日の主要な社会関係となっていることから派生している脆弱な社会性にすぎず、社会的つながりの構築という明確な目的をもって「労働」が構想・位置づけられているわけではないとする。むしろ、メダは、……①自然的で不平等な関係である経済的つながりとは明確に区別された次元に、平等な人々からなる政治共同体が築かれ、そこで討議をし諸制度を築いていくことにこそ、平等な人々を結束させる真の「社会的つながり」が存在する。これに対し、この政治的次元の重要性を無視して、「社会的つながり」を「経済的つながり」や単なる生産関係に還元しようとする18世紀以来の経済思想は、社会には生産や

17）　このことは労働法によっても解消されないという。そうすると、彼女の主張は、この点でマルクスの最終場面と同じことを想定していると受け取れる。

富以外の目的があり、人間には生産や消費以外の自己表現の手段があることを忘却するものである。②労働法は、集団的保護を発展させてはきたが、その核心はなお労働関係を個人間の契約関係として捉え、労働を「抽象的な商品」とみる18世紀の経済学理論に準拠したままの構造を維持しているし、社会保護を発展させた社会保障法も、労働にかかわらず、……労働者個人のインセンティブを維持しようとする経済学の論理に沿ったものとなっている。また、現実の企業でも、その本質・目的は、労働共同体を形成し構成員間の市民的つながりを築くことにあるのではなく、あくまで効率的な生産をすることにあり、実際に、「社会保護の薄い非典型的労働者を利用する動きが現在大企業のなかで拡大している」。このように「労働」を連帯・協働の場であるとする見方と、個人主義的・契約主義的技術を基本的に維持している現実の法制度・社会関係との間には齟齬があり、真の意味での「社会的つながり」や「社会的統合」を欠いたまま事態は推移している状況にある。

　第3に、「経済」思想に対する批判である。メダは、近代的労働社会をその根本から規定している経済思想・経済学は、そもそも、個人（ないし個人の集合体）から出発し、純粋に個人的なこと以外の関心（社会性や道徳等）を捨象しながら、合理的な個人が自己の効用を最大化しようとする行動をとることによって社会全体の均衡が得られる……市場において価格を通じて各個人の多様な要求が自動的に調整される……と考える思想・学問であり、契約主義的・個人主義的社会観と根源的に結びついたものである。

　メダは、こうした経済思想に対して、次のような理由から批判する。①経済学においては個人に還元されうる富・効用のみが対象とされ、きれいな空気、美しい景観、国土上調和のとれた人々の分布、平和、社会的結びつき、社会関係の質の高さといった個人に還元され得ない社会的豊かさをその中に位置づけることができないため、経済学的指標によって富が増大しているとされているときにも社会的な豊かさは減少していることがありうる。労働・生産によって得られた財の個人間交換を集計することによって社会の富を測るという今日の経済学的概念では、社会的な豊かさをも含む真の豊かさを測ることはできない。②経済学は、……人間にとってより根源的な問いが忘れ去られている。……そこでは、人間関係の力関係・妥協の結果として生まれた市場における交換を「自然的」なものと

捉えている点で、人間の歴史性や社会的文脈が捨象されており、かつ、自然分配の結果が極めて不平等であっても全体効用の最大化が達成されれば富の分配には関心をもたない点で、正義や公正を顧慮しないものとなっている。経済学は、効率性や生産の増大を至上命題とするあまり、人間社会のそもそもの目的や社会的正義の問題を忘却してしまっている、などの指摘をして経済思想・経済学を批判する。

(2) **メダの現状打破構想の一端**[18]

メダの現状認識の一端について、水町の著書等から引用するなどして述べたが、次にメダの現状打破の一端について同様に何点かここに記述しておこう。

その第1に、メダは、「経済」の支配の下で「社会的つながり」が解体しているという現状に対して、「政治」を復活させ、政治的空間における討議によって社会の目的や共通の価値が決定される中で「社会的つながり」が醸成されることを目指している。

その第2に、メダは、経済思想に支配されていながらそれに気付かないまま、19世紀以来のヒューマニズム思想によって魔法がかけられ、「自己実現の場」であり「社会的つながりの源」として認識されている今日の「労働」概念に対し、この2世紀来の魔法を解きつつ、経済的論理に支配された労働社会のあり方を根本的に見直すことを提言する。そして、その具体的方策としては、①労働時間の短縮によって社会生活のなかでの「労働」の相対的地位を低下させ、残りの拡大された「自由時間」において真に解放された人間的諸活動……特に、各人の相互作用によって社会的つながりを形成していく政治活動……を発展させていくことである。労働と生産にあてられる領域を意識的に制限・縮小し、自由な諸個人が互いに議論し学習し合う公的空間・社会的時間を築いていくことであるとされる。②「労働」を主要な手段として行われてきた社会的財（所得、身分、社会的保護、社会的地位等）の分配の方法が見いだされることである。

メダは、概略以上のような改革が行われることによって、各人が「労働」に費やす時間とともに「労働」以外の自由な活動を行う解放された時間をもち、……

---

18) 前掲注(1)・『労働社会の変容と再生』250頁以下。

特に、そこでの政治的相互作用……において真の人間性・社会的つながりの再生が図られる……その中で社会的に受け入れられる社会的財の分配方法が決定される……ことを志向していると水町は論評している。

《付言‐1》
　ただし、本書としては、メダの論理展開には、現実から遊離しているとの印象を受ける部分があるのも否定できない。したがって、その変革のための方策に関しても、賛同しかねるところも多い。つまり、世の中の実態をみていると、民主主義も政治もメダがいうほど万能ではないし、それほど期待できないのではないかということである。加えて、そもそも、人々が労働を通して、「自己実現」や「人間間の繋がり」などを叶えることができるか否かは往々にして、当該本人次第という側面があることも事実である。
　それでも、混迷を深める今の日本の状況を直視すれば、その背景にはアメリカの個人主義に基づいて形成されてきた、いわゆる「新自由主義思想」や「市場原理主義思想」があるとともに、そうした価値観が巷にまで流布してしまったことも、そのことに拍車をかけていることは否定できない。そうした中で、特に、メダの「経済的イデオロギー批判」を中心とした主張には注目する価値があるというものである。

3　杉村の「働くこと」の意味：働くことは生きること

　杉村はメダ、ゴルツ、アレント、コスロフスキー、今村等の主張を取り上げるとともに、それらを総括して「働くことは生きること」という、多くの日本人が共有・共鳴するであろう「労働観」を披瀝している。[19]

　その展開のなかで杉村は、　第１に、①「コスロフスキーは、労働から解放されないことの意義を述べている。労働のない世界は十分な意味をもたないというのは、人間には労苦としての労働や真剣な努力があるべきことを言っている」こと、また、②彼の、「労働からの解放」と「労働の解放」の各主張について言及し、彼は「『労働からにしろ』、『労働においてにせよ』完全な開放ということは人間から現実世界とのつながりを失わせる、そしてそこでの行為が生み出す様々な意味を失わせる」としたこと、そして、③彼が「労働は、人間にとって生命の必要を充たすだけでなく、世界そして人生の意味付与にとって不可欠である」としたこと、などに対して、杉村は、「現実の労働の意味を考える上で、無視でき

---

[19]　前掲注（１）・『働くことの意味』47頁以下参照。

序　章　ヨーロッパの労働観の変遷と日本の労働観　11

ない視点と思われる」、と評価していると思われる。

　第2に、「人間的現実としての労働」と題して述べているが、ここには、「労働観」を巡っての争点を整理する際の1つの手がかりになりうると思われる文言・指摘がある。それは、①「人間は完全に自由であるわけではないし、完全に拘束されているわけでもない。それが人間の現実であるし、労働も人間の現実を構成するものの1つである」こと、②「現実の状況にあって、労働をより人間化する制度やシステムの工夫がなされたり、労働時間が短縮されたりすることはもちろんある。しかし、現代の労働の存立条件そのものが変わることはない。つまり、労働からの解放も労働の解放も、人間的な現実とともにはない。今日の人間の労働は、この現実の下にある労働である」とする。

　第3に、「意味の乗りもの」と題して、ここでも現状・実態を踏まえた見解を述べている。そこで、ここでは、職場での働き方を事例として、労働の意味について述べているので、そのくだりについて以下に引用しておくこととしたい。すなわち、杉村は「例えば、企業活動においては、組織として様々な場面で、目的を設定し、その実現のために手段・資源を動員し、工夫・協力する。この過程が経済的合理性・効率性の要求のもとにあるのは当然としても、それが目的実現のために行う制作・創造の活動の性格を持つことに変わりはない。集団的作業となるのが一般的であるが、参与する諸個人がその制作の構図と過程を共有し、役割を引き受けることが、目的の実現には不可欠である。その過程では他者を相手に言語的コミュニケーションによって説得し、人々を結集し、その意欲を喚起するといった政治的活動（実践）も必須である。そこからは集団的な絆も生まれてくるだろう。また、協働の目的を目指す中で、奉仕・献身の活動を生むことになろう。企業の活動にあっても、協働の目的は会社の利益だけでなく、それを超えて、公共利益と結びつきうる。そして、これらの企業活動の中で、個人にとっても様々な意味が労働に付与される。現実の労働は、このような多元的な意味空間を持っているということである」[20]と述べている。

　第4に、杉村は「働くことは生きること」と締め括っている。そこで、ここでは、その要点と思われるくだりを引用しておくこととしたい。[21]

---

20)　同上52頁。
21)　同上53頁以下。

「働くことは生きること」という労働観について、杉村は、「……『労働と解放』を論じるような労働の観念的、原理的、理想主義的、そしてイデオロギー的なとらえ方とは異なる。『働くことは生きること』というのは、労働は人間の本質であるというのとは決定的に異なる。後者が労働という行為範型をもって人間を人間たらしめるものと意味づけるのに対し、前者は労働（働くこと）が生と切り離せない人間的事実であることをいう。後者が理想論的であるのに対し、前者は現実論的である。『働くことは生きること』は、人間の現実に根ざした労働観ということができるのであり、実際の労働は他の活動に対して開かれ、他の活動の要素を内包しうること、それゆえに労働の多面性（また意味の多面性）を認める労働観ということができる」[22]と述べるなど、日本人の多くが共有・共鳴できると思われる結論を導き出している。

4　日本人の労働観

日本人は、自然を征服しようなどという大それた発想は決して浮かばない。そればかりか日本人は、いわゆる「八百万の神」を創造（想像）し崇めてきた。そこには、例えば、稲の神、山の神、木の神、海の神などといった神の存在があり、各々に魂が宿っているとされる。そして、それらは、農夫・樵・漁師といった、職業・働くことを念頭に置いたものであることが容易に理解できよう。要するに、日本人は働く者・職業人が加護を受けている神の存在を信じてきたのである。同時に、それは自然を征服しようとしたり、乱獲したり、粗末に扱ったりしてはならないとの戒めも含まれているように思われる。

こうしたことからしても容易に理解できるように、日本人は働くことを卑しい行為として捉えたりはしない。そればかりか、働くことは「尊いこと」あるいは「大切なこと」として受け止め語り継いできた。このことに加えて、日本人は、「職業に貴賤の別はない」ということを、少なくとも、理想とする考え方として共有・共鳴してきたということができよう。また、天照大神が機を織っている場面が『古事記』や『日本書紀』に描かれている。このように、日本は神も労働するという国柄なのである。加えて現実的にも、日本では、例えば、鎌倉の鶴岡八

---

22)　同上53・54頁。

幡宮に至る若宮大路の造成の際、源頼朝が工事を指揮し、舅の北条時政が土石を運んだという話もある。安土桃山時代の武将で歌人だった細川幽斎（藤孝）は、料理の名人でもあり、子息の細川三斎（忠興）も、兜作りの名工として知られた。後鳥羽上皇も自ら刀を打った。豊臣秀吉に仕えた加藤清正は、築城と治水の専門家で、熊本城や名古屋城を手掛けた。このほかにも城主自身がもっこを担いで城造りに励んだというような事例は珍しくない[23]。今日でも、天皇陛下自ら春にはお田植えをなされ、秋には収穫をされ、伊勢神宮の神嘗祭で神前に捧げられる[24]。また、11月23日の新嘗祭[25]では神前に捧げられるとともに、自らも召し上がられる。皇后陛下におかれては養蚕をなさっておられる。

【参考文献】

- 黒井千次『働くということ』（講談社、1982年）
- 今村仁司『仕事』（弘文堂、1988年）
- 『梅棹忠夫著作集（第7巻）』（中央公論社、1990年）
- 杉村芳美『脱近代の労働観』（ミネルヴァ書房、1990年）
- 田中良雄『職業と人生』（ごま書房、1993）
- 杉村芳美『「良い仕事」の思想』（中公新書、1997年）
- 今村仁司『近代の労働観』（岩波新書、1998年）
- 水町勇一郎『労働社会の変容と再生』（有斐閣、2001年）
- 小野公一『ひとの視点からみた人事管理』（白桃書房、2002年）
- 田坂広志『なぜ、働くのか』（PHP研究所、2002年）
- 日本経済新聞社編『働くということ』（日本経済新聞社、2004年）
- 杉村芳美『職業を生きる精神』（ミネルヴァ書房、2008年）
- 岩出　博『新・これからの人事労務〔改訂版〕』（泉文堂、2009年）
- 橘木俊詔＝佐藤博樹監修・橘木俊詔編著『働くことの意味』（ミネルヴァ書房、2009年）
- 佐藤博樹編著『働くことと学ぶこと』（ミネルヴァ書房、2010年）

---

23) 小山田了『世界を支える日本の技術』（東京電機大学出版局、1998年）、野村進『千年、働いてきました：老舗企業大国ニッポン〔第5版〕』（角川書店、2007年）参照。
24) 神社本庁編・田尾憲男＝長谷川三千子＝小堀桂一郎ほか『日本を語る』（小学館スクウェア、2007年）10頁以下参照。
25) 千草清美『伊勢神宮』（ウェッジ、2010年）49頁以下参照。

第1章　人事管理とは何か

　経営とは、「ヒト・モノ・カネ・情報を駆使して、組織体の目的を効果的に運営することである」ということができる。この点、本論としては、各種の組織体のうちでも主に企業を念頭に置いた人事管理論を展開することになる。もちろん、企業を念頭に置いた人事管理論といっても、その対象は企業に限定する必要性は少しもない。それは、例えば、行政機関であっても労働組合であっても、あるいはNPO法人などの非営利組織やその他の組織体であっても構わない。そこに複数の構成員と一定の組織目的があり、少なくとも、それを効果的に達成しようとする意思がある場合には、人事管理の対象になり得ることはいうまでもない[1]。

　ところで、グローバル化の進展下、企業活動等による諸問題が雇用社会をはじめ現代日本社会に降りかかってきている。そして、それは、例えば、労働観に係る問題、格差社会の拡大（特に、労働者間格差）、ストレス社会の強まり、職場における、いわゆる「人間関係の希薄化」や心の病、自殺者の増大、過労死等の問題などである。そこで、そうした諸問題を念頭において、企業とその経営に関する本書としての感懐について以下に言及した上で本論に入ることとしたい。

第1節　社会的存在としての企業と経営者

1　企業目的と最大限利潤の追求

　企業を設立しようとする者は、一連の企業活動を通じて最大限の利潤を獲得しようとするに違いないと考えるのが一般的受け止め方であろう。このことについては、資本主義経済社会の歴史、今日的経済社会に見え隠れする企業活動の実態、

---

[1]　森五郎編著『労務管理論〔新版〕』（有斐閣、1989年）5頁、森五郎編著・岩出博ほか著『現代日本の人事労務管理』（有斐閣、1995年）7頁参照。

企業の本質論、経済学などから考察しても、それを否定することはできない。そもそも、企業が利潤の追求を度外視し損益を無視した経営を続けるならば、そのような企業は早晩倒産することになろう。仮に、倒産した企業の経営責任者がその事実を棚上げにして、「当社の経営理念・目的は利潤追求以外のところにあった」と力説したところで、その主張はほとんど説得力のない空虚なものになろう。

このように企業を創業したり、経営を展開したりする者の主たる動機・目的は、最大限利潤の獲得にあると考えるのが自然であり一般的受け止め方でもある。自由主義経済体制を標榜する背景には、そういった人々に内在する利己心をくすぐることなどによって、国家・国民の活力を醸し出そうとする考え方・思惑があると理解することもできよう。

2　最大限利潤の追求から適正利潤の追求へ

かくて、企業家が最大限利潤の追求に熱心であるとしても、そのこと自体については、活力ある国家・国民を実現する視点からも否定する理由はない。ただし、最大限の利潤追求といっても、その追求の内容・手段・方法となると、各企業あるいは経営責任者個々人の資質や考え方によっても大きく異なる。それは、例えば、適法・妥当な手段・方法を採用し、多方面に対する必要な配慮を尽くした上での最大限利潤の追求もあれば、逆に社員の安全や健康に配慮することも、消費者や地域住民の利益などに対する必要な措置を講じることもなく、ただただ目先の利益に汲々するというような最大限の利潤追求もあろう。そればかりか、中には明らかに反社会的であり法違反の手段・方法であることを承知していながら、いわば「目的達成のためには手段を選ばず」の考え方で最大限利潤を追求するというケースがあるのも否定できない。

2）　特に、信頼や企業文化・組織的価値などについて「外部性」の問題として位置づける経済学などの分野では、「企業の目的は最大限利潤の追求にある」とする割り切った考え方が他の考え方を圧倒するに違いない。
3）　岩出博『新・これからの人事労務〔改訂版〕』（泉文堂、2009年）16頁、奥林康司＝菊野一雄ほか『労務管理入門〔増補版〕』（有斐閣、1992年）8頁以下等参照。
4）　藤原正彦『国家の品格』（新潮社、2005年）37頁以下参照。
5）　江戸時代における近江商人の、いわゆる「『三方よし』の家訓」などが思い起こされる。また、近年では、企業の社会的責任（CSR）論も存在する。

また、企業内が「金儲けが全て」といった価値観で充満してしまって、誰もその勢いや流れに逆らうことができなくなることもある。そして、最低限の法令遵守（いわゆる「コンプライアンス」[6]）すらしない状態に陥ってしまったという事例もある。その結果、消費者・利用客や地域住民あるいは社員に対して、健康や安全などの実害を及ぼしてしまうというケースが少なからず認められる。例えば、近年、いわゆる「産地偽装」・「粉飾決算」・「敵対的買収」・「環境汚染」、「労働の価値の軽視」[7]・「無分別による雇用形態の多様化」・「派遣切り」[8]・「長時間労働」・「過労死」・「時間外手当の未払い」などの形で表面化してマスコミに取り上げられたり、その他法令違反により刑事事件として逮捕者を出したり、営業停止の行政処分を受けたりという事例が後を絶たない[9]。それらの中には、倒産に追い込まれた企業も散見される。

こうしたことなどから、企業が利潤の追求を自己規制することにより、最大限利潤の追求から適正利潤の追求へと軌道修正することが妥当であると理解されてきている。この点、例えばまず、トップ経営者は「国家・国民のために有益となる企業」を目指すという意思を固めるとともに、その志・基軸に適合する「経営理念」を打ち立てることが１つの手立てとなろう。そして、その経営理念に繋がる企業文化を形成するために、トップ経営者が先頭に立って人事担当部長や職場長らを巻き込んで奔走するならば、自ずと適正利潤追求の考え方に行き着くことができよう。そればかりか、そうした動きができる企業集団であるならば、彼ら[10]

---

6) ただし、上掲の藤原正彦（お茶の水女子大学名誉教授・数学者）が主張するように、「法律とは網のようなもので、どんなに網目を細かくしても必ず隙間があります。だから道徳があるのです。六法全書が厚く弁護士の多い国は恥ずべき国家であり、法律は最小限で人々が道徳や倫理により自らの行動を自己規制する国が高尚な国なのです。わが国はもともとそのような国だったのです」（平成19年１月７日付産経新聞・正論）を肝に銘じておきたいものである。

7) 今や、雇用労働については、国家の視点および国民各自の人生の視点のいずれに着目しても、働くことの意義・価値の高さあるいは重要性について、立場を超えあるいは国を挙げて再認識しなければならないテーマと思われる。そこのところをどう認識するかということである。

8) 国民の職業人生を顧みないような、人件費削減一辺倒に基づく雇用形態の多様化を許すべきではない。

9) 電通事件—最判平成12年３月24日民集54巻３号1155頁、小糸工業（航空機座席の安全を巡る組織的ねつ造）事件—平成22年２月９日付日本経済新聞（１面・39面）参照。これら以外にも企業による様々な不祥事は後を絶たず、マスコミに取り上げられ白日の下に晒されただけでも枚挙に違がない。

は自ずと組織の永続性（ゴーイング・コンサーン）、企業市民（corporate citizen）、企業の社会的責任（Corporate Social Responsibility：CSR）等を果たせるとともに、多くの社員が当該企業に対するコミットメントや誇りや労働意欲を高めるであろう。そしてそこでは、適正利潤の追求はもちろんのこと、後述の「組織的価値」を共有・共鳴し合うことができたり、高信頼の組織集団にまで高められたり、組織としての意思決定が格段にスピーディーになったりする大きな要素・要因あるいは源泉を掌中に収めることになるに違いない。

3　企業活動が地域社会等に及ぼす影響と責任

　企業活動が地域社会や国際社会に及ぼす影響とその範囲は、企業の業種業態や規模によっても異なるが、例えば、人々の日々の生活や人生設計や心と身体の健康、さらには環境の問題等にまで影響を及ぼす場合も想定される。また、その範囲は、社員とその家族にとどまらず、地域社会や国家さらには地球規模にまで及ぶことも考えられよう。そうなると、企業設立の動機や目的が何であれ、企業としてはその及ぼす影響を的確に把握するとともに、必要な責任を果たさなければならない。仮に、必要な社会的責任を軽視したり無視したりするようなことになれば、当該企業は、早晩企業間競争においても勝ち残れなくなろう。そもそも、そのような企業は、社会的存在価値がないとの批判に晒されることになるのは必至である。そうした反社会的企業を見る眼の厳しさは、今後ますますその度合いを深めていくことが予想される。つまり、企業が維持・発展していくためには、社員や消費者ばかりでなく、地域社会や国家さらには国際社会に対する影響についても視野に入れなければならないことを意味している。それは、企業として継続していくための必要な危機管理の問題でもある。ここに、企業活動の展開にあたっては、最大限の利潤追求のみにその精力を傾注することなく、社員の安全・安心・福祉などはもとより、企業内外に対する社会的責任を果たすことにも意を

---

10)　伊丹敬之＝加護野忠男『ゼミナール経営学入門』（日本経済新聞社、1993年）332頁以下参照。
11)　河野昭三編著『ゴーイング・コンサーン』（税務経理協会、1998年）1頁以下参照。
12)　日経CSRプロジェクト編『CSR 働く意味を問う』（日本経済新聞出版社、2007年）「はじめに」、第5章（55頁）等参照。

尽くさなければならない1つの大きな理由と背景がある。

4　企業経営と経営者の責任

　近年、個人主義に基づく価値観が社会に浸透するとともに多様化した。また、市場経済の行動主体である企業、消費者、勤労者等の権利意識や生活の質に対する欲求が向上した。加えて、世界規模での企業間競争が激化するなど、企業を取り巻く経営環境は厳しさを増している。このように、企業を取り巻く環境は大きく激変し、その変化の勢いは衰える気配がない。もちろん、企業がそうした環境下に晒されているからといって、企業活動の究極の目的が最大限利潤の追求であるという捉え方を否定する必要はない。むしろ、その捉え方を否定したり、コンプライアンス（法令遵守）部を設置したりすることよりも、企業経営に係る価値判断の基準となる倫理的・道義的座標軸をもつことこそが、今、経営者・企業家に求められる態度であるといえよう。そして、経営者はそうした「座標軸」[13]の下に、社員の働かせ方を含めたCSR（企業の社会的責任）[14]、企業市民としての自覚、責務、危機管理等に留意しつつ、節度ある利潤追求を目指して大いに奮闘することであろう。

　いずれにしても、日本企業の経営者は世界規模での企業間競争に生き残りをかけて挑む視点からも、むしろ、合理・論理一辺倒の枠組みや欧米流の「手法」や「社会的責任」あるいは法律などの外部規制によるばかりでなく、日本人本来の強み・価値観・理想に根差した、日本版の「社会的責任」を果たしたり、企業文

---

13) 座標軸を果たすのは、欧米等の諸国では通常、主に宗教だが、わが国にあっては、個々の経営者等がそれに匹敵する何らかの座標軸を持つことである。どうしてもそれを見つけることができなければ、例えば、経営哲学または当該企業の経営理念あるいは座右の銘であってもよいであろう。要するに、価値判断の基準となる倫理的・道義的な座標軸がない合理的・論理的思考は、単なる利益追求とか自己正当化にすぎないような醜態を演じてしまうことに繋がりかねないということである。

14) そもそも、CSR（企業の社会的責任）に対する欧米の認識と日本人のそれとの間には根本的な違いがある。すなわち、欧米人のそれは社会に害悪を与えないとか、法律に抵触してはならないということである。それに対して、日本人の考え・理想とするところは、「企業は国家・国民あるいは社会のために貢献すべき存在であり、有益な存在でなければならない」とする。これが日本人が認識してきた「企業の社会的責任」に対する本来の意味である。このことに関連して、日経CSRプロジェクト編『「働きがい」を束ねる経営』（日本経済新聞出版社、2007年）13頁以下参照。

化・職場風土の再構築やブラッシュアップを行ったり、経営哲学を実践したり[15]、[16]「組織の価値観」[17]などを充実・実践させたりすることが、少なくとも、長期展望の視点に立つ限り有効な手立てとなろう。加えて、トップ経営者としては、「ノーブレス・オブリージュ[18]」の精神を実践することである。何故なら、日本企業が日本版の「社会的責任」等を果たすか否かのカギを握るのは、結局のところ、トップ経営者、トップマネジメント、各部門長等であるからである。そのためにもトップ経営者は、己の「人生観」や「働くことの意味」を十分に問う必要があろう[19]。そうするならば、「トップ経営者にとっての働く意味・生甲斐は何か」を理解しそれを実感することができるようになり、トップとしてのあるべき境地・結論に到達するはずである[20]。

《トピック－3》
　「企業目的を最大限利潤の追求にありとし、そこから労務管理を含む企業行動を説明しようとするのは実態に合わないことを指摘しておきたい。というのは、企業の存続と発展のために、適正利潤の確保は必須の条件ではあるが、利潤追求そのものはつねに企業目的とはならないからである。経営史の研究者たちが指摘しているように、利潤追求自体が企業目的であり得たのは、むしろきわめて限定された歴史的・社会的条件のもとにおいてであり、企業目的はある国の産業開発への寄与、自国の経済的自立、新技術や新製品の開発、市場占有率の拡大、経営者の社会的・政治的威信の獲得、従業員福祉の増大など様々でありうるからである。企業目的を規定するのは経営哲学（management philosophy）である」（白井泰四郎『現代日本の労務管理〔第2版〕』（東洋経済、1999年）4頁）。

---

15) 前掲注(10)・『ゼミナール経営学入門』335頁以下、P・F・ドラッカー著＝上田惇生訳『現代の経営(上)』（ダイヤモンド社、2006年）219頁以下、佐藤郁哉＝山田真茂留『制度と文化　組織を動かす見えない力』（日本経済新聞社、2009年）等参照。
16) 白井泰四郎『現代日本の労務管理〔第2版〕』（東経、1992年）4頁以下参照。
17) 前掲注(10)・『ゼミナール経営学入門』333・334頁参照。
18) 「ノーブレス・オブリージュ」とは、高い身分に伴う義務、つまり、高い地位にあるものは、その地位に相応しく振舞わなければならない、という考え方である。
19) 橘木俊詔編著『働くことの意味』（ミネルヴァ書房、2009年）、前掲注(12)・『CSR 働く意味を問う』参照。
20) それは、例えば、社員の成長ぶりや爽やかな笑顔に接することであったり、社員とその家族の幸福に繋がっていると感じとることができたり、国家・国民に貢献しているとの実感をもつことができたり、といったことが想定される。

第2節　経営と人事管理

1　経営と管理

「経営」（Adominstration）と「管理」（Management）の用語については厳密に区別されているわけではないが、通常、組織体の全体・全般を対象とする場合には「経営」が、他方、人事、生産、財務等の各職能部門を対象とする場合には「管理」が各々使用されている。

(1) 経営とは

こうした点から、経営とは、「組織体を効率的・効果的に運営し維持・発展させることである」ということもできる[21]。つまり、それは、例えば、①当該組織体特有の使命や目的を効率的・効果的に達成すること、②各部門の生産性を上げること、③社員の労働意思・能力、労働環境の維持・向上を図ること、④企業としての責任（社会的責任等）[22]を果たすこと、ということができる。そして、企業経営は組織戦略の一環として、企業目的を効率的・効果的に達成するために、例えば、次のような職能部門を置くことになろう。

① 　ヒト（人間）にかかわる側面から経営の合理化・効率化を図る「人事職能部門」（以下「人事部門」という）
② 　原材料、資材等を安価・安定的に調達する「購買職能部門」（以下「購買部門」という）
③ 　資金の調達・運用を担当する「財務職能部門」（以下「財務部門」という）
④ 　生産性の向上を促進する「生産職能部門」（以下「生産部門」という）
⑤ 　売上高の増大を促進する「販売職能部門」（以下「販売部門」という）

---

21)　鈴木滋『エッセンス　人事労務管理』（税務経理協会、2002年）6頁参照。経営に関する理論は、歴史的にみても、効率性、効果性、責任性の3要素を中心に展開されてきた。一方、企業経営の実態に着目すると、そこでは、常に「合理化」の追求が見てとれる。

22)　この責任の中には、例えば、科学の進歩・発展に伴って、人間社会に及ぼす害悪を管理することなども当然含まれる。

⑥　企業における経営戦略・企画を担当する「経営戦略・企画職能部門」(以下「経営・企画部門」という)
⑦　製品の企画・開発を担当する「研究開発職能部門」(以下「研究部門」という)

　企業の多くはこういった基本的な職能組織を設定し、各々に企業目的を達成するための専門職能としての役割・権限と責任を与えている。

(2)　管理とは
　これに対して、「管理とは何か」[23]についてであるが、まず、一般的にいえば、それは、①「計画」に始まり、順次、「組織」、「指揮・指導」、「統制」へと展開する、「管理過程」(management process)をいうのであり、また、②「目的」を達成するために必要な、いわば、仕事の進め方を内部的にオーソライズ化・共有化する「手続」であると理解することもできる。さらに、③管理を実施した成果あるいは実績を再び計画段階へフィード・バックするという、「管理サイクル」(management cycle)の意味をも有しているということができよう。

　ちなみに、管理プロセスの各用語としては、計画、組織、指揮・指導および統制の4つの基本的プロセス以外にも、例えば、調整、調査、監査などの用語が加えられることも考えられようが、この点については各々の用語の意味・内容・範囲をどう定義するかについての問題でもあり、管理の責任主体者の裁量によることとなろう。なお、管理サイクルとその適用段階を図示すると、図1-1および図1-2のとおりである。図1-1によれば、4つの職能の中で人事管理に関係する職能は、②の組織と③の指揮・指導ということになる。

　次に、クーンツとオドンネルは、経営者の職能として、①計画、②組織、③人事、④指揮・指導、⑤統制を指摘している[24]。そうすると、これら5つの職能の中で人事管理に関係する職能は、鈴木も指摘するように、③の人事と④の指揮・指導ということになる。

　そこで、両者を比較すると、第1に、「指揮・指導」に関しては一致している。第2に、クーンツとオドンネルの指摘した今1つは「人事」であるが、その内容

---

23)　三戸公『管理とは何か』(文眞堂、2002年)参照。
24)　前掲注(21)・『エッセンス　人事労務管理』7頁。

22　第1章　人事管理とは何か

図1-1　管理サイクル

① 計　画（planning）
② 組　織（organizing）
③ 指揮・指導（directing）
④ 統　制（controlling）

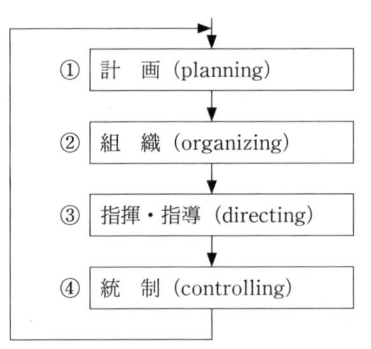

図1-2　管理サイクルの適用段階

① トップ経営者
② 職能部門
③ ライン管理者

① 計画（planning）
　計画とは、設定した目的を達成するために、その手順・方法、実施時期、担当者などを決定する手続のことである。
② 組織（organizing）
　組織とは、目的達成に必要な諸活動を特定し、職務責任・義務・権限等の関係を規定し、これらを各職位に割り当てる手続である。このことにより、企業および職場における、指揮・命令系統が明確になり、組織体として機能することによってその目的をより合理的・効率的に達成する前提基盤が整うことになる。
③ 指揮・指導（directing）
　指揮・指導とは、人々を目的達成に向けて動機づけ、彼らがその職務を有効に遂行できるように指揮・指導する手続である。
④ 統制（controlling）
　統制とは、現在の活動状況を当初の計画と照らし合わせて評価し、問題がある場合は是正措置を検討し、次期計画に反映させていく手続である。

は明らかに人事管理に帰属する項目である。したがって、結局問題となるのは、図1-1でいう「組織」と呼称した項目の内容ということになるが、その意味説明からすれば、これも人事管理に関係することが明らかである。そうすると、両者を合わせれば、経営における人事管理の担当領域・役割は、①図1-1でいう「組織」、②クーンツとオドンネルの指摘した「人事」、③両者が一致した「指揮・指導」、ということになる。

2　人事管理の用語・呼称の変遷

2-1　わが国における人事管理の用語・呼称の変遷[25]

　大正時代から人事管理とか労務管理という用語・呼称が、漸次使われていたこ

とが認められる。ところが、現在に至っても、産業界、学界、大学等における人事管理の用語・呼称について、「労務管理」または「人事管理」といったり、「人事労務管理」あるいは「人事・労務管理」といったり、さらには近年、「人的資源管理」（human resource management）と呼称するという具合であり、統一された呼称が確立された状態にはなっていない。このことの意味するところは、単に歴史の浅い学問だから未だ定まらないという理由だけでなく、そもそも、この学問は経営学、社会政策学、労働経済学、労働法、産業社会学、産業心理学等の多くの学問の視点からの研究が進められるという、学際的研究が要請される分野であり、時代の変遷、人々の価値観、労働観、人間観等をも視野に入れなければならないという研究領域であることにも起因しているものと考えられる。

　加えて、後述するとおり、アメリカが人事管理から人的資源管理へその呼称を変更する際の経緯に着目すると、そこには日米の相違が見えてくる。つまり、アメリカにおける「人事管理」の概念には、社員教育や能力開発の発想・意図がなかった。ところが1970年代以降、特に1980年代の日本経済の目覚ましい発展に誘発されたこともあって、アメリカはヒトの重要性を実感するとともに、ヒトに投資することが経営の視点からも有効であることに気付いた。そこでアメリカはそれを前面に出すべく、そうした概念がなかった「人事管理」からヒト重視の意味を込めてその呼称としても、「人的資源管理」に変更したのである。[26]

　この点、わが国の場合、ヒトに関しては、伝統的にモノやカネとは次元の異なる扱いを実施してきている。それは、例えば、新入社員研修から始まって、それ以降も、いわゆる「OJT」・「OFF-JT」の実施、各段階あるいは目的に応じた教育訓練・能力開発、人事評価（人事考課を含めて）、定期人事異動などを実施している。[27]一方、社員側も、企業側が実施する柔軟な配置・人事異動などの各種施策・扱いに応えているというのが、通常・一般的日本企業の労使関係の姿である

---

25)　前掲注(21)・『エッセンス　人事労務管理』5頁、拙著『鉄道会社の労働法と職場経営論』（東洋館、1998年）319頁参照。
26)　今野浩一郎＝佐藤博樹『人事管理入門〔第2版〕』（日本経済新聞出版社、2009年）17頁、安藤史江『コア・テキスト人的資源管理』（新世社、2008年）8頁以下参照。
27)　もちろん、問題・課題があるのも事実であり、それらの的確性・妥当性、加えてレベルアップの促進を図らなければならない側面があることも事実である。

といえよう。つまり、アメリカが標榜する後述の人的資源管理の考え方と遜色のない人事管理を日本企業の労使はすでに実践しているとともに、一定の成果を上げているということができよう。

(1) 人事管理の対象者の身分・採用形態に基づく用語・呼称

　第2次大戦までの経緯を紐解くと、義務教育（当時「尋常高等小学校」と呼ばれた）を卒業した、工場の「職工」とか「工員」であり、いわゆるブルーカラーと呼ばれる社員の採用・配置、技能訓練、労働時間、賃金、賞与、福利厚生、労働安全・衛生等に関する事項および彼らの集団である労働組合に対応するなどの活動が「労務管理」と呼ばれた。

　これに対して、「人事管理」は、旧制中学以上の高等教育を受けた従業員（「会社側の人間」とか「幹部候補社員」などと呼ばれた）であり、いわゆる「ホワイトカラー」とか「職員」あるいは「社員」などと呼ばれていた者の採用、昇進、賃金、賞与、福利厚生などに関する諸事項を扱う活動が「人事管理」と呼ばれた。そもそも、当時としては、事務職等のホワイトカラーと呼ばれる職員の採用対象は、旧制中学卒以上の者であり、企業としては正社員として将来を期待する人材としての位置づけを行っていた。この点、ホワイトカラーとして採用された彼らも、その期待に応えようとする、いわゆるエリート意識が強かった。こうしたことも1つの理由となって、例えば、彼らは、労働組合に加入しないケースが多く、仮に、加入してもほとんど活動しないというのが一般的傾向であった。これに対して、企業側としても、彼らは労務管理の対象外であり、むしろ、協力者であると考えるのが一般的であった[29]。

　しかしながら、今日では、社員とか工員というような身分制はなくなり、「社員」あるいは「職員」一本になったことから、そもそも、工員を対象とした場合は、労務管理と呼び、社員や職員を対象とした場合は人事管理と呼称する必然性は全くなくなった。

---

28) 旧制中学の卒業生というのは、現在の高校卒業生に該当するのであろうが、当時としては、今の大学卒業生と同等以上であり、実質、自他共に評価の高いエリートであった。
29) こうした傾向は、企業の業種業態や採用形態にもよるので一概にはいえないが、身分制を除いた他の面では、今でも存在している。

(2) 企業の組織・機能等に基づく呼称

　今や、採用形態あるいは身分を基準として、その呼称を労務管理といったり、人事管理といったりする呼称の使い分けや、差別あるいは区別は存在しなくなった。そこで、それとは別に、企業の実態からすると、特に大企業の中には、人事課と労働課（勤労課または労務課）を併設している場合が認められる。この場合、人事課の行う人事管理は、社員の個別管理上の諸事項、すなわち採用、人事上の個人情報、人事異動、教育訓練、昇進・昇格、解雇（退職）、賞罰などを処理するというのが一般的である。これに対して、労働課の行う担当範囲は、後述する集団的労使関係管理に関する対応、各社員に共通する事項の処理、すなわち賃金、労働時間、福利厚生、安全・衛生等に関する諸事項を担当する例が多く認められる。したがって、労働課は、一般的には、主たる担当業務として、団体交渉や労使協議制、就業規則、労働協約その他労働組合に関する処理・対応あるいは調整等を行う。これらのことからも、その規模や業種業態によって、例えば、総務部（課）が人事管理と労務管理の両方の業務を併せて処理するという企業組織が存在することもあるし、また、人事部および労務部（あるいは勤労部等）を設置して、前者が要員、教育、人事異動、人事上の個人情報管理等を担当し、後者が労使関係、労働条件等を処理するという場合も存在する。

2-2　アメリカにおける人事管理の用語・呼称の変遷

　人事管理は、異民族から成り立つ勤労者集団を、近代合理主義思想で統合管理する必要性を痛感したアメリカで生成・発展したという背景がある。そのアメリカを含めた欧米諸国では、もともと企業経営に占める人事管理の地位はそれほど高くはなかった。しかし、1980年代に入って次第にその重要性に気付き始めるようになるが、その経過は概ね以下のとおりである。[30]

(1) 人事管理（personnel managemen：PM）

　1960年代、アメリカではこのように呼称したがその背景には、いわゆる「ホーソン実験」の結果を踏まえて、人間関係が作業能率に影響を与えることについて

---

[30]　前掲注(26)・『コア・テキスト人的資源管理』6頁以下参照。

関心を持つとともに、それまでの呼称であった「労務管理」と区別することを図った[31]。しかし、この時点では社員を教育したり能力開発したりという発想は生まれなかった。

(2) **人的資源管理**（human resource management：HRM）

ところが、1970年代になって、「human resource management」（日本では「人的資源管理」と訳された）なる用語・呼称が使われるようになった。この人的資源管理について、岩出は、「この新たな人事労務管理の基本的な理念の1つがライン管理者の人事労務管理責任の強調にあります。……『一国経済の成長の最大貢献要素はその国民、すなわち人的資源の能力とその活用にある』という人的資本理論を踏まえ、……『企業の経済的成功の最大の貢献要素は人的資源としての従業員の能力とその活用にある』とし、従業員の職務業績は企業の成功に決定的な意味をもつので、従業員の能力開発とその完全活用を任務とするライン管理者の部下管理能力、すなわち人事労務管理能力の向上が人事労務管理の最重要課題の1つであると強調しています」と述べている[32]。

また、安藤は「人的資源管理では、これまで人事管理において個別に管理していた採用評価、育成など、雇用に関する諸領域をより統合的な視点から設計します。そうしなければ、長期間に及ぶ育成方針の一貫性が保てないためです」などと述べている[33]。

(3) **戦略的人的資源管理**（strategic human resource management：SHRM）

さらに現在のアメリカでは、「戦略的人的資源管理」（strategic human resource management：SHRM）の考え方が大企業を中心に拡がっている模様であるが、この点について、安藤は、「現在はさらに一歩前進し、企業戦略、組織構造、人的資源管理すべての適合性を考える戦略的人的資源管理の重要性が強調されています」と指摘している[34]。

---

31) 服部治＝谷内篤博編『人的資源管理要論』（晃洋書房、2000年）3頁。
32) 森五郎監修・岩出博著『LECTURE人事労務管理』（泉文堂、2000年）399頁。
33) 前掲注(26)・『コア・テキスト人的資源管理』8頁。
34) 同上9頁。

3 経営における人事管理の位置と目的・役割

(1) 人事管理の位置づけと定義

　経営職能の枠組みは、いわゆるヒト（人的資源）・モノ（原材料、生産設備等）・カネ（資本）の3つの経営資源から構成されている（これに「情報」を加える場合もある）。企業組織はこれら3つの経営資源（生産の三要素）を活用して、企業目的を達成するために活動する。人事管理は、こうした経営の枠組みの中にあって、ヒト（人的資源）を対象とする管理機能を担う。

　これを端的に定義すると、「人事管理とは、組織の目的・目標を達成するために、人材を効果的に活用するための管理活動である」ということができよう。

(2) 人事管理の基本的機能・役割

　人事管理の基本的機能・役割は、経営職能を構成する他の職能部門（例えば、財務部門等）と同様、企業経営の目的達成に貢献することである[35]。そもそも、人事部門も企業あっての存在であり、企業活動の目的に沿った方向で活動すべきものであることはいうまでもない。つまり、それは、①当該企業に適合する優秀な人材を採用すること（適合する人材の採用充足機能）、②各社員のキャリア形成・開発等を念頭に置いて適性・妥当な職場配置などをすること、③業務遂行上、現在あるいは将来、社員として必要となる知識、技術・技能などの習得のために、教育訓練・能力開発をタイミングよく、あるいは計画的に実施すること（求める社員像の充足・維持・向上機能）、④労働意欲が旺盛になるような就業条件の整備を図ること（就業条件の維持・向上機能）、⑤働きぶりなどに対する評価（人事考課等）を実施すること、⑥昇進・昇格人事を実施すること、⑦賃金等の報酬を支払うこと、⑧健全な労使関係・労使慣行の促進を図ること（労使関係の意義・効用の促進機能）[36]、⑨雇用調整・退職管理を実施すること、⑩その他社員重視の観点

---

35) 加藤實『人事労務の法と管理〔改訂版〕』（同友館、2000年）239頁、前掲注(16)・『現代日本の労務管理』5頁参照。
36) 現在、労働組合の組織率が20％を割ってしまっているが、これから、難題がますます降りかかってくることが必至の情勢化にある企業経営と、その影響を受けることになる社員の両者にとって、その解決のカギとなるのは誠意ある労使のコミュニケーションがどこまでできるかであろう。

から、彼らの士気を鼓舞したり、動機づけを行ったりすることなどである。
　いずれにしても、人事管理の基本的役割は、社員を適切・効果的に活用することにより、経営の目的達成に貢献することであるといえる。そして、その具体的内容は、企業を取り巻く社会的・経済的・技術的その他歴史的変遷に対応して変化・発展するものである。[37]

(3) 人事管理の発展的機能・役割

　既述のとおり、経営職能における人事部門（人事管理）の役割は、他の部門がカネやモノを対象として管理を行うのに対して、ヒトを対象とする管理の役割を担うことになる。こうしたことから、人事管理の実施にあたってはマニュアル的・事務的な姿勢・態度によるのではなく、まず、後述の「人事管理の執行（運用）体制」を実質的・積極的に機能させることが欠かせない。そのことを基礎・基盤として、人事部門はトップマネジメント（「人事担当役員」を想定）および職場経営者（ライン管理者等）などとの連携等をとりつつ、人事管理を積極的・発展的に展開することが期待されよう。
　こうした環境整備下、人事部門は、例えば、次のような施策を講じることになろう。
　① 経営側と社員側各々の思惑・目指す方向性が可能な限り一致するように、そのための条件整備、調整等を行うこと[38]
　② 多くの社員が経営方針や目的をよく理解するとともに、それらの方向に沿って意欲的・積極的に業務遂行することに繋がるような人事管理を展開することなどを通して、その労働力を合理的・効果的・効率的に活用すること[39]
　③ 社員各々の持ち味・有用性を最大限引き出す、あるいは発揮させるという視点に

---

37) 前掲注(26)・『人事管理入門』序章参照、前掲注(16)・『現代日本の労務管理』3頁、前掲注(35)・『人事労務の法と管理』23頁等参照。
38) この点、アメリカの文献の中にも人事管理の目的について、例えば、「従業員が組織の効率性の向上に貢献するようにポリシーを育成すること、経営の利益と従業員の利益とを常に可能な限り一致させること」にあるとするものがある（Scarpells Ledvinka, Personnel Human Resource Management-Environments and Functions, 1988.）を参照。
39) この点でも、アメリカの文献の中にも「組織の目的を達成するために人間資源を効率的に利用すること」であるとするものを見出せる（R. W.Monde R. M.Noe, III, personnel : The Management of Human Resources, 4th ed., 1990）を参照。

立った働かせ方・活用の仕方・人事配置体制の充実を図るべく全ての局面でそれらを実践すること
④　日常的社員管理（含む業務管理）、人事考課等を通して社員の資質・潜在能力・実際力あるいは人間性などを見抜き、それらを踏まえた昇進・昇格、人事配置、能力開発等を行うことによって長期的・持続的に社員の効果的な活用を可能にすること
⑤　経営労働秩序の安定を図ること[40]
⑥　人事管理に関する諸制度の整備・改廃、体系化、人事管理の執行（運用）体制機能等、実態の点検等を実施すること
⑦　人事管理に関する問題・課題あるいは決定事項に関して、各部門および職場経営者に対し必要に応じて提案・相談、調整、指示、助言、支援等を行うこと
⑧　人事担当部長はトップ経営者に対して、その指示・要請または独自の判断により人事管理に関する判断資料を提供したり、進言、助言等を積極的に行ったりすること
⑨　職場経営上の指示・指導、支援、助言等を行い、また、職場経営者の意見を真摯に聴くこと
⑩　企業内のみならず、同業他社等、企業の部外の人事管理に関する必要な調査・情報の収集を行うこと
⑪　社員が愛社精神、忠誠心、誇り等をもてるように、そのための条件整備を図ること
⑫　「従業員満足」[41]や「労働生活の質」（quality of working life：QWL）[42]の向上等のための施策を促進させること
⑬　企業文化・職場風土は企業経営上、その前提条件・内部環境として大きな影響力を内在している。そこで、ヒトを対象とする人事部門としては、この企業文化・職場風土に関心を払い積極的に取り組むこと[43]
⑭　職場長以下の職場経営者が行う労働意思と労働能力を高めるための取組みを支援

---

40)　前掲注（1）・『労務管理論』8頁参照。
41)　前掲注（3）・『新・これからの人事労務』25頁以下参照。
42)　働き甲斐を目指す世界的な運動を指す。ベルトコンベアに代表される単調労働に起こりがちな人間疎外を克服し、労働を通して精神的な豊かさを実現しようと、1973年国際QWL委員会が発足した。QWLの基準として、賃金の十分さ、公平さ、作業条件の安全性、能力の開発・活用、組織内での権利保障などを挙げる者もいる。
43)　企業組織として、スピーディーな意思決定を行ったり、必要な価値観の共有化を図ったり、それらを基礎・基盤として企業の維持・発展や企業の社会的責任（CSR）を果たしたりする上で、企業文化や職場風土の実態がどのようになっているかが、少なくともカギの1つになることは間違いない。前掲注(15)・『制度と文化　組織を動かす見えない力』参照。

すること

⑮ 他の部門・職場と連携して、合理化・効率化等の促進のための必要な取組みを行うこと

近年、企業の不祥事が頻発しているが、人間を対象とする人事部門としては、企業内のこういった問題はもちろんのこと、個々の社員の不祥事に関しても、その未然防止を図らなければならない。そのためには、第1に、未然防止の観点から、①社員教育を実施すること、②後述する「職場経営」を展開することにより不祥事を惹起するような芽を事前に摘み取ること、③そうした不祥事が発生し難い企業体質をもった企業文化・職場風土を醸成すること、などの取組みを行うことである。これらのうち、企業文化の醸成にあたって重要なことは、人事担当部長がトップ経営者等を巻き込むことである。[44] 第2に、多くの社員が企業に対するコミットメントを深めたくなるような職場環境・雰囲気を醸し出すための手立てを模索し実行することが大切である。また、そのためにも、人事担当部長は各職場長等の意見に耳を傾けるとともに、必要な支援、連携等を惜しまないことが重要である。[45]

いずれにしても、人事管理は、企業がその目的を効率的・効果的に達成することに貢献するために、企業活動の舞台装置（主に組織戦略を想定している）とそこで演じる役者（社員）の演出効果を上げるために活動することであるということができよう。

4 人事管理の特徴と意義

人事管理の対象である「ヒト」（人的資源）に関連して、わが国では古来より、「人は石垣、人は城」とか「企業は人なり」といった言葉をよく耳にする。この意味するところは、要するに、企業組織を含めた組織体繁栄の決め手となるのは「人間」である、ということについて、人々が長い年月と多くの経験から悟ったということであろう。この点、現代日本企業の人事制度およびその展開においても、いわゆる「人間中心主義」を貫いてきた。

---

44) なぜなら、組織のトップが企業文化の重要性を理解し、その先頭に立つことこそがその成否の一番のカギになるからである。また、労働組合を巻き込むことも視野に入れるべきであろう。
45) 前掲注(14)・『「働きがい」を束ねる経営』17頁参照。

もちろん、他の資源も重要であるが、こうした格言からも読み取れるように、人間（人的資源）は「格別の存在」であり、経営における人間の扱い（人材マネジメント）如何が企業経営を左右するカギとなることは、いわずもがなのこととされてきた。ここに多くの日本企業は、人間（社員）を対象とする人事部門を格別の位置づけとしてきた所以がある。つまり、そのことは、人事管理の対象が人間（社員）であるということ自体が「人事管理」の特徴の典型であり注目すべき対象であることを意味する。さらに、人事部門は、特定の部門所属の社員に限定するものではなく、全ての部門に所属している社員を対象にするということである。しかも、他の経営資源を最大限に活かし、本来以上の成果・付加価値をどれだけ生み出せるかどうかに関しても、そのカギとなるのは、ひとえに人間の感性、意欲・知恵・発想力などの内容・質の高さにある。そして、その高さを決定づける源泉は、人間関係、特にその連携や切磋琢磨等を媒介するコミュニケーションの質と充実如何にかかってくる。また、社員は採用後の時間の経過とともに、能力・技術力・人間力・人間性などが大きく成長したり、逆に維持するのが精一杯だったり、場合によっては陳腐化したりする。つまり、人間は人的環境、その他の諸条件などにより変化するとともに、その変化・成長が経営の目的達成に大きく影響を及ぼすということである。要するに、人間は意思・感性・感情があり、それらの影響を受けつつ職場を舞台に活動するということである。

　こうしたことから、モノやカネを対象とする管理活動の成果の期待度は、通常、有限であるが、ヒトを対象とする人事管理活動による影響の大きさは計り知れないものがある。したがって、人事管理の適正性・妥当性あるいは優劣は企業活動

---

46) 他の資源と違って、人間それ自体が「格別の存在」であるが、そのことばかりでなく、人間は意思・感情があり、また変化する。そして、何よりも人間は、組織・チームの中にあって協働や切磋琢磨することを通して特段の成長する可能性があるとともに、5人のチームの力で7人分・8人分さらには10人分の成果を生み出すこともしばしばであるという点で、他の資源とは異なる大きな特徴がある。
47) 前掲注(26)・『コア・テキスト人的資源管理』4頁以下、前掲注(15)・『現代の経営(上)』222頁参照。
48) 人事管理は、基本的には、業務遂行の現場（職場）の管理者・監督者あるいは上長・リーダーが社員・スタッフに対して行う指揮・監督・調整・支援・激励・動機づけなどの諸活動となって現われる。したがって、①トップ経営者、②人事部門（含む各職能部門）、③職場経営者（ライン管理者等）の三者各々の役割・責任と統合・総合の機能が十分に果たされることが肝心要となる。つまり、人事管理の執行体制（図表1-3）が適正・効果的に連携し機能することが重要になるということである。

の優劣・成果に決定的影響を及ぼすことになる。[48] こうしたことから、人事管理の展開にあたっては、時代背景、業種業態、企業文化、雇用形態、社員の価値観、企業・職場に対する社員のコミットメント等の諸条件を考慮した、当該企業各々の事情・実態に適宜・適切に対応した人事管理が求められよう。それは、例えば、他の企業、いわんや、歴史も価値観も文化も異なる他国の企業が成果を上げているからといって、それらの人事制度や人事管理手法を単に模倣して同様の成果を上げることができるというものではない。そればかりか、そうした模倣は「行水の水と一緒に赤子を流すな」という格言どおりの結果を惹起する事態になりかねないことに留意するべきである。

5 人事管理の主体

現代の市場経済における行動主体は、企業、政府各種の行政機関、地方自治体およびその関連機関、労働組合、消費者、勤労者等である。また、それは財・サービス市場と労働市場で成り立っている。そして、そこでの企業の立場は、財・サービス市場では売り手となり、労働市場では買い手となるということで全ての市場に登場する。こうして企業は市場経済そのものを象徴する中心的存在となり、いわゆる「ヒト・モノ・カネ」および「情報」を活用してその目的を達成しようとする。その場合、企業が市場経済で活動するためには、内部で組織と運営の活動を行わなければならないが、これが経営活動である。それは、例えば、既述したように、カネに関しては経理・財務管理であり、モノに関しては生産・購買・販売管理であり、そしてヒトに関しては人事管理ということになる。

さて、人事管理の主体についてであるが、それは企業経営の最高意思決定をする経営者であることはいうまでもない。そして、人事管理の主体である経営者は、人事管理に関する基本方針やその他人事管理に関する重要事項あるいは新たな人事制度の導入を決定する。また、その判断によっては当該経営者は本社・本部（労働組合）間の重要な団体交渉に出席して、その対応にあたったりするなど労使関係管理に直接かかわることもある。

人事部門は、そうした人事施策の基本方針に基づいて、人事制度の計画・制定・改廃や選管的サービス業務あるいは所管事項に対応する。もちろん、三者による人事管理の執行体制（**図表1-3**参照）の下、人事部門は、他の職能部門と連

携しつつ、人事管理に関する案件に対応したり、職場経営者（ライン管理者等）に対する助言などの支援活動を適宜・適切に展開したりすることになる。

6　人事管理の対象

人事管理の対象は、社員とその集団（労働組合）である。ただし、社員といってもその内容は、雇用形態、勤務形態、労働条件、働き方、働く目的、意識等様々な面で変化してきている。近代人事管理の時代では、工場労働者が中心であり、いわゆるブルーカラーの労働者が大勢を占めていた。これに対して現代人事管理の時代に移行すると、その内容が多様化し、工場労働者といっても従来型の労働者は激減し、機械の操作に従事する者、自動化に伴って機械の監視業務に従事する者、ME化が進みコンピューターの操作を行う者など多種多様の労働者の姿が見られるようになった。また、金融、サービス等の第三次産業の拡大やIT関連その他新規事業の立ち上げに伴って、コンピューターを使いこなす情報処理従事者の需要が増大している。加えて、機械化、自動化、コンピューター化の進展や少子高齢社会が追い風となって、女性の職場進出が加速された。さらに、正規社員に加えて非正規社員（派遣社員、パート社員あるいはその他契約社員等）の増加など、雇用形態の多様化現象もみられる。これらの他にも、フレックスタイム制や裁量労働制など、勤務形態の多様化現象もその傾向を強めている。こうして人事管理の対象者は、単に労働者という括りで扱うことは妥当でないし、またその傾向はますます顕著になっている。人事管理の対象である労働者といっても多種多様であり、そこには彼ら各々の異なる立場、価値観、労働観、企業・職場観等が生じる。そうなると、彼らの労働観、企業と職場に対する帰属意識や心理的状態なども異なる可能性が高くなる。したがって人事管理の展開にあたっては、それらの違いを押さえた上で対応する必要がある。例えば、正規社員とパート社員や派遣社員を同一レベルで扱うことには自ずと限界があるし、また適切でないということである。

7　人事管理の執行（運用）体制

人事管理の執行体制とは、**図表1-3**のとおり、一般的には、①人事のトップ責任者（具体的には、「人事担当役員」が想定される）、②人事職能部門、③職場経

図表1-3 人事管理の執行（運用）体制

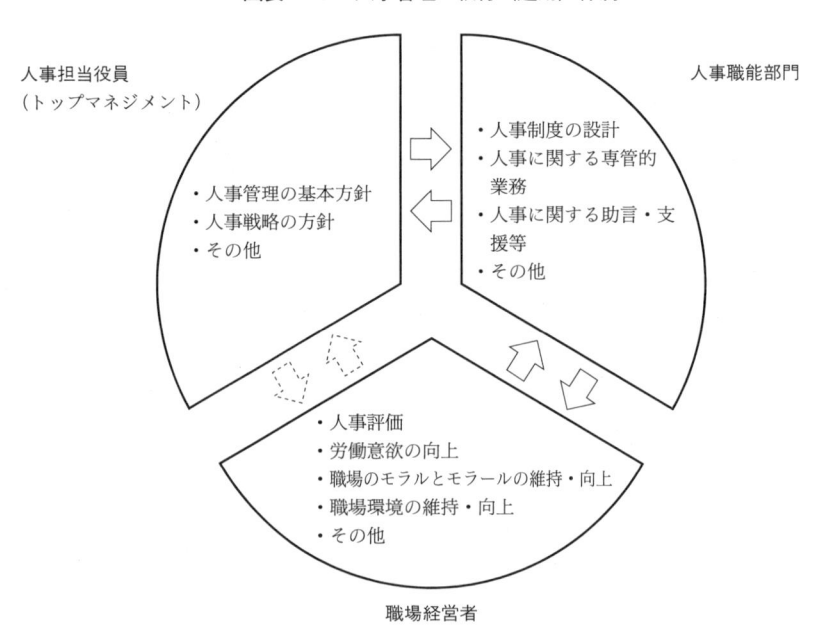

人事担当役員
（トップマネジメント）
- 人事管理の基本方針
- 人事戦略の方針
- その他

人事職能部門
- 人事制度の設計
- 人事に関する専管的業務
- 人事に関する助言・支援等
- その他

職場経営者
- 人事評価
- 労働意欲の向上
- 職場のモラルとモラールの維持・向上
- 職場環境の維持・向上
- その他

営者[49]による三者体制をいう。まず第1の局面では、人事のトップ責任者が経営理念・経営方針などを踏まえて、①人事管理の基本方針、②人事戦略の方針を示すということになろう。第2の局面[50]では、人事担当部長以下のスタッフが、人事のトップ責任者が示した基本方針を受けて、①人事の制度設計、②人事に関する専管的業務、③人事に関する助言・補完・支援業務などを展開する。第3の局面では、職場経営者が、①人事評価、②部下社員の育成、③モラルとモラールの維

---

49) いわゆる「中間管理職社員」は、時代の要請として、今や、リーダーシップを発揮することが期待される局面・機会が増加している。本書は、こうした実態に呼応して、まず、これまでの「ライン管理者」を「職場経営者」と読み替える。その上で、職場経営者は管理一辺倒の対応でなく、マネジメント（管理）とリーダーシップをその場面・局面に応じて適宜・適切に使い分け、または組み合わせることによって、その効果を抜群に向上しようとするものである。

50) もちろん、この局面ではトップ経営者の下、人事担当部長以下のスタッフがそれらの案文を作成して、最終的にはトップ経営者の了解、取締役会などのプロセスを経て決定されるというのが一般的であろう。

持・向上、などを具体的・日常的に行う。

このように、人事管理の執行体制は、三者が連携をとりながら、各々の役割を分権的に責任もって果たそうとする仕組みである。特に、職場経営者は人事部門スタッフの指示・指導・支援などを受けつつ、人事管理を実際に実践する役割を担っている。そして、それに伴う問題・課題や成果が具体的に現われる舞台は、「職場」であるのはいうまでもない。こうした視点からも、人事部門としては職場経営者に対する指導・助言などの支援活動を行ったり、職場経営者の提案・意見、あるいは苦言に対して耳を傾けたり、といった真摯な対応が求められよう。いずれにしても、人事管理が経営の目的達成に満足できる貢献ができるかどうかのカギは、人事のトップ責任者・人事職能部門・職場経営者の三者の連携如何ということになろう。[51]

8　わが国における人事管理の現状の一端と問題・課題

わが国における人事管理の歴史的流れは、アメリカの影響を色濃く受けつつも、いわゆる「換骨奪胎」の精神をも発揮してきた。ところが、このところ、企業活動のグローバル化の進展や人件費の増大、あるいは情報・通信技術の目覚ましい進歩・発展などに対応しようとするあまり、①雇用形態の多様化、②成果主義等に基づく人事制度の再構築、③即戦力や人件費削減への過度の傾倒、④日本人の強みを徹底的に磨き、弱みを補完するといった手法・手立ての軽視、⑤いわゆる「組織のフラット化」といった、焦りの現われとも受け取れる動きがある。そして、それらの導入などが少なくとも1つの要因となっているとみられる、職場における「人間関係の希薄化現象」・「組織的価値の軽視」・「チーム力の減退」あるいは「メンタルヘルス」など、多岐にわたる問題・課題を抱えている。

9　人事管理の展開と現代社会の相関関係

人事管理の概念については、すでに、その一端に言及した。ここでは、その人[52]

---

51)　その場合、人事部門は、「偉さ」や「権限・職制」を越えた連携プレイを優先させることが事を成す上で最も重要なポイントになるケースが少なからず生じることに留意すべきである。ちなみに、企業によっては各職能部門に「人事担当部署」を置いて、人事部門との連携を強めようとするケースも見られる。

事管理の展開と現代社会との関係性について述べよう。なぜならば、人事制度等を基礎・基盤とする人事管理の展開に伴う、人々の価値観・人間観や人間関係への影響は職場や雇用社会に収まらず、国民の価値観や人間関係に伝播する必然性の度合いが高いからである。そこでまず、人事管理を構成する各種管理活動の項目を以下に例示しておくこととしたい。すなわち、それは、①採用管理、②配置・異動管理、③教育訓練・能力開発管理、④労働条件・就業条件管理、⑤人事評価（人事考課等）管理、⑥昇進・昇格管理、⑦賃金等報酬管理、⑧福利厚生管理、⑨雇用調整・退職管理、⑩後述する職場経営等によって構成される。

　さて企業は、その目的を達成するための一環として、そうした人事管理を展開する。そしてその際、人事管理の展開が企業を取り巻く内部環境と外部環境の要因から規制されたり影響されたりする。また、逆に、人事管理の展開が内外環境に対して影響を及ぼすこともある。ここでは、後者のケースを念頭において議論を進めていくが、ここでいう企業内部の環境を構成する要素としては、①社員の価値観、②社員の労働観、③社員の企業（職場）観、④社員の人間（人間関係）観、⑤労働組合の動向、⑥労使関係の動向、⑦労働協約、⑧労働契約、⑨就業規則等が考えられる。これらのうち、①ないし⑥は人事管理の展開に影響を及ぼす可能性が高いとともに、その逆もありうる。つまり、両者は相関関係にあるといえる。⑦ないし⑨は人事管理の展開を規制・規定する項目である。

　一方、企業外部の環境を構成する要素としては、①労働市場、②経済の動向とその政策、③国民の価値観、④国民の労働観・職業観、⑤国民の企業観、⑥国民の人間（人間関係）観、⑦労働法、⑧行政指導等が考えられる。これらのうち、①ないし⑥の各項目は人事管理の展開に影響を及ぼす可能性のある項目であり、⑦および⑧は人事管理の展開を規定・規制する項目である。

　ところで、人事管理の展開によって形成あるいは醸成された当該職場に所属する社員の価値観、労働観、人間（人間関係）観等は1つの企業にとどまらず、多くの企業が同種の人事制度を導入することを通じて、やがては雇用社会を経て現代社会全体に波及することになる。それは、例えば、人事管理の中核となる社員

52）　本書27頁以下および今野浩一郎『人事管理入門〔第2版〕』（日本経済新聞出版社、2008年）18頁以下参照。

格付制度として「職能資格制度」を据えるのか、それともアメリカの多くの企業が導入している「職務分類制度」または「成果主義」に立脚した人事制度等を導入するのかによって、企業・職場の内部環境・様相はかなり違ったものになる。そこで働く人々の価値観、労働観、人間（人間関係）観にも影響を及ぼすことになる。そして、そこで醸成されたそうした価値観等が雇用社会に拡大・浸透することになれば、いずれは家族を含めた多くの共同体、さらには国民生活全般に波及することになろう。というのも、ビジネスにおける価値観はその世界の中だけのこととし、そこから一歩でも出たら全く別の価値観で人間の営みを行うといった使い分けは、現実的には、持続できないと断言できるからである。つまり、人事管理の展開と現代社会における人々の営みには、多くの面で相関関係の側面があるということである。そこで、本書としては、こういった視点にも着目しつつ人事管理論を展開することになる。

【参考文献】
- 森　五郎編著『労務管理論〔新版〕』（有斐閣、1989年）
- 白井泰四郎『現代日本の労務管理〔第2版〕』（東洋経済新報社、1992年）
- 森　五郎編著＝岩出　博ほか著『現代日本の人事労務管理』（有斐閣、1995年）
- 小野公一『"ひとの視点"からみた人事管理』（白桃書房、1997年）
- 奥林康司＝菊野一雄ほか『労務管理入門〔増補版〕』（有斐閣新書、1997年）
- 津田眞澂『人事労務管理』（ミネルヴァ書房、1998年）
- 平尾武久『アメリカ労務管理の史的構造〔増補版〕』（千倉書房、1998年）
- 佐藤正男『鉄道会社の労働法と職場経営論』（東洋館、1998年）
- ポール・ハーシィ＝ケネス・H・ブランチャード＝デューイ・E・ジョンソン著・山本成二＝山本あづさ訳『行動科学の展開〔新版〕』（生産性出版、2000年）
- 森　五郎監修・岩出　博著『労務管理入門』（泉文堂、2000年）
- 加藤　實『人事労務の法と管理〔改訂版〕』（同友館、2000年）
- 鈴木　滋『エッセンス　人事労務管理』（税務経理協会、2002年）
- 服部　治＝谷内篤博編『人的資源管理要論』（晃洋書房、2003年）
- 佐護　譽『人的資源管理概論』（文眞堂、2003年）
- ジェームス・C・アベグレン著＝山岡洋一訳『日本の経営〔新訳版〕』（日本経済新聞社、2004年）
- 髙　巖＝日経CSRプロジェクト編『CSR企業価値をどう高めるか』（日本経済新聞社、2004年）
- 日経CSRプロジェクト編『CSR働く意味を問う』（日本経済新聞出版社、2007年）

- 今野浩一郎『人事管理入門〔第2版〕』（日本経済新聞出版社、2008年）
- 佐藤博樹＝藤村博之＝八代充史『新しい人事労務管理〔第3版〕』（有斐閣、2008年）
- 安藤史江『コア・テキスト人的資源管理』（新世社、2008年）
- 佐藤郁哉＝山田真茂留『制度と文化　組織を動かす見えない力』（日本経済新聞社、2009年）
- 今野浩一郎＝佐藤博樹『マネジメント・テキスト　人事管理入門〔第2版〕』（日本経済新聞出版社、2009年）
- 岩出　博『新・これからの人事労務〔改訂版〕』（泉文堂、2009年）
- 橘木俊詔＝佐藤博樹監修・佐藤博樹編著『人事マネジメント』（ミネルヴァ書房、2009年）
- 八代充史『人的資源管理論』（中央経済社、2009年）

第2章　人事（社員）制度

第1節　社員区分制度

1　多様な社員の存在と社員区分の意義

　近年、同じ企業・同じ職場に多様な社員が混在し、その傾向が顕著になっている。それは、例えば、正社員の中では、総合職社員と一般職社員、全国社員と地域社員、管理職社員と専門職社員などである。また一方、別の側面に着目すると、パートタイマー、アルバイト、契約社員、嘱託社員などと呼ばれる非正社員が存在する。加えて、所属企業の異なる非直用（別会社の社員）の派遣社員や請負人・請負社員などの存在も珍しくない。

　こうした多様な社員で構成されている企業にあっては、たとえ労務指揮権が一律に与えられている場合であっても、人事管理、特にライン管理（社員マネジメント）上、彼らを一律に扱うことは得策でない。なぜなら、例えば、企業としては人事管理を効果的に展開することによって企業としての業績向上に繋げたい思惑がある。他方、社員側にも働き方等に関する思惑が当然ある。しかも、多様な社員各々の採用条件、労働条件、働く目的・立場等の違いから、そこでの労働観、帰属意識（コミットメント）、企業に対する要望や期待、キャリア形成に対する考え方、企業と職場の人間関係に対する認識や価値観などを含めた思惑が一様ではない。加えて、それらの思惑は雇用契約締結の前からのものもあれば、その後の雇用契約形態等の違いによって生ずるケースもあろう。いずれにしても、そうした思惑の異なる多様な社員に対して一律の社員管理を展開するということになると、その効果を期待することができないばかりか却って逆効果になることさえ想定されるからである。したがって、効果的な社員管理を展開するためには、多様な社員を適正なグループに区分することが前提条件として必要となる。

　このように、人事管理の機能・効果を図るための基盤あるいは条件整備として、

多様な社員をいくつかのグループに分ける仕組みが社員区分制度である。

2 社員区分の基準

彼らのそうした思惑の違いとそれが生じる原因を考慮し、多様な社員をいくつかのグループに分けるとともに、同じグループに所属する社員を同一集団として扱い、他のグループと異なる人事管理制度を適用する。また職場経営（ライン管理等）の場面では、そうした区分の意味するところにも配慮するとともに、社員の思惑と人事管理のミスマッチを最小限にとどめる手立てを講じる必要がある。その場合、第1に、「いくつのグループに区分するのか」、第2に、「区分の基準をどのようなものにするのか」の2つを決める必要がある。第1については、企業が雇用する社員の多様化に応じて区分を細かくすればするほど、それだけ木目の細かい人事管理制度を展開することができる。ところがその反面、細かく区分しすぎると、ある局面ではメリットがあるとしても、別の局面あるいは組織全体としては却って弊害となる場合もある。それは、例えば、区分したグループ間の意思疎通、協調性といった面が損なわれる可能性が出てきてしまうということである。また、異なる職能部門間の人事交流など、柔軟な人事異動管理の実施に支障をきたすことになりかねない。その結果として、企業とその職場の活性化が損なわれ、組織全体としての活力も削がれる恐れすらある。

それでは逆に、単一に限りなく近づけた区分にすれば妥当かといえば、それもまた程度にもよるが、例えば、積極的で有能な社員層の帰属意識、誇り、意欲などを減ずることになりかねない。さらには、そうしたことと相俟って、賃金や昇進・昇格に不平・不満がでたり、経営秩序に支障をきたしたり、というようなことにも繋がりかねない。

したがって、結局のところ、社員を区分するにあたっては、まず多様な社員の内容の実態を把握することが先決である。そして、前向きの社員の会社に対する心理状態を汲みとるなどした上で、適切・妥当で望ましいと思われる区分を実施するとともに、職場経営（ライン管理等）を的確・妥当にするしかないということになる。そしてその際、望ましい区分に少しでも近づけるためには、第2の「区分の基準をどうするか」が重要になってくるものと思われる。それは、まず採用段階からそのことに十分留意することが肝心要となるであろう。つまり、

「区分の基準」としては、①採用の違いによる区分、②職種の違いによる区分、③働かせ方・働き方の違いによる区分、というような基準を設定することが考えられる。

①の採用区分による基準については、例えば、総合職採用社員と一般職採用社員、専門職採用社員と一般職採用社員、というような労働契約の締結段階から区別して採用する場合がある。こうした採用の事実関係は労働法上や労使関係から考察しても違いが明確であるし、採用の違いによる基準は多くの社員からも受け入れやすいのではないかと思われる。

②の職種の違いによる基準の場合というのは、例えば、医師や看護士と一般事務職、教職と一般事務職、アナウンサーと一般事務職、研究職と一般事務職などというようなケース、すなわち専門職と一般職という区分がある。殊に客観的に専門職としての高度な知識・技能・見識を備えており、組織に対する貢献度も高いとの評価がある場合には、この基準に対する違和感は少ないであろう。

③の働き方の違いによる基準というのは、採用段階から、例えば、労働時間（パート労働、1週間につき2回出勤の契約など）、勤務地（制限なし、限定付き、異動なしなど）など、決定的労働条件の違いを基準にするということである。

このように社員区分にあっては、区分の程度と区分の基準を踏まえて設定することが考えられよう。ところが現実としては、これら以外にも考慮しなければならない事柄がある。そもそも、どの企業にあっても、人事管理に関する制度は、賃金制度や労働時間制度だけでは済まないのであって、それらのほかにも複数の制度が存在する。そうした実態を考慮すると、仮に多様な社員を3つに区分した場合、それら3つのグループに対して、採用、賃金、労働時間、人事評価、教育訓練・能力開発、などの全てについて異なる制度を適用するかというと、決してそうではなく、3グループに区分したグループ各々の特徴、趣旨、目的などを踏まえて、3つのグループに対してどの程度の異なる人事管理を適用するかについては、当該企業の業種業態、人事戦略などの事情、社員の状況などを分析・勘案した上で最もよいと判断されたものを1つ1つ選択することになろう。そして、結果として、3つのグループ各々に適用することとなった人事管理制度とライン管理の手法・姿勢についても、時代の推移・変化に敏感に反応しながら更新する努力を重ねていくことになろう。

第2節　社員格付制度

1　人事制度と経営管理・人事管理

　人事部門も経営管理の１つの職能部門であり、経営戦略に沿って展開するのはいうまでもない。逆に、経営戦略も人的要素を十分考慮した上で決定することになる。要するに、わが国における企業の人事部門の責任者は、通常、経営戦略・組織戦略と連動する人事戦略を講じることを当然のこととしている。また、経営戦略実現のためにヒトの活用・育成という基本的考え方・方針を定めるのが人事管理である。人事制度はそうした考え方・人事戦略と結びついて定められることになる。つまり、わが国における企業の人事部門の位置は、欧米に比べて一般的にその位置づけが高く、しかも経営戦略と密接に結びついている。それは、人事部門が人間（社員）を対象としている職能部門であるからに他ならない。そして、そうした発想が出てくる背景・根源は、どのような組織の運営であってもその中心に据えられるべきは人間であるという「人間中心主義思想」があるからである。そもそも、このことは、わが国には、最も合理性・効率性や結果を重視することが求められる企業経営においてすら、「人間をモノやカネとは同列にはみない」という人間重視の精神（人を大切に扱う精神）がその根底にあることを意味しているといえよう。もちろん、その意味するところは、単に精神性のみに固執することにとどまっているのではないのであって、「企業経営の成否のカギは人間にある」ことを見抜き確信しているからに他ならない（正確には、「見抜いている」というよりも、「人は石垣、人は城」などの故事から考察しても、伝統的に受け継いできたものであるといったほうが妥当であろう）。この点、アメリカ企業の人事担当部の責任者は組織戦略・経営戦略の視点をもつことについて、トップ経営者からそれほど期待されることはなく、また、人事部門自らも積極的にそうした認識をもつことはないというのが一般的である。[1]

　ところが、1960年代以降1980年代になると、欧米の企業にあっても世界的規模

---

1)　津田眞澂編著『人事労務管理』（ミネルヴァ書房、1993年）85頁参照。

での企業間競争が深まるにつれて、欧米人もこのことに気付き、人事管理(PM)を「人的資源管理」(HRM)へ名称変更するとともに、「人材を貴重な『資源』として位置づけし、彼らのいう『人的資源』を能力開発し、戦略的に活用していく」ことへ方向転換を図ったのである。

2　人事制度の構成と仕組み・機能

(1)　社員格付制度の意義・多様性

　既述の社員区分は「横の区分」であるが、社員区分にはもう1つ「縦の区分」の仕組みがある。それが社員格付制度であり、これが人事制度の中核となる。

　ところで、どのような組織であっても、リーダーは組織機能を最大限発揮させることによって、その目的を効率的・効果的に達成しようとする。そして、その前提条件として、一定の組織秩序を基盤とした組織統制が必要になる。このことから、企業組織にあっても国籍・企業を問わず、その前提条件を具備するための一環として、社員の格付が必要となるのはいうまでもない。このように、社員格付制度は社内の序列を決める仕組みであるが、その際の基準を何に求めるかによって制度の性格は異なってくる。ここに、多様な社員格付制度が生まれる理由がある。

　この点、日本型格付制度は、「属人主義」・「人間中心主義」に基づく制度であり、「資格制度」といわれるものである。この制度は、時代の変遷とともに、その資格の内容が身分・学歴、年功（年齢・勤続年数）、職能（職務遂行能力）という具合に変化してきている。

(2)　日本型格付制度の構成と特徴

　欧米諸国、特にアメリカで一般化している社員格付制度は職務分類制度（職務等級制度）と呼ばれる制度である。この制度は「職務中心主義」・「属仕事主義」に基づいた制度であり、職務価値の相対的序列・段階に応じて、地位や賃金（職務給）を決定する仕組みである。ちなみに、この職務の価値についてはあらかじめ評価されランク付けされるが、その手続・手順の概略としては、①職務調査、②職務分析（責任の程度、難易度、必要な知識の程度等）、③職務評価（職務毎の価値について総合的に評価点をつける）、④評価点を踏まえて、いくつかの段階に区

分し、各々の段階に格付の名称をつける、⑤社員の格付決定、となる。加えて、アメリカ型のこうした社員格付制度では、職務分類制度に賃金や昇進の仕組みが直結することになる。[2]

これに対して、わが国の社員格付制度は欧米のそれとは異なっている。特に、それは職位制度と資格制度の2制度から構成され、社員格付が二重構造の仕組みになっているということである。そして、前者の「職位制度」とは、例えば、〔係長─課長─部長〕といった、組織・職制あるいは仕事上・役職上の「偉さ」を規定する制度（職階制度）をいう。それに対して、後者の「資格制度」は、例えば、〔主事─参事─参与〕というような呼称により、仕事や役職・職制を離れたところでの社内における、もう1つ別の身分的「地位」・「肩書」を用意（付与）するという制度である。つまり、多くの日本企業の社員は、職位上のランクと資格上のランクの二重のヒエラルキーをもっているということになる。

(3) 人事管理における人事制度の位置・機能

人事制度は人事管理の目的を達成するために設計され、その中枢・中核として位置づけられる。すなわち、人事制度は、具体的には、社員を格付し、経営組織内における位置づけ・立場というものを明確にするための階層区分の仕組みを設定する。こうした仕組みを拠り所として、人事制度は人事管理の諸施策（職務配置・異動、昇進・昇格、賃金、教育訓練・能力開発等）の中枢・基盤（インフラストラクチャー）となりそれらの全体を統合する。それに対して、人事管理の諸側面はその補助制度（サブ・システム）としての位置づけになるということである。

これら以外にも、人事制度の機能等については、次のようなことを例示することができよう。

- 能力開発の目標は人事制度が定める階層区分に基づいて設定されること
- 資格制度による階層区分は、賃金支払いと連動していることから、人事制度は賃金支払いにおける基本的基準となること
- 人事制度は経営組織の秩序維持と活性化を促進する1つの大きな要素・要因となり

---

2) 今野浩一郎＝佐藤博樹『マネジメント・テキスト　人事管理入門〔第2版〕』（日本経済新聞出版社、2009年）63頁以下参照。

基盤となること
- 通常、人間は共同体の中にあって、自分の位置や立場を確認できてこそ安心・安定することができる。この点、人事制度は各社員の精神的安心・安定を確保する源泉の１つの要素となり、各自の能力を発揮する基礎・基盤となること
- 各社員にとって、階層区分の基準は、次のステップ・目標として位置づけることができ、彼らの意欲と成長の源泉の１つにもなり得ること

第３節　職能資格制度

　職能資格制度は、多くの日本企業で導入され人事管理の中枢・基盤になっているが、これは欧米の企業には見られないわが国特有の制度であるといえよう。そこで以下に、資格制度として現在多くの日本企業が導入している「職能資格制度」（職能等級制度）についてみていくこととしたい。

1　資格制度の運用の変遷

　資格制度といっても、その尺度・基準を何に求めるかによって多様な資格制度が想定される。それは、例えば、身分（社員、職員、工員）、学歴・採用形態（例えば、キャリア・ノンキャリア、本社採用・地方採用、総合職採用・一般職採用、全国採用・地域採用等）、年功（年齢、勤続年数）、職能（職務遂行能力）などの各資格制度である。

　この点、戦後の人事制度は、客観的基準となる学歴・年功による資格制度として出発した。ところが、1960年代頃までの人事制度の運用は、２本柱のうち資格制度は有名無実の状態であり、事実上、職位制度を中心に一本化した形で運用されていた。その後、1960年代後半になって、日経連（現在は組織改編して「日本経済団体連合会」という）は、それまでの年功制に代わる新しい経営秩序・労務管理体制を求めて、「能力主義管理」を導入するべきことを宣言した。つまり、日経連は職能資格制度を導入し、社員を学歴や年功という尺度・基準で処遇するのではなく、職務遂行能力（略して「職能」という）によって処遇すべきことを表明し啓蒙したということである。[3]

> 【日経連の「能力主義管理」導入宣言】
> 　1960年代の半ば、旧日経連は、年功制を中心に据えて、従業員の学歴、年齢、勤続年数等によって評価するのではなく、「職務遂行能力」を基準・尺度として処遇するという、「能力主義管理」の導入を宣言した。そして、職能資格制度は、この「能力主義管理」を支える中核となる制度である。

　また、1970年代も後半になると、①社員の高齢化や2度にわたるオイルショックと経済の低成長による辛酸を嘗めたこと、②若年社員の高学歴化と技術革新、特にIT (Information technology) の進展が顕著になり、年功（職場経験の積上げ）と職務遂行能力の向上が一致しないことが表面化したこと、③社員の年齢構成に歪みが生じたこと、④いわゆる「ポスト不足」の状態が現実のものとなったこと、など経営環境が激変した。こうして、年功依拠型資格制度と職位制度中心による人事制度の正統性が失墜するに至った。

　さらに、日本企業は世界規模での企業間競争の激化や、科学技術等の目まぐるしい変化に晒されるようになり、従来のような年功原理を中心とする人事処遇では、人事管理の基盤が危ぶまれるという状況下に置かれた。ここに及んで当時の日経連は、資格制度を職務遂行能力重視の職能資格制度として再編成し、これを人事制度全体の中枢・基盤として位置づけし、人事制度を再構築しようと意図したものといえよう。

2　職能資格制度の概要[4]

2-1　職能資格制度の定義

　既述のとおり、資格制度には、身分的資格制度、年功的資格制度、学歴・採用別資格制度、職能資格制度などがある。今日、資格制度といえば、それは、前述の経過を経て多くの企業が導入することとなった職能資格制度を指すのが一般的である。そして、職能資格制度については、例えば、次のように定義されている。
　その第1は、「職能資格制度は企業内の資格制度であり、学歴や年齢という指

3）　日経連能力主義管理研究会編『能力主義管理―その理論と実践』（日経連出版部、1969年）参照。
4）　前掲注（2）・『人事管理入門』56頁以下、慶應義塾大学ビジネス・スクール編・高木晴夫監修『人的資源マネジメント戦略』（有斐閣、2004年）89頁参照。

標で従業員を処遇するのではなく、個々人の企業への貢献度や能力の差や違いに見合った形で処遇するための制度である」とする。[5]

　その第2は、職能資格制度とは「一定の職能資格等級を基準とした人事処遇システム」の総体をを意味している。つまり、職能資格制度とは「従業員の能力発展段階に応じて公正な格付（等級づけ）を実施、それをベースにより適切な能力開発、能力活用（配置・異動）、さらには賃金決定をおこなっていく人事処遇システムとなる」とする。[6]

　その第3は、「職能資格制度とは職務の難易度や責任度などによって職能資格区分を設け、各資格区分に該当する職務遂行能力の内容及び期待水準を明確にした『職能資格等級基準』を設定し、この基準に基づいて人事処遇を行う制度をいう」とする。[7]

2-2　職能資格制度の仕組み・特徴と機能

2-2-1　社員の評価の仕組み

　職能資格制度では「年功主義」による指標ではなく、「職務遂行能力」を評価し処遇する。ここでいう「職務遂行能力」とは、単に現在配置されている職務を遂行する能力やその結果としての、いわば単発的な成果や実績をいうのではない。その能力とは、「絶対的能力」であり、あらかじめ定義づけられている「職能資格または職能等級」（それは、通常9ないし15段階の区分により構成されるが、各々の職能資格または職能等級には職能要件、つまり職務遂行能力の要件が定められている）ごとの絶対基準（職能資格等級基準）に基づいて評価されるのである。換言すると、それは、社員が入社以来OJTやOFF-JTあるいは自己啓発などによって積み上げてきた（ストックされてきた）能力、つまり潜在能力をいうのである。

　そして、それは企業内の各職能部門や職種系統を越え、あるいは企業内のそれらを横断して、同じ職能資格または職能等級では全社的に共通ないし通底する普遍的能力として是認できるものである。したがって、各職能資格または職能等級の定義づけにあたって、その文章表現は、絶対基準となる能力要件が普遍的な尺

5）黒田兼一＝原田実ほか編著『新・日本的経営と労務管理』36頁（ミネルヴァ書房、2001年）参照。
6）服部治＝谷内篤博編著『人的資源管理要論』（晃洋書房、2000年）36頁。
7）平野文彦＝幸田浩文『人的資源管理』（学文社、2003年）108頁。

度になるように意図することから抽象的なものになる。
　このように、職能資格制度における社員の評価は、彼らが入社以来積み上げてきた職務遂行能力（潜在能力・絶対能力）を考課し、その結果に基づいて処遇するという仕組みになっている。

2-2-2　「仕事（役職）と資格の分離」の仕組み

　そもそも、わが国における多くの企業の人事制度は、職位制度と資格制度の2本柱によって構成される制度である。したがって、そこには人事制度を2つの制度に分離する意図・目的があった。すなわち、それは雇用関係が長期の関係・終身の関係であることを前提として、経営の戦略・戦術を具体化するべく、当該組織を実際に動かしその実効を上げていく局面では職位制度に基づき、一方、社員の処遇に関しては基本的に資格制度における意図・目的の枠組みの中で行うという仕組みである。ところが、年功を基準・尺度とする資格制度の段階では、職位制度と資格制度（役職と資格）の分離の目的・意図、役職と資格間の関係等が曖昧であるばかりでなく、現実には年功偏重の職位制度を中心とする人事制度が展開され、資格制度は有名無実の状態にあった。このため、わが国特有の人事制度の基軸であるこの分離の仕組みは殆ど機能しなかった。
　こうした運用に陥ったのは、高度成長経済の持続的進展があり、多くの企業が企業規模の拡大とそれに伴って役職・ポストを増大することができたという、時代的背景があった。しかし1970年代も後半になってくると、わが国の産業界は急速な技術革新の影響を受け、次のような事態・状況の変化が生じた。

① 「職場経験の積上げ」と「仕事能力」の向上が一致しない状況が認められるようになったことなどから、年功主義の考え方は次第に説得力が希薄化したこと
② わが国の高齢化問題は各企業における社員の高齢化問題に直結したこと
③ 高度成長経済も終焉の状況を見せはじめ、その停滞または減速を余儀なくさせられることとなり、いわゆる「ポスト不足」が現実のものとなったこと

以上により、それまでの資格制度は抜本的改革が求められることになった。
　こうして、年功主義から能力主義へ転換することを標榜する流れの中で、年功主義の職位制度を中心とする人事制度に代わって、職能資格制度を中軸とする人事制度によって再編されることとなった。この資格制度では、「社員は職務遂行

能力(絶対能力)によって評価されるべきこと」および「仕事(役職)と資格の分離」の仕組みの意図等についても明らかにされたということである。さらに、これに「昇格(資格制度上の格付が上がること)先行、昇進(職位制度上の格付が上がること)追随」の考え方が加わることによって、この仕組みの意図等が補強され、職位制度と資格制度の関係の曖昧さが払拭され、「仕事(役職)と資格の分離」の仕組みが不完全ながらも成立し機能することとなった。

2-2-3 「資格を給与に直結させること」の仕組み

「仕事(役職)と資格の分離」の仕組みと「資格を給与に直結させる」(「給与が資格に対応して決まる」)という仕組みを組み合わせることによって、「職務(仕事)と給与の分離」が可能になった。このことにより、仕事内容に変化がなくても、あるいは役職が上昇(昇進)しなくても、職務遂行能力を高めそれが評価されれば昇格し給与も上がる。逆に、仕事が変わっても、そのことだけで降格したりそれに伴って給与が下がったり、というような心配は基本的にはないということになる。また、「給与が資格によって決まる」という仕組みから、企業は社員の人事に対する信頼や業務遂行の意欲などを損ねることなく、人事戦略、その他の必要に応じた柔軟な人事異動(人材の活用)を実施することが可能となる。

2-3 職能資格制度の機能・効用

こうして資格制度が年功的性格の強い資格制度から職能資格制度に置き換えられたことによって、人事制度の編成基準を社員の「職務遂行能力」に置くという考え方に立ち、個々人の能力に応じて社内における資格上の格付(職能資格または職能等級)を決定するという職能資格制度の意味合いを明確にすることができた。具体的には、①社員の評価、②役職と資格の分離、③資格を給与に直結させること、などの視点・仕組みが源泉・基盤となって、主たる制度を職能資格制度とし、従たる制度を職位制度とする人事制度の特徴的機能あるいは効用が期待されることになった。そこで以下に、職能資格制度を中核とした人事制度の機能と効用について例示しておこう。

(1) 職能資格制度は、まず、終身雇用制(終身の関係)[8]を前提とすることで、人間(社員)の成長を重視する「人間中心主義」を基本的な理念としているとい

われている。そこには、企業は社員に対して、まず、雇用を保障するとともに生涯を通じて能力開発を重視し、成長した社員の能力を可能な限り活かすように人事配置する。また、社員の職務遂行能力に対応して、格付と処遇を決めるという、「能力開発主義」の考え方が包含されている。そこでは、集団主義的経営に適合する企業文化・職場の風土や雰囲気あるいは価値観が醸成される。さらに、企業文化が建設的あるいは必要に応じて変革される経過（プロセス）において、組織にとって最も大切であり企業（組織）活動におけるすべての基礎・基盤となる、信頼や誠実性や和などの「組織的価値」を、そこに引き続き紡ぎ繋いでいくことが可能となる。このことにより、職場では多くの社員がそうした経済学や論理・合理の領域・分野を越えた日本的価値を大切にするという価値観を共有することとなり、職場の人間関係はむきだしの個人主義が和められ、信頼や仲間意識やチームワークを基調とする、集団主義に相応しい人的環境が形成され促進されることが期待できる。加えて、そこでは、組織としてのスピーディーな意思決定、目的・目標を見据えた協力関係が機能することになろう。もちろん、そこには組織・仕事の場に相応しいメリハリの効いた適度な緊張関係が存在すべきことはいうまでもない。そして、それらの影響は1つの職場にとどまらず、企業文化のあり様にも及ぼすことになろう。こうして、それらのことが相俟って、人間関係（労使関係・労々関係）、社員の企業や職場や仕事に対する意識、態度、心の構えなどは、少なくとも、いわゆる「一時の腰掛け」的意識で充満している企業・職場に比べて、モラルとモラールの点でも向上することが期待できよう。さらに、

---

8) 荒井一博『終身雇用制と日本文化―ゲーム論的アプローチ』（中央公論社、1997年）59頁以下参照。ちなみに、「終身雇用制」の語源は、lifetime commitment（終身の関係）である。これは、企業と社員が互いに義務を果たす関係を説明するため、1958年にジェームス・C・アベグレンが使った言葉である。そして、アベグレンは「そこで大切なのは、むきだしの個人主義ではなく組織への帰属意識である。すなわち、終身の関係だ」と述べている。それが後に「終身雇用制」と呼ばれるようになった（2005年3月4日付日本経済新聞朝刊参照）。この点に関し、アベグレンは、要するに、雇用関係に対する日本の考え方の真意を日本人の翻訳者よりもよく理解していたといえよう。

9) 前掲注（8）・『終身雇用制と日本文化』89頁以下参照。なお、組織にとって必須の条件である、そうした組織的価値も、何故それが重要かについて、語り紡ぎ実践していくことが肝心である。

10) その具体的顕われ方としては、例えば、社員が情報を共有化するなど、個人の利益より企業やその職場全体の利益を優先させる企業文化の創造などが考えられよう。つまり、そうした方が、回りまわって、結局のところ個々人にとっても益があり、働きがい、さらには良好な人間関係の構築にも繋がるという考え方を共有することができるということである。

そのことはメンタル・ヘルスの維持の視点からも有益となろう。

これまで、わが国のそうした企業と職場の人的環境と「人間中心主義思想」[11]に基づいた仕組み・制度が集団主義の利点を機能させ、社員間の人間関係を活性化させ、切磋琢磨が日常的に行われたことが源泉・原動力となって、業務改善、コスト意識等の動き・取組みが活発になったり、高付加価値型製品や世界の先端技術の開発に繋がるというような成果を出すことができたものとみることができる。

(2) この点、職場の人間関係が個人主義や「結果がすべて」といった考え方、あるいは一時の腰掛け的意識を根底に置くことなどによって人間関係が希薄化[12]したり、個人プレイが横行したりするような人的環境下で遂行する仕事の成果と、帰属意識、仲間意識、チームワーク等の価値観を共有できる職場において遂行する仕事の成果との間には、計り知れない有形無形の優劣の差が出てくることは十分想定されよう。特に、そうした現象は長期化すればするほど顕著になるはずである。しかも、後者の職場では、社員側の視点から考察しても、職業人としての能力向上、職場生活上の質（人間関係・心理的状態・働く意味などに関して）、安心・安定の確保等を含めた効用が期待できる。このことは、今日的雇用社会の実態を直視すればなおのこと無視できない効用である。[13]

(3) いずれにしても、職能資格制度を中核とする人事制度の利点を生かした職場経営の場合には、経営側は社員に対して一定の配慮や責任を果たそうとする意識をより強くするとともに、社員側も企業に対して帰属意識や忠誠心を旺盛にし、コスト意識や効率化に対する意識・意欲を高めたり、業務改善等にも意欲を強めたりしてくれるに違いないと期待するだろう。社員は特別な事情が生起しない限り定年退職するまで「この企業で勤め上げたい」、「安心・安定の職場生活を送り

---

11) ここでいう人間中心主義とは、自然までも征服しようとする欧米的考え方ではなく、自然万物を神として敬うといった感性・考え方と通底して、あるいはその延長線上に立って人を大切にしようとする、日本の文化・伝統とマッチした考え方である。それは、ある意味では、「非合理主義的思想」ともいえなくもないが、他方では、むしろ、深遠であり、長期的な視点に立てば、戦略的ですらあるともいえよう。

12) 内閣府・平成19年版国民生活白書「職場のつながり」または平成19年7月9日付労働新聞・スポット「希薄化する人間関係」を参照。

13) 前掲の職場における人間関係の希薄化現象の強まり傾向ともリンクするが、ここで例示するまでもなく、職場における社員のメンタルヘルス問題は今や深刻な社会的問題である。

たい」、「この企業を舞台として成長し、所属企業や地域社会に貢献したい」などの意識が芽生えることになろう。そして、そうした中から、社員は人生における働くことの意義や効用について悟ることができたり、働き甲斐を実感したりできるようになるかもしれない。社員は、働くことを通して精神的安心・安定と人生の目的・目標を摑むことができる。そして、そのことが充実した人生を送る全ての基盤となり、社会の秩序・安定に繋がることになる。[14]

(4) 職能資格制度には、いくつかの特徴的仕組みが施されている。それは、第1に、職能資格制度における評価基準として、職能（職務遂行能力）が据えられていることである。つまり、この制度は社員の職能の発展段階に応じて企業内における資格の格付（職能資格または職能等級）が上がる（昇格する）という仕組みである。ただし、ここでいう職能とは、単に「現在配置されている職務を遂行する能力」という意味ではない。それは、現在担当している役職（職務）を十分こなせることが前提条件である。その上で、「社員が積み上げてきた（ストックしてきた）潜在能力」についても申し分ないという意味である。そして、その職能を評価（人事考課）するにあたっては、まず、対象となる社員が、各資格・階層ごとの「職能資格等級基準」（図表2-1職能資格等級基準の事例（75頁）参照）と呼ばれる資格基準の要件を具備しているか否かということになる。その判断の結果、当該社員が必要な要件を具備しているとの結論に達した場合には昇格させるということである。

このように、社員は入社以来積み上げてきた能力（潜在能力）が評価されることから、目先の成果・実績に惑わされることなく、当該企業の社員としての組織

---

14) 野田宣雄『二十一世紀をどう生きるか―「混沌の歴史」の始まり』（PHP研究所、2000年）参照。加えて、こうした点に着目すると、「職場とは『人生道場』である」といっても過言ではないという思いが強まる（拙著『鉄道会社の労働法と職場経営論』（東洋館、1998年）497頁以下参照）。

15) もちろん、職場経営者は単に期待するだけでなく、部下社員に動機づけを行ったり、必要・有効な人事制度や福利厚生などに関する情報を提供したり、今後のキャリア形成についての助言を行ったり、あるいは悩みや相談に応じたりすることである。このようにいうと、職場経営者が過重な負担を強いられ、メンタルヘルスが心配だとする向きも想定されるが、必ずしもそういうことにはならない。むしろ、部下社員を支援したり指導したり、心配したりすることで、却って精神状態が充実あるいは気丈夫になる傾向さえある。もちろん、そこには、個人差があるので、職場経営者は自分自身の心と身体の健康管理には十分留意するとともに、その限界についても見極めなければならないことはいうまでもない。

的価値を高め企業の発展に繋がるような見識・態度で業務を遂行したり、職務遂行能力の向上を目指して不断の自己啓発努力を重ねたりすることが期待できる。[15]
それらは、企業組織として求められる必要な職場風土や価値観の形成にも、その意図に適した影響を及ぼすことになろう。

> 《付言－2》
> 　ちなみに、「職能資格制度」は、社員が積み上げてきた（ストックしてきた）潜在能力によって格付（ランキング）する社員格付制度であるが、これに対して、アメリカの「職務分類制度」（職務等級制度）は現在配置されている仕事（職務）の重要度や難易度に応じて従業員を格付（ランキング）するという社員格付制度である。
> 　また、昇格人事については、卒業方式と入学方式とがある。前者は現在就いている資格の要件を十分クリアしたと評価できるか否かによって決める方式であり、後者はこれから昇格させようとする資格の要件を具備しているか否かで決める方式である。

⑸　⑷を基礎として職能資格制度は、「仕事と処遇の分離」と「資格が給与（基本給）に直結する」という仕組みが実践される。このことによって、①企業（人事異動）の都合で当該社員の職務能力を十分発揮できない職務・役職あるいは部署・地域に異動せざるを得ない事態も想定されるが、そうした場合でも、当該社員の能力に応じた資格を付与することができる（柔軟な人事異動、人事異動に伴う意欲喪失の防止）、②社員は職務や役職に変化がなくても、自己啓発等を積んで能力等を高め職能資格等級基準を満たすことによって資格と給与が上がること（昇格・昇給）を期待することができる（組織・人事の柔軟性と「動機づけ」）。

⑹　この制度に基づく人事評価は、①予め設定された絶対基準（職能資格等級基準）による「絶対能力」を基準・尺度として評価する仕組になっていること、②絶対基準（これに基づいた絶対能力要件）は当該企業全体を視野に入れての抽象的表現になることから、社員は仕事内容や所属部門が異なっても、同一の昇格基準に基づいて評価がなされるので、格付人事の公平性・平等性が確保できる可能性が高くなること（系統を越えた多様な社員の協力関係の促進（「集団主義」が機能すること）に繋がる。

このように、職能部門等が異なる社員を全社共通の基準によって評価し格付することから、全社的に一貫性のある公平な人事を実施することが可能となる。また、それはわが国特有の人事制度の強みの１つの要素となって、人事管理の諸制

度・諸施策全体を統合することにも繋がるものと期待できよう。

(7) (5)および(6)などの仕組みから、この制度は企業を取り巻く内外の環境が激しく変化する場合に、その変化に対応させて柔軟な組織戦略とそれに基づく人事異動を実施することが可能である。この点、例えば、全社的プロジェクトチームの立上げ、組織の改編、分社化などを実施する際にはスピーディーかつ柔軟な人事運用が求められることになるが、その場合、この仕組みが機能することになり、柔軟な人事異動およびその後のスムーズな立ち上がり、あるいは高い付加価値の付いた新製品の開発、リピート効果の高い接客サービスの開発等に繋がることが期待できよう。

(8) また、企業組織の都合や事情により、社員が能力を十分発揮できない、あるいは社員の業績が下がることが予想される別の職能部門や地域への人事異動を実施する場合についても、基本的には給与（基本給）が現状維持となる。このことにより、企業は社員の意欲や帰属意識の減退を最小限にとどめつつ、柔軟な人事異動を実施することができる。つまり、企業は社員の処遇問題から解放されて（切り離して）、人事異動（再配置・昇進）をフレキシブル（柔軟）に行うことができるということである。特定の職位（役職）に誰を配置し、昇進させるかは、一定範囲の職能資格または職能資格等級に格付された有資格者の中から人選することによって決定することができる。つまり、人事異動の実施にあたっては、①まず、人事異動の対象範囲がかなり絞られた状態で人選することができること、②少なくとも、処遇については考慮することなく、職位制度や企業の論理・要請を優先させ、組織機能の発揮あるいは事業展開の目的・都合に応じて、より柔軟（フレキシブル）に実施できる利点がある。

(9) 仕事（役職・職務）と資格が分離されたことにより、ポストが空かなくても、あるいは仕事の内容に変化がなくても、職務遂行能力（絶対能力）を高めれば、昇格することが可能となった。逆に、別の職能部門や部署に異動しても、あるいは出向しても、つまり、仕事が変わってもそれだけで降格されることはない。また、脈絡のあるキャリア形成を促進する能力開発型・後継者育成型の人事異動を展開することができるのも、この制度の仕組みに負うところが大きいといえよう。

(10) 職能資格制度は、労働力の効率的な利用に貢献するという点においても、

また、労働秩序の維持とモラールアップという点においても適合的に機能する可能性を備えている。

⑾　少なくとも長期的視点に立つならば、職能資格制度は、職場における「ストレス」、「いじめ」、「鬱病」、「過労死」などの原因の1つになりかねない「結果がすべて」というような人事制度・社員管理手法に起因する人間関係の弊害の緩和や予防、抑止力となることが期待できる。

⑿　社員間の不適切で過度の競争を職場に持ち込むことによって、職場の社員が情報の共有化を避けるようになったり、個人プレイが横行するようになったりすることが生じてしまう。そうなると、職場全体の利益よりも個人の利益を優先させる価値観が職場を席捲してしまうことになりかねない。そうしたチームワーク機能を麻痺させたり、社員のメンタル・ヘルスを損ねたりという深刻な事態に陥ってしまうことを避けるためにも、組織的価値が組み込まれている職能資格制度は有益・有効であるといえよう。

以上職能資格制度の機能・効用について例示したが、そもそも制度自体には自動装置が内蔵されているわけではないことに留意しなければならない。つまり、手をこまねいているだけでは、そうした制度が期待どおり機能し、例示したような効用が具体化するといったことにはならないということである。それらに加えて、緊張感を欠落した運用を繰り返し、単なる怠慢等から制度設定の趣旨・理念・目的を逸脱した解釈・適用を行い、企業を取り巻く環境に関する配慮を怠ることになれば、職能資格制度は、機能不全状態に陥り、陳腐化してしまうことにもなりかねない。

したがって、そうした事態に陥らないようにするためには、例えば、①適度な緊張感を伴った適切・適正な制度の運用を実践すること、②人事管理の執行（運用）体制の充実・活性化を図るとともに、それらを踏まえて人事担当役員（トップマネジメント）、人事担当部長および職場経営者の三者の連携を充実させること、③特に、職場こそがその実践の場であることについて、少なくとも、この三者が共有・共鳴することである。また、トップマネジメントと人事担当部長は、地位の上下関係に固執することなく、事の本質を優先させて職場経営者の発言に耳を傾け連携するとともに、必要な支援・配慮などを積極的に展開するべきである。

3　職能資格制度の短所・弱点

ところが、産業構造の変化、グローバル化における企業間競争の激化等、経営環境の激変下にあって、人事管理制度の中核である「職能資格制度」は修正を加えられるべきであるとの声が高まっている。そして、その理由・弱みとは次のようなものが考えられよう。

① 短期決戦・スピード経営が重視される今日にあっては、長期展望に立っての社員の能力向上は、企業の業績向上に適宜に繋がらない。
② この制度は、必要な緊張感や社員マネジメントの手を緩めたりすると、人件費の増大や仕事能力の陳腐化に繋がったり、時代の変化や知識、技術の革新についていけなくなったりする、大きな要素・要因となってしまう恐れがある。
③ 価値観の多様化、雇用形態の多様化、終身雇用制の揺らぎとそれに関連する「労働市場の流動化」へと陥りやすい時代的背景などから、労使ともこの制度に対して確信を持てないといった傾向が垣間見える。こうした理由と背景から、新しい社員格付制度が模索されつつあるが、それは「人事管理の複線化」と総称することができよう。

3-1　職能資格制度の問題・課題と打開策

職能資格制度の評価は大きく2つに分けることができよう。その1つは、職能資格制度を中軸とした人事制度の限界説であり、もう1つは、人事制度の基本として年功的運用を排除し、資格についても「職務重視」を徹底し、「潜在能力」（期待）ではなく「顕在能力」（＝成果）に基づく格付を行うべきである、という抜本的ともいえる修正説である。そこで、職能資格制度（能力主義）の弱点にかかる指摘とその背景・事由およびその問題の核心と打開策について考察してみよう。

3-1-1　職能資格制度の弱点に係る指摘・提唱

近年、ポスト工業化やグローバル化の社会趨勢の中で、日本企業を取り巻く経営環境は厳しいものがある。この厳しさを惹起する要因・要素としては、例えば、世界規模での企業間競争が激化している中にあって、わが国の人件費の高さは世

界でも有数であること、資源小国である日本は「先端的市場」での激しい競争が強いられていることとも相俟って、マイクロエレクトロニクス（micro‐electronics：ME）の革命的進歩・発展を続行することなどを通して、高付加価値型製品の開発を続けていかなければならないこと、資格や高度な専門的知識に加えて勤続年数による習熟能力よりも、IT機器や最新の知識・技能を素早く習得し使いこなすことによって、業績アップに貢献できるという意味での有能な人材が求められていること、高学歴化・少子高齢化の進展が続行していることなどを挙げることができよう。

こうしたことを背景・事由として、わが国特有の職能資格制度改変の必要性や職務主義・成果主義の導入という、人事制度の抜本的転換を指摘・提唱する動きが盛んになっている。そこで、そうした指摘・提唱の中から数例を以下に抽出するとともに、それらに対する本書としての態度・考え方について言及してみよう。

〔指摘・提唱〕

(1) 能力主義と成果主義の長短に関しては、例えば、次のような見解が想定される。すなわち、「能力主義は、人材育成論、組織の柔軟性、労使関係の安定性、雇用生活の安定性などからみればきわめて優れている。仕事と賃金が結びつかないから、配置転換、職種転換などの人事異動が自由自在となる。この点、仕事と賃金を結び付ければ、職種転換、配置転換はやりにくくなり、組織は変動に対して硬直化する。したがって、組織の成長過程あるいは企業活動の激動期においてはむしろ能力主義が優れているといえよう。ところが、経済の成長率が低下し横ばい状態になり、さらにはマイナス成長というようなことになれば、成果主義賃金が似合うということになる」との見解である。また、「能力主義は、社員が長く勤めれば必ず能力は高まっていくとの思想の下、定期昇給制度が存在し、右上がりの賃金カーブとなる。この点、成果主義は定昇がない。また前年に比べて仕事や業績が下がれば賃金を比較的容易に下げることができる。そういった意味で賃金支払いの柔軟性、弾力性からみるならば、はるかに成果主義が優れているということになる。つまり能力主義と成果主義が一概にどちらがよいとか、どちらが悪いということはできない。何を視点として考えるのか、どのような職種・組織の状況にあるかによって判断すべき問題であるといえよう」とするものも想定

(2)「職能資格は、従業員の職務遂行能力の指標であるから、いわば労働供給側の属性であり、組織上の供給制約は存在しない。……ストック型雇用制度という性格を反映して、各々の役職に対応する有資格者は、実際の職務に対し慢性的に供給超過となる。その結果、上位の資格には『昇格』したものの、上位の役職には『昇進』できないということが起こりうる。特に、彼らが人件費に見合った貢献を企業に対してなしえない『役職に就かない管理職』である場合は、問題はより深刻である[16]。」

(3)「現在、社内の人材だけでは対応できない分野が出てきており、こうした人材は、外部労働市場から調達せざるを得ない。しかし、社外から人材を調達する際に、とくに金融デリバティブの専門家のようにその「値づけ」が外部労働市場でなされている場合は、職能資格制度は魅力的な労働条件を示すことができない[17]。」

(4)「職能要件の対象範囲が幅広いために、内容が抽象的なものにとどまり、昇格基準が曖昧になる、その結果、資格制度の運用が年功的に傾くというデメリットがある[18]。」

(5)「職能資格制度は人件費を変動化しにくいという問題に対応している。そもそも、職能資格制度導入の最たる目的は賃金決定における能力主義選別により年功制を改めることにあったはずである。しかし、インセンティブ強化のために次第に等級数を増加させ、同時にその能力要件を不明確且つ曖昧なものにしたことが、職能資格制度の運用を年功的に傾けてしまった。そうであれば職能資格制度の問題点として指摘される問題の多くは、制度の設計原理から生み出されたのではなく、制度本来の目的と違える運用を積み上げた結果、顕在化してきたといえる。」

「しかし、たとえそうであったとしても職能資格制度がこれらの問題を発生させやすい土壌を持っていたこともまた事実である。例えば『発揮能力に応じた昇降格が柔軟にできない』は、職能資格制度が持つ2つの基本思想との対立に起因

---

16) 佐藤博樹＝藤村博之＝八代充史『新しい人事労務管理〔第3版〕』（有斐閣、2007年）70～74頁。
17) 佐藤博樹＝藤村博之＝八代充史『新しい人事労務管理〔初版〕』（有斐閣、1999年）63頁。
18) 同上62頁。

する。基本思想とは、『資格は過去から積み上げてきた成果の反映』であり、『一度身につけた能力は目減りしない』ということである。しかし、現実には過去の成果は現在に連続するものではない。また、要請される能力は当該企業の事業や製品の転換に応じて陳腐化する。職能資格制度ではこの当たり前のことが処遇に反映されない。『高資格化が進み人件費が高騰』にしても、高資格者に資格に見合う職務が与えられ、報酬を上回る付加価値を上げられれば生産性は上昇するはずである。しかし現実はそうなっていない。このことは職務と資格のミスマッチに起因する。つまり、職務が変わらないのに資格が上昇し、結果、同程度の職務価値の仕事群に異なる資格の社員が混在したことを意味する。」[19]

(6)「1993年12月、日経連は、『新・日本的経営システム等プロジェクトチーム』を発足させ、その後、職能資格制度に対する問題提起を行った。ここでは、その問題提起について取り上げた著書の一部を紹介しよう。」

「ここで提起されている新しい人事・労務管理戦略は長期雇用『保障』（終身雇用）と年功制の最終的な廃棄であり、雇用と処遇および人事のフレキシビリティのより一層の強化である。……この後者は、年功制の一掃・廃棄と『加点主義』と『成果主義』に立脚した人事・処遇制度の確立である。……こうして加点主義がいわれるのは企業主義・集団依存主義から仕事基準の個人主義に転換するためである。……戦後の能力主義が育った時代はブルーカラーが主流であって、どんな人が何時間働いたかというインプット対価賃金（ペイ・フォア・インプット；pay for input）が意味をもっていたし、人材育成という面からみてもキャリアアップへの機会均等を理念とする『能力主義管理』は十分有効に機能した。だが技術水準の高度化にともなって、ホワイトカラーが主流となるとどんなに努力しようともまたどんなに（潜在的な）能力があろうとも、それがそのまま成果に表れるわけではない。潜在能力（ポテンシャル；potential）や努力過程（プロセス；process）ではなくて成果や結果（リザルツ；result）を重視しなければならない。したがって成果に基づく処遇＝『成果主義』（ペイ・フォア・アウトプット；pay for output）にならざるをえない状況になった。日経連の問題提起について取り上げた著書はおよそこのようにいうのである。」

---

19) 平野光俊『日本型人事管理―進化型の発生プロセスと機能性』（中央経済社、2006年）43・44頁。

「要するに『加点主義』とは企業中心型の年功主義の払拭と仕事基準の個人主義の強化を意味し、また『成果主義』とは潜在能力中心主義から顕在能力中心主義への転換をいう。あれこれの麗句と粉飾はあるけれど、端的にいって人事の年功的運用の放逐こそがいわれていることの本質なのである。この点では、『能力主義管理』が『能力』に反映する限りであれ『年功』を認め、年功的なイデオロギーをその内部に組み込んだのとは対照的であり、『新・日本的経営』は『能力主義管理』とは異なる原理を想定しているといえよう。こうした『加点主義』と『成果主義』の原理にそって従来の職能資格制度も修正される。」[20]

(7)「職能資格制度は下位職能から上位職能への内部昇進制を土台としているため、全員をゼネラリスト育成に向けて包摂した、極めて質的連続性が強いものとなっている。こうした特徴を有した職能資格制度は、人的資源における画一性や同質性を強め、単一管理的な人事制度に陥り易くなる。ところが、職能資格制度のこうした単一管理的な特質とは裏腹に、最近では従業員の価値観や勤労意識が多様化するとともに、産業構造の転換に伴い、企業に求められる人材像も大きく変化しつつある。職能資格制度がこのような従業員の価値観の多様化や求められる人材像の変化に応えていくためには、その特質ともいうべき単一管理から脱却し、人的資源管理の複線化、つまり複線型人事制度の導入を図っていく必要があるものと思われる。」[21]

(8)「包括一元管理の人事制度では、情報化経営に対応して従業員の専門職業能力を育成・活用することがむつかしい。包括一元管理とは、全社員一律に適用される職能資格体系に基軸を置き、全社統一の人事労務管理の基準を設定し、全社員を同質的に管理していこうとする考え方である。……今日の経営戦略の基調は工業化経営から情報化経営にシフトしようとしている。そこで求められるようになるのは、新技術を活用して独自の商品、事業を開発したり、高度な業務革新を行ったりすることである。このような経営戦略を実現するために、とくにホワイトカラー従業員に必要とされるようになるのは、ゼネラリストとして昇進していくなかで身についてくる一般的管理能力ではなく、それぞれの事業分野ごと、

---

20)　前掲注(5)・『新・日本的経営と労務管理』39〜41頁。
21)　前掲注(6)・『人的資源管理要論』4頁。

それぞれの仕事ごとに異なる固有の専門的職業能力である。来るべき情報化経営の時代においてはゼネラリスト中心人事を廃止し、仕事の専門的特性に応じて人材を個別的に活用・育成していくスペシャリスト人事を確立することが望ましい。」[22]

(9)「保有能力を測る職能資格要件は、非常に詳細につくり込まれた。会社の中のそれぞれの仕事について微細に職務分析を行い、それに基づいて等級ごとの職能資格要件をつくり込む。人事が労働組合と協力しながら、2年間くらいかけて、200〜300頁にものぼる職能資格要件がつくり上げられるようなこともあった。ところが、変化の激しい時代には、必要とされる職能要件もどんどん変化していく。膨大な時間と労力を費やして職能要件ができあがったときには、すでに陳腐化しているリスクが常にともなった。」[23]

(10)「実際ほとんどの組織には、少数ではあっても、不正・反社会的行為に反対する成員がいる（内心では多くの成員が反対しているかもしれない）。しかし終身雇用制の下では、そのような意見を抑圧して不正を生み出す道具や装置をつくりだすことが容易で、上層管理者などによってそれが利用される。」

「終身雇用制はその制度の下にある人間関係を変える。それは組織内の人間関係を緊密なものにするため、情報の伝達も組織の成員間で頻繁に行われるようになる。これは協力を促進し組織の生産性を高めることを今まで論じてきた。しかしながら、それは悪用することもできる。火薬は土木建設に便利であるが、殺戮にも使うことができる。終身雇用制も同様な両面を持つ。」

「終身雇用制と多数決とが結合して利用されている。終身雇用制が結託を生み、結託が多数決を通して結託した人間に有利な状態をもたらす。多数決という決定方法が、終身雇用制の下で結託の形成を促進する。」

「かくして、ごくわずかの成員の結託によって、結託者は無関心者の賛同を獲得し、期待した結果を多数決で得ることができる。結託が行われる状態の下では、公の場で議論をせずとも、最終的に決定されることは初めから決まっている。公の議論の前に結託者が話し合って決めてしまっている。したがって、議論の過程で次第に事実や問題点が明らかになったり、異なる意見が統合されて新しい方針

---

22) 津田眞澂編著『人事労務管理』（ミネルヴァ書房、1993年）98頁。
23) 高橋俊介『人材マネジメント論』（東洋経済新報社、1998年）160頁。

が出されたりすることがない。換言すれば議論は形式・儀式だけのものになる。議論によって不正・問題点などが指摘されるのを回避するために、結託者はできれば議論を最小限で済ませようとする。結託者は公の議論をできるだけ避けようともする。このプロセスは結託者に有利な結果をもたらすであろうが、組織全体の視点からみると大きな不効率に結果する。すでにわれわれは不効率になる場合に触れたが、そのほかには少数意見を持つ成員のやる気を削ぐ点が重要である。会議の結論が結託者によって初めから決まっていれば、その他の成員はそもそも当該の問題について真剣な議論をしようとはしないし、優れた代替案を出そうともしなくなるであろう。また議決の実行にも真剣ではなくなるであろう。結託しない成員の組織忠誠心は通常低下しよう。結託した個人と他の個人との間の信頼は失われ、チームワークや協力関係に支障が生じるであろう[24]。」

3-1-2　指摘・提唱に対する本書としての態度・考え方

上記のとおり例示した職能資格制度（能力主義）の弱点にかかる指摘・提唱に対する本書としての態度・考え方について、以下に述べておこう。

(1)で想定した能力主義と成果主義の長短に関する見解については、能力主義（職能資格制度）と成果主義には各々長所があり、一概にどちらが善いとか悪いとかいうことはできない。何を視点として考えるか、どのような職種・組織の状況にあるかによって判断すべき問題であるというものである。その部分については、「それは指摘のとおりである」と一応いうしかない。しかしながら、能力主義（職能資格制度）の長所と成果主義のそれとの間には、峻別すべき問題の存在が認められる。この場合でいうならば、賃金問題は職能資格体系の枠組みのなかでも、経営努力や労使の知恵・歩み寄りなどによって調整したり、補完的措置を講じたり、あるいは是正したりすることで解決することも可能である。それに対して、グローバル・スタンダード（global standard）や市場原理主義を根拠あるいは背景とする成果主義・加点主義の導入に伴って、企業・職場で繰り広げられる人間関係、価値観・人間観、人事管理などに及ぼす影響は極めて重大であり、そこには組織の根幹を揺るがすことになりかねない問題を孕んでいる。そうした成果主

---

24)　前掲注（8）・『終身雇用制と日本文化』101～111頁。

義・加点主義の導入は、組織的価値等を共有することの重要性に対する各成員の認識を希薄化させるなど、企業にとって致命的・組織的問題を抱え込むことになりかねない。しかも、そうした雇用社会の影響・弊害は雇用社会にとどまらず、家庭・家族を含めた一般国民生活における人間関係のあり様にも影響を及ぼすことになろう。それは、例えば、成果主義による人事処遇の導入によって、世の中全体が「結果が全て」というような価値観で充満してしまい、高信頼の国から低信頼の国に滑り落ち、その度合いを深めかねないという危惧である。そうした文化や人々の道徳・道義心そして組織的価値、企業・職場観などは、一旦崩れたり失ったりすると取り戻すことが極めて困難となる。加えて、賃金問題は前述したことから考慮しても、成果主義導入以外の他の手段による是正措置を講じることも可能である。さらに踏み込んでいうならば、その見解には「賃金支払いの柔軟性、弾力性からみるならば、はるかに成果主義が優れているということになる」とあるが、そのことは、そもそも、経営者側の視点に立った一方的評価・論理である。したがって、目先の利益に目が眩んで安易に職能資格制度に代えて成果主義・加点主義を導入することは、少なくとも、長期展望に立つならば、国家・国民や企業の将来にとって取り返しのつかない禍根を残すことになりかねないことに気づくべきであろう。

　(2)の指摘・提唱については、指摘のような要員による人件費増大が許容範囲に収まる性格のものなのか、それとも、すでにその限界を超えて深刻な経営問題に直面しているのか、あるいは何らかの適切な対応策を講じなければ、当該企業の存続問題にまで発展しかねない危機的事態に陥っているのか、などの状況如何によってもその見解は異なってこよう。いずれにしても、「職能資格は労働供給側の属性であり、組織上の供給制約は存在しない」などとする考え方は、あくまで「平時の理論」というべきものである。企業経営がこれまでのパラダイムのなかで順調に推移しているのであれば、そのことを成り立たせることもできよう。しかし、世界情勢が激変するとともに世界規模での企業間競争が激化しているという、大変革の経営環境の中では、全てを満足させることはできない事態が生じる。そうしたとき、経営者としては、何にプライオリティ（優先順位）を認めるかの選択が決定的に重要となろう。そうだとすると、各々の役職に対応する有資格者が実際の職務に対して慢性的に供給超過となっているとか、上位の資格に昇格し

たものの上位の役職には昇進できないとか、さらには彼らが人件費に見合った貢献を企業になし得ない「役職に就かない管理職」であるとかの事態になれば、それでもなおその事態を放棄し続けることは許されるものではない。平時でのメリット（利点）も、前提条件や環境の変化によってデメリットに転じてしまうことも少なからずある。しかも、指摘のとおり、職能資格制度には、役職と資格の緩やかな対応関係や全社一律の抽象的な職能要件というような特徴がある。それがこの場面では負の効果になってしまった。

　そこで、本書としては、このことに関しては、後述するように、その補完的措置の一環として、実際主義に基づく「実際力」を人事考課の対象項目として加えることを提言している（101頁以下参照）。そして、その場合、社員（被考課者）の「実際力」をはじめ人間関係スキルやICTスキルなどのレベル（程度）を必要に応じて把握することができ考課するに相応しい位置・立場にあるのは、いうまでもなく、直接の上司である職場経営者（ライン管理者等）ということになる。加えて、人事担当役員（トップマネジメント）、人事担当部長および職場長の三者による人事管理の執行（運用）体制を強め、その機能を十分発揮させる。こうした前提条件・基盤の下で、職場経営者の制度運用を厳正・的確に行うことである。そうするならば、少なくとも、昇格はさせたが昇進はさせられないなどという最悪の結果を招くことは、かなりの確度で防止できよう。また、「ストック型雇用制度」の弱点があるといっても、昇格の一次的権限は、少なくとも、例えば、営業部などの各職能部門にあるはずである。したがって、各職能部門には、社員を昇格させるにあたっては、当該資格に見合った役職に昇進させられるか否かについての見通しを判断する責任があるはずだ。それにもかかわらず、各々の役職に対応する有資格者が実際の職務に対し慢性的に供給超過となるなどということは、企業として見逃しにできない問題である。人事担当部長、各職能部門長および職

25）　彼の「実際力」がどの程度かについては、一緒に働いている仲間や先輩・同僚が一番よく承知している。また、上司は職場の部下社員とのコミュニケーションをとり信頼関係を深めているならば、部下社員一人ひとりの情報をキャッチすることができる位置・立場にあり、「実際力」はもちろん、人間関係スキルなど多くのことを客観的にまた正確・的確に把握することは容易である。したがって、問題は人事担当部門と関係職能部門が、当該職場経営者（ライン管理者）の当該社員に関する実際力を中心とした評価結果をどれだけ真剣に聴き、そしてそのことをどれだけ人事考課に反映させるかである。

場長は、職能資格制度の弱点を理由にその責めを免れようとしてはならない。

(3)の指摘・提唱については、外部労働市場から専門職を特別な処遇で採用しなければならないケースが、実際どの程度あるのかは別にして、採用管理の例外措置としてルール化しておくことで対応可能ではないかと思われる。もちろん、あくまで例外措置であるから、その乱発・濫用は禁物である。また、多くの社員が納得し受け入れられるものであり、必要に応じて説明できる合理的な理由の存在が必要であろう。また、そもそも、例えば、弁護士、公認会計士、税理士等を顧問として雇って、一時的に必要に応じて活用したり、あるいは情報システムの導入や抜本的改変のためにソフト会社にアウトソーシングしたり、というような対応もできよう。一方専門職あるいは特殊技能職といっても、正規社員の場合は企業内部の実態や企業文化などについて熟知していることが要求されよう。なぜなら、企業が必要に応じて、弁護士、公認会計士、情報技術者等のプロに依頼し効率的に仕事を遂行するためには、多くの場合、内部の事情を熟知した専門職社員が企業と依頼した外部の専門職の間に立って、いわば翻訳的機能を果たすなどして共同作業を展開するというような進め方が、効果的・効率的でベストの結果を得ることができるものとして期待されているからである。いずれにしても、外部の労働市場から常勤の専門職の正規社員を採用することは、一時的には妥当であると思われても、そうした事情や採用後における長期間の彼らに対する処遇、活用等を考慮すると、多くの場合、慎重な吟味・対応が求められよう。加えて、そうした例外的人事施策をスムーズに導入・実施するためには、労使のコミュニケーションを密にし、経営に関する価値観を共有・共鳴できる関係を深めておくことが肝要である。

(4)の指摘・提唱は、まず、「職能資格等級基準」が抽象的であるために、昇格基準が曖昧になり、その結果として、年功的昇格人事のデメリットが発生するというものである。しかし、複数の職能部門から構成されている企業にあっては、各職能部門間の連携や協力関係を促進することが重要である。その点、職能資格制度は所属する職能部門を越えて、求められる働き方、資質、能力なども異なる社員を共通の基準で評価し格付をする。この仕組みから、人事管理の平等・公平や統合が促進され、「多数の社員が協力し合う」という集団主義のメリットを享受できる[26]。このメリットは、指摘されたデメリットを考慮しても、それをはるか

に超えるメリットが組織にもたらされるものと期待できよう。もちろん、そこには問題点が存在することも否定できない。したがって、人事部門としては、当該「職能資格等級基準」を普遍的な昇格基準に迫るため、その精度を高めるとともに、昇格人事の運用を適切・妥当なものにすることが求められよう。[27]

(5)の指摘・提唱についてであるが、この点に関しては、「資格は過去から積み上げてきた成果の反映」であり、「一度身につけた能力は目減りしない」とする2つを職能資格制度の思想として位置づけることが妥当か否かは別にして、少なくとも企業人は実務家であり実践者である。その視点に着目すれば、現実の問題として、人件費の増大や企業経営に貢献できない社員が存在し、それらが限度を超えて企業にダメージを及ぼしているというのに、経営者も管理者も何の対策も講じようとしないなどということは許されるものではない。こうした場合、経営責任者としては、人事担当部長その他の各職能部門長、職場経営者（ライン管理者等）が中心となって、職能資格制度本来の趣旨・目的に沿い、また利点を生かすべく、あるいは機能するように、人事の運用を積み重ねているか否かについてタイミングよくチェックするなどの、適宜・適切そして効果的な対応を実施することである。つまり、この種の成否のカギは、結局それを扱う人間の問題に帰することが筆者の経験則からも明らかである。それというのも、そもそも時空を超越して何時でもどのような場合・場面においても万全な制度などというものは、皆無ではないにしても滅多にあるものではない。したがって、問題や事情の変更が生じた場合には、緊張感を伴った適正・妥当な制度の解釈や、運用あるいは経営理念・企業文化や組織的価値を基礎とした組織としての総合力でカバーすると[28]

---

26) このことは、市場と異なる組織の特性から生じるものである。つまり、それは前者の場合、各人が完全に独立し自由の立場に立つのに対して、後者の場合は、市場の場におけるような完全独立も自由もないが、組織における社員間には組織的価値を共有する相互依存関係、協力・協調・補完・切磋琢磨する関係が存在する。

27) とかく、制度をないがしろにして安易な妥協のもとに運用するケースが散見される。また、組織内に形成された非公式集団の思惑から、制度の趣旨を逸脱した運用がなされ害悪を及ぼすケースも少なくない。したがって、経営責任者としては、こうした悪弊を除去し、制度本来の趣旨・目的が機能するようにリーダーシップを発揮することの方が賢明な対応方といえよう。

28) こうしたことからも、企業文化や組織的価値の実態について、常に点検しあるいはブラッシングして、求めるべき適正・妥当な状態を維持するとともに、さらにその向上に努めることが重要である。

いうのが現実的かつ賢明な対処方であるといえよう。

ところが、緊張感の欠如した不適切・曖昧模糊とした馴れ合い的な運用の積み重ねが問題を惹起したのに、「職能資格制度が問題を発生させる土壌を持っていた」として、その肝心な原因を究明せず、あるいは不問にして、問題を先送りしたりその原因をすり替えたりするというのは本末転倒というしかない。換言すれば、そうしたところにこそ、経営者としての資質・能力そしてリーダーシップの発揮能力が問われるということである。特に、今日のように激変の時代にあっては座標軸を据えて、制度を活かせるような適用解釈を行ったり、弱点があれば、それを補うような知恵を絞り、緊張感をもって運用したりすることが、むしろ、現実的対応となるケースも想定される。それに対して、問題があれば、制度を変えた方がよいとする発想・認識では、そうした見当違いの理由を口実に安易な制度改変を繰り返し実施してしまうことになりかねない。そうなると、当該問題は解決されたとしても、そのことが却って新たな問題を惹起してしまい、制度の改変以前にも増して深刻な弊害、例えば、制度が機能しないとか組織に対する社員の信頼低下を招いてしまうような事態に陥ることになりかねない。つまり、混沌とした激変の時代にあっては、制度自体の柔軟性に頼ることよりも、むしろ、運用責任者が緊張感・抑止力を伴った柔軟性のある運用や人事手腕を発揮した方が得策であるといったケースが少なからず起こり得るということである。

⑹の指摘・提唱について、まず、当時の日経連が「新・日本的経営」で主張する「加点主義」[29]と「成果主義」の原理に沿って、「終身雇用制」と「年功制」の最終的な廃棄であるとする点については与することはできない[30]。特に、ここまでいい切る前に、働く現場の実態についてどの程度の検証を行い、今後の推移・顛末をどのような視点・側面から考察・予測したのか疑問である[31]。終身雇用制（長

---

29) 加点主義とは、社員が減点主義的評価を気にしてミスや失敗をしない、いわゆる「事なかれ主義」に陥ってしまうことを脱却するために、仕事に対して果敢にチャレンジする社員の姿勢を積極的に評価するという考え方に立って人事評価する手法をいう（岩出博『これからの人事労務』（泉文堂、2002年）156頁）が、ここでの加点主義とは、年功主義の払拭と仕事基準の個人主義の強化を意味する。

30) 伊丹敬之＝加護野忠男『ゼミナール経営学入門〔第2版〕』（日本経済新聞社、1993年）515頁以下参照。

31) 情報労連「ライフスタイル（生活実感）調査」2006年参照。水町勇一郎＝連合総合生活開発研究所編『労働法改革』（日本経済新聞出版社、2010年）230頁以下参照。

期雇用）は職能資格制度存立の前提条件であり、それを廃棄することは職能資格制度の廃棄を意味する。また、終身雇用制と年功制の廃棄に加えて、「加点主義」と「成果主義」の原理が浸透することになれば、あるべき職場の風景・人間模様・人間関係は、「結果がすべて」の価値観とそれに基づく見えざる手によってコントロールされ、組織的価値を共有できない企業・職場になってしまうことが危惧されよう。そこでは、人間関係の希薄化や仕事の個人主義化現象が浸透・充満し、社員間の協力関係が低下するとともに、所属企業・職場の利益より社員個人の利益が優先する傾向が強くなる。しかも、それが企業・職場における自立したビジネスマンとしての常識であるかのようになってしまいかねない。そうなると、チームワークや組織の総合力を発揮することによって、企業としての成果を図るべき場面・局面にもかかわらず、職場ではそのことに反して社員の情報囲い込みや個人プレイ、さらには同僚間の醜い競争などが繰り広げられることにも繋がりかねない。その結果として、例えば、個人プレイを行った社員の成果が上がっても、企業や職場としての成果は上がらないというような捩じれ、あるいは本末転倒的現象が生じたり、メンタルヘルスやいじめ問題などを惹起させたりしかねない。また、そうしたことが1つの原因になって、本来、組織機能を高める1つの要素になるはずの、いわゆる「仲間意識」や「帰属意識」や「信頼関係」が希薄になったり、組織体としての機能不全の状態に陥ったりすることもあり得よう。そして、そのことが要因となって顧客に対するサービス低下にも繋がりかねない。

次にこの問題は、「年功主義」をどうみるかという問題でもある。特に、人間関係の形成・有様に及ぼす影響をどうみるかとの視点に立って考察する必要がある。何故ならば、雇用社会と家族を含めた一般社会・共同体における人間関係の形成上、基本的部分において両者には相関関係があることは否定できないからである。つまり、雇用社会における人間関係の営み・動向はそこだけにとどまるのではなく、一般国民生活の人間関係にも少なからず影響を及ぼすということであ

---

32) ところが、ここにきて、人間関係の希薄化現象どころでない「無縁社会」という、他人事とは思えない深刻さの度合いをさらに増幅させる社会現象がマスメディアで取り沙汰されるに至っている。
33) そこでの人々は、益々孤立化を深めることになる。そうなると、「働くことは人と人を繋ぐあるいは紡ぐ源泉である」とする労働観があるが、その価値観からいうならば、成果主義・加点主義は、働くことのそうした価値・エキスを奪う悪しき要素を内在しているとみることもできる。

る。前述の働くことの意義・エートスに加えて、こうした雇用社会と国民生活における人間関係の相関関係を前提に考えると（35頁以下参照）、人事・処遇制度から年功主義を払拭あるいは廃棄し、成果主義・加点主義を全面的に企業および雇用社会に持ち込んでよいはずはない。近年、そうした視点から年功の弊害ばかりが取り沙汰されるが、年功主義は世代間を越えて、組織や共同体における成員間の「相互理解」、「協力関係」等をつくり上げる際の、いわゆる「潤滑油」となったり、多くの者が納得する「要素・要因」になったり、あるいは職場のしらけムードや気まずい雰囲気を和ませたり、安心・安定やゆとりをもたらす源泉となったりする。つまり、人間が営む組織にあっては、合理・論理だけでは割り切れず、納得できなかったり、不満で渦巻いたりする事態が少なからず生起するものである。そうした場合に、年功主義が介在することにより、納得でき、不満が解消されたり、協力関係が促進したりすることが、よくあるということである。したがって、雇用社会にあっても短慮・短絡的に年功主義を否定せず、むしろその機能を活用するべきであろう。

しかも、わが国の賃金に対する実際上の概念・受け止め方は、労働法を基礎としつつもその枠組みを越えてダイナミックであり、人間中心主義の実践が認められる。それは、例えば、社員の仕事上のことばかりでなく、各々の私的生活上の、世代、家族構成、その他の事情に対応した生活保障、換言するならば、ライフサイクル的要因による消費パターンへの対応を実現可能にしようとする思想である。この思想は、賃金というものを一人ひとりの人生という長期のスパンと深遠さで考えるという、日本人の志向する観点とも符合する、人間中心主義に基づくものである。つまり、雇用関係は単なる契約とは異なり、信義と誠実に基づく組織

---

34) そのように極端に割り切ることができるという、成果主義・加点主義の背景には、いわゆる「資本の論理」に適わない、例えば、「年功」とか「長幼の序」というような非合理・非論理の、ある意味での効用や必要性を全く認めようとしない、いわば「経済」に対する偏重した思想・態度であるといわざるを得ない。この点、「経済」の語源となった「経世済民」の意味するところを再認識しておきたいものである。
35) 藤原正彦『国家の品格』（新潮社、2005年）参照。
36) もちろん、本書は能力、実績、貢献度等から判断して優劣が明らかな場合であっても、年功を優先するべきであると主張したいわけではない。人間関係の営みの中では年功主義や長幼の序など、経済学でいう「外部性」の効用・必要性についても理解するとともに、むしろ、有効に活用するべきであるということである。

的・人格的かつ長期的維持・継続の関係である[37]。したがって、労使の関係は組織的価値を高めそれを共有する側面をもつ関係である。また、その前提として、経営者は企業の社会的責任（CSR）を負うところ、その外部に対する責任と同時に、内部に対しては人の上に立つ者として、社員の雇用と生活を守る責任を負っていると理解すべきであろう。

ところで、賃金その他の処遇にあっては、社員間に節度ある良好な人間関係を維持する機能を内在しているとともに、経営に対する信頼関係を醸成する機能等が包含されていることが望ましいのはいうまでもない。また、年功を勘案した賃金等には、社会の秩序や安心・安定を実現するなどの機能が内在されていることが望ましい。ところが、賃金は単なる労働の対価であり、労働契約の内容となる労働条件の１つにすぎないとし、仮に、「年功主義」に内包されている意義・機能[38]を一切考慮せず、それを排除するということになると、働くことの意味や働きがい、あるいは賃金の意義・機能さらには日本型雇用制度、そしてその背景にある日本の文化・価値観・人間観などに対する理解も希薄化したり、齟齬を生じさせる状態になり、世代間を越えた協力関係を維持・向上させることにも繋がらない。こうしたことからも、非合理的・非論理的と思われがちな「年功」を適切・妥当な範囲で活用し機能させることの方が、むしろ、多くの社員から納得され共鳴を呼び、その結果として、企業は組織的価値を高めることができ、企業間競争の視点からも大きなプラス効果をもたらすことができよう。この点、逆に、そうした機能を内在している「年功」を排除した場合には、企業の維持・発展に障害

---

37) ①アベグレンは、日本における企業と正規の従業員の雇用契約について「終身の関係（lifetime commitment）」と名付けてこれを絶賛した。ところが、後に日本では、「終身雇用制」と呼ばれるようになった。しかし、この翻訳はアベグレン本来の真意とは異なるものである。アベグレンが名付けた「終身の関係」は、日本の雇用関係の実情をかなりよく読み取った表現であるといえよう（ジェームス・C・アベグレン著＝山岡洋一訳『新・日本の経営』（日本経済新聞社、2004年）118・119頁参照、②晴山俊雄『日本賃金管理史』（文眞堂、2005年）319頁以下参照。
38) ここでいう意義・機能とは、人間の営み・人間関係において発生する矛盾や軋轢、誰もが遭遇する人生の変遷に伴う諸問題などの中には、合理・論理・理性だけでは解決できないケースも少なからず存在するが、そうした厄介な問題を調整したり溝を埋めたり、安心・安定を与えたり、和ませたりするというような役割を果たす機能を想定している。
39) もちろん、個人主義・人権思想を全て否定するわけではない。それらを主張し行使するにあたり、特に、共同体・組織にあっては、時と場と立場などをよくよく吟味するなど、節度をもって行うべきであることを強調したいのである。

となる「個人主義・人権思想」が入り込んだ企業文化・職場風土が形成される可能性が高くなる。その結果、企業は、チームワーク力などの協力関係を減じることとなったり、組織としての意思決定に遅延を生じさせるなど、経営上致命的になりかねない問題や弊害となる要素・要因を抱え込むことになろう。

⑺の指摘・提唱については、傾聴に値するものとして受け止める必要があろう。そのことは、特に、いわゆる「地頭力」、創造力、非定形型業務遂行能力などが求められる業種・業態や職場にあっては特に留意しなければならない。節度ある建設的な自由や、フランクに意見を交わせることが確保されている職場風土や雰囲気こそが、各人の主体性、積極性を発揮し創造的な仕事をするための前提条件となるからである。

他方、組織にあっては、市場と同じような自由は望めないのも事実である。というのも、市場では各個人が完全独立しているのに対して、組織内では成員間に相互依存関係、協力関係、補完関係、指揮・命令と服従の関係等が存在し、そこでの行動に関しては組織的価値が基礎になければならないからである。したがって、こうしたジレンマの解消に奔走するとともに、トップ経営者・人事担当部長・各職能部門長および職場経営者（ライン管理者等）は連携を密にする必要がある。また、それと並行して組織的価値の共有、企業文化・職場風土などを統合するためのマネジメントを展開することが求められよう。つまり、組織が社会的責任（CSR）を果たしつつ、その目的を達成するためには、まず、制度の整備と適切・的確な運用が必要になるということである。

いずれにしても、職能資格制度が社員の価値観の多様化や求められる人材像の変化に対応できる体制を整えておく必要がある。このことからも、指摘・提唱の

---

40) 合理・論理だけでは、世界の平和や共同体における人の和や必要な秩序を形成することは困難である（前掲注(35)・『国家の品格』参照）。
41) 知識やネットだけでは解決できない問題を解決する力、創造的思考力というような能力をいい、要するに問題解決力である。
42) ここでの自由とは、従業員が組織的価値を積極的に受け入れ、またそうした認識の下で業務を遂行してこそ、自己の成果・思惑をよりスムーズに達成できるとの価値観を共有できる職場環境条件が整えられていること、またそれらの裏付けとして、自分の理想や考え方を発表したり、反論したりすることができること、特に、未だ決まっていないことについて議論する場にあっては、上下の立場を越えて切磋琢磨できる企業・職場の風土や雰囲気が確保されていることをいう。

とおり、例えば、すでに、少なくない企業が導入している、「複線型人事管理制度」[43]についても、職能資格制度のサブ人事制度の1つとして組み込む検討の余地がある。

⑻の指摘・提唱は、情報化経営に対応するためには、職能資格体系に基軸を置くゼネラリスト人事を廃止して、スペシャリスト人事を確立することが望ましいとするものである。この点については、まず、議論の前提として、企業経営における情報通信技術や情報経営の具体的内容・概念あるいは位置づけをどうみるかの問題でもあることを押さえておく必要があろう。また、わが国の労働市場、職業教育の仕組み、実態等についても明らかにする必要があるように思われる。いずれにしても、当該企業にとって必要なスペシャリストの育成については、各担当職能部門長が責任をもって促進すべきことはいうまでもない。また、スペシャリストの育成と職能資格制度とは、必ずしも矛盾するものではなく、人事部門、その他の各職能部門および職場（ライン等）の三者が連携し協力すれば、その両立は十分可能である。したがって、職能資格制度を基軸・基盤とする人事管理体系を基本的に貫くべきとする態度・見解である。加えて、わが国の企業における管理者や経営者は、通常、内部登用であって、いわゆる「ヘッドハンティング」等によって全くの外部から登用するケースというのは稀であり例外的措置であること[44]、そして、そうした内部登用を原則とする考え方は、日本の文化、価値観、資質、平等観、仲間意識等とも適合するものであり、そうした実態・国民性は今後とも大きく変わるとは考えにくいし、変える必要もないということである。加えて、確かに情報化経営に対応するためには、スペシャリストの育成は必要である。しかし、それ以上に、リーダーシップこそが、今や、時代の要請である。経済社会が極めて激しくかつ不可測に変化するという時代にあって、企業をあるべ

---

43) 安藤史江『コア・テキスト　人的資源管理』（新世社、2008年）108頁以下。ただし、内容によっては、就職活動者（応募者）に説明する必要性が生じることもある。

44) そもそも、労働市場の流動化やヘッドハンティングによる登用は、元々定着農業民族の日本人の気質に合わないように思われる（全く否定するというわけではないが）。いわんや、そこに成果主義等の人事制度が加われば、企業やその職場の人間関係は、生産性を上げたり、付加価値のついたサービスや製品を創造したりするに相応しい企業・職場環境を形成することは難しくなることが想定される。そればかりか、そのことは職場におけるストレスを増幅させる要素・要因になりかねないことが懸念される。

き方向へリードする手立ては、リーダーシップの発揮以外にないといっても過言ではない。

そうだとするならば、職能資格制度を基盤として、ゼネラリストを目指して職務を遂行したり昇進したりしていくという、キャリア形成の本筋・中核となる職能資格制度があり、それに加え必要に応じてキャリア形成の従たる仕組み・コース（ここでは、例えば、「スペシャリスト養成コース」という具合にである）が複数設定されるといった仕組みがあってもいいはずである。しかし、職能資格制度を人事制度の中核に据えることが、多くの社員に所属企業に対する理解・愛着を芽生えさせ、帰属意識、組織忠誠心、組織的価値等の意義に関する理解・認識を深めることとなり、さらには視野を広げ人格や人間力を高め、それらを基礎とした、「リーダーシップ能力」、「管理能力」、「経営能力」等を身につけたりすることに繋がっていくことが期待できる。加えて、それらのことと並行して、社員の資質、能力、意欲、適性、期待度、将来性等を考慮した上で、彼らに脈絡のあるキャリア（複数の職種や職能部門の実態・専門能力）を積ませることである。つまり、企業における人材育成の方向性としては、ゼネラリストとスペシャリストとしての資質・能力を社員育成の両輪とする仕組みを構築することが望ましいということである。[45][46]

それに対して、スペシャリスト育成中心の人事では、社員が入社以来、10年、20年の長期間にわたって、スペシャリストを目指し、またはスペシャリストとしての社員生活・職業人生を送ることになる。しかも、わが国における職業教育は、基本的には、企業が自前で実施しているというのが実態であり、そうしたスペシャリスト中心の人材育成では、果たして管理者・経営者としての資質・能力を育成できるのか疑問である。[47]そもそも、管理者・経営者の、特にリーダーシップを

---

45) ここでいうスペシャリストとは、「企業特殊能力」をもった当該企業におけるスペシャリストである

46) 人材の育成に関してはその一環として、脈絡のあるキャリアを積ませる必要があるが、その際、留意すべきことは、彼らの資質、適性、経歴、実績等に注目することであろう。特に、スペシャリストとして期待するのであれば、理数系か文系か、また学歴・経験・本人の希望なども考慮する必要があろう。いずれにしても、人材の育成等にあたっては、人を大切にする観点からも、人事制度上例外措置が講じることができる余地を残しておくことが肝要である。

47) 特に、IT技術進展の中での働かせ方・働き方の現状を考慮すると、その疑問は増すばかりである。

発揮できる資質・能力は、一朝一夕にして身につくものではない。企業組織の経営者・管理者を育成するということは、今日的状況を考慮するならば、重大かつ喫緊の課題である。[48]また、長期間にわたって、専門職としての意識を強めその職務に専念してきた者が管理者・経営者に登用されたからといって、経営者・管理者本来の役割は、専門職能力や単なる習得能力だけで対応できるという性格のものではない。[49]それこそ、管理職には発令されたが、その役割・責任を果たすことができない管理職になってしまいかねない。

(9)の指摘・提唱については、そのとおりである。したがって、本書としては職務分類制度と類似した職務分析・職務評価、さらには200ないし300頁からなるという、微細な職能資格要件書を作成するというようなことは想定していない。ちなみに、本書としては、職能資格等級基準書および職能資格制度のモデルとして、図表2－1と図表2－2のような内容を想定している。

(10)の指摘・提唱についてであるが、ここでの指摘は、特に、典型的な日本的システム（主に終身雇用制を指すものと読みとれる）の下にある大企業や公的機関などの組織において続発した不祥事に着目したことによっている。[50]そして、日本的システムとその下での個人の行動に焦点を当てて分析し、終身雇用制に内在する問題点を指摘したものである。

これらの指摘は、筆者（本書）の実務界での拙い経験からしても頷けるものが多々含まれており、傾聴に値するものであることはいうまでもない。ただし、そうした不祥事やいじめなどの問題は、著者（荒井氏）もいうように、長期雇用（終身雇用制）の組織の場合には、それらを発生させる土壌があるのも事実ではあるが、終身雇用制を導入している企業や行政機関などの組織だけで発生しているわけではない。また、終身雇用制とそれを基盤とした人事制度から別の雇用形態・人事制度に移行させれば、抜本的に問題が解決・解消できるというものでもない。

---

48) 情報化経営に対応するためには、確かにスペシャリストの育成は必要である。しかし、今日の経済社会は非常に早くかつ不可測に変化しているとともに、混迷を深めている。リーダーシップこそはこうした時代の要請なのである。
49) ただし、情報通信技術（特にソフト開発事業）や金融事業など、例外とせざるを得ないケースもあるかも知れない。
50) 前掲注（8）・『終身雇用制と日本文化』93頁以下。

図表 2-1　職能資格等級基準の事例

級	職能区分	定義
10	上級統轄管理職能	会社の基本的政策や方針に基づき、部またはそれに準じる組織の運営を統括し、かつ会社の政策・方針の企画・立案・決定に参画するとともに、トップを補佐する職能段階
9	統轄管理職能	会社の基本的政策や方針に基づき、部またはそれに準じる組織の運営を統括し、かつ会社の政策・方針の企画・立案・上申を行うとともに、さらに調整および上司の補佐をする職能段階
8	上級管理（専門）職能	会社の政策・方針についての概要の指示に基づき、部または課あるいはそれに準じる組織の業務について、自主的に企画・運営し、かつ実施上の実質的責任をもって部下を管理するとともに、上司の補佐をする職能段階
7	管理（専門）職能	会社の政策や方針についての概要の指示に基づき、課またはそれに準じる組織の業務について、自主的に企画・運営し、かつ実施上の実質的責任をもって部下を管理する職能段階
6	指導監督職能	一般的な監督のもとに担当範囲の細部にわたる専門的知識と多年の経験に基づき、係（班）またはそれに準じる組織の業務について企画し、自らその運営・調整にあたるとともに、部下を指導・監督する職能段階
5	指導判断職能	担当業務の方針について指示を受け、専門的知識と経験に基づき、自己の判断と創意によって部下を指導しながら、計画的に担当業務を遂行し、上司を補佐しうる職能段階
4	熟練定型職能	細部の指示または定められた基準により、高い知識・技能・経験に基づき、複雑な定型的業務については、主導的役割をもち、下級者を指導しながら、かつ自己の判断を要する熟練的（非定形も含む）業務を遂行しうる職能段階
3	高度定型職能	細部の指示または定められた基準により、高い実務知識・技能・経験に基づき、日常定型的業務については主導的役割をもち、必要によっては下級者を指導するとともに、一般的定型的業務の指示を受けて遂行しうる職能段階
2	一般定型職能	具体的な指示または定められた手順にしたがい、業務に関する実務知識・技能・経験に基づき、日常的定型的業務を単独で遂行しうる職能段階
1	定型補助職能	詳細かつ具体的指示または定められた手順にしたがい、特別な経験を必要としない単純な定形的繰り返し業務もしくは見習的補助的な業務を遂行しうる職能段階

出所：今野浩一郎＝佐藤博樹『マネジメント・テキスト　人事管理入門〔第2版〕』（日本経済新聞出版社、2009年）58頁の「表3.3」から転載。

図表2-2　職能資格制度のモデル

職能資格			職能資格の等級定義 （業務の職能の等級区分＝職能段階）	対応職位	初任格付け		昇格基準年数		
層	等級	呼称					モデル年数	最短	最長
管理専門職能	9	参与	管理統率業務・高度専門業務	部長			—	—	—
管理専門職能	8	副参与	管理統率業務・高度企画立案業務および上級専門業務	副部長			5	—	—
管理専門職能	7	参事	管理指導・企画立案業務および専門業務	課長			5	3	—
指導監督専任職能	6	副参事	上級指導監督業務・高度専任業務・高度判断業務	課長補佐			4	3	—
指導監督専任職能	5	主事	指導監督業務・専任業務・判断業務	係長			4	2	—
指導監督専任職能	4	副主事	初級指導監督業務・判定業務	主任			3	2	—
一般職能	3	社員一級	複雑定型および熟練業務	一般職	大学院修士		3	2	6
一般職能	2	社員二級	一般定型業務	一般職	大学卒		2	1	6
一般職能	1	社員三級	補佐および単純定型業務	一般職	高校卒	短大卒	4　2	4　2	6

注：「昇格基準年数」の欄にある年数は、上位資格に昇進するために必要とされる、当該資格に滞留する年である。また「モデル年数」とは、標準的な昇進モデルの場合を示している。
出所：今野浩一郎＝佐藤博樹『マネジメント・テキスト　人事管理入門〔第2版〕』（日本経済新聞出版社、2009年）59頁「表3.4」から転載。

こうした問題・課題の解決のためには、これらの指摘を念頭に置きながら、人間観、人間関係観、人生観・労働観等の視点から考察してみることが必要であるように思われる。それは、例えば、第1に、組織の一成員からトップに至るまで、各自の、人生、働くことの意味、働きがい・生きがいを連動させつつ、徹底して自問自答を試みること、第2に、組織文化の影響力の大きさ・重要性に気づくことである。つまり、これまで発生した不祥事について考察してみても、その発生を許した背後には、組織全体あるいは職場の人間関係に基づく雰囲気・人的環境に多くの問題があるのは明らかである。したがって、その打開策の1つとしては

制度の安易な改変によるのではなく、あるべき組織文化を形成することの意義・有効性について理解するとともに、その実効を期すためにトップ経営者を先頭に全社あげて行動を起こすことが肝心である。そして、その組織文化の状態をチェックしたりブラッシングしたりすることを通して、それがよどむことなく効果的に機能するようにすることである。ちなみに、この場合、トップ経営者が組織文化形成の最高責任者であることについて自覚することが肝心要であるのはいうまでもない。いずれにしても、これら2つのことを全社あげて取り組むならば、そうした不祥事をかなり防ぐことが可能であり、そればかりか組織の活性化や信頼の向上などにも繋がることが期待できよう。

3-1-3　職能資格制度の限界等を指摘・提唱する背景

職能資格制度の限界等を指摘・提唱する背景・事由の一端についてはすでに言及した（35頁）が、ここではさらに以下の視点から、職能資格制度の限界を指摘・提唱する背景・事由について迫ってみることとしたい。

(1)　グローバル・スタンダードへの切迫観念[52]

1991年、わが国経済はバブルが崩壊し、それ以降、グローバル・スタンダードという言葉がエコノミストやマスコミの議論に頻繁に登場するようになった。そして、この言葉がさらに経済界や産業界などに浸透することとなり、ある種の強迫感的・切迫感的観念が漂っているような状況が垣間見られるようになった。事実このことに関連して、多くの邦銀は「米銀などが採用している経営手法を導入しないと生き残れない」との危機感を強めるのである。そして、時価会計制度の導入、無分別な利益率の向上を重視する経営手法、いわゆる「敵対的買収」、そして成果主義に基づく人事評価、給与等の人事制度の導入などが喧伝されるようになった。こうした動きと関連して、1980年代のアメリカを模倣したとみられる

---

51)　なぜならば、一社員であれ、組織のトップであれ、各自がそうしたことについて徹底的に考え抜き一定の結論を得た者は、かなりの割合で職業人生における己のあるべき生き様・態度、責任と役割、方向性を見出すに違いないと確信できるからである。つまり、そのように問いただした彼らは、職業倫理、ノーブレス・オブリージュ（no-bless o-blige）等の精神が沸々と湧き出るものと期待できるからである。

52)　笠谷和比古『武士道と日本型能力主義』（新潮社、2005年）241頁参照。

「新自由主義的」な規制緩和や成果主義の導入、またその価値観が政界、経済・産業界等に浸透していった[53]。

　この点、派遣法対象者の全面的解禁など、労働法の度重なる改正の動きもこうした流れの一環であったとみることもできよう。その結果として、例えば、経営手法の局面では、企業倫理や企業の社会的責任（CSR）どころか、法令遵守（コンプライアンス）[54]すら儘ならぬ状態に陥ってしまい、粉飾決算、産地偽装、敵対的買収等がマスメディアを賑わした。雇用問題に関しては、例えば、安易なリストラの横行、正社員として働く意思と能力をもっていても派遣社員や短期契約社員等として働くことを余儀なくされてしまう労働者の増大となって現われている。また、職場では、人間関係の希薄化、業務上の知識・技能・情報等の囲い込みや仕事の個人主義化、「結果がすべて」といった価値観の横行、メンタルヘルス、過労死等[55]の問題が増悪するに至っている。

　こうした働かせ方は、少なくとも、二重の問題を惹起することになりかねない。その問題の第1は、現行の派遣労働のような働き方を長期間続けることによって、若者等が脈絡のない働き方を強いられることになることである。このような働き方では職業能力を身につけたり、キャリアを磨いたりすることが困難になるばかりでなく、社会人としても職業人としても一定水準のレベルに達することが難しくなる恐れさえある[56]。加えてこのことは、「労働観」の問題や「働くことの意義と効用」[57]の観点からも看過できない。第2の問題は、「人々のつながりの希薄化」

---

53) 2000年8月3日に開催された「日経連大激論：アメリカ型経営（株主優先）か日本型経営（雇用優先）か」において、米倉誠一郎（一橋大学教授・一橋大学イノベーションセンター長）とキッコーマン株式会社専務茂木賢三郎（キッコーマン株式会社副会長、相談役等を歴任、2009年7月から独立行政法人日本芸術文化振興会理事長）の大激論が展開されたが、そこでの議論はまさにこうした流れの真っただ中で展開されたものであったといえよう。そして、本書としては、経営専門家と経済学者との大激論の軍配の行方は、ここにきて見えてきたように思われる。

54) そもそも、こうした短期の利益追求や結果が全てと確信する企業家が、この「法令遵守（コンプライアンス）」を掲げたところで、にわかには賛同しかねる。というのもそれが単なる掛け声であったり、世間向けのジェスチャーであったりすることが多い上に、彼らの中には法律に違反していなければ何をやってもいい、というふうに解釈する悪徳企業家も少なからず存在するからである。

55) 川人博『過労自殺』（岩波書店、1998年）、井上達夫『現代の貧困』（岩波書店、2001年）160頁以下、大野正和『過労死・過労自殺の心理と職場』（青弓社、2003年）参照。

56) 2009年3月2日付産経新聞朝刊「2030年・2：第1部働く場所はありますか」参照。

57) 日経CSRプロジェクト編『CSR 働く意味を問う―企業の社会的責任』（日本経済新聞出版社、2007年）226頁以下参照。

や「孤立感・不安感の増幅」、「過労死」、「ハラスメント」などの職場の深刻な問題を改善できないばかりか、却って悪化させてしまいかねないことである。

(2) アメリカ的価値観・論理・合理への過度な傾倒

　そうした一連の流れの背景にあるのは、欧米、特にアメリカ的価値観、論理・合理主義、契約主義、新自由主義・市場原理主義などと通底する考え方であるといえよう。そこでは割り切ったものの考え方に立つとともに、結果重視を前提として、曖昧さや潜在能力や年功主義を排除し、業績・成果を数字的・客観的に評価し処遇するというものである。そして、それは、手法的・具体的には多くの場合、成果主義に基づき目標管理制度、年俸制度および成果給が相俟って実施される。いずれにしても、そうした制度・手法に基づく企業経営・人事管理の導入・展開によって、日本の企業文化・職場風土・人間関係の変容は、今や、雇用社会ばかりでなく、国民生活や各種共同体などにおける人間関係にまで影響を及ぼしてしまっているように見て取ることができる。

　そうだとするならば、経営者としては、まず、こうしたわが国の今日的実情・実態を直視する必要がある。また、合理・論理の視点からばかりでなく、日本人本来の資質・能力・価値観などから経営戦略などを練り直してみることも必要であるように思われる。そして、各々の立場で「働くことの意味」をとことん問うならば、そこから全ての基礎・基盤となる座標軸・方向性が見えてくることも期

---

58) この点、アメリカは多民族国家であり、肌の色、言語、文化、宗教等多くの点で異なる人間・民族で構成された人造的国家である。つまり、自然発生的に誕生した国家ではなく、国民が特定の文明や歴史を共有することも難しい背景・事情が存在する。こうしたことから判断すると、彼らはそうした価値観をベストのものとして受け入れているのではなく、そうすることがアメリカ人として住む以上、お互い最も理解し合えるとともに、まとまりやすい方便であるとの確信をもつに至ったと理解できなくもない。ただし、彼らの宗教、近代的価値観（合理・論理・理性）に対する態度・確信の度合いが日本人とは異なっている節があり、そのことも1つの要素・要因になって、この方便に対するある種の強さがあるといえなくもない。

59) 成果主義を導入した現場では、社員がそれをどう受け止め、そしてその結果、職場における人間関係・業務遂行上の環境がどのように変容したか、また職場以外での実態はどうかについて検証する必要があろう。このままでは、世界規模での企業間競争で日本企業が優位に立つことは期待できないし、日本経済の維持・発展も困難となろう。そればかりか、企業・職場の活力を減退させるとともに、国民の精神性の劣化や高信頼の国から低信頼の国へさらに落ち込んでいくことさえ懸念される。

待できよう。経営者は、そうしたプロセスを経ることによって一定のあるべき結論に辿り着き、長期展望に立った経営・人事管理の方向性を見据えることができるはずである。もちろん、その時点で、「グローバル・スタンダード」への切迫観念からも脱却できるか、あるいは少なくとも和らいでいることであろう。

⑶ 世界的規模での企業間競争の激化と日本企業の高い人件費の現実

世界的規模での企業間競争が激化している中にあって、日本企業は資源小国という日本の現実、少子高齢化の進展、その他の厳しい経営環境に悩まされている。ここにわが国は、日本企業の高い人件費体質の問題・課題に挑まなければならない事情と背景がある。加えて近年、Nies(中国をはじめとした賃金の安い新興国)の台頭があり、人件費の高い日本企業はこの面でも不安材料の要因になっている。

⑷ 業務遂行方法の変化による保有能力と発揮能力のミスマッチ

ME革命・ICT(情報通信技術)の革命的発展などをはじめとする技術構造の変革・変容により、多くの仕事の現場では、業務遂行上そうした知識や技術がものをいう実態がある。このため職場では往々にして、従来のような潜在能力(保有能力)と実際に目の前で発揮される能力(顕在能力)とのミスマッチが生じたり、期待される能力が習熟能力から習得能力へ変化したりするといった傾向にある。

3-2 職能資格制度の長短の比重と弱点の補完・克服

みてきたとおり、職能資格制度には組織の維持・発展に欠かせない「信頼」などの「組織的価値」を醸成する要素・機能が内在されている。そこには、①終身雇用制(「終身の関係」: lifetime commitment)、②全社共通の絶対基準に基づく格付制度、③仕事と処遇の分離、④社員育成の仕組みなどが組み込まれている。ま

---

60) 本来の日本人の強み・特徴は長期の視点に立って、誠実さ・勤勉さ・モノづくりの匠の技と精神を持続的に発揮することにより信用を得ることなどにある。そして、その結果として質の高い製品・サービスの提供が可能となる。それを、世界規模でのビジネス・商売だからといって、そうした日本人の精神性・特徴・強みを放棄したり、身の丈を省みなければ、世界の民族・国家の威信をかけてまみえることになる、競争激化の世界の舞台で、しかも彼ら流と同じような戦略・手法で戦っても二番煎じになるだけであり、勝ち目はないとみるべきであろう。

た、これらの背景・精神には、人間尊重(人を大切にすること)、業務遂行上の連携・チームワーク等の重視がある。そして、それらの仕組みを含めた職能資格制度実施の成果・効能としては、①終身雇用制(「終身の関係」)等により、社員の安心・安定や協力・信頼関係の維持・向上が図られること、②「年功主義」[61]の位置づけ・活用次第では、職場における様々な局面で絶妙な効果・効能をもたらすことを期待できること、③仕事と処遇の分離のルールによって給与が決められていることから「組織の柔軟性」が図られること、④社員の自己啓発・能力開発努力の動機づけとそれを誘引する仕組みが組み込まれていること、⑤平等・公平主義の実現が期待できること、⑥個人主義の拡大・浸透による弊害が懸念される今日的状況下にあって、個人主義と集団主義の調和を図る機能が組み込まれていること、などである。加えて、わが国には、本来、こうした要素や理念・価値観を受け入れ、そして馴染み根付く土壌がある。つまり、それが日本の風土・文化・伝統や価値観・労働観、その他それらによって育まれてきた日本人の精神構造・気質であるということができよう[62]。

これに対して、仕事の結果・実績や顕在能力あるいは即戦力重視の加点主義や成果主義は、先述の「職能資格制度の弱点にかかる指摘・提唱」などからすれば、人件費の柔軟性や弾力性・変動性があるという強み(利点)を内在しているということになろう。したがって、その点では企業側の論理・合理あるいは短期的視点に立つならば、成果主義が職能資格制度より優れているといえなくもない[63]。ま

---

61) 一般に年功主義と呼ばれる昇進・昇給制度は年功だけではなく、少し長い目で見れば能力・業績をも重視した年功・能力主義であるといえよう(森五郎編『労務管理論』(有斐閣、1999年)265頁、森五郎監修=岩出博著『LECTURE 4訂版・人事労務管理』(泉文堂、2007年)64頁、前掲注(16)・『新しい人事労務管理〔第3版〕』102頁参照。本書としては、こうした年功主義を否定・排除するのではなく、むしろ、内在されている利点につき節度をもって活用することの方が得策であるとする立場である。もちろん、本書としては年齢や勤続年数だけで昇格・昇進することについて是認する立場をとっているわけではない。

62) 職場におけるメンタルヘルスの悪化は世界的な傾向であり、先進国に共通する現象であるとされている。しかし、だからといって、このメンタルヘルスの悪化を見過ごすことは許されない。特に、わが国の場合、この13年間連続して3万人を超える自殺者を出してしまっているが、このことは重大なことであり、国を挙げて取り組むべき問題である。この視点からも、人事制度の導入にあたっては、日本人の価値観、精神構造、気質等に照らし、その心に及ぼす影響がどのようなものかについて精査・検証してみる必要があるように思われる。この点に関して、前掲注(31)・『労働法改革』230頁を参照されたい。

た、社員の知識・技能の点でも一定の局面において、職能資格制度に弱点がないとはいえない。いずれにしても、結局のところ、職能資格制度の問題の核心は、第1に賃金カーブ等に表れる人件費増大の問題であり、第2に社員の「職務遂行能力（潜在能力）」と企業側が求める「顕在能力」とのミスマッチや、習熟能力より即戦力に繋がる習得能力の需要の増大などのような形で現れる、IT（Information Technology）を中心とした知識・技能の2つの問題に収束・収斂されよう。

　このように、職能資格制度には長所もあれば短所もある。特に、企業を取り巻く今日的経営環境の実情を直視するならば、職能資格制度の問題・課題や弱点についても留意するとともに、必要な補完や是正措置を講じるべきことはいうまでもない。そもそも、どのような変化や局面、あるいは全ての問題・課題に対しても万全・万能の制度などというものはあり得ない。まして、混迷を深める今日的時代背景を考慮するならばなおさらであろう。つまり、そうした状況下にあっては、必要に応じて当該組織を構成する人間集団が、信頼関係や協力関係を発揮しつつ知恵を絞るなどして、その弱点や足りないところをカバーしたり、現行制度を補強したりすることが必要であり常道であろう。この場合でいうならば、例えば、人事管理の執行・運用体制の強化、特にその連携の下で職場経営（ライン管理等）を適切・適正に実施するとともに、人事考課と昇格・昇進については厳格な適用に努めることなどによって、職能資格制度やその背景にある土壌の弱点や足りないところを補完・補強することも可能である。[64] ところが、そうした措置を講じることもなく、安易に制度を改変したり、いわんや排除したりすることは将来に禍根を残すことになりかねない。そうした短絡的な対応に走る前に、私たちは「行水の水といっしょに赤ん坊を流すな」との諺を噛み締めるべきであろう。また、ものごとには変えた方がいい問題と、変えるべきではない問題とがあることについても留意する必要がある。この点、日本文明の源泉・特徴でもある、「瞬発適応」と「換骨奪胎」の超システムに学ぶべきであろう。[65]

---

63)　ただし、この利点・強みというのは経営側に立ってのものであり、労働側の立場や現行の労働法・判例法理などの視点からすれば、問題なしとしない。
64)　前掲注(19)・『日本型人事管理』44頁参照。
65)　新しい歴史教科書をつくる会編・中西輝政著『国民の文明史』（扶桑社、2003年）130頁以下参照。

ところで、本書は、すでに、職能資格制度を中核とした人事制度の意義・機能とその効用について例示した。また、そうした人事制度に対する様々の指摘・提唱の中から数例を抽出するとともに、それらに対する本書としての見解・態度に関しても言及した。そこで、以下では、「人件費の増大」および「職務遂行能力」に関する問題・課題を中心に検討を加えることとしたい。

3-3 職能資格制度に係る人件費増大

世界規模での企業間競争激化の中にあって、日本企業は人件費増大に悩まされている。その対応策として、例えば、成果主義に基づく成果給を導入している企業も現れている。しかし、少なくない企業が成果主義・目標管理制度・年俸制を総動員させるものの、職種・職務にもよるが、社員の業績・成果を的確・客観的に測定することは容易なことではない。そうした企業にあっては、人事考課の結果に納得できない社員が顕在化したり、社員が目先の成果に翻弄されたり、その他の弊害を惹起するなどの理由から、暗礁に乗り上げているというのが実情である。特に、長期の視点に立って考察すると、成果主義に基づく人事制度の導入に伴って生じる弊害は、その質・及ぼす影響において甚大であることが明らかである。

> 《トピック-4》
> 例えば、1993年、富士通が「社員のヤル気を引き出し、競争力を強化する」と謳って、管理職を手始めに成果主義を導入した。その後、全社員にまでこの制度を広げ、年功序列の要素を全廃した。半年ごとに社員一人ひとりの目標を決め、その達成度を上司が5段階評価し、給与等に反映させるという仕組みだった。また、日経連の2001年春闘方針でも成果主義の徹底を求めている。しかし、富士通の場合、先駆導入から8年後の2001年、成果主義の見直しを余儀なくされた。その理由は、「短期的な目標ばかりでヒット商品が生まれない」などの弊害が表れたということで、今後はプロセスや潜在能力を重視して評価するよう改めると報じられた（2001年3月19日付朝日新聞）。

確かに、「賃金は労働の対価である」という法律の視点、市場の論理あるいは近代の価値観である、論理・合理に加えて短期的視点からすれば、企業経営の業績に対する個々の社員の顕在化した貢献度を反映させて賃金を確定し分配するという成果主義賃金体系は合理的側面を内在しており、労使ともに納得できる一面

をもっているといえなくもない。しかし、この制度の導入に伴って発生する弊害もあることが明らかになった。それは、例えば、職種や職務にもよるが、多くの社員に納得される人事考課というのは、具体的・実態的にはそう容易なことではない。また、組織における社員間の関係は多くの場合、相互の依存関係にあって、①個々人の貢献度の明確化は通常・一般的には困難であること、②その点を要因として、人事考課の結果につき多くの社員の納得を得るのは極めて困難であること、③この制度導入後の職場における組織的価値のレベル低下が懸念されること、④職務分析、職務評価、人事考課等この制度を遂行するために必要な一連の手続の煩雑さや、そのための費用などの面でも軽視できない負担が嵩むこと、などがあげられよう。

そうした視点から、本書としては右肩上がりの賃金上昇が今後とも望めないという現実も踏まえて、これまで述べてきたような職能資格制度の根幹となる意義・機能を維持しつつ、人件費増大のメカニズムを明らかにするとともに、その問題・課題の改善・是正あるいは補完の措置の可能性について探ってみたい。その前に明らかにしておかなければならないことについて、以下に述べておこう。

第1に、右肩上がりの経済成長は終焉したといわれて久しいが、今後ともそのことを前提としなければならないということである。また、世界規模での企業間

---

66) この点、多民族国家・人造的国家であるアメリカにあっては、特にこのことが当てはまるのではないかと思われる。

67) つまり、市場における個人は完全に独立しており、己の判断と責任において決断し行動する。そして、その結果・結末についても全て自己責任となる。これが市場における人々の行動原理である。これに対して、企業組織における社員関係は、基本的には協働関係、連携の関係、協力・協調・補完の関係にあるということである。

68) 日経連職務分析センター編『これからの一般職賃金―職務区分別賃金の考え方』（日本経団連出版、1999）11頁以下参照。

69) ジェームス・C・アベグレンは、「社会組織としての日本企業の高潔さを示す指標として報酬格差がある。日本企業では、社長の報酬は従業員平均の約10倍である。これに対して米国では500倍である。経営幹部にこれほどの搾取を許す企業は日本ではあり得ない。日本企業に、米国流の統治を受け入れる余地はない」と日本企業の報酬格差の少なさ・公平さを評価した（2005年3月4日付日本経済新聞）。ところが、このところ、社長と一般従業員の関係ではないが、日本企業においても正規社員と非正規社員との間において、今までには見られなかった格差が現実のものとなっている。しかも、それが醸し出す人間模様とそれが織りなす社会風景は、この日本には馴染めそうにもない。しかし、それが今の日本の現実であることについて、私たちは憂慮しなければならない。それは、日本における人間関係や共同体の解体に繋がりかねない要素を内在しているように思われる。

競争が激化する経営環境下、日本のこれまでの雇用社会では見られなかった賃金（報酬）格差など、危惧の念を抱かざるを得ない社会的格差が広がっているが、それは見過ごしできるものではない。このことに関しては、わが国本来の社会のあり様に照らして是正しなければならない。このことに関連しているとみられるものの1つが雇用形態の多様化問題、つまり、派遣社員を含めた非正規社員問題である。日経連は、1995年に新・日本的経営システム等研究プロジェクト編『新時代の「日本的経営」：挑戦すべき方向性とその具体策』を発表し、そこで、「雇用ポートフォリオ論」と命名された雇用戦略を提起したが、要するにそれは、雇用形態の多様化による人件費の削減を標榜するものだった。しかも、それは、人件費の削減ばかりでなく、日本の社会的風土に馴染まない格差を惹起した1つの要素であったといっても過言ではない。

　第2に、年功給、職能給（能力給の一形態）、職務給等は基本給の類型であるが、その基本給は労働費用全体の概ね45ないし50パーセント台を占めているということである。ただし、成果給の場合は一様ではない。

　第3に、**図表7-1**（189頁）をみてみよう。この図表は、通常・一般的な日本企業の労働費用の構成について示したものである。労働費用は現金給与総額と現金給与以外の労働費用から構成されている。現金給与総額は、毎月決まって支給する給与（月例給与）と特別給与（賞与・期末手当）に分かれている。また、月例給与（月給）は、所定内給与（基準内賃金）と所定外給与（基準外賃金）に分かれる。そして、所定内給与（基準内賃金）はさらに、基本給と諸手当から成り立つ。一方、現金給与以外の労働費用（付加給付）は、退職金、法定福利費、法定外福利費（企業福祉費）、教育訓練・能力開発費、募集費、その他に分類できる。

　第4に、職能資格制度に基づいた賃金制度における基本給は、企業によっても異なるが一般的には、①年齢給や勤続給といった本人給と、②職能資格等級によって決まる職能級の2つから構成される。こうした枠組みの中で基本給が上がっていく基本的な仕組みであるが、それは、まず入社すると学歴によって職能資格等級が決まり、その等級に基づいて初任給、すなわち最初の基本給が決まる。2

---

70)　前掲注(16)・『新しい人事労務管理』13頁以下参照。
71)　労働省『賃金労働時間制度等総合調査』1995年、1996年参照。

年目以降の基本給は、前年度の基本給に定期昇給（定昇）分とベースアップ（ベア）分が加算された金額ということになる。ただし、企業によっては定昇とベアの２つを区別していないケースもある。このうち、定期昇給には人事考課が伴う（企業によっては、さらに「抜てき昇給」の制度を設けてある事例も少なくない）。さらに昇格すると、一般的には、昇格前よりも定期昇給の増額幅も大きくなる。いずれにしても、入社２年目以降の社員の月例給与（月給）は、前年度の基本給＋定期昇給分＋ベースアップ分＋諸手当＋所定外給与（基準外賃金）ということになる[72]。また、昇格した場合は、新しい資格等級による、基本給＋定期昇給分＋ベースアップ分＋諸手当＋所定外給与（基準外賃金）ということになる。

こうしたことからも明らかなように、労働費用の50パーセント前後を占める基本給を増大させる大きな要因は、①「定期昇給（定昇）」、②「ベースアップ（ベア）」および③昇格に伴う昇給（企業によっても異なるが、昇格にあたっては人事考課、試験等が課されることが一般的であろう）ということになる。このため、多くの企業（労使）は、このところ、定昇とベア、特にベアを問題解決の視点からは不十分ながらもある程度抑制してきた。ところが、基本給を抑制しても、1995年以降、現金給与以外の労働費用（具体的には法定福利費と退職金）が増大したため、人件費抑制の効果が十分上がっているとはいえない現状がある[73]。

つまり、第５に、人件費増大のもう１つの原因としては、法定福利費と退職金があるということである。

第６に、その他人件費問題に直結する要素として、諸手当、所定外給与（基準外賃金）等に関する問題を指摘することができる。

第７として、少なくともこれまで、定期昇給とベースアップに強い影響力を及ぼしてきた春季生活闘争（春闘）に言及しておく必要がある。そもそも、春闘は日本が右肩上がりの経済成長を遂げていた時代に、賃金の社会的相場（世間相場）形成の仕組みとして有効に機能してきた。しかし、春闘が開始されて以来、50年以上が経過し、今や、右肩上がりの経済成長を望むべくもない。そうなると、客観的にみるならば、労使は右肩上がりの賃金増大を抑制することも含めて、あ

---

72) 前掲注（２）・『マネジメント・テキスト　人事管理入門』199頁以下参照。
73) 同上・192頁の表9.3「１人当たり労働費用の構成の推移」参照。

らゆる観点から、その解決策の方途を模索しなければならない経営環境下にあるということである。加えて、賃金格差の広がりが深刻な社会問題になっている実態下、今後の推移が懸念されている。ここでも、労使はそれらの問題・課題にどのように対応するか問われることになろう。[74]

第8に、わが国の賃金は年齢とともに上がるのが一般的である。そして、こうした賃金カーブを描く賃金の支払い方を称して、日本では「年功賃金」といわれている。しかし、**図表2-3**をみると、年齢を重ねるとともに賃金が上がるのは、日本だけではなく、この図に登場しているイタリア、オランダ、フランス、ドイツおよびイギリスに共通していることである。そうすると、6カ国全ての国が、年功賃金制度・年功賃金体系を導入しているということになる。[75]

ここに、年功賃金といっても、一般にいわれているような「年齢」と「勤続年数」のみで毎年賃金が上昇していくといった、単純なものでないことだけは確認できよう。この点、日本の場合も、年齢、勤続年数および学歴だけで定期昇給が上昇したりするのではなく、既述したとおり、定期昇給に関してもそれを決定する際には人事考課が実施されその結果が反映されたり、いわゆる「抜てき昇給」制度が設定されたり、というような様々な工夫がなされているのである。[76] いずれにしても、**図表2-3**のとおり、各国の賃金カーブをみても、少なくとも長期雇用の場合、入社時の20歳前後から50歳前後までの賃金は右肩上がりの賃金カーブであることが、日本の場合に限らず、欧米諸国でも認められるというのが実態である。

第9に、年功賃金に関してもう一点触れておきたい。そこで、まず、**図表2-4**を見てみよう。図示するように、一般に若年期には貢献よりも低い賃金が支払われ、中高年期には貢献よりも高い賃金が支払われることを示している。そうすると、定年年齢に達して退職した場合には、若年期の賃金と中高年期の賃金との間に存在する矛盾については、在職の全期間でみることができることから、一応辻褄が合うといえる。ところが、中途で退職した場合には、それが合わないこと

---

74) 2010年2月22日付産経新聞「春闘の役割は終わった」、前掲注(2)・『マネジメント・テキスト人事管理入門』193頁以下参照。
75) 前掲注(16)・『新しい人事労務管理』277・278頁参照。
76) 同上・102頁以下参照。

図2-3 年齢別賃金の日・EC比較（ホワイトカラー、男、製造業、1972, 76年）

賃金（指数 21〜24＝100）

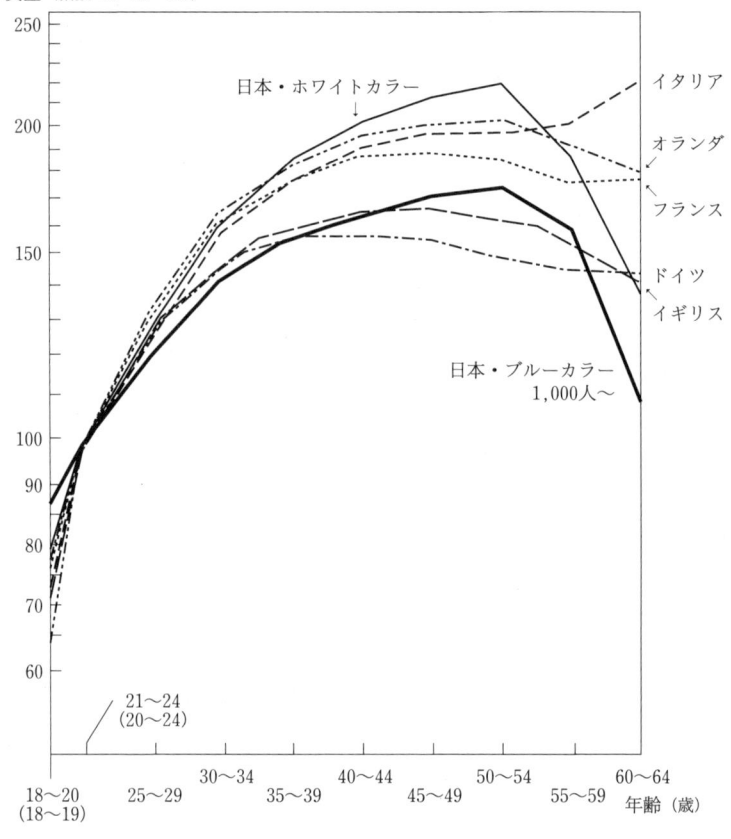

注：1） イギリスのみ全産業、他は製造業。
　　2） 日本は企業規模10人以上。ECは、事業所規模10人以上。イギリスは全規模。
　　3） カッコ内の年齢は、日本の区分である。
　　4） 縦軸は常用対数目盛になっている。
出所　日本：労働省『昭和51年　賃金構造基本統計調査』。EC：Structure of Earnings in Industy for the Year, 1972, 13vols., 1975-76. UK: Dep. Of Employment, New Earnings Survery, 1975. 小池和男編『大卒ホワイトカラーの人材開発』（東洋経済新報社、1991年）より転載。
　　　佐藤博樹＝藤村博之＝八代充史『新しい人事労務管理〔第3版〕』（有斐閣、2007年）103頁、図4-2から転載。

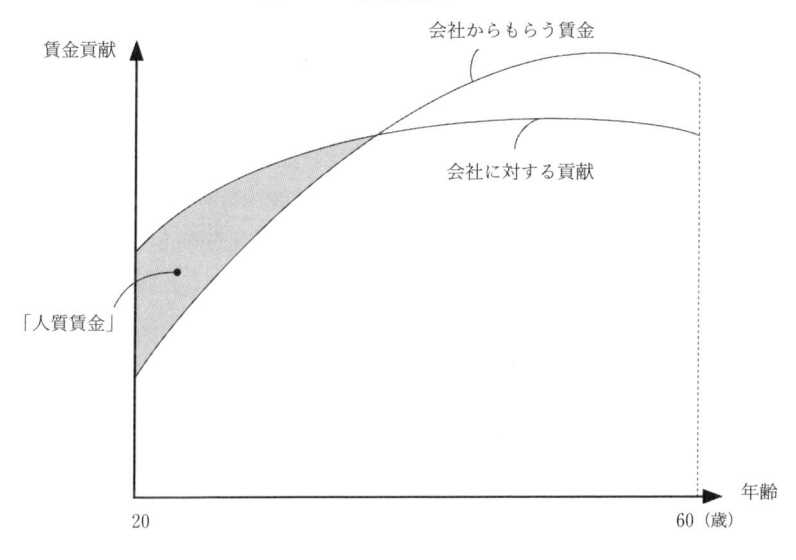

図 2-4　年功賃金カーブのモデル

出所：水町勇一郎『労働法〔第3版〕』（有斐閣、2010年）37頁、図表2から転載。

になる。そこに1つの問題があると指摘される余地がある。また、このことが要因・要素となって、労働市場の流動化促進の障害になるとの指摘も出てこよう。[77]

3-3-1　基本給と人件費増大

(1) 定期昇給（定昇）

　定期昇給は、生活給の枠組みとしての昇給と職能給としての昇給（この部分は人事考課の結果が反映される）の2つの要素から構成される。前者の昇給部分は、明らかに年功給に該当する部分といってよい。しかし、本書としては、この部分の年功賃金については、既述の事由・背景などを考慮して是認する立場に立つ。

---

77)　しかし、労働市場の流動化の促進が全てを満足させることには繋がらないことについても押さえておく必要がある。むしろ、そうした職業人生・働き方は、社会や各自の人生の安心・安定の視点からみるならば、問題も多い。また、特別な人々は別にして、普通・一般の国民にとっては、多くの場合、1つの企業で円満退職するまで、いわゆる「勤め上げる」という職業人生の方が、安心・安定したまっとうな人生を送れるものとして終身雇用の雇用形態を望むケースも多いのである。

後者の職能給としての部分については、人事考課（査定）に基づく昇給部分である。しかし、それでも年功的賃金の性格を内在するものであることに変わりはない。また、そこに人事制度の運用や人事考課の厳正さ・的確さなどの欠如あるいはその背景に節度のない「人間関係」や「企業文化」などが存在するということになると、どうしても人事考課自体が年功的運用に陥ってしまう。したがって、ここでも、人事部門、所属職能部門および職場経営者（ライン管理者等）の三者連携や考課者訓練などが必要となろう。加えて、人事考課を厳正に行うことが社員（被考課者）を大切に扱うことに繋がる側面がある。この点、肝に銘じるべきである。

(2) ベースアップ（ベア）

　ベアを実施できるか否かは、基本的には、賃金原資、当該企業の業績等に基づいて判断されるべき問題である。これまでは、既述のとおり、春闘の影響を強く受ける形でベアを実施してきた。つまり、春闘は一定の役割を果たす側面をもっていたといえよう。しかし、ベアは賃金の一律底上げの根源となり、翌年以降も賃金増大に繋がる。また、今や企業を取り巻く経営環境は激変している。したがって、経営側はベア問題について判断するに際し、当該企業の支払い能力、経営環境等を踏まえるなどの、主体性・責任性を発揮しなければならない度合いを増している。さらに、経営者は、多様化・複雑化する今日的雇用社会の実態を踏まえて、例えば、「手続き的規制」理論の効用を期待しつつ、労使による賢明な協議を行うことなどによって、長期展望に立った適切・妥当な結論を導き出すことに繋げるべきであろう。

(3) 昇格に伴う昇給

　本来、昇格に伴って社員の現金給与が増額するのは当然である。問題は、例えば、①昇格はさせたものの、昇進後の役職（職務）を考慮すると昇進させられない、②いわゆる「ポスト」不足から昇進させられない、③職能資格制度に起因して各々の役職（職務）に対応する有資格者が実際の役職（職務）に対し慢性的に

---

78)　前掲注(31)・『労働法改革』28頁参照。

供給超過となる、などの場合である。そうなると、当該社員に支払われる賃金と企業に対する貢献度の間にギャップが生じることになる。そもそも、そうした場合のギャップは、本来、企業側の想定・思惑の範囲内に収まるよう適正な仕組や一定の調整、あるいは的確な人事評価におけるメリハリなどの措置を講じておくというのが常道である。ところが、そうした許容範囲に収まらなかったということは、そもそも、昇進させられない社員を昇格させてしまったということであり、その責任は人事担当部長にあるといってよい。また、第１次考課者であり直接の上司である、職場経営者（ライン管理者等）および当該本人の所属職能部門の責任でもある。それは、要するに、人事部門・所属職能部門・職場経営者の三者の、経営を取り巻く環境に対する認識の甘さ、あるいは緊張感の欠如などによる。また、人事評価ないし経営判断の誤りあるいは杜撰さや、長期展望に立った人事配置の計画など、将来展望等に対する判断に齟齬をきたしたとみることもできよう。したがって、この問題の対応策としては、すでに〔指摘・提唱〕(2)に対する、本書としての態度・考えのところ（63頁）で述べたが、ここでは、さらに本書としての見解について続行して述べておきたい。

　それは、まず、例えば、昇格・昇進を厳正・的確に実施することであり、昇格させる人員と昇進させる人員の整合性を一定の節度をもって考慮することも必要である。また、これまでの当該社員の実績、職歴、適性、さらにはこれからのキャリア形成の計画等にも配慮した昇進人事を行うことも有効であろう。その場合、人事部門、当該社員の所属職能部門および職場経営者（ライン管理者等）の三者が連携を強めることである。特に、当該社員の直属の上司である職場経営者（ライン管理者等）の評価を適正・的確なものにするとともに、当該社員の所属職能部門と人事部門は第１次評価者となる上司（職場経営者）の評価に対して十分耳を傾け、必要なチェックを行ったり、意見交換を行ったりすべきである。[79]この際、三者は、当該社員が昇格・昇進した場合に予定される役職（職務）の範囲を把握

---

79) これに加えて、職場経営者（ライン管理者）側が上司（職場長）・上層部（人事部門および所属職能部門）へのリーダーシップを発揮する形で、あるいは、いわゆる「諫言」する形で、そうした部下社員の人事考課に関する結果について上申できるとともに、上司・上層部がそれに傾聴するならば、こうした場合における補完機能は格段に向上しよう。このことに関連して、近年、いわゆる「組織のフラット化」が進展しているが、本来、中間管理職のあり様次第では組織に貢献できる大きな要素をもっていることに気付くべきである。

する必要がある。そして、当該社員が昇格・昇進した場合に就く役職（職務）を特定し、それらに対する職務の遂行能力、実際力、適性等に関する評価結果、あるいはその他の必要な情報の収集・確認をすることなどを経て、昇格させるか否かの最終決定をすることなどが必要である。要するに、この問題は安易な昇格をさせた結果として昇進させることができなかった、そのために賃金に見合った貢献ができないなどといった、あってはならない事態をつくり出してしまったために起こったのである。

　そもそも、企業経営者として、昇格・昇進の最優先すべき決め手は仕事ができるか否かであり、昇進後の職務を十分こなせることが昇格を認める際の最低限の条件であるはずである[80]。ところが、この問題に関連して、「人事考課は育成の論理と選抜の論理の矛盾に直面している」[81]とする主張がある。確かに、その点は悩ましいところではある。職務能力が向上したと一応評価できる全ての社員を昇格させたい。それは、一見すると、職能資格制度の根幹的意義・機能であると勘違いしかねない。しかし、既述のとおり、仮にそれをそのまま受け止めて昇格させてしまった場合、正に本末転倒の状態になってしまいかねない。そうしたことから、「厳正な人事考課ができない」とか、「昇格はさせたが昇進させることができない」、「不安を残しつつ昇進させたが、結局、職務遂行に支障を生じさせてしまった」というような事態に陥ってしまっている事例もある。

　したがって、このような矛盾に関しては、経営環境が厳しければなおのこと、それを乗り越え優先順位を明らかにする必要がある。つまり、昇格人事に関しては、資格に対応する役職（職務）に必要な資質、能力、技術、実際力等を念頭に置いた厳正な人事考課の実施を最優先することが肝心要となる。また、そうすることが昇格・昇進における動機づけ、そしてインセンティブを高めるとともに、多くの社員が己の役職（職務）に誇りをもつことができるなど、人事に対する信頼の向上に繋がる大きな要素・要因になるはずである。

---

[80] 職能資格等級基準に達しているとして評価され昇格した者は、通常・一般的には、その資格に対応する役職（職務）に昇進しても遜色なく対応できるものである。ところが、近年、特に、職務内容にもよるが、対応できないケースが散見されるのも事実である。

[81] 前掲注(16)・『新しい人事労務管理』65頁以下参照。

3-3-2　諸手当・所定外給与（基準外賃金）と人件費増大

　諸手当および所定外給与に関しては、職能資格制度の規制を受けたり、逆にその機能を阻害したりすることなく、独自の観点から賃金増大の軽減に貢献することが十分可能である。それは、まず、諸手当に関しては、各々の意義や効果について再検討したり、整合性をとったりすることが考えられる。そうした取り組みを経ることによって、諸手当の改善の可能性が出てこよう。また、所定外給与（基準外賃金）については、例えば、①IT技術の活用効果・効率化のさらなるレベルアップを促進するとともに、業務体制の見直しを実施すること、②個々の社員の仕事能力の向上・その進め方、社員間の連携力、チームワーク力などの向上を図ること、③また、いわゆる「ワーク・ライフ・バランス」を進展させることを契機に、あるいは活用して、働き方（特に、メリハリの効いた働き方の習慣化の促進の取り組み）、業務遂行の進め方等の改善を促進させること、④そして、これらの施策を成就させる場合の１つの大きなカギとなるのは、それらの背景となる企業文化・職場風土の是正・改善であろう。したがって、そのためには、トップ経営者がその先頭に立つことである。そうすれば、特に、ホワイトカラーの生産性は格段に上昇することが期待できるとともに、所定外給与（基準外賃金）増大の改善に繋げることが可能となろう。

3-3-3　賞与・期末手当（一時金・特別給与）と人件費増大

　賞与・一時金については、賃金の一部として確定しているとする捉え方と、当期の経営成果の配分あるいは還元であって、賃金の一部ではないとする捉え方が対立している。

　ところで、その支給にあたっては、少なくとも労働組合が存在する企業では、支給時期ごと、または年１回の交渉かの差異があるものの、労使交渉を経て支給されるというのが実態である。また、経営状況が悪くとも、実際には、多くの企業では、金額は別にして、賞与・一時金が支給されている。さらに、多くの労働者は、各種ローンを組んでいる場合には、その支払い方につき、賞与をそれに組み込んでいるという実態もある。

　こうしたことなどからも、賞与は賃金か、あるいは経営成果の配分かの決着はついていないとみることができる。しかし、現実・実態的には、かつて賞与は年

間賃金の30％前後を占めていたが、近年ではそれが15％前後になっている。つまり、労使双方は、互いに尊重し合い、「ない袖は振れない」現実をも踏まえるなど、折り合いをつけるという格好になっている。

　この点からも、賞与・一時金と人件費増大に関する問題・課題については、労使が世界規模での企業間競争の激化の現実と、そうした国際舞台で日本企業が置かれた状況や、当該企業を取り巻く経営環境の実態などを踏まえて、労使が現実を直視し、さらに知恵を出すことなどによって、乗り切っていくことが期待できるし、そうすることが現実的でもあるといえよう。つまり、日本企業が生き残る術は、ひとえに経営者と社員および労使が信頼関係を強め必要な価値観をどこまで共鳴・共有でき、どこまで知恵を出し合うことができ、場合によっては、いわゆる「運命共同体」としての認識を共有して、どこまで歩み寄ったり、時には我慢したりすることができるかにかかってこよう。

　そうだとするならば、経営側は、社員および労働組合に対して経営の透明化あるいはオープン化をさらに促進すべきである[82]。そして、企業内労働組合を基盤とした、日本的労使関係の利点・強みを大いに発揮するならば、労使が共にその成果を掌中に帰することも期待できよう。

3-3-4　現金給与以外の労働費用の増大

　現金給与以外の労働費用を構成するものとしては、退職金、法定福利費、法定外福利費、その他（募集費、教育訓練費等）を挙げることができる。これらのうち、本題の対象テーマとなるのは、退職金と法定外福利費である。そして、この2つのテーマは、賞与・一時金の場合と同様に労使の賢明な時代認識と問題意識、そして能動的努力に負うところ大である。退職金を巡っては、近年変化の動きが散見されるが、その動きとは、第1に、1998年に松下電器産業（現、パナソニック）株式会社が初めて導入した「退職金前払い制度」である。この前払い制度と

82）　この点、経営側は労働組合が賢明な判断をするためにも必要な情報を提供するとともに、精一杯の説明をするための協議の場を設定するなど誠実な対応をとるべきである。そして、そのためにも、労使が各々の座標軸をもち主体性をもつべきことはいうまでもないが、他面では、運命共同体的関係の側面をも併せもっていることの認識を強める必要があろう。こうしたことに着目してみても、いわゆる「階級闘争至上主義」の労働運動から完全脱却すべきことはいうまでもない。

は、退職金を退職時にまとめて支払うのではなく、在職中から給与や賞与に上乗せしていくという制度である。第2に、ポイント制退職金制度の創設である。ポイント制退職金制度とは、勤続年数や職能資格、役職、考課結果など、在職中の勤務内容にポイントを与え、その累計点にポイント単価を乗じた後に、さらに退職事由別係数を乗じて退職金額の算定を行う制度である。また、企業年金制度に関しても、例えば、2001年に、転職した場合、その転職先に年金を持ち越せる、いわゆる「ポータビリティ化」が可能となる確定拠出年金制度（いわゆる「日本版401k」）が導入されると、次には確定給付年金制度やキャッシュバランス型年金制度などの企業年金制度が次々と考案された。一方、法定外福利費に関しては、労使が協議するなどして、その実態を把握した上であるべき姿を描くことが重要である。労使のそうした誠実な取り組みの中から、社員の法定外福利に関する意識を的確に汲みとったり、理解と協力を求めたりすることなどを通して、その目的を達成することも可能となろう。

　いずれにしても、先行き不透明で不安定な経済・社会の今日的状況下にあって、これまでのような認識だけでは企業経営が成り立たないということに関しては、労使双方とも理解し共有することができよう。そして、労使がこうした観点に立って、誠実に向き合うならば、現金給与以外の労働費用の問題・課題に関しても、その成果を得るための知恵を出し合うことが十分可能となろう。

3-4　職能資格制度と仕事能力の不具合・ミスマッチ問題

3-4-1　問題の背景と日本企業のとるべき方向性・スタンス
(1)　世界規模での人材争奪戦の展開とイノベーション

　世界規模での企業間競争が激化している状況下、例えば、中国、韓国、シンガポールなどの国と企業が、国境を越えて有能な人材の争奪戦を繰り広げている。こうした動きの起源・背景には、1970年代に始まった2つの大きな変化、すなわち「コンピューターなどの新しい科学技術の出現」と「世界経済のグローバル化」があるのはいうまでもない。そして、世界を舞台とした企業間競争が激しくなってきたことで、国と企業がそこで勝ち残るために、高い教育を受け社会のより大きな需要に応えられる問題解決能力をもった、プロフェッショナルやエグゼ

クティヴ（重役、経営者および管理職）といった人材を確保したいとの思惑を顕在化させるのも不自然なことではない。またそこには、世界戦略の一環としてのイノベーション（技術革新・経営革新）の重要性を念頭に置いていることも想定される。

(2) **日本企業の苦悩と行方**

　日本企業も、こうした世界の動き・トレンドに合わせることが、世界的規模の競争に参戦する上で急務であると考えるのも自然の成り行きであろう。また、アナログ技術からデジタル技術へ変化しているなどの実態をも考慮して、習熟能力（経験の積み重ねによって獲得できる能力）やプロセスの重要性を否定的に捉えて、即戦力や顕在能力あるいは業績・成果を求める傾向が強まっているということでもあろう。そして、そのためには、終身雇用制と年功序列制を払拭・排除して、成果主義等に基づく人事制度を導入すべきであるとの考え方が一定の勢いをもつに至ったとみることもできる。[83] さらには、そうしたことを発想するに至った背景には、緻密な経営戦略に基づいてというよりも、いわゆる「バスに乗り遅れるな」主義によるという、経営者の焦りのようなものが見え隠れする。同時にそこには、長期展望の視点、あるいは社員、消費者、国家・国民等に目を向ける余裕が減退し、企業倫理等の視点を忘却してしまっているのではないかとみることもできよう。

　それというのも、そもそも、知識・技能に関して指摘・提唱されるような問題・課題が、すべての業種・業態、すべての職種・職務に全面的に当てはまり、また、一社員から経営者に至るまでのすべての役職・職務にそのことが該当する

---

83) しかし、こうした背景・考え方に基づく社員の使い方・処遇の仕方は、目先の利益追求へと傾斜することとなり、いわゆる「使い捨て」的人の扱いに埋没してしまうという危険な要素を内在することになることが危惧される。また、中国はこの先どんな結末を迎えることになるか極めて不透明である。この点に着目しても、日本企業が長期視点に立つことなく、中国市場にこのまま進出参戦し続けてよいものか訝しいといわざるを得ない。わが国にとって、その先に待ち受けているものは何か危惧されることも少なくない。こうした点にも考慮するとともに、日本人としての道徳・道義・倫理などのレベルを高め、それを基礎とした家族・地域社会・国家、そして本題の企業などの共同体の再建に挑むことにエネルギーを傾注すべき時ではないか。そのことの方が、少なくとも、長期展望に立つならば、企業にとっても、結局のところ、健全で活力ある発展に繋がるのではないか。

のか疑問であるからである。あるいは1つの企業の中でも、一部の職能部門や一部の職種・職務に限定的に要請されるにすぎない性格のものではないのか。しかも、この問題・課題の解決策は、成果主義等の導入以外にその術がないというわけではないのではないのか。また、成果主義に基づく人事制度を導入することでそれらの問題・課題が解決できるのか疑問であるからである。

さらにいうならば、日本企業が世界的規模の企業間競争に参戦するためというのであれば、むしろ、世界に通用するとされる経営・人事戦略を選択するよりも、日本的経営・日本的人事管理の手法に磨きをかけたり、付加価値をつけたりすることによって活路を見出すことの方が得策であるとの見解があってしかるべきである。他国の人事制度や手法を模倣しても、結局は二番煎じにすぎない結果となってしまい、日本にとって大事な信頼等を含む「組織的価値」を失うなど取り返しのつかない結末になってしまいかねないことを肝に銘じておくべきであろう。[84]

(3) 日本企業のとるべき方向性とスタンス

そしてもう一点は、企業にとって、特に世界規模の企業間競争に参戦した以上、想定外の事態に直面したり、緊急事態に遭遇したり、あるいは例外的な対応を講じる必要性が生じたりする、という場面も十分想定しておかなければならない。そうした場合には、既存の人事制度の枠組みに固執せずに、思い切った適宜の英断をすることの方が賢明であるというケースもあり得よう。それは、例えば、お眼鏡に適った人材を獲得できるための例外的ルールを準備しておくなり、トップ経営者等の裁量で対応できる手続を含めた仕組みを設定しておくことも必要であろう。

混沌とした激変の時代にあっては、制度自体の柔軟性よりも、それを実践するヒトの緊張感・抑止力を伴った柔軟性によることの方が、時として企業経営の成果を上げる源泉となることも多い。

こうした視点に加えて、そもそも、成果主義・加点主義導入の先にある、企

---

84) 今日では、日本的価値を放棄すべしと少なくない人が主張する。しかし、西欧的価値は市場に対応した価値であって、組織に対応した価値ではない。組織的価値を放棄すれば、複雑な組織の効率は低下する。それは長い文化的伝統によって内部化されたものである。放棄することは容易であるが、一旦放棄されるとその回復は不可能になりかねない。

業・職場の人間模様・風景は、個人主義と集団主義のバランスを大きく崩すこととなることに留意しなければならない。そうなると、例えば、人間関係の希薄化が深まり、努力やプロセスが軽視され、結果がすべてといった風潮・価値観が企業・職場の大勢を占めることとなろう。また、そこでは仕事の個人主義と過度の競争が展開され、情報の囲い込みが日常的に展開されるなど低信頼の人間関係が形成され、成果主義的企業文化・職場風土が醸成されることになりかねない。そして、そうした人間模様の風景は、雇用社会にとどまらず、その影響が国民生活全般に及ぶことが危惧される。

こうしたことからも、本書としては、通常の企業経営の中核・基盤となる人事制度については職能資格制度を基軸としつつ、異常事態・緊急事態が発生することも想定して、そうした場合に対応するための例外的規程、あるいは複線型人事制度を設けることなどによってそれを補完することも是とする見解である。

そこで、以下に企業を取り巻く環境の激変を踏まえて、さらに、職能資格制度と社員の知識・技術等に関連する問題・課題を中心に検討を加えることとしたい。

3-4-2 社員の知識、技術・技能等の不具合・ミスマッチ
(1) 〔指摘・提唱〕(6)(59頁)の指摘に対する見解

「ホワイトカラーが主流となるとどんなに努力しようともまたどんなに潜在的な能力があろうとも、それがそのまま成果に表れるわけではない。潜在能力や努力過程ではなくて成果や結果を重視しなければならない。したがって成果に基づく処遇、即ち成果主義にならざるを得ない」という場合であれば、そもそも、その問題の所在は職能資格制度にあるのではなく、採用管理にあるとみるべきである。つまり、それは人事制度の領域外の問題であり、人事制度以前の問題と位置づけるべきである。仮に、成果主義に基づく人事制度に変更したとしても、それだけでは本題の解決には繋がらないだろう。この問題解決のカギの1つとしては、採用担当の人事スタッフが採用の判定にあたり、採用後に予定する職種系統の範囲を念頭に置いた上で、応募者の能力等の資質や適性を吟味することである。[85]ま

---

85) 採用される社員にとっても、長い職業人生を考えるならば、当該企業における業務遂行上必要となる資質・能力・適性を十分考慮した上で採用を決定するという方式をとった方が望ましい結果になるはずである。

た、会社としては、採用したからには入社以降、以下の(2)ないし(5)に繋げることによって、そうした指摘を克服できるように社員を鼓舞したり、支援したりする必要があろう。

(2) 人事管理の執行（運用）体制の機能強化による克服

トップマネジメント（人事担当役員）、人事部門および職場経営者（ライン管理者等）は、連携して、現在および将来の求める知識・技術を、適宜・適切に、該当する社員に対して情報提供するとともに、各種機会を活用して社員を鼓舞したり、必要な教育訓練やOJTを実施したりするなど、各種の仕組み・仕掛けを講じることである。

(3) OJT・OFF-JTを含めた効果的な教育・訓練の実施による克服

職種系統や職能部門別の求められる人材像について周知させ、OJT・OFF-JTをタイミングよく実施するとともに、それらの効果的な組み合わせを工夫して実施すべきである。特に、各種研修については、いわゆる「やりっ放し」にならないように、それを実施するタイミングやフォローなどを工夫して実効が上がるように適宜・適切あるいは計画的に実施することが肝心である。

(4) 社員の知識、技術・技能の維持・向上の支援等による克服

部下社員に対しては脈絡のある仕事を経験させるとともに、自己啓発、職務に関連する資格取得のための仕組み・制度を設定し、その奨励・援助等を講じることなどにより、常に現在の職務のブラッシング、レベルアップ、体系化等を図ることに繋げる。それとともに、職場経営者（ライン管理者等）は職場経営（ライン管理等）の一環として、多くの社員が当該企業の特殊能力を身につけるようにリ

---

86) つまり、人事管理の執行体制の強化を図るとともに、特に職場経営者はそうした点の重要性を認識した上で、職場における職業人としての人間関係が馴合いの関係になることを防ぐためにも、適度な緊張関係を共有するという、メリハリの効いた職場経営を展開することが重要である。

87) この場合、企業内外の資格試験の受験にチャレンジすることなどを通して、ランダム状態になっている各種保有能力について整理し体系化することが考えられよう。また、資格試験にチャレンジすることにより、仕事に対する取組み姿勢や問題意識の持ち方がおのずと違ってくることが期待できる。そうすることによって、効果的で確かなキャリアにまでレベルアップさせることができよう。

ード・支援することである。それは、多くの社員が職業人として最も大切な仕事能力の向上を目指して意欲的に取り組むよう、各種の仕掛けを講じることである。そうした取り組みによって、社員の仕事能力の陳腐化を防止することはもとより、その向上を図ることが可能となる[88]。さらには、その先予想される知識・技能・技術の能力開発などに繋がるようにすべきであろう。

3-4-3 人事制度の視点からの克服

みてきたとおり、職能資格制度には、利点もあれば弱点もあり、また問題・課題もある。そもそも、人事制度は職位制度と職能資格制度から構成されている。このことに着目して、ここでは、人事制度として、その弱点や問題・課題を克服する術を探ってみることとしたい。

ところで、企業組織は、各職能部門、その他のセクション等から構成されるが、それらの舞台で演ずるのは当該企業の全ての社員であるのはいうまでもない。また、ここでいう舞台とは事業の効率的・効果的遂行のために編成された組織をいい、各職能部門等を越えた企業組織全体をいうのである。要するに、企業組織における各職能部門、その他のセクションは、独立した存在ではないのであって、企業組織全体の視点からは、連携する関係、補完し合う関係、依存し合う関係である。さらに、こうした関係は一人ひとりの社員関係も同様である。組織における行動原理とはそういうものであり、市場における行動原理とはこの点でも大きく異なる。そこで当然ながら、経営者は採用した社員をそうした視点から舞台に位置づけ、労働能力・労働意思を高めることなどを通して組織を活性化させ、その組織機能を最大限に発揮させようとする。そして、組織労働・組織機能の発揮度の優劣が、当該企業の評価・業績を大きく左右することになる。したがって、企業経営者としては、人的・組織的レベルの程度を的確に把握した上で、経営戦略を講じるしかない。つまり、トップ経営者としては、経営手腕を発揮するといっても、その前提条件として、企業組織体の人的布陣、人材のレベル、企業文化

---

88) 諏訪康雄「キャリア権の構想をめぐる一試論」日本労働研究雑誌468号（1999年）6頁以下、高井伸夫『人事労務の新潮流』（労働新聞社、2007年）10頁以下参照。また、ここでも、人事管理の執行体制の充実や職場（ライン）における「リーダーシップ」発揮によるカバーの方が、むしろ、終身の雇用や年功序列のエートスも含めて根こそぎ排除することになりかねない、「成果主義」等の導入よりもメリットが期待できよう。

等に大きく影響を受けるということである。すなわち、企業の業績をどのくらい上げられるかどうかの1つの大きなポイントは、各職能部門や職種・職務を越えた当該企業全体が、その経営手腕にいかに感度良好に応えられる実力・態勢にあるかどうかなのである。ここに、全社共通の格付基準としての職能資格等級基準を設けるという、職能資格制度の1つの意義・意図があり、有効な仕掛けの中核的存在になっているといえよう。

　ところが、職能資格制度は、例えば、〔指摘・提唱〕の(2)（58頁）や同じく(4)（58頁）などで取り上げられているような現象が顕在化し、人件費増大の要因の1つになっていることも否定できない。

　そこで、こうした「仕事（職務）と資格のミスマッチ」などに起因する人件費増大などの弊害を克服する一環として、人事制度としての機能を発揮させる手立てあるいは仕組みを人事制度に組み込む方法を考えてみよう。

3-4-3-1　人事考課の評価項目に「実際力評価」を加えることによる克服

　梅棹忠夫は「実際主義」について、「近代日本人は、世界でも例のないくらい、実際的な民族である。……日本人がきわめて短い時間に、欧米伝来の科学・技術を身につけ、巨大な産業組織をもつ近代国家を建設することができたのは、ひとつにはたしかに、この『実際主義』のおかげであったに違いないと、わたしはおもう」と述べている。[89]

(1)　実際主義の定義と人事評価の思想

　本書でいう「実際主義」とは、口先・口上手や単なる知識・理論ばかりでなく、言行一致・率先垂範・実践躬行の人であり、また、潜在能力を顕在能力に変換でき実績を積み重ねてきているという、いわゆる「仕事のできる社員」を評価しようとする発想であり思想である。実際主義的社員は潜在能力を磨き続けるとともに、担当業務に係る技術や技能の周辺や進展の先を視野に入れた研鑽を怠らない。また、仕事上の求めに応えて、結果・成果を出すことができる意思と能力と実績をもち、周囲からの信用を得ている。この「信用」というのは、要するに、同じ

---

[89]　石毛直道＝守屋毅編『梅棹忠夫著作集第7巻　日本研究』（中央公論社、1990年）425頁。

職場で協働すればお互いの「仕事のレベル・能力」についてはかなりの確度で把握できるし、「将来の出世の程度」も見当がつくということを意味している。一方、評価者側は結果ばかりでなく、社員の努力過程(プロセス)をも重視するとともに、組織的価値を理解し納得して誠実に仕事や物事を遂行する意思と能力を併せもっているか、またその程度はどうかについても評価の対象にするという思想である。

《付言‐3》
　ところで、こうした実際主義を満足させる事例として、わが国では従来から、いわゆる「職人」が引き合いに出される。そして、職人といえば、今でも多くの人々から信用される存在である。要するに、彼らはこの実際主義の実践者故に人々から信用され一目置かれてきたということができよう。つまり、わが国では、こうした「実際主義」の理に適うことが、特に、職業人として信用される大きな要素・要因となるのである。このことは、こうした「実際主義」が日本人の気質・気性・気概・価値観さらには日本文化に適合することを物語っているということもできよう。ただし、よくいわれる職人の気質・気性の1つである、「寡黙さ」等については、今日的状況を考慮すれば、職種・職務にもよるが、一定以上のコミュニケーション能力やプレゼンテーション能力などの意思伝達能力を加える必要があろう。またこの他にも、実際主義の弱点が指摘されているのも事実である。確かに、黙々と役割を果たすだけでは、変化の激しい現代企業に貢献し続けることは難しい。したがって、現代を生きる実際主義者としては将来を見え据えて、現在担当している技術・技能にとどまらず、その周辺およびその先をも視野に入れるなどして、その弱点を克服するための勇気と行動力を強めることも必要である。[91]
　ちなみに、「実際主義」の概念に類似した言葉に「実力主義」とか「発揮能力」が存在する。しかし、「実力主義」や「発揮能力」の意味・内容には「実際主義」で重視する「努力過程」(プロセス)とか周囲からの「信頼」とか言行一致・実践躬行といった、精神的・思想的支柱が含まれていないか、または極めて希薄であるように思われる。特に、「発揮能力」については、発揮できるといった、「結果重視」があり、少なくともそれらの点で異なる概念である。

(2) 「実際主義」の導入
　職能資格制度と職位制度は、一般的・通常的には、各々独自に人事運用を行う。

90) 前掲注(43)・『コア・テキスト　人的資源管理』96頁参照。
91) 杉村芳美『職業を生きる精神―平成日本が失いしもの』(ミネルヴァ書房、2008年) 179頁以下、前掲注(89)・『梅棹忠夫著作集第7巻　日本研究』422頁以下参照。

このことも1つの大きな要因になって、しばしば指摘されるように、昇格させたものの、その後の昇進人事の場に至って、当該社員を当該昇格に見合った役職に就けることができないことから、結局、「役職に就かない管理職」を排出してしまうことがある。こうしたケースについて、現行制度の範囲で改善することは不可能ではないが、全社共通の職能要件（職能資格等級基準）を唯一の基準とした状態での改善は容易なことではない。そこには両制度を統合し人事制度として機能させるという視点が欠落している。こうしたことから、仕事と資格のミスマッチを引き起こすといった、職能資格制度の弱点を露呈することとなる。本書としては、職能資格制度が職能部門等を越えた全社共通の昇格基準を設定するために、その基準の内容が曖昧で抽象的なものとされており、上述のような問題を惹起する大きな要因・要素となっていることについては否定しない。しかし、だからといって、そのことを理由に、職能資格制度を廃止することには賛同できない。何故なら、それを廃止することによって、既述したような職能資格制度の根幹的メリットを失いかねないからである。

　そこで、昇格・昇進の判断基準として、「実際主義」に基づいた評価（人事考課）項目を加え、昇格・昇進各々に反映させるという仕組みを新たに組み込むことを提案したい。この場合の新たな評価（人事考課）項目の呼称としては、実際主義に基づく「実際力」を予定する。なお、その重要度、評価点数の配分等については、当然ながら、これを導入する当事者の裁量によることになるのはいうまでもない。

　いずれにしても、職能資格制度および職位制度による昇格・昇進の合否の判断基準として、実際主義に基づく「実際力」を評価基準として新たに登場させるということである。これが実現されると、昇格の合否については、職能要件（職能資格等級基準）に加えて、この「実際力」のレベル・程度を合否の判断基準として考慮することが可能となる。その効果としては、指摘されるような事態について、一定の改善ができることとなろう。そもそも、昇格させたが役職に就けることができないケースというのは、ここで取り上げた実際主義に基づく「実際力」が弱い場合が多いのである。他方、昇進人事というのは、業務を遂行する現場の人事体制・陣容を具体的に整えるという場面・局面である。人事制度の場合は、まず、職能資格制度により昇格人事を行う。その後、職位制度により一定範囲の

資格者の中から人選し、ある役職を発令する。このことから発令権者の苦悩は相当緩和されるが、それでも、職位制度上の人事発令の局面は、極めて現実的・具体的かつ多様な事情が錯綜することが多い。それだけに確信の持てない決定を下したり、安易に妥協したり、不用意な私的思惑に翻弄されたり、部下社員の一時的・単発的成果や出来事に惑わされる[92]ようなことになると、そこには落とし穴も少なからず発生しかねない。このように、課長や部長などの役職人事はもちろん、その他の昇進・昇格人事というのは、任命権者の立場からすれば容易なことでないばかりか頭痛の種なのである。この点、「実際主義」を導入することにより、そうした悩ましい側面・事情等が緩和されるとともに、任命権者および部下社員双方にとって納得度が高まることも期待できよう。また、考課項目としての「実際力」を考課する場合のポイントは、第1次考課者である複数の職場経営者（ライン管理者等）が当該被考課者の働きぶり、彼に対する周囲の評価、特にこの「実際力」[93]に関する情報等を持ち寄り、分析・評価し結論することができる。

　こうして、昇格・昇進人事の決め手の1つとして、この実際主義に基づく「実際力」を導入することは、職能資格制度と職位制度を繋ぐ役割を果たすとともに、両者間の乖離を縮めるための有効な手段・仕掛けともなろう。しかも、その導入によって、職能資格制度の趣旨・意図やメリットを減じないばかりか、むしろ、多くの社員の人事に対する納得度を高める効果も期待できよう。それは、「実際力」のある者は、仕事ができる人であるからであり、実際主義の思想が既述のとおり、日本人の気質・気性・価値観に適い、日本文化とも適合するからである。[94]

3-4-3-2　各部門長、職場長等の役割・連携強化による克服

　企業の維持・発展のカギが人材にあることについては、今や、否定する者はいない。そして、企業組織における、働かせ方や処遇の仕方あるいは当該企業およびその各部門における短期・長期の将来展望とともに、それに伴う求める人材像

---

[92]　そうした一時的・単発的成果や事象については、基本的には、昇格や昇進ではなく、ボーナス等に反映させるべき性格のものである。
[93]　実際力のある社員が昇格したとなると、周囲の多くの社員が納得するというのが経験則からもいえることである。
[94]　同じ職場で一緒に働いている、同僚の間では信頼も厚く一目置かれている存在である。

の現在および将来について把握すべき責任者は、基本的には、人事担当部長と各部門長であるといえよう。特に、当該社員が所属する職能部門長は、昇進後の所属社員の適応性・適合性について具体的に吟味するのは当然であろう。そして、その吟味の結果を持ち寄って、職場経営者（ライン管理者等）、当該職能部門および人事部門との協議を経て決定するのである。また、部下社員の現在の技能・技術に関する人事情報を掌握しておくべき責任者は、職場長ということになろう。もちろん、この種の問題・課題について、全社的視点から人事戦略的に対処するのは人事担当部長であり、各職能部門所属の社員の職種別等の知識・技術等の現在および将来の求める人材像について調査・分析・予見するのは当該職能部門長（もちろん、その場合、人事部門が一括管理するケースもあろう）であることはいうまでもない。

　このことを前提に考えるならば、まず、各部門長としては人事担当部長と連携しながら、資格に対応する役職に就けられない管理職等による人件費増大、技術能力の陳腐化等の問題について対応しなければならないが、その場合、制度の欠陥を指摘することだけにとどまっていてはならない。なぜならば、そもそも完璧な制度などというものは望むべくもないからである。しかも、そこには、制度を運用する人間が介在することから、結局、多くの場合、人的要素がその成否・効果の度合を左右することになるからである。そして、本書が想定している体制は、人事部門、その他の各職能部門、および職場であり、この三者が連携し知恵を出し合うことでその実効を上げることが期待できよう。そこで、次には人事部門と他の各部門の各々の役割について言及しておこう。

(1) **各職能部門の役割**

　まず第1に、各職能部門長は、企業を取り巻く経営環境や産業界の動向を見極めるとともに、経営理念や経営方針を踏まえて、各職能部門の問題・課題や技術の進展・変化等に関する短期・長期の展望を見通すことである。第2に、職能部門は情報通信技術をはじめとした諸技術の高度化に伴って生じ得る、仕事のホワイトカラー化の進展・高度化、仕事の段取りを含めた質・内容・進め方、必要な知識・技術、他の職能部門や他の分野との関係性等の進展・変容などに、社員が対応できるよう連携して有効な手立て・あり様を講じることである。第3に、そ

のために、例えば、社員の働かせ方・キャリア形成、人事異動、教育訓練・能力開発、自己啓発等の実施・運用にあたっては、それらの施策を一体のものとして、あるいは目的を共有するべきものとして位置づけるとともに、それらの実施の目的、組合せ、計画、タイミング、効果等を考慮するなど脈絡のある一元管理を展開することが必要である。[95]この点でも、人事部門、他の各職能部門および職場の連携強化が必要となろう。特に、この局面では、各部門長は短期・長期の視点から職種別等の技能・技術の進展・変化を予測し、求められる今後の技術や人材像を可能な限り予測・予見し、職場長等に示す必要がある。第4に、研修等の内容や進め方においても従来の手法等に固執することなく、その目的・内容に適合するとともに、社員の受講意欲や関心を高めるための手立てを講ずるべきである。第5に、社員研修修了フォローが実効を期すために不可欠である。第6に、社員側も、所属職能部門長や職場長が促す系統別あるいは職種別の技術の進展・変化に関する情報に関心をもち、自己研鑽を積み、社員同士が積極的に切磋琢磨する場面が日常的に見られるような職場環境を実現するよう積極的に参加するべきである。また、各社員が部内外の各種資格試験に挑戦することは、とかくランダム状態になりがちである社員の仕事能力を整理・体系化できるし、また、これまで培った技術を陳腐化させないばかりか、技術の高度化に対応できるようになることにも繋がるというものである。第7に、したがって、企業としてもこうした社員の自己啓発をバックアップする体制・職場環境を整えることが有効な手立てとなるはずである。この点、各職能部門は連携して、上述したような手立てや、そうしたことを意図した社内誌、DVD、各種研修等を活用するなどして、社員の仕事能力を陳腐化させないばかりか、さらにそれらを向上させるための仕組みや啓蒙・動機づけ活動を活発化させるべきであろう。第8に、全社を挙げて、こうした取り組みを活発化させたり、背中を押し合ったりできる職場環境を形成し、それらを企業文化の一内容にまで高めることである。[96]その力の背景・源泉になり得る要素は、「人を大切に扱う・人間中心主義の日本的経営の理念・哲学」の実

---

95) その場合、それら一連の施策や管理活動に関しては、いわゆる「やりっ放し」を避け、各項目ごとにについて評価し、それを踏まえて是正・改善するための適宜・適切な措置を緊張感をもって確実に実施することが肝心要となる。

96) 企業文化形成の推進者の先頭に立つのは、トップ経営者であるのはいうまでもない。

践であり、企業の社会的責任（CSR）の１つである「社員に対する責任」である。これに対して、社員側もそうした企業側の取り組みに応えて、自立（自律）心を高めるとともに、「これまで努力して積み上げてきた技術・経験を陳腐化させてなるものか」という、社員の気概と誇りを発揮することであろう。

(2) 職場長の役割

　職場は社員が仕事をする場である。したがって、職場長以下職場経営者は、①社員の潜在能力が陳腐化しないように、適宜・適切にブラッシュアップさせること、②現在の技術等に付加価値をつけ、その周辺あるいはその先の技術に繋げたり、応用できる可能性について模索するとともに、その手立てを実施すること、③そうした問題意識をお互いが共有化することの重要性について啓蒙し、そのための職場環境を整え具体的に支援し、動機づけを行ったりすること、④各種技術の進歩・発展や変化に伴う、各社員の知識、技術と「実際力」を含めた仕事能力の維持・向上のための自己啓発努力や人間関係などに関する情報の収集活動を行うこと、⑤人事担当部長および各部門長の求めに応え、あるいは積極的に、現在および将来の当該部門における人材像（知識、技能、技術等）について情報収集し、意見を表明すること、⑥職能部門長等との連携あるいは指示の下、可能な限り社員に対して脈絡のあるキャリアを積ませるなどの配慮をすること、⑦部門長等からの情報収集・連携または支援・指示により得た、企業の方向性や知識・技術等を、部下社員に対して適宜・適切に情報提供したり、自己啓発を進めたり、必要に応じて研修を実施したり、その他有効と思われる手立てを積極的に講ずること、などが考えられよう。加えて、それらを一定形式により一人ひとりの資格、技能・技術等をデーターベース化し、それを毎年更新することも部下社員に対する支援活動上有益となろう。

　また、それとは別に、職場経営者は、①部下社員一人ひとりに関する人事考課の各項目についてデーターベース化しておくこと、②人事部門や所属職能部門と連携しつつ、実際主義に基づく「実際力」のレベルを厳正に考課すること、③「実際力」の評価を重視し、いわゆる「声の大きさ」や自己顕示等に惑わされることのないように留意することも重要である。

　これらに加えて、後述する職場経営を適宜・適切に日々実践することによって、

職能資格制度を中核とする人事制度の利点や有効性を大いに顕在化させるとともに、弱点にも留意しつつ、その補完・補強することも大切である。

3-5　成果主義の諸問題と職能資格制度の展望

　職能資格制度の限界説に立つ１つの理由として、右肩上がりの経済の終焉によるポストの減少をあげる見解がある。しかし、それは一方的な見方であって、視点を変えれば、むしろポストが少なくなるということは、ポストの重み・価値が高まるという見方もできる。一方、社員の視点に立てば、年功を重ねることによって誰でも就けるポストよりも、努力と競争によって獲得したポストの方が納得の度合いなり満足度は高くなるはずである。仮に、年齢と勤続年数のみで昇進・昇格が適う企業があるとしたら、そうした組織はどうしても締まりがなくなり、活力のない人間集団になってしまうに違いない。つまり、換言すれば、経営側の対応によっては、ポストの減少によって社員のインセンティブはかえって高まり、昇進・昇格に対する挑戦意欲が旺盛になる可能性もあるということである。そうすると、経済の低迷によるポストの減少は、必ずしも組織の活力低下に直結しないばかりか、逆にそれを高めることさえ可能である[97]。

　職能資格制度を展望するという視点からも、これまで指摘したような成果主義とは一線を画した、職能資格制度のエキスを活かすとともに、当該企業に適合する人事制度を新たに開発することが望ましい場合もあろう。しかし、通常・一般的には、企業および人事制度に対する多くの社員の信頼や納得を得る視点からも、それを安易に改定するのではなく、まず、その前に運用の実態を精査し、少なくとも、その見直しの余地がある場合については、人事部門、他の各部門および職場経営者の三者の連携により、責任と緊張感を伴った適正な運用に切り替えることなどを通して問題の改善なり是正をするべきである。

　いずれにしても、職能資格制度の限界論の理由として、年功制や能力の陳腐化問題あるいはポスト減少をあげることは、こうした点からも再考の余地があるとみることができよう。そこで問題とすべきは、本来、ポストの減少や年功制などではなく、例えば、①企業組織を経営・運営していく者としての必要な緊張感が

---

97)　そのカギを握るのは、職場長以下の職場経営者によるリーダーシップ如何であるともいえる。

緩慢になること、②当該企業が設定した資格毎の「職能要件」の適用解釈がマンネリ化すること、③あるいは人事評価自体に問題があること、④社員に対して必要な教育訓練・能力開発を適宜・適切そして効果的に実施すべきところ、それらを怠っていること、⑤人事部門・他の部門および職場経営者の三者の連携が不十分であること、⑥職場経営機能が十分発揮されていないこと、などが原因として想定されよう。こうした点からも、職能資格制度が今後とも人事制度の中核として機能するためには、年功的処遇の問題に関しても意味のある部分については十分機能させるとともに、その適用に際しては緊張感と確信をもって実施することである。

ここまで職能資格制度を巡る諸問題についてみてきたが、加えて、「成果主義の職場の風景」、「年功主義と人事制度・人事管理」および「一般的特殊能力をもった高度な専門職の活用方」に関して論じておきたい。

(1) 成果主義の職場の風景

すでに言及したように、成果主義は、努力しても成果をあげられなければ何の意味もないとし、努力過程（プロセス）、潜在能力等ではなく顕在能力や成果あるいは結果に基づいて処遇する、といった考え方である。そして、成果主義に基づく社員管理の核心は、要するに「飴と鞭」であると主張する識者もいるほどである。そこでは、人生や働く意味を問うこともなく、ビジネス戦士としての戦いに生き残るため、如何に高額の報酬を獲得するかといったことのため、あるいは企業間競争に勝ち抜くためと称する寒々とした人間関係・職業人生が営まれている職場の風景が見え隠れすることになりかねない。もちろん、人々のなかには、自律（自立）心を旺盛にして、取得し磨いてきた資格、専門能力、技能・技術力等を頼りに複数の企業等を掛け持ちしたり、渡り歩いたりすることによって、納得できる報酬その他を獲得するという生き方を選択する者がいても不思議ではない。そうした場合には、通常・一般の雇用社会を念頭に置いた雇用契約とは別枠の、ルール・契約に基づいて各々の関係を展開することも可能であろう。

いずれにしても、普通・一般の大多数の人々を対象とした働き方・働かせ方である雇用労働、なかんずく終身雇用制の枠組みの中で考えるならば、既述したような事態・疑念が想定される成果主義を人事制度・人事管理に導入することは、

短期的・一時的には、その効果が生じる場面・局面があるとしても、長期的にはいずれ、その弱点・問題点が顕在化する可能性が高いといわざるを得ない。そもそも、社員の日常的努力過程（プロセス）を評価の対象にしないというような人間の扱いをするとなると、そうした成果主義を導入した企業・職場にあっては、いずれは社員としての仕事に対する真っ当な努力を怠り、結果がすべてという価値観の下、仕事に対する誠実な態度を軽視したり、自分の目先の利益を優先したり、合理・論理に傾倒した発想・言動によって仕事や人間関係を営んだり、というような風潮が当たり前の職場になってしまいかねない。また、高邁な志のある企業文化の下に企業の社会的責任（CSR）を果たすとともに、社員のキャリア形成を図るためにも、脈絡のある仕事を経験することが重要となるが、こうした成果主義を導入するとなると、どうしても目先の利潤追求に翻弄されることとなり、そこの肝心要の部分が欠落することになりかねない。

(2) 年功主義と人事制度・人事管理

　そもそも、年功主義に対する本書の考え方は、仕事能力や実績あるいは職能資格要件などを考慮せず、年功のみによって昇格させるなどといった、単なる年功優先の人事を肯定しているわけではない。このことは、産業界・雇用労働社会の実態とも符合するはずである。

　いずれにしても、本書としては、年功主義を一面的にみて排除するのではなく、むしろ多面的に考察し、その本質・エキスをとりだして活用する方が得策であるとする立場である。しかも、①年功主義に対する否定的な認識がこのまま推移すると、年齢を重ねるにつれて、仕事能力が一律に減退するとの一面的あるいは間違った思い込みや、「年齢差別」的意識が強まるのではないかと危惧されること、②そもそも、仕事能力といっても多種多様であり、例えば、日常的・定型的業務を遂行する能力、ICTスキル、折衝能力、営業能力、IT機器を駆使しての情報分析能力、ソフト開発能力、経営に直結する企画・開発能力、その他各種専門能力[98]、さらには管理・経営能力、リーダーシップの発揮能力等があることなどを考え合せると、年功主義を無謀短慮に否定することは控えるべきであろう。

98）　ちなみに、専門職の事例としては、厚生労働省平9.2.14告示第7号、平14.2.13告示第22号、平15.10.22告示354号で示されたものなどがある。

確かに、これらのうちで、例えば、情報技術の進展下それを使いこなす能力の重要性を否定することはできないが、だからといって「習熟能力より習得能力・即戦力が求められている」として短慮の下、年功主義を否定的に捉えることは果たして妥当なのか疑問である。何故ならば、確かにそれら情報通信技術・技能といった能力は、生来の資質の問題や、一定以上の年齢を重ねることに伴って能力低下が見込まれることも事実であろう。しかし、企業経営上そうした情報機器はあくまでツールであり手段である。つまり、企業経営上より重要なことは、パソコンやインターネットを駆使して何ができるのか、どのように活用したら効果的なのかについて理解できることである。そこから先は誰にやらせても、大きな問題や差異は生じない。それが、仮に、IT産業であっても同様のことがいえるのであり、すべての社員にコンピューター・リテラシーが求められるかというと、決してそうではない。また、通常・一般的経営上重要な能力としては、IT産業も含めて例えば、事業展開の計画・企画等能力、折衝力、問題・課題を発見し解決する能力、創造的発想力、企業内各種の特殊能力、経営や管理能力、リーダーシップの発揮能力等が求められよう。

このように、多面的な視点から判断すると、情報技術に関わる処理能力が優れていることが、他の各種能力に比べて企業経営により貢献できる人材であるとまではいえない。しかも、即戦力や習得能力が、人事制度を変更すれば解決できるという単純な問題では決してない。例えばICTスキルであっても社員の意欲が旺盛であることなどを前提に、研修・訓練・自己啓発等によって解決することは十分可能である。仮に、それでは解決できないレベルの問題であれば、それは企業が求める能力と当該社員の能力の間に過度の乖離があるのか、それとも高度のスペシャリストが担うべき仕事なのか、といった問題である。前者および後者の

---

99) 葛西敬之『明日のリーダーのために』(文藝春秋、2010年) 21頁以下参照。
100) もちろん、情報機器の活用にも段階・レベルがあり、単なるツールと決めつけることが躊躇されるケースがあることも否定できない。
101) つまり、場合によっては、他の社員(部内のICT特殊能力保持社員やIT技術担当部署)やアウトソーシングなどをスムーズに活用できる仕組みを設定することも考えられよう。もちろん、例えば、ワードやエクセルを使って日常的業務を遂行するレベルのスキルについては、基本的あるいは原則的には、どの社員も対応できることが望ましいのはいうまでもない。
102) ジョン=P=コッター・黒田由貴子監訳『リーダーシップ論―いま何をすべきか』(ダイヤモンド社、2009年) 5頁以下参照。

問題のいずれの場合も、人事制度の問題ではないとみるべきであろう。

⑶ 一般的特殊能力をもった高度な専門職の活用方
　求める人材が、例えば、金融デリバティブの専門職、コンピューターのソフト開発の専門職、研究専門職等に属する業務であれば、それはここで論じる人事制度の枠外の問題である。あるいは、そうした高度な専門職についてはアウトソーシングするとか、必要な高度の専門能力や資格を持った人材を例外的措置として、雇用形態ではなく、従来の事例でいうと、顧問契約等の活用によって対応することができよう。そもそも、そうした特別の能力・資格をもった人材は、流動化した労働市場などを活用して働く場を渡り歩くという、自立（自立）した人間である。換言すれば、彼らの多くは、高度な技能・技術をもった逸材であって、普通・一般的な雇用労働を望んでいるわけではないケースが多い。そうだとするならば、企業側としても雇用契約の枠組みに縛られることのない、それ以外の契約形態による活用を選択することも可能である。本書としては、そうした特例については、通常の人事制度や人事管理を適用する対象ではなく、例外的位置づけにすることの方が企業にとっても、却って柔軟・適切な経営人事戦略を講ずる上で妥当性が高いとみる。そもそも、そうした特別の専門能力や資格を必要とする場合には、従来から、例えば、弁護士、公認会計士等の活用の例からも想定されるように、雇用契約ではなく、非常勤の顧問契約等の形で活用してきている。したがって、それに類似した人材の場合についても、大多数の雇用労働者を対象とする労働契約や人事制度・人事管理の枠組み外として位置づけし、特例的形態によって部外の専門職能力等を活用することが、むしろ、合理的・効率的であり、また効果的でもある可能性が高いといえよう。
　しかも、今や、そうした高度な知識・技術・技能の求めに応える個人や機関等が存在する時代でもある。企業内の業務であるからといって、全ての人材を通年・常勤の正社員で対応する必要はない。むしろ、そのことよりも、企業がそうした人材の活用を外部労働市場に求めるにあたって重要なことは、例えば、弁護

103）ちなみに、今や、場合によっては、短期的・特例的にプロフェッショナルやエグゼクティヴの活用も想定される時代でもある。

士や公認会計士などの事例を想定すれば明らかである。すなわち、高度な国家資格や特別の専門能力者を効果的・効率的に活用してその成果を上げるためには、一般的特殊能力保持者と企業の間に立って、いわば、翻訳的役割を果たすことのできる当該企業の特殊能力をもったスタッフ・部署（例えば、弁護士や公認会計士であれば、法務部や財務部とその各スタッフ）の存在である。その役割を演じるスタッフとしては、一定水準以上の当該企業の特殊能力をはじめとした、知識・技術・技能が必要十分であるのはもちろん、それ以上に求められるのは、当該業務を遂行する上で関連する企業内部の規程・その他のルール、慣行、事情、現場の実態（例えば、コンピューターシステムの開発や改変の場合などであれば、業務体制の見直し以前までに行われていた仕事の実情・手作業の場合の実態、他の部門との関連性・連携の実態等）、さらには企業文化等に精通していることなどである。

　いずれにしても、企業が求める人材像としては、大きく2つに大別できよう。まず、第1グループは、労働契約関係や常識からも導き出される人材像である。それは、まず、所属企業の経営理念・経営方針を理解し、それに賛同し、自分の役割・責務を自覚するとともに、自分の言動が及ぼす影響を予測し配慮しつつ、職務遂行等を協調的・能動的・積極的に展開できる人材である。併せて組織のメカニズムや組織的価値や組織文化を理解し、債務の本旨に従った労働力を提供するという、高い労働意思と能力をもち、それらを誠実に実行しようとする自覚と意欲が旺盛な人材である。[104]第2グループは、第1グループの要素に加えて、問題の発見力・解決力、また雇用労働者ではあるが、実態上は、いわゆる「使用従属性」を極小化し、主体的・自律的に判断し、必要に応じて上司等の指示や承認を受けて、次々と発展的・能動的・積極的に仕事をこなしていくという専門職的能力をもった人材である。

---

104)　労働契約関係の一般的特色としては、①労働力そのものの利用を目的とした人的・継続的な契約関係である。そこでは、労働力利用のための使用者の指揮命令権が予定され、また、両当事者間の信頼関係（誠実配慮の関係）が重視される。②組織的労働制である。事業の経営主体としての使用者は、労働契約によって多数の労働者を雇い入れて、彼らを事業目的のために有機的に組織づけ、その労働力を相乗的に活用していこうとする（菅野和夫『労働法〔第9版〕』（弘文堂、2010年）67頁参照）。

【参考文献】

- フランシス・フクヤマ著・加藤實訳『「信」無くば立たず』（三笠書房、1996年）
- 荒井一博『終身雇用制と日本文化―ゲーム論的アプローチ』（中央公論社、1997年）
- 服部　治＝谷内篤博編『人的資源管理要論』（晃洋書房、2000年）
- 新しい歴史教科書をつくる会編・中西輝政著『国民の文明史』（扶桑社、2003年）
- 佐護　譽『人的資源管理概論』（文眞堂、2003年）
- 高橋伸夫『虚妄の成果主義―日本型年功制復活のススメ』（日経BP社、2004年）
- 笠谷和比古『武士道と日本型能力主義』（新潮社、2005年）
- 佐藤博樹＝藤村博之＝八代充史『新しい人事労務管理〔第3版〕』（有斐閣、2007年）
- 今野浩一郎『人事管理入門〔第2版〕』（日本経済新聞出版社、2008年）
- 八木秀次『日本の個性―日本文明論入門』（育鵬社、2008年）
- 中谷　厳『資本主義はなぜ自壊したのか―「日本」再生への提言』（集英社、2008年）
- 岩出　博『新・これからの人事労務―いま働いている人、もうすぐ働く人の〔改訂版〕』（泉文堂、2009年）
- 八代充史『人的資源管理論―理論と制度』（中央経済社、2009年）
- 今野浩一郎＝佐藤博樹『マネジメント・テキスト　人事管理入門〔第2版〕』（日本経済新聞出版社、2009年）

第3章　採用管理

　企業等に雇用されて、使用者（上司）の指揮命令下で労働力を提供し、その対価として賃金を支払われ生計を立てている雇用労働者のことを、私たちは、一般的には、サラリーマンとか勤労者とか、あるいは社員などと呼んでいる。また、この呼称について、労働法では「労働者」、商法では「使用人」と呼ぶ。さらに、それが企業の被用者であることを強調する場合には、「従業員」という言い方をする場合もある。

　ところで、企業が維持・発展を続けるためには、こういった雇用労働者とどう向き合っていくかが決定的に重要となる。そして、それは社員の採用から退職に至るまでの様々な場面、あるいは問題・課題について、如何に適宜・適切に対応していくかということになる。換言すれば、それはヒトと職務を効果的に結びつけ、企業活動の成果・業績を上げるために必要な計画、調達、運用、調整などを行う管理のことであるということもできよう。そうした雇用管理の具体的内容としては、募集、採用、配置、教育・能力開発、人事考課、異動、昇進・昇格・降格、休職、解雇、退職などが含まれる。

　ここでは、それらのうち募集、採用および配置（初任配置）について述べていくが、これらのうちでも、企業にとってどのような資質と能力をもった人材を採用するかは、企業の命運を左右する1つの大きなターニングポイントになるといっても過言ではない。しかも、解雇に関しては、わが国の労働法制が、様々な形の制限を加えているからでもある[1]。さて、それでは以下に採用管理について述べていこう。

1）　菅野和夫『労働法〔第9版〕』（弘文堂、2010年）476頁以下、水町勇一郎『労働法〔第3版〕』（有斐閣、2010年）175頁以下参照。

第1節　採用管理の意義と手段・手続・原則

1　採用管理の意義

　採用管理は人事管理の始まりを意味する。そもそも、企業を新たに立ち上げる場合でも、あるいはその継続の場合でも、必要な人員（要員）を確保できなければ企業経営が行き詰まり、遂には破綻するか、重大な支障をきたす事態になるのは必至である。また、ヒトの問題は要員数ばかりでなく、その資質、労働意思・労働能力、価値観・適性・性格などの点でどのような人物を採用するかは、企業の命運を左右する重大事である。したがって、企業としては、人事管理の一環として必要・適正な要員を確保するための管理活動を重視することになるのは当然である。そして、その調達先としては外部労働市場の場合もあれば、内部労働市場を対象とする場合もある。

　いずれにしても、採用管理とは、企業における労働需要を満たすことを目的として、外部労働市場から労働者を採用するため、その計画、募集、選考、採用（労働契約の締結）までの一連の管理活動をいう。そして、それは必要な労働者を単に採用するということだけではなく、次のような諸点に留意しつつ、計画的に実施することになる。

① 　企業と各職場における職位や業務遂行状況[2]の実態、経営計画とそれに基づく要員計画等から、企業にとって今後必要な新たな要員を確保すること、すなわち新たな人員を採用する必要性の有無について検討すること

② 　採用する必要のある職位に含まれる仕事の資格要件等を考慮した上での採用基準を明確にすること

③ 　採用手続を実施して、応募者の中から当該企業が求める要件に適合する人員を採用すること

④ 　当該企業の業種業態、企業文化、経営理念、経営方針等を踏まえて、応募者の中からその資質、価値観（労働観、職業観、企業観等）、性格、成長の可能性等を判断

---

[2]　1人分の労働力を必要とする仕事の集まりのことをいう。ちなみに、中條毅責任編集『人事労務管理用語辞典』（ミネルヴァ書房、2007年）127頁参照。

基準として選考すること

2　採用管理の手段・手続と原則

　どのような能力と人間性を内在している人材を採用するかは、採用人員数を適切にするとともに、採用管理において最も重視しなければならない課題である。この要請は、企業間競争の激化、人々の価値観の多様化、環境の複雑化等が進展するという状況下にあって、ますます強まることになろう。

　ところで、採用は大きく2つに分類することができる。その1つは新規学卒採用であり、もう1つは中途（通年）採用である。このうち、前者の採用における選考要素（基礎的資質）としては、能力的資質と性格的資質がある。そして、能力的資質としては知識・知的能力（知識・学力・潜在能力）と身体的能力があり、知識・知的能力を判断する手立てとしては、成績証明書、資格証明書、履歴書、学力試験等がある。また、身体的能力の内容としては健康度と体力度ということになるが、それを判断する資料は健康診断書である。後者の性格的資質としては、誠実性、堅実性、協調性、適応性、表現力、積極性等が考えられる。そして、それらに対する判断資料としては、適性検査調書と性格検査調書が一応考えられる。

　こうした第1次的採用過程（1次試験までの過程）で得られた判断資料から、仮に、知識と知的能力の水準が高いとの結果が出た者は、その他の要素において大差がなければ、業務遂行能力も高いことが一般に認められている。しかしながら、その他の要素において、既述の要素のほか、例えば、労働観、職業観、人間観、企業・職場観（帰属意識、愛社精神、忠誠心などに対する考え方を含む）等が企業の維持・発展に馴染まない要素が内在されている人物ということになると、知識と知的能力がいかに高い水準に達している者であっても、当該企業における雇用労働者としては適性に欠けることになり、場合によっては企業活動に対して支

3）　新規学卒採用には、社員区分と学歴を対応させる学歴別採用がある。
4）　「協調性」といっても、業種業態によっても異なるが、企業の組織人としての協調性ということになれば、少なくとも、「傷の嘗め合い」的なものであってはならないのであって、例えば、お互いを尊重し切磋琢磨し、智恵やアイディアを出すため激論を戦わせたりするような意欲、熱意、我慢、逞しさなどが伴っていることが求められよう。
5）　笠谷和比古『武士道と日本型能力主義』（新潮社、2005年）11頁以下参照。

障や害悪さえ与えかねない。したがって、この点を考慮し、面接試問では、それまでに入手した資料（心理テスト、適性検査、作文、エントリーシート、履歴書等）を有効に活用し、適切・適正な判断を行うことになろう。ちなみに、心理テスト等から「感情が激しく自己抑制力が弱い」とか「情緒不安定度が高い」との結果が出た場合には、職場内の人間関係や顧客等とのトラブルの発生が懸念される。また、性格テストで内向性の強い場合には、孤独型で協調性が乏しい性格の持ち主のケースが多いことから、対人関係がスムーズに展開しないといわれている。

いずれにしても、具体的な選考にあたっては、当該企業の業種業態、企業文化、経営理念等から主体性を持った上で、知識や知的能力ばかりでなく、雇用労働者としての適格性を可能な限り把握した上で採用することが肝心であり、そのためには筆記試験、心理・性格テスト・面接試験等から総合的に判断することが重要である。一方、いわゆる「中途採用」についてであるが、この採用にあたっては、次のような原則を考慮することが求められよう。

① 職務中心主義の原則
　職務分析に基づいて、採用しようとする職務の資格要件を明らかにして、その資格要件を満たすと予測される人物を採用すること
② 潜在能力主義の原則
　資格要件に適合するか否かの判断では、経験・経歴のみならず、幅広い潜在能力についても考慮すること
③ 経営風土的確主義の原則
　採用すると予測される人物が、企業の文化・風土に馴染み、これを尊重していけるかどうかの視点に立った吟味をし、適性・的確性があるか否かの判断をすることが必要であること

第2節　採用管理の過程

1　必要な要員査定と採用計画

採用（hiring）管理とは、企業がその活動を展開するために必要な（企業内に発生する労働需要を満たすだけの）労働力を外部の労働市場から調達することをいい、

具体的には社員の採用計画・募集・選考・採用の決定（労働契約の締結）など一連の管理活動をいう。そして、企業が採用を行うにあたっては、その前提として、
① 企業の業務量を測定しそれに基づいた適正要員数を算出する[6]
② 現有する企業内（場合によっては関連企業等を含めた全体）社員を充当することの可否について検討する[7]
③ 業務の質・内容等を勘案する
④ 雇用形態別の適正要員数を測定する

などの総合的な検討を加えることになる。

そもそも、企業は常日頃から社員の業務遂行に関する実態調査と分析を積み上げることなどを通して、要員管理を適正・計画的に行い、人件費（労働コスト）の適性化を図ろうとする。そこで採用管理の第１の課題は、業務量に基づいた適正要員数を算出することである。これは近代的労務管理が一貫して追及してきた課題であり、テーラーが提唱した科学的管理もこの課題を解決することにより労働コストの引下げを図ろうとするものであった。[8]

こうして、要員測定の結果、量の面からの採用人員が決まるが、これに質的な側面（学歴別、職種別、雇用形態別等）、さらには、自社における社員の年齢構成の適正化、求める人材像との適合性等についても吟味した上で採用計画が出来上がることになる。こうした、当該企業の一連の現状分析や事業計画・経営計画を踏まえて、必要な採用人員を算出するための計画が採用計画である。

2 要員計画

(1) 要員計画の意義・判断要素

要員計画とは、現在および将来の業務遂行に必要な適正要員の質・量を予測・算定することを意味し、短期（２〜３年）また中期（４‐５年）の期間で行われる。その際の判断要素としては、経営方針・戦略、定年などによる退職者数の動向、年齢構成、合理化・効率化の進捗状況、人事政策の変更状況、売上高の現

---

6) 白井泰四郎『現代日本の労務管理〔第２版〕』（東洋経済新報社、1992年）108頁以下記載の算出方を参照。
7) この場合には当該従業員の教育訓練が必要になることがある。
8) 前掲注(6)・『現代日本の労務管理』107頁参照。

状・今後の予測、売上高適正人件費比率などが考慮されることになる。また、採用管理の前提または中心となる課題は、合理的な要員査定を行うことにある。つまり、当該企業における必要な要員を明確にすることによって、当該単年度の採用人員の計画作業についても着手することができる。

さらに有効・適正な要員計画とするためには、どのような資質等をもった人間を採用し、その後組織の中でどのように養成・運用していくか、あるいは職歴を積ませるかなどの課題に関する考え方や見通しがなくてはならない。

(2) 要員算定方式

要員の算定方法は、企業によって各々考えがあると思われるが、1つの方法としては、例えば、いわゆる「積上げ式要員査定方式」（ミクロ的なやり方）がある。この方式は、組織系統別（あるいは職能部門別）に所属する職場あるいは現場各々の実態および業務計画（見通し）から当該現場を熟知している責任者が必要人員を割り出し、それらを積み上げていって、最終的には人事部門が企業全体の必要人員を算定するというものである。

もう1つの方法は、「採算定員」ともいわれ（マクロ的なやり方）、現在または将来の売上高に売上高適正人件費比率を掛けて得られた必要人件費を1人当たりの人件費で割って計算する、というものである（要員数＝現在・将来の売上高×売上高適正人件費比率÷1人当たりの人件費）。

ちなみに、要員の査定に関して企業経営者は、企業経営の方針や戦略、労働市場の動向等から、例えば、業務の外注化、雇用形態の多様化、勤務形態の多様化等を視野に入れた弾力的な対応をしようとしている、というのが今日的実態である。

3 採用・求人計画・募集活動

採用計画とは、採用管理の一環として行うものであり、必要要員数の算定によって得られた要員数と現在の要員数（現有要員数）を比較し、その結果、足りない要員数が判明すれば、一応それが必要とする採用数ということになる。採用の選考にあたっては、人員ばかりでなく、質その他の要素についても吟味することになる。それは、例えば、年齢構成や労働サービス（労働能力）の適性・適合性

などについても考慮されることになる。さらには、コアの人材の充実（少数精鋭主義の実践）の志向、あるいはそれともリンクするが、雇用形態の多様化や、人々が抱く企業とその職場との関係のもち方に対する見解の変化、あるいは多様化などをも考慮した採用管理の策定が、今後ますます求められよう。特に、コアの人材の採用にあたっては、能力的資質ばかりでなく企業・職場観や個人主義・集団主義に対する見解についても見極める必要があろう。

　求人計画は、新規採用と中途採用に分けられる。新規採用は、大学、高校などの学卒を職掌別、学歴別に分けて求人される。また、雇用形態別にみると、新規採用の場合は、そのほとんどが正社員（正規社員）であり、現時点での単なる必要要員とか欠員補充のための要員の求人ではない。それは、企業経営上の長期スパンに立って、年齢構成のバランス、コアの人材の育成あるいは技術の継承などを念頭に置いた措置である。したがって、企業としては、要員数的には充たされていても、それとは別に年齢構成のバランスを図るためなどの理由から、新規学卒者を採用する場合が多い。

　これに対して、中途採用は、正社員と非正規社員に分けられるが、その比重は企業、あるいはその時々の事情によっても異なり一概には断定できないが、一般的には、欠員補充の場合が多い。

　ちなみに、近年、企業は即戦力や専門職的労働能力を求めて、雇用形態の多様化とともに中途採用あるいは通年採用などを重視する傾向を強めているというのが実態である。

4　採用活動

　要員計画に基づき採用計画を立てれば、次の段階は、いよいよその計画達成を目指して具体的行動に移すこと、つまり、採用活動を展開することになる。それは、まず、社員を募集することであるが、その方法を大別すると、企業自らが行う直接募集と職業安定所等の第三者による間接募集の２つがある。なお、企業自ら行う直接募集の手段としては、新聞・雑誌等を利用しての求人広告（文書）、

9）　この種の問題に対する見解如何は、企業とその職場とどのように向き合っていこうとしているのか、その考え方を知る上で参考になるからである。

10）　職業安定所以外では、民間の有料職業紹介業者、労働者派遣会社、労働組合等に対する労働者供

縁故によるもの、インターネットによるものなどがある。

5　採用管理と法による規制

5-1　募集に際しての法律による制約

　募集について、職業安定法（以下「職安法」という）は、労働者を募集しようとする者あるいはその被用者による直接募集と、被用者以外の第三者に委託して行う委託募集に区別している。

　前者の直接募集については、新聞、雑誌、テレビ、ラジオ、インターネットなどによる広告や文書の頒布によるときは、まったく自由に行うことができることになっている。

　委託募集については、被用者（従業員）以外の者に行わせるときには厚生労働大臣の許可を得なければならず（職安法36条1項）、また被用者以外の者に報奨金を与えようとするときも、厚生労働大臣の認可を得なければならないことになっている（職安法36条2項）。

　なお、直接募集および委託募集のいずれにおいても、募集に従事する者は、募集に応じた労働者から財産や利益を受けることが禁止されている（職安法39条、65条7号）。また、男女雇用機会均等法は、労働者の募集について、性別にかかわりなく均等な機会を与えることを事業主に義務付けている（男女雇用機会均等法5条）。

5-2　採用の自由と法の規制

　わが国の私法体系は、①私的所有権の尊重、②契約の自由、③過失責任主義[11]、という三大原則から成り立っている。

　これらのうち、契約自由の原則の意味するところは、まず、契約それ自体を締結するか否か、および契約の内容や条件をどのようにするかについて当事者に任せ、国家（法律）は関知しないということである。企業が従業員を採用（雇用）するということは労働契約を締結するということであるから、契約自由の原則を

　　給の依頼（職安法45条参照）、請負（民法632条参照）や委任・委託（民法643条参照）による社外労働者の受入れ等がある。
11)　契約の自由には、締結の自由（採用の自由）と締結内容の自由がある。

労働契約の場合に当てはめて考えるならば、それは、要するに、企業が誰を雇うかという自由を、国家が企業に保障しているということになる。

ただし、契約自由の原則を修正する法律があれば、その範囲において制約されることになる。ちなみに、企業の採用の自由は次の法律が制約している。

(1) **男女雇用機会均等法**

性別にかかわりなく均等な機会を与える義務が事業主に課されている（5条）。したがって、女性であることを理由に不採用にすると、均等法違反になる。

(2) **障害者雇用促進法（障害者の雇用の促進等に関する法律）**

身体障害者および知的障害者についての法定雇用率が定められている。その雇用率に達しない場合、事業主は雇用納付金を徴収されることになる。

(3) **労働組合法**

使用者は、労働組合に加入しないこと、あるいは労働組合を脱退することを採用の条件にすること（黄犬契約）はできないことになっている（7条1号）。

なお、公務員については、人種、信条、性別、社会的身分、門地による任用・採用についての差別が禁じられている（国公法27条、地公法13条）。

5-3 採用の手続（労働契約の締結）に関する法の規制

企業による一般的採用選考のプロセスとしては、履歴書・学業成績・卒業見込証明書等の提出と、適性検査・筆記試験・面接試験等が実施される。その後、これら一連のプロセスを経て合否が判定される。そして、企業は合格者に対して文書（内定通知書）または口頭による内定を通知することになる。

ところで、企業が「採用内定」を発したという行為は、労働法上、求人者と求職者の間に労働契約（通説としては「始期付解約権留保付労働契約」とされる）が成立したと評価され得ることになる。仮に、こうした状態のなかで、求人者（企業）が内定を取り消すということになると、その取消行為は「解雇権を濫用した」ものと判断され、その「取消行為」は無効であると判定される可能性がある。[12]

6　配置（初任配置）

　配置とは採用した社員を特定の職場に配属する手続のことであり、特にここでは新規学卒者の採用後における最初の配置のことである。新規学卒者の採用の場合は既述したような手順によって一括して採用され、最初の人事配置になるからである。そもそも、わが国の場合、新規学卒者の採用については、採用後の配属先を確定した上で人選・採用するという仕組みをとっていないのが一般的である。一連の採用活動の段階では、例えば、総務、営業、財務、技術など系統別・職能分野別というような、大括りの配置が決められているにすぎない。さらにいえば、そうした職能別分野さえも決められていないケースも少なくない。そして、具体的配属先が決まる段階というのは、多くの場合、入社後1カ月前後の期間実施する新入社員研修の終了直前か直後に、一人ひとりに辞令が交付されるというのが通常・一般的経過である。

　こうした経過の中で日本企業の多くは、新規学卒者の最初の人事配置については暫定的措置、あるいは入社後半年ないし1年程度は見習を予定した配置として位置づけているケースも珍しくなく、むしろ、一般的であるといってよいであろう。しかも、この場合の「初任配置」の対象となるのは、実態上からも「職務」ではなく、「職場」であると理解できる。こうした背景には、日本企業が個別的労働関係を雇用契約における権利・義務の関係としてみるというよりも「終身の関係」として受け止めて、「ゼネラリスト育成」を標榜する、人材育成の方針を掲げるということがあるとみることができる。[13] この点、アメリカの場合は、明確に設定された個々の職務に適合する人材が採用され配置される。したがって、アメリカの場合は配置された時点から、彼は当該職務を約束（雇用契約）どおりに遂行できるのが当然ということになる。

　配置を巡って日米間に差異が生じる背景には、日本企業の場合には、いわゆる

---

12)　前掲注(1)・『労働法〔第9版〕』143頁、大日本印刷事件—最判昭54・7・20民集33巻5号582頁、電電公社近畿電通局事件—最判昭55・5・30判時968号114頁。労働契約法16条参照。

13)　ところがここにきて、少なくない日本企業が過度に即戦力を求める傾向にあり、そうした「ゼネラリスト育成」による社員教育・後継者育成方式を否定的に捉えようとしているが、長期展望に立った、「整合性」あるいは「調和」に着目した賢明な判断が望まれよう。

「ヒトを採用する」という「人間中心主義」に基づいた採用理念があり、多くの会社では恒例の入社式が催され、尊くて厳かな雰囲気を醸し出すのが慣例である。これに対してアメリカの企業の場合には「職務で採用する」という、合理・論理そして法律（契約上の権利・義務）に基づいた考え方があり、この点に両国間の違いがあると理解することができよう。まず、日本企業がゼネラリスト育成方式を標榜していることを押さえておこう。もちろん、そうはいっても、最初に配置された職場での経験は後々にまで影響を及ぼすことが想定されるのも実情である。このことからしても、新入社員と初任職場で担当する職務とを適合的に結びつけることが望ましいのはいうまでもない。ところが、初任配置の段階では、それを判断する十分な資料がない状態で実施せざるを得ないというのが実態でもある。こうして、通常・一般的に、初任配置については暫定的措置として位置づけし、その後に本格的な人事配置を実施することになる。しかも、この場合の「配置」の対象となるのは「職務」ではなく、「職場」であるというのが日本企業の実態である。

図表 3-1　2つの組織編成

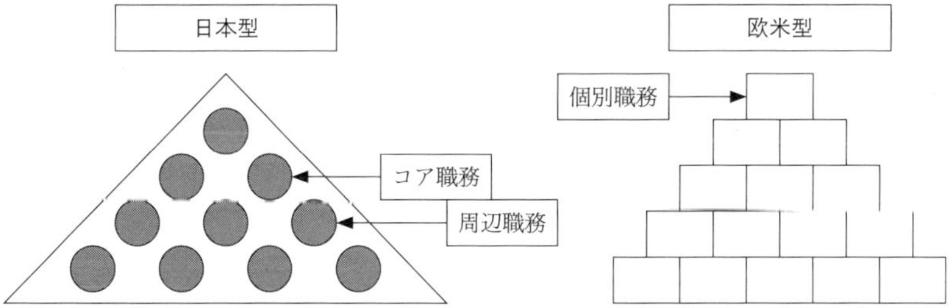

（日本型：三角形の中にコア職務・周辺職務の丸が配置／欧米型：個別職務のブロックをピラミッド状に積み上げ）

出所：石田英夫『企業と人材』（放送大学、1986年）

このように、日本企業が属人主義に基づいてヒトを採用するのに対して、アメリカの場合は、職務主義に基づいて当該職務に適う人間が機械的あるいは論理・合理的に採用される。つまり、原則的には、採用要件（条件）と職務内容が符合する。そうしたアメリカの場合は、原則的に入社時点から職務記述書の仕事内容どおりに、その職務範囲が明確になるということである。つまり、**図表 3-1** で示したように、アメリカ企業（ヨーロッパでも同様なことがいえよう）では、通

常・一般的には、担当する職務の社員間の境界線が明確になる。これに対して、日本企業の場合にはコアの仕事（課業）が決まってはいるものの、その周辺の仕事は曖昧になっているケースが多いということになる。[14]

【参考文献】
- 森　五郎『労務管理論〔新版〕』（有斐閣、1989年）
- 白井泰四郎『現代日本の労務管理〔第2版〕』（東洋経済新報社、1992年）
- 森　五郎編著・菊野一雄＝岩出　博＝重里俊行著『現代日本の人事労務管理』（有斐閣、1995年）
- 小野公一『ひとの視点からみた人事管理―働く人々の満足感とゆたかな社会をめざして』（白桃書房、1997年）
- 服部　治＝谷内篤博編・平野賢哉ほか著『人的資源管理要論』（晃洋書房、2000年）
- 鈴木　滋『エッセンス人事労務管理』（税務経理協会、2002年）
- 笠谷和比古『武士道と日本型能力主義』（新潮社、2005年）
- 森　五郎監修・岩出　博著『LECTURE 人事労務管理〔4訂版〕』（泉文堂、2007年）
- 安藤史江『コア・テキスト　人的資源管理』（新世社、2008年）
- 水町勇一郎『労働法〔第3版〕』（有斐閣、2010年）
- 菅野和夫『労働法〔第9版〕』（弘文堂、2010年）

14）　今野浩一郎＝佐藤博樹『マネジメント・テキスト　人事管理入門〔第2版〕』（日本経済新聞出版社、2009年）35・36頁参照。

第4章　人事評価と人事異動

第1節　人事評価

　人事情報（後述）の活用先の1つが、人事評価である。人事評価の方法としては、人事考課、試験（筆記試験、論文等）、各種適性検査、自己申告制度、多面評価制度、キャリア・カウンセリング、アセスメント、プレゼンテーションなど種々の方法がある。これらの中では、人事考課（Performance Appraisal）が最も多く利用されている（**図表4-1参照**）。そこで、ここでは、人事考課制度を中心に述べていくこととしたい。

図表4-1　人事考課制度の導入状況

	人事考課制度がある企業		導入企業比率（%）	
			目標管理制度	多面評価制度
総　　数	[51.0]	100.0	50.0	26.0
5000人以上	[98.3]	100.0	85.0	20.4
1000〜4999人	[96.5]	100.0	74.9	15.9
300〜999人	[89.1]	100.0	58.4	17.3
100〜299人	[73.7]	100.0	52.4	24.6
30〜99人	[39.4]	100.0	44.7	29.4

注：「人事考課制度がある企業」の欄の左側の数字は制度のある企業の比率を示す。右側のは制度のある企業を100％としていることを示す。目標管理制度と多面評価制度の欄の数字は制度のある企業を100％としたときの比率である。

出所：今野浩一郎＝佐藤博樹『マネジメント・テキスト　人事管理入門〔第2版〕』（日本経済新聞出版社、2009年）138頁、表7.1「人事考課制度の導入状況（2002年）」を転載。

1 人事考課の意義・目的

(1) 社員にとっての人事考課

　人間は誰でも評価されたい、認められたいという欲求をもっている。いわんや、職場で働いている社員にとっては、自分の働きぶり（仕事ぶり）、成果・実績、職場の生活ぶり等について、評価者（上司）や周囲の同僚等からどのように評価されているかは最大の関心事である。特に、上司（会社）の評価如何がその後の仕事に対する労働意欲（モチベーション）や上司（会社・職場）に対する感情に影響を及ぼすことは自明であろう。また、社員にとって人事評価は、現在の自己を客観的に把握するための手段・材料として位置づけることも可能である[1]。こうした人事評価は、社員にとって、現時点での自分の課題や次へ向けての目標を見つけたり、脈絡のある職歴（キャリア）を適切・効果的に積むための一助あるいは手立てとしたり、また、働き方や仕事に対する取組み方、さらには人間関係を営む上での留意点や目安になり得るものである。つまり、社員にとって、人事評価の意義・効用の程は、人事制度およびその運用に加えて、各自の受け止め方次第となる側面があるということになる[2]。

(2) 企業にとっての人事考課

　企業にとって、人事考課制度も経営の成果・目的に繋げるための１つの手法・手段である。そして、それは、人事考課が前述したような社員の納得性等にどれだけ応えているかが成否のカギとなろう。つまり、人事考課が上司（会社）と部下（社員）の信頼関係や企業に対する帰属意識・忠誠心などの維持・向上に繋がり、そして、それらが基盤となって、組織が十分機能し、かつ、個々の社員も各自の技術・技能を発揮することができ、その結果、企業・職場の生産性向上・その他の成果となって具体化するのである。

---

[1] 今野浩一郎＝佐藤博樹『マネジメント・テキスト　人事管理入門〔第２版〕』（日本経済新聞社、2009年）136頁参照。

[2] 換言すれば、社員にとって留意すべきことは、何事もそうした傾向があるが、現れた事象あるいは問題・課題を素直にそして前向きに受け止めることが、自分を大いに成長させる上で大切なことであるということである。

こうした点から見えてくることは、人事考課はいたずらに社員間に格差をつけたり、数値化したりすることを目的とするものではないということである。

(3) 人事考課の意義・目的

人事評価の目的は社員の仕事ぶりや職場生活（対人関係等）ぶりを通して、その能力、成果・業績（会社に対する貢献・実績等）、態度等を評価し、その結果を社員の昇格・昇進や給与・ボーナスの決定、人事異動、能力開発、キャリア形成、後継者の発掘その他の人事管理に反映させる管理活動であるということができる。加えて、人事考課は企業が求める人材像や、そのことを踏まえた社員の努力の方向性を案内・誘導する意味を包含する。したがって、そこでは、評価の納得性、透明性（公開性）、いわゆる「加点主義」[3]等の理念に則って進めることが要請される。特に、これらの中でも、最近の時代背景やその効果を期待する観点から、特に納得性、透明性および加点主義を重視することが得策である。また、それは一定のルールと一貫性と透明性のある運用が求められることからも、あらかじめ就業規則等で設定されたルールと手続に従って実施されるものでなくては、重みのないものになろう。なぜなら、人事考課制度とその運用がどの程度機能しているかは、社員と上司（会社）間の信頼のレベルを判断する要素の１つになるからである。

こうした視点からも、労使双方にとって、人事考課の意義が大きいことは明らかである。それだけに、人事考課は、多くの社員の納得と、そのことにより会社や上司に対する信頼やコミットメントが深まることに繋がるものでなければならない。

人事考課がそこの肝心なところを揺るぎないものにし、しかも社員が人事考課制度およびその運用結果に対して納得しているとともに、社員自身も今の自分

---

3) いわゆる「減点主義」による評価では、失敗することを恐れて、いわゆる「事なかれ主義」や「問題の先送り」に陥ってしまい、無難に過ごそうという意識が多くの社員を支配してしまいがちである。それに対して、「加点主義」はそれらを気兼ねすることなく、企業の維持・発展のために改善・改革あるいは付加価値の付いた商品の開発や、リピート効果が期待できる接客サービスなどを目指して、積極的に挑む社員を大いに評価しようとする評価理念である。ちなみに、「加点主義」にはもう１つ別の意味があることに留意しなければならない。すなわち、「加点主義」とは、企業中心型の年功主義の払拭と仕事基準の個人主義の強化を意味をも有していることである。

を知り、将来に繋げようとするなどの実態があるならば、たとえ人事評価の結果に対して多少の不満があったとしても、当該社員は、むしろ、その評価結果を前向きに受け入れて、次の機会に活かそうとするであろう。要するに、人事考課者（上司）としての役割・責任を果たそうとする意志の発露として、その運用を適正・的確に実施し、他方、それに対して多くの社員も一定の評価をし納得しているのであれば、少なくとも、その人事評価制度と運用は機能している状態ということができよう。また、それは、上司（会社）と部下社員の信頼関係を維持・向上したり、自社に対する誇りを持つことに繋がったりする要素あるいは源泉にもなるはずである。この点、仮に、身に覚えのない過分な人事評価を受けたとしたら、当該社員にとっては心から納得して喜んだり満足したりするという心境にはなれないし、達成感を味わうこともできないであろう。そのような恣意的な人事評価を示されても、誠実な多くの社員にとっては、そうした評価や上司（会社）を訝しがるに違いない。

2　人事考課基準の構成と体系

　ここでは、①「社員の何を評価するのか」、②「人事考課の方法・進め方をどうするのか」、③「人事考課の結果を社員の何に反映（活用）させるのか」といった、人事考課制度の中でも最も重要と思われる3要点についてみていくこととする。加えて、これら3要点に関して、会社側と社員側の間に齟齬が生じ、社員から不信感や不平・不満が出てしまう事態となれば、人事考課を行うことが、却って労使の信頼関係を損ねてしまう。そこで、3要点各々の留意すべきことについても考察する。

2-1　人事考課の対象

　社員の何を考課するのかについて明確にする必要がある。そのためには、まず、人事考課の対象となる基準項目を具体的に設定する必要があるが、その前に、次の2点について押さえておきたい。そもそも、人事考課の目的は人事管理の一環として、社員が企業経営の目的・目標や役割・責任を果たすことに貢献できる意思と能力を維持・向上させることにある。換言すれば、人事考課は人事管理の目的・役割を達成するための1つの手段として位置づけられているということであ

る。そのためにも、人事考課は個々の社員とその集団（企業、職場等）の「労働能力」と「労働意思」を高めるとともに、社員の能力開発やキャリア開発・形成に繋がるものでなければならない。そして、人事担当部長はじめ各職能部門長および各職場長は、こうした人事考課の目的・位置づけについて共有するとともに、その認識を明確にしておかなければならない。

　さて、本書は基本となる人事考課基準を構成する項目として、①労働能力、②実際力、③労働意思、④労働の成果の各項目を設定する。また、これらの4つの項目については、各々「能力評価」、「実際力評価」、「情意評価」および「業績評価」と呼称する。こうして、評価の項目を各々特定するとともに、次は具体的人事考課作業の段階を想定して、それらのうち「実際力」を除く3つの評価項目の各々に対応する一定以上の「細目」を設定する。人事考課者は、それらの多数の細目の中から該当するものを選定する。なお、細目の設定にあたっては、人事部門・各職能部門および職場長の三者が連携・協議の上決定することが妥当であろう。加えて、その決定にあたっては、当然、当該企業の職能部門、職種、職務等を十分勘案することが重要となる。いずれにしても、こうした仕組みを講じる意図・目的は、考課者が考課しやすくなるようにするとともに、より適切・的確な評価ができるようにすることにあるのはいうまでもない。しかし、それでも人事考課者も人間であることから、どうしても人事考課（査定）者の主観・好き嫌い・いわゆる「ウマが合う・合わない」等の問題・課題を完全に払拭することはできない。この点、一般によく指摘されている、次のような「評定誤差」が発生する恐れがある。したがって、考課者は、こうした点についても留意して人事考課を実施することが肝心となろう。

【評定誤差の種類】[4]
◆ハロー効果：ハローとは夜電灯の前に立ったときに発生する後光のことで、1つの考課項目（細目）が優れていると他のすべての項目がよく見える傾向
◆寛大化傾向：考課者が評価に自信がないなどの理由により評価が甘くなる傾向
◆中心化傾向：考課者の能力不足や考課基準が不明確なことなどにより評価が中心に集

4）　平野文彦＝幸田浩文編著『人的資源管理』（学文社、2003年）130頁、佐護譽『人的資源管理概論』（文眞堂、2003年）52頁参照。

132　第4章　人事評価と人事異動

　　　　　　　中する傾向
　◆対比誤差：自分の専門について厳しく評価する傾向
　◆期末考課：評価期間の末期を高く評価する傾向

出所：鈴木滋『エッセンス人事労務管理』(税務経理協会、2002年) 53頁

　それでは以下に、4つの評価項目とそれらに対応する細目について、今野『人事管理入門〔第2版〕』89頁以下に依拠しつつ、本書としての構想を述べよう。

2-1-1　評価項目とその細目
(1)　能力評価項目とその細目

　能力評価は、業務遂行能力を評価しようとするものである。それらは、生来の知能や知識、親による躾教育や学校教育の成果、人生の様々な経験や体験、入社以来の仕事の積み重ねやその他の経験・職歴あるいは教育訓練・能力開発、OJT、OFF-JT、自己啓発などを通して蓄積された各種知識や技術・技能などの潜在能力をいう。そして、こうした能力評価項目に対応する「細目」が設定されることになる。本書としては、図表4-2「能力評価項目の細目（例）」のような細目を例示するが、当該企業が具体的に細目を設定するにあたっては、既述のとおり、人事部門を中心に、他の各職能部門および職場長との連携・協議により設定することになろう。もちろん、最終的に決定するにあたっては、しかるべきオーソライズの手続がなされよう。

図表4-2　能力評価項目の細目（例）

知識　技術・技能　理解力・読解力・文章力　仕事の正確さ・緻密さ　判断力・決断力　企画・計画力・構想力　調査・分析力　討議力　説明・折衝力　営業・接客力　人を見る眼力　指導・育成力　事務処理能力　ICT操作スキル　数量的・統計的スキル　リーダーシップ　メンバーシップ力　チームワーク力　思考・創造力　問題・課題の発見・解決力

　いずれにしても、一度身に付いたこれらの能力は、通常短期間に低下したり、急激に向上したりすることはないと考えてよい。そういう意味で能力は、業績向上のための安定的評価要素であるといえよう。ただし、情報通信技術や金融機関

関連の特殊な知識・専門的能力等は、その性格上潜在能力や経験がものをいう能力領域とは異なる特殊性が存在する。しかも、それらの能力が企業の業績に大きな影響を及ぼすことになり得ることについては否定できない。しかし、それらの問題・課題についても、例えば、IT機器の進歩・発達や時代の推移等によって解決されることも想定可能である[5]。また、人事管理本来の視点に立つならば、社員のどのような労働能力や労働意思が企業の維持・発展にとって真に重要であり評価すべきなのかが、今日的問題・課題の発生と深化のプロセスを経て、そう遠くない時期に明らかになるのではないかと思われる[6]。さらに、業績・成果に対する評価を過度に重視し、特にその指標としての数値化に固執するとともに、それを賃金に直結させたり、また、その賃金についてあくまで労働の対価であると割り切ったり、というような考え方に偏重した人事考課では、少なくとも、長期展望に立った企業経営、組織的価値、人間と職業、働くことの意義・効用等の視点からみると、決して得策とはいえない。そればかりか、ものごとを過度に割り切って、そうした数値や結果ばかりを客観性があるとして重視したり、その見返りとして金銭をインセンティブとする動機づけを行ったりすることに頼る働かせ方は、早晩、いわば「金銭依存症」に陥ることとなり、次第にその効果も色褪せることになろう。また、それは職場の人間関係や社員の人間としての品性を損ねてしまうことになるのは明らかである。そうなると、人間の集団である企業の社会的信頼・地位も次第に低下することは避けられないに違いない。そして、そうした人事評価は、短慮の人事考課手法であるとの謗りを免れないであろう[8]。

---

5) 例えば、以前と比較すると、パソコン操作が随分容易になったことからしても、ハード・ソフト両面のさらなる改良・進歩により、今後益々その操作の容易性・簡略性が期待できる。加えて、今やIT機器が浸透し、50代・60代よりも、むしろ、小中高生がそれらの操作が巧みであることなどを考え合わせてみても、情報通信技術の能力問題、ICT操作等による心身の障害や人間関係の希薄化現象などの弊害は、彼らの時代にはかなり解消され、あまり問題にならなくなるものと期待されよう。
6) ①職場における人間関係の希薄化現象、②組織としての意思決定の遅延、③いわゆる「指示待ち」や「マニュアル頼り」の能力と業務遂行態度、④目先の利益や関心事にとらわれた業務遂行や、仕事に対して1つ1つ積み上げていくという、確かさ・勤勉さの仕事ぶりが劣化している。
7) ここにきて、究極の能力として、例えば、クオリア（質感）、感性、情緒等が注目され始めている（茂木健一郎『クオリア立国論』（ウェッジ、2008年）、中谷巌『資本主義はなぜ自壊したのか―「日本」再生への提言』（集英社、2008年）、野田宣雄『二十一世紀をどう生きるか―「混沌の歴史」の始まり』（PHP研究所、2000年）参照。

(2) 実際力評価項目

　本書は基本となる人事考課項目として、前述した実際主義に基づく「実際力」を加えた。ところで、能力および情意はインプットであり、業績はアウトプットである[9]。それに対して、「実際力」は、考課者の意識・無意識を超越したレベルにおいて、インプットとアウトプットの範囲を超えて評価することになる。しかも、考課者の評価と職場内の他の多くの同僚等の認識（評価）と相反する結果となることは滅多にない。仮にあったとしたら、それは、通常、考課者に問題があるとみて人事考課を見直すべきであろう。そもそも、この「実際力」という考課項目は、考課するにあたって、調査・分析するとか、数値化するとか、というような考課手段を必要としない。それは、「実際力」という言葉に込められた意味が全てを物語っているのであり、仕事や職場生活を共にすれば、自ずと明らかになるはずである[10]。つまり、「実際力」は、職場あるいは場合によっては全社的に、周知の事実となる性格のものなのである。その導入の理由、定義等についてはすでに述べたところである(101頁以下参照)[11]が、それは職能資格制度の弱点を克服することを中心に据えており、職場における社員の納得性を高めるための試みである。したがって、「実際力評価項目」の細目については、どのような職種系統の職場においても共通する概念であることに加えて、この観点からも必要としない。

(3) 情意評価とその細目

　同じ社員であっても、ある仕事では意欲的に取り組んだが別の仕事では消極的であったとか、ある上司の下では感度良好な態度であり能動的・協調的に職務を遂行したが、別の上司になるとそれほどでもなくなったなどということがよくあ

---

8) 高橋伸夫『虚妄の成果主義―日本型年功制復活のススメ』（日経BP、2004年）46頁以下、112頁以下、169頁以下、日経CSRプロジェクト編『CSR働く意味を問う―企業の社会的責任』（日本経済新聞出版社、2007年）参照。
9) 今野浩一郎『人事管理入門〔第2版〕』（日本経済新聞出版社、2008年）92頁以下参照。
10) 安藤史江『コア・テキスト　人的資源管理』（新世社、2008年）96頁参照。
11) ただし、以下の著書、労働判例などを参考にして、労使の信頼と納得が高められるよう留意・努力すべきである。菅野和夫『労働法〔第9版〕』（弘文堂、2010年）437頁以下、水町勇一郎『労働法〔第3版〕』（有斐閣、2010年）136頁以下、住友重機械工業・昇格差別事件―東京地判平20・11・13労判974号5頁、安田信託銀行事件―東京地判昭60・3・14労判451号27頁、ダイエー事件―横浜地判平2・5・29労判579号35頁、光洋精工事件―大阪高判平9・11・25労判729号39頁等参照。

る。こういう点からも、情意評価の場合は、短期間内で変動する可能性を孕んでいるといえる。上記の事例から、基本的人事考課4項目の中でも、社員の情意性はその時々の職場経営の成果・業績の維持・向上に影響を及ぼす大きな要素・要因になりかねない。次に、このような特徴を持つ情意評価項目に対応する細目を設定することになる。そこで、ここに細目を例示しておくこととしよう。

図表4-3 情意評価項目の細目（例）

組織的価値　人間性　誠実さ・責任感　勤勉・正直　規律性　一貫性　忠誠心　信頼性　勤勉・正直　帰属意識（愛社精神）　組織・職制　協調性　意欲・積極性　企業文化・職場風土　傾聴力　取組み姿勢・態度　革新性　柔軟性　全社的視点

　以上に例示した細目は、社員がどのような心理状態で上司や職場（会社）と向き合っているかという問題と深く関係している。しかし、その考課にあたって、部下社員の心理状態を正確に読み取ることは困難であることから、現実的には労働契約を判断基準の基礎として、就業規則、企業秩序、職場規律、上司の具体的指示・指導、その他の職場ルールなどに対する彼らの対応に着目し、表に現れた態度とその影響について、公正・客観的に考課することになる。いずれにしても、上司（会社）が実施した人事考課に対する社員の信頼・納得の度合如何は、彼らの労働意思となって再び現れることになる。そして、そのことは、会社・職場の成果・業績を維持・向上させる上で重要な要素・要因になることは間違いない。したがって、この視点からも、職場経営者（人事考課者）は、社員の労働意思とそこに至った事情・背景に留意するとともに、常日頃のコミュニケーションや人間関係を重視し、メリハリの効いた管理や支援活動などを展開することになる。[12]

---

12) この意味するところは、企業・職場といっても一様ではなく区々である。したがって、企業・職場経営者は、企業秩序や職場規律のレベル・実態に応じて、必要な管理権等を適切・的確に行使しなければならない。それは、例えば、看過できない事態・局面では、問題の先送りや見て見ぬふりをせず、また、躊躇することなく適宜適切に管理権を行使すべきである。他方、そのレベルが高い職場にあっては上下の差を超えて、大いに切磋琢磨したり、一人ひとりの部下社員のキャリア開発・形成等を支援すべくアドバイスしたり、語り合ったり談笑したりするなどを想定しての、メリハリをつけるということである。

(4) 業績評価とその細目

　人事考課の対象となるもう1つの判断基準は、労働の成果・業績である。それは労働力を提供した結果であり、結果重視の立場からいえば、この判断基準は、前述の能力評価と情意評価の2つに比べて、最も明快で人事考課しやすいように思われがちである。しかし、実際に部下社員の業績を考課するということになると、そう単純なことではないというのが実情・実態である。業種・業態や職種・職務の内容にもよるが、例えば、営業のような職種であれば、なるほど、業績について数値を用いて明確・客観的に表すこともできよう。ところが、多くの場合、企業組織活動は、多数の社員が有形無形の協力を惜しまなかったり、補完し合ったり、連携したりすることで企業・職場全体としての成果をより効率的・効果的に達成することができるという、仕組み・体制になっている。

　そこで、こうした実態を考慮しながら、業績評価に対応する細目を例示しておこう。

図表4-4　業績評価項目の細目（例）

販売実績　経費節減　提案実績　製品の開発・付加価値　サービス改善　業務遂行の合理化・効率化　部下・後輩社員の指導・育成　企業・職場の社会的評価　企業・職場の活性化　人材の抜擢・発掘　企業文化・職場風土　職場規律　目標管理　情報の提供・共有化　チームワーク　リーダーシップ

　以上、本書としての業績評価に対応する細目について例示したが、こうした細目の中には、数値化したり、評価したりすることが容易な場合が多々ある。このため、そうしたケースや職種あるいは職能部門では、ややもすると、不用意にあるいは安易に評価してしまうことが懸念される。この点、ある特定の成果について全社的視点、あるいは実情・実態を深く考察すると、例えば、一人ひとりの成果・業績が数字などによって具体的に顕現しやすい営業等の職種の場合であっても、その成果は当該社員単独によるものとはいえないというのが殆どのケースである。つまり、その成果・結果に至ったのは個々人の労働能力や労働意思の高さばかりでなく、それを越えたところの事情や背景あるいは連携・協力などがあったというケースが多いのである。[13] したがって、そうした事実・実態あるいはプロ

セスを考慮しないで人事考課の結果を出し、それによって社員の人事処遇を実施してしまうならば、それこそ、人事考課によって、却って組織内の信頼関係や一体感や組織としての活力を削いでしまいかねない。そればかりか、チームワーク、組織的価値などの機能を減退させてしまう根源となったり、情報の囲い込み、信頼の破綻、さらには企業・職場組織としての機能不全状態に陥ってしまったりしかねない点に留意することが肝心である。

3 評価基準の体系

評価基準の体系としては複数の考え方が想定されるが、ここでは今野に依拠しつつ、「評価基準の体系（例・モデル）」と題した**図表4-5**を掲げつつ、設計の意図・手順の概要等について解説しておこう。

評価の体系については、まず第1に、社員が剥き出しの個人主義ではなく組織への「帰属意識」と、他の社員に対する「仲間意識」を大切にする考え方を持つとともに、全社的視点に立って協力・連携・補完し合うという、いわゆる「チームワーク」重視の働き方を期待・標榜する「職能資格制度」の仕組み・利点を堅持する。第2に、既述したとおり、人事考課基準の領域・構成として、4つの評価項目およびそれらに各々対応する細目を設計する。第3に、同一の基準で評価することが適切・妥当でない役割・責任を担っている社員階層の存在に注目して、社員を「一般職」、「指導・リーダー職」、「専任・専門職」、「管理職」の4つに区分する。第4に、指摘される職能資格制度の弱点の克服に挑むことである。すなわち、職能資格制度では社員が経験と努力を積み重ねることによって職務遂行能力を高めることを期待し、その成長のレベル・段階に応じて昇格させようとする。ところが、経験や努力だけではどうにもならない領域の「知識」や「技術」があり、ここに近年、職能資格制度の弱点が指摘される背景・理由の1つがある。そこで、こうした弱点を克服する手立てとして、社員の強み・弱み、適性等を可能な限り把握し、能力開発やキャリア開発・形成などに反映させることが重要となる。その一環として、ここでは社員区分に加えて、職務・職種や職能部門・系統などの違いを考慮して、①「事務・財務系」、②「営業・接客系」、③「スタッ

---

13) 今野浩一郎『人事管理入門〔第2版〕』（日本経済新聞出版社、2008年）92頁以下参照。

フ・専門職系」、④「技能・技術・研究職系」、⑤「情報・通信技術系」の5つに区分する。[14]

こうして、評価基準の体系が決まると、次のような手順で考課者（上司）は部下社員を評価することになる。

① 細目ごとに評価し、それを領域（評価項目）ごとに集計する
② 能力評価点（表ではα点）、実際力評価点（同じくβ点）、情意評価点（同じくγ点）、業績評価点（同じくδ点）が決める
③ 各領域に割り当てられている比重（ウエート）、すなわち（表では各々順に、a％、b％、c％、d％）を掛けて合計する（$\alpha \times a + \beta \times b + \gamma \times c + \delta \times d$）

こうして社員の総合評価（T点）が決まることになる。[15]

4 人事考課の方法・手順[16]

(1) 評価の方法[17]

評価の方法としては、まず、1次段階の人事考課者は誰かということになるが、それは、被考課者の上司（職場経営者・管理者）を予定することになるのはいうまでもない。すなわち、上司は部下社員（被考課者）の働きぶり、態度、対人関係等の実態に接することができる位置・立場にあるからである。そして、次に明確にしておきたいのは、人事考課は単独でなく複数の管理者で行うべきであるということである。例えば、それは、課長、課長代理（2名）の3人、あるいは所長、副所長および課長で実施することができれば望ましい体制といえよう。[18]こうして、1次考課者となる上司（職場経営者・管理者）は一定の手順に則って人事考課の手続を進めることになる。本書の例では、①細目の評価、②人事考課の基

---

14) この場合、当該企業としては、自社の経営理念や経営方針・戦略の方向性、実情・実態等を熟慮しつつ、適正・的確な区分を考案すべきことはいうまでもない。
15) この総合評価点の算出等については、前掲注(13)・『人事管理入門』95・96頁に依拠した。なお、各項目およびそれらに対応する細目毎の配点あるいは割り当てる比重については、当該企業が十分検討した上で決定することになるのはいうまでもない。
16) 前掲注(4)・『人的資源管理概論』47頁以下、前掲注(1)・『マネジメント・テキスト　人事管理入門』124頁参照。
17) 前掲注(4)・『人的資源管理概論』45頁以下参照。
18) 上司（職場経営者）1人で行うと、恣意的になりかねないからであり、また、例えば、課長と課長代理の2人体制だと、往々にして課長の判断に従わざるを得ないことになりうるからである

図表4-5　評価基準の体系（例・モデル）

分野		評価基準の細項目(例)	社員区分（例）			評価点	ウエート
	名　称		一般社員	主任係長	課長部長		
能力(1)	能力評価	知識技能	○			α	a%
		理解力	○				
		説明力	○				
		判断力		○	○		
		計画力		○	○		
		指導力		○	○		
		折衝力		○	○		
		革新性			○		
		部下育成			○		
能力(2)	実際力評価	実際力	○	○	○	β	b%
取り組み姿勢	情意評価	規律性	○			γ点	c%
		積極性	○	○			
		協調性	○				
		責任感	○	○			
業績	業績評価	（目標管理による業績評価）				δ点	d%
総合評価（$\alpha \times a + \beta \times b + \gamma \times c + \delta \times d$）						T点	

出所：今野浩一郎『人事管理入門〔第2版〕』（日本経済新聞出版社、2008年）95頁の表4-1「評価基準の体系の例示」に「実際力評価」を加えたことに伴う修正を加えて転載。

本項目の評価、③総合評価、という具合に各評価が算出される。

　2次段階の人事考課では、所属職能部門長によって実施されることを予定する。この2次段階では1次考課者による考課結果を尊重しつつ、職能部門としての必要な調整・点検（チェック）・補完機能を果たすことになろう。3次段階の人事考課では、1次および2次段階の人事考課結果を尊重すべきことはいうまでもないが、人事担当部長は全社的視点に立って必要な調整およびチェックをすることになろう。ちなみに、2次段階および3次段階での人事考課については、それらを1つにまとめて2段階方式にすることも可能であり、その点については当該企業の判断次第ということになろう。

(2) 人事考課の実施時期と結果の反映

　第1に、人事考課の実施回数であるが、まず、情意評価と業績評価については、その性格上短期間で変動する可能性があり得ることから年2回実施し、能力評価と実際力評価については、その可能性が低いことから1年につき1回実施することを予定する。また、実施時期であるが、情意評価と業績評価については事業年度の前半期と後半期の終盤に、能力評価と実際力評価については事業年度の後半期の終盤に実施するというのが一般的であろう。

　そして、こうした人事考課の体系・基準によって実施した人事考課の結果をどのようなところに反映させるかが次の課題である。それは、通常、主に賞与（ボーナス）、昇給、昇進・昇格などに反映させる。さらに、これらに加えて、人事異動、キャリア形成、能力開発、人材の発掘・抜擢人事などに反映させることが想定されよう。

5　人事考課制度の役割と課題

(1) 求める人材像の表明・周知

　人事考課の目的の1つは、人材の育成に貢献することである。特に、そのことは、長期雇用や内部登用の人事制度を導入している企業にあてはまる。また、企業が求める人材像と人事考課の基準項目の細目とは相互に連繋している。換言すれば、その細目は、当該企業が求める人材の具体的要素を包含あるいは例示したものといってもよい。また、人材像は業種・業態や職種系統、時代の変遷、経営環境の変化、技術の進歩・発展等によって一様ではないが、基本的なところでは通底する。

　こうしたことに着目するならば、企業が求める人材像の内容として人事考課の基準項目の細目を社員に対して示すことは、現在および将来における必要な能力、意欲、組織的価値などの点で、職場経営者と社員間のミスマッチを回避するためにも有益な手立てとなろう。また、社員にとっても努力の方向性、目標等を設定する上で参考になり、自己啓発・キャリア開発・形成等に対する意欲が旺盛になることも期待できよう。

　ただし、上司（職場経営者）の行う人事考課が減点主義に陥ったり育成の視点が欠如したり、社員支援活動に活用しなかったりといったことになりがちになる。

したがって、人事考課の今後の課題としては、そうしたことを克服するためにも、①人事考課の結果を被考課者（部下社員）にフィードバックするなど「公開性」を基本に据えること[19]、②人事考課の目的は賞与や昇進・昇格の判定に供するばかりでなく、適正・妥当な人事異動、能力開発、キャリア開発・形成などにも活用する旨を部下社員に説明するとともに、それを具体的に実践すること、③企業が求める人材像の表明の方法としては、人事考課の基準項目とその細目を活用することが適切・妥当であること、そして、その周知に関しては、人事情報・その他の部内誌や人事考課結果のフィードバックの場面、その他のコミュニケーションの機会を活用することが想定されること、④社員のチャレンジ精神を評価する「加点主義」を採用すること、などが考えられよう[20]。

(2) 取り組みやすい人事考課の仕組みの工夫

そもそも、人間が人間を評価するというのは、容易なことではない。特に、1次考課者は通常業務を遂行しながら、1年に1回もしくは2回、部下社員の一人ひとりについて、人事考課を実施する。ところが、1次考課者は、考課作業について煩雑で厄介なものとして受け止めているケースが少なからず認められる。しかも、この点について考課者を一概に責められない事情・実態もある。すなわち、そこでは人事考課の手続が必要以上に煩雑になることなどから、考課者がそれに翻弄され、通常業務に支障をきたすような事態が生じる場合があるからである。

こうしたことからも、人事担当部長は他の各部門長および職場長と連携しながら、人事考課者に対して人事考課の重要性を認識させるとともに、人事考課の仕組みや手続作業が少しでも軽減され、人事考課者が取り組みやすくなるように工夫を凝らすことが求められよう。それは、例えば、①人事考課者が一連の考課作業を少しでも重荷に感ずることなく、むしろ、積極的な心理状態になって遂行できるように、人事考課の方法・手順の改善・簡略化のために知恵を絞ること、②

---

[19] ただし、人事考課の結果を本人にフィードバック（公表）するということになると、場合によっては、せっかく築いた「上司と部下の信頼関係」が損なわれることになることも想定されるので、この点に留意する必要がある。このことに関しては、樋口美雄『人事経済学』（生産性出版、2001年）146頁参照。

[20] 二村英幸『人事アセスメント論―個と組織を生かす心理学の知恵』（ミネルヴァ書房、2005年）2頁以下参照。

人事考課の意図・目的を実現するためには、その主体が１次考課者（職場経営者）にあるとし、人事部門は他の各部門と連携しながら１次考課者の出した結果に対する補完・調整等の役割に徹すること[21]、③職場経営者は常日頃から部下社員とのコミュニケーションを重視すること、④人事考課が企業と社員双方にとってメリットがあることについての認識を強めること、⑤考課者訓練を適宜・適切に実施すること、⑥可能な限り文章による記入方式を避け選択方式にするなどの知恵を絞ること、⑦人事考課の基準項目各々に対応する細目について、人事部門は、他の各部門と連携して最も当てはまる的確・妥当な細目を設定するとともに、その後も理解しやすく的確・妥当な細目の更新努力を重ねること、などである。

(3) 人事考課に対する信頼度・納得度の向上

人事考課については、その客観性・公平性と、考課結果に対する被考課者の納得性を確保することが重要である。そうした課題を克服するためには、①人事考課の趣旨・目的に対する「無理解・無認識」、②「評価の過誤」、③考課者間の「齟齬」などを減少させることが必要である。

そこで必要不可欠となるのが、全ての職場経営者を対象とした考課者訓練を実施することであり、計画的な考課者訓練の場を設定し、一定以上のレベルに到達させることである。

もちろん、その際、実技ばかりでなく、人事考課の趣旨・目的、あるべき考課者の態度、あるいは人事考課の方法・手順、細目の趣旨などに対する認識を統一することなどに関しても理解を深め合うことはいうまでもない。

加えて、重要なことは、当該企業が求める人材像について、第１に全社的に、第２に職能部門別・職種系統別に、各々明らかにするとともに、それらについて人事部門・他の各部門および職場経営者はじめ多くの社員が共有することである。

---

21) このことは、人事考課の趣旨・目的を踏まえて、①その役割、目的等に適った方向で正常・正当に、そして最大限に機能させること、②リーダーシップ理論の視点から、人事部門としてのリーダーシップ発揮のスタイル・あり様としては、その主体を職場長に位置づけし、その支援・補完・調整に徹することこそがこの問題の所期の目的を達成する上で欠かせない。つまり、人事考課の目的・意図を最大限顕在化させ人事管理に繋げるためには、形式（職制や上下関係等）に固執したり、とらわれたりしていてはその効果を上げることは難しくなる。そこで、人事部門は、マネジメントの枠を越えて、リーダーシップを発揮するべきであるということである。

(4) 人事考課の手続と結果の活用方

　人事考課には、どのような手順・手続・段階を経て社員を人事考課するかというテーマがある。それは、まず、「人事考課者は誰か」であるが、客観性や公平性を確保するとともに、思い込みやその他の過誤を防ぐことなどの視点から、複数の考課者・段階で実施するのが一般的である。なぜなら、その考課結果に対する社員の納得・信頼をどの程度確保できるかが、人事考課制度の成否を左右する大きな要因になるからである。また、そうした視点からも、人事考課者（上司）が被考課者（部下社員）に対して、考課結果を適切な内容とタイミングでフィードバックすることが望ましいといえよう[22]。さらに当然ながら、職場経営者（考課者）としては、人事考課の制度の趣旨・目的からしても、部下社員（被考課者）を可能な限り脈絡のある働かせ方に繋げたり、部下社員の次のステップやキャリア開発・形成に関連して、適切・的確な課題や目標を与えたり、その他の助言・支援活動を想定したり、といったことを念頭に置いて人事考課制度を展開することなども視野に入れるべきであろう。

(5) 人事考課の判断基準の体系・構造

　人事考課の判断基準の枠組みとして、すでに、労働能力、労働意思、労働の成果・業績および実際力を設定した。そこで、これら4つの人事考課の判断基準を各々能力評価、情意評価、業績評価および実際力評価と各々呼称し、これらの人事考課基準項目の各々に対応する複数の考課細目から構成されるものとした。それというのも、考課者が現実に考課するにあたって、被考課者（部下社員）の働きぶりなどが、基本となる4つの限られた人事考課基準項目だけではあてはめることが困難になることが予想されるからである。そうなると、的確・妥当な人事考課を実施することが難しくなり、人事考課者の考課結果に対する納得の度合が希薄な状態に陥ることが危惧される。考課者自身が確信できない考課結果に対して、被考課者に納得しろというのは理不尽な要求である。この点、4つの基本となる人事考課基準項目の各々に対応する複数の考課細目を設定することは、少な

22）　ただしその前提条件として、一定以上の職場秩序・社員の受け止め方が確保されていることが必要となろう。

くとも、その改善策の1つになろう。加えて、人事部門・他の各部門および職場が連携をとり、各部門、職種系統を十分考慮した「人事考課細目」を設定すべく、常に工夫し改善を加えるならば、さらにその効果が期待できよう。

(6) 人事考課の運用・進め方

多くの企業には経営上の座標軸になり得る、社是・経営理念・経営方針、あるいは企業文化・職場風土といったものがある。ところが、多くの場合、それらは、いわゆる「画餅」の状態になっているといっても過言ではない。しかし、今後の企業経営を展望するとき、社是・経営理念や企業文化は、企業経営上の座標軸として機能させることが十分可能であり、そればかりかますます重要な課題になり得よう。

そして、これまでみてきた人事評価（考課）の意義・目的やその判断基準そして人事評価（考課）の方法・進め方と十分整合性がとれている、あるいは繋がっていることが、社員の人事考課に対する信頼を向上させ、その効果をあげるための1つのカギになろう。また、企業が社員を評価し、その結果を昇格・昇進、人事異動、人材育成、社員のキャリア開発・形成、その他社員の処遇に反映させる以上、人事評価（考課）制度について就業規則等で周知しておくことも必要である。さらに、評価の判断基準を示すことによって、会社が求めている（評価する）人材像について、社員が理解できる状態にしておくべきであろう。

次に、そうした当該企業としての基本的人材像を基礎として、各組織階層のリーダー（責任者）は、所属社員に対して組織階層や職種系統などに応じた人材像を表明しておくことが必要であるといえる。そうすることによって、職場経営者（上司）は、部下社員とのコミュニケーションを通して、彼が目指すべき方向性や目標について助言や指導などの社員支援活動を展開する際の背景や手掛かりとして活用することが期待できよう。

第2節　人事異動管理

1　人事異動の必要性・背景と概念

(1)　人事異動の事由・必要性と背景

　企業はどのような業種業態であれ、まず、「どのような製品を製造しどのようなサービスを創造して、どの市場・どの舞台で売りあるいは提供するか」という経営戦略を講じることになる。そして、その経営戦略が合理的・効率的・効果的に展開されるためには、適切・妥当な組織を設定することが前提条件となろう。それが整えば、次はその設定した組織を十分機能させるための起動力が必要となるが、その主体はほかでもない人間である。ところが、同じ人間といっても、各々もっている能力、資質、性格、価値観、人間観等は様々である。したがって、そうした個々人の個性が異なる中で、当該集団（チーム、職場等）の構成員の組合せ如何が、その戦力に重大な影響を与えることとなろう。また、人間は年齢、経験、努力等によって同一人間であっても変わるものである。加えて、近年、人々の価値観の多様化・経済界や雇用社会の変化の激しさには目を見張るものがある。ここに、人員配置の調整・適材適所を含めた適正・妥当な人事異動管理の重要性がますます要求される要因・理由と背景がある。

(2)　人事異動の概念

　人事異動とは、「日々変動する企業にあって、『人と人』・『人と仕事』・『人と職場』との結びつきが大切であり、したがって、それらの組合わせ・統合を合理的・適合的に行うことが組織を十分機能させる上で1つの大きな要素・要因となる。また、個々の社員およびその集団（企業全体およびその各組織単位）としての能力等が如何に発揮されるか、さらに後述する『協働することの効果』が如何に高められるかという、こういったことを動機・目標として社員を移動させることである」ということができる。[23]

　これを職場と人の具体的事象場面に着目していうならば、それは、社員をある職場から他の職場へ移動させたり、同じ職場内でもある担当の部署から他の部署[24]

へ移動させたり、あるいは昇格・昇進させたり、さらには関連会社や子会社への出向を命じたりすることをいう。

換言すると、人事異動における「移動」には、昇格・昇進など社員の縦の移動と配置転換・出向などの横の移動に分けることができる。この点、欧米では、社員の能力・資格の向上に伴って、別の上位の仕事（職務）に再配置すること、つまり職務等級上の上位職務に移ることを「昇進」（Promotion）といい、同じレベルの他の職務に横滑り的に移動することを「異動」（Transfer）と呼んでいる。なお、欧米では日本でいうような「昇格」の概念はなく、昇進と昇格は同義ということになる。また、降格については、わが国の場合、職能資格上の格下げが本来的な意味であるが、通俗的には、職制・役職上の、例えば、部長から課長に降ろされた場合についても、降格人事と称するのが一般的である。

こうしてみてきたように、わが国において人事異動と呼ぶ範囲は欧米に比較すると広く、「出向」や「退職」をも人事異動と呼ぶ。もちろん、通常、出向は出向と、退職は退職と各々呼ぶ場合が多いが、概念的には人事異動の範疇に入るということである。

このように人事異動とは、社員の配置転換・出向といった「横の移動」と昇進（職位・役職の変更）・昇格（能力等級等の変更・職能資格制度上の移動）といった「縦の移動」を総合した概念である。また、人事異動には様々な形態があるが、大別して、企業内異動と企業間異動に分けることができる。もう少し具体的にいうと、前者の場合では職務・職種変更や勤務地の変更（いわゆる「転勤」）などの配置転換や昇進・昇格などを含む異動であり、後者の場合でいうと出向等である。

2 人事異動の意義・効用

人事異動は何のために実施するのであろうか。その中でも特に、わが国の多くの企業で実施されている「定期人事異動」についてはどのように理解すればよい

---

23) なお、人事異動の意義については、慶谷淑夫『演習労務管理の基礎〔4訂版〕』（同友館、1990年）21・22頁、小野公一『ひとの視点からみた人事管理―働く人々の満足感とゆたかな社会をめざして』（白桃書房、1997年）45頁等を参照。

24) ここでいう部署とは、「係り」とか俗称「シマ」とか呼ばれる一定の人数を擁するチームあるいはグループをいう。

のであろうか。人事異動を実施すれば、それに伴って経費が嵩み、一時的にしても業務遂行上支障をきたすことも考慮しなければならない。それでも、多くの企業が人事異動を実施しているというのが実態である。ということは、そこには企業経営上の意義・効用など、何らかの理由が存在するとみるべきであろう。そこで以下では、定期人事異動を中心に意義・効用等について考察することとしたい。

(1) **企業の維持・発展と変化への対応としての意義・効用**

　終身雇用制のような雇用形態にあっては雇用関係が長期間にわたるため、その長い雇用期間の過程では当該企業を維持・継続させるために、経営者は、例えば、部門の統廃合を実施したり事業所等を移転させたり、新規事業を立ち上げるなど、業種や業態を転換・変革しなければならないことも多々ある。また、コンピューター化その他新しいシステムや技術を導入したり、それらに伴って組織の変更を実施したりすることも生じる。そうすると、そこには必然的に、企業またはそのグループ内における業務量と人事配置の調整が必要になる。つまり、組織上の要請による人事異動が実施されることになる。それは、例えば、工場や支店の統廃合に伴う配置転換や雇用調整のための出向などである。

　こうした経営責任者としての施策の展開は、企業の維持・発展あるいは社員の雇用を守るという観点からも経営努力の範囲に含まれる。これに対して社員側にあっても、わが国の場合は欧米と異なり職務主義によらず属人主義に立つとともに、通常、包括的雇用契約方式をとっていることから、職務や勤務地を限定しておらず、また、終身雇用制および現行法を前提としている限り、基本的には、正当な理由なく現在の職務や勤務場所に固執すべきではない。むしろ、社員はそのことを好機と捉えて、豊かな職業人生を創造することも意義あることとなろう。近時、経営側にあっても、いわゆる「従業員満足」思考を標榜することが、現代人事管理の1つの目玉として位置づけられている。もちろん、人事権の濫用になるような人事異動を避けるべきは当然である。一般的にいうならば、そもそも、人事異動の趣旨・目的からいっても、人事異動に伴って企業内部の信頼や活力が

---

25) 岩出博『新・これからの人事労務―いま働いている人、もうすぐ働く人の〔改訂版〕』(泉文堂、2009年) 25頁以下参照。

強まることがないばかりか、逆行するということが明らかであれば、そのような人事異動は実施するに値せず、経営の視点からいっても害悪であるというべきであろう。[26]

(2) 企業とその職場の活性化のために

どのような企業であれ、企業組織の個々の社員およびその全体としての活力・勢い（モメンタム）の程度が、その企業の営みの成否を左右するカギの1つになろう。

元来、人間は変化を求める性癖を内在しており、専門職などの特別なケースを除けば、社員を特定の仕事や職場に長期間留めておくことは、彼らに仕事に関しての新鮮さを失わせたり、惰性に流され向上心を希薄にさせたりするものである。そうなると、彼の労働意欲を削ぎ、個々人と職場組織のマンネリ化を招いてしまう。その結果として、各職場の勢い・活力が減退し、それが企業全体に波及し、効率的事業運営にブレーキをかけ、生産性を低下させたり、付加価値の付いた製品の開発に対する情熱を失うなどの悪影響を及ぼすこととなろう。また、企業組織としての必要な革新を図ることも困難な体質をもった組織にしてしまいかねないであろう。この点、わが国独特の「定期人事異動」は、そうした弊害が起こりがちな組織を活性化させる起爆剤的効果を発揮することが期待できる。また、職場における上司と部下や同僚間などの人間関係には適度な緊張感の存在が欠かせないが、この点でも定期人事異動の意義・効用が認められよう。いずれにしても、仕事や職場における人間関係のマンネリ化を打破し、適度な緊張感を維持することなどにより、職場の活性化を図り、人間と仕事を適切・合理的・発展的に結びつけるため、人事異動、特に定期人事異動は人事管理の一環として位置づけることができよう。

(3) 社員の成長と社員研修・キャリア形成

人間は成長する資質と欲求をもっている。他方、企業組織にあっても、維持・発展することを追求しなければならない存在である。[27]この視点から考察してみて

---

26) 一流企業は人事が違うといわれる所以の1つの事例となろう。
27) 河野昭三編著『ゴーイング・コンサーンの経営学』（税務経理協会、1996年）参照。

も、企業には採用した社員の資質・潜在能力を発掘して、それを顕在化させる必要性と責務がある。したがって、そのためにも、企業には社員の教育訓練・能力開発、職場経営等と結びついた、またそれらとの整合性にも着目した人事異動の実践が求められよう。

つまり、企業が実施する社員の教育訓練・能力開発に着目すると、成長した現在の社員の職務遂行能力が企業の求める仕事（課業）[28]の要件（知識・技能・人間性など）と適合していれば、企業としては、彼をその課業に関して期待に応えることのできる人材であると評価し、人事異動の対象者とするであろう。また、企業は社員のキャリア形成の視点からも、人事管理の一環として人事異動を視野に入れる必要がある。さらに、人間というものは「職務や立場・地位によって成長する側面がある」[29]ということからしても、企業としては長期展望に立って、社員の資質、適性、人間性等を見抜いた人事異動や、一人ひとりの能力、適正等に適合するようにキャリアを積ませるべきである。

いずれにしても、人事異動管理としては、社員の労働意思と能力を高めることに繋げるとともに、社員の労働能力の有効活用・発掘・開発、キャリア開発・形成等を促進することが求められる。

(4) 長期雇用を前提とした人事異動の意義・効用

このように、日本の企業における人事異動は、社員の長期雇用を前提として、企業・職場の活性化、社員の能力向上とその幅の拡大、さらには社内事情に精通させ、彼らの中から将来の管理職社員や経営者あるいは特殊能力社員の育成をも念頭において実施してきたものといえよう。

加えて、そもそも、人事異動は何のために実施するものなのか、について押さえておくことが肝心である。それは、一般的には、①業務ニーズと人員配置の不整合を調整すること、②社員の成長を意図した人事異動を行うこと、つまり、社員の教育訓練・能力開発の一環として実施するものである、といえる。

しかも人事異動の意義・効用は、この２つ以外にも、以下に例示するような事

---

[28]　ここでの課業とは一定の目的をもち、職位を構成する個々のまとまりのある仕事をいう。
[29]　同一職種内で、困難度・責任度の段階を区分したのが職務である。換言すると、職務（役職）とは企業内で割り当てられる１人分の作業量であり、役割期待の最小単位をいう。

柄を想定することができる。

- 企業組織としての信頼関係を維持・向上させることを基礎として、社員の士気（モラール）を高めるとともに、各職場を活性化させること
- 社員が所属職場や所属部門ばかりでなく、社内全体に対する視野を広げること
- 各社員が業務上の事情・背景等を理解し認識すること
- 社内の協力関係が深められ意思疎通が容易になり、連携・補完の関係が促進・充実すること
- 社員の動機づけ・インセンティブになること
- 組織としての意思決定が的確・スピーディーになること

このように、人事異動には有形・無形の効果・効用を期待することが可能なのである。

第3節　人事情報管理の意義・目的

1　人事情報管理とは何か

　人事情報管理の目的は、人事制度の制定とそれを機能させるための運用およびその一環としての「職場経営」を的確・有効に展開させるための重要な判断材料を提供することにある。そして、その具体的用途としては、例えば、社員の賃金、昇進・昇格、教育訓練・能力開発、キャリア開発・形成、職場経営等を計画・実施する際に判断する決め手の1つとなる。また、人事情報は人事管理ばかりでなく、生産、販売、原価などの各管理の領域における判断要素としても活用される。
　ところで、人事情報に限らず情報全般にいえることであるが、的確で精度の高い情報を獲得するためには、求める情報に関する領域・事情について、一定レベルの知識・理解力が必要である。また、集収した情報の内容は同じでも、その処理方（分析、整理等）、使い方（タイミング、場面等）あるいは誰が使うかなどによって、その効果に大きな差異が生じてしまう側面がある。加えて、特に、人事情報管理の意義・目的がどこにあるのかが重要である。それは、例えば、情報収集の目的・使途が、部下社員に対する人事評価の点数化を図り、それを客観的根拠として社員の処遇に繋げることに関心が集中しているのか、それとも、社員の

教育訓練・能力開発、キャリア開発・形成あるいは職場の人的環境の維持・向上を念頭に置いたものかどうかによって、人事情報管理の方向性が決まることになろう。

　この点、後者の立場に立つならば、例えば、人事情報の目的が社員自身ですら自覚していない潜在能力や資質を見つけ出して能力開発に繋げたり、職務遂行上あるいは社員のキャリア開発・形成のためにも特定の知識あるいは技術上の課題について克服しておかなければならない社員の教育訓練をタイミングよく実施することに供したり、社員の希望・適性からも将来の専門職人材として育成するため、国内外の留学等を具体的に検討したりすることなどを意図・想定し、個々の社員の人事情報を収集するというようなケースも想定される。また、いわゆる「現場力」を高めるために、例えば、議論する場面では、上下の立場を越えて職場の社員が率直・フランクに意見や持論を発表し、上司の理論や主張に対しても批評を加え問題点を指摘して、切磋琢磨できる職場の人的環境のレベルアップを図るといった、職場経営の視点・目的から必要な情報を収集する場合もあろう。

　いずれにしても、人事情報管理は人事管理の枠組みにあって、企業組織の施策を健全で的確・効果的に展開するために極めて重要な位置づけになるとともに、その収集・整理・分析の手法そして活用如何によっては、人事管理の成果・方向性に大きく貢献する可能性を内在していることが理解されよう。

2　人事情報の主な収集源と留意点

　人事情報の収集源としては、大きく企業外と企業内に分けることができる。前者については、新聞等のマスメディア、インターネット、各関連省庁、労働市場、他企業、関連する調査機関、労働組合（連合等）等ということになろう。そして、それらから収集したい情報としては、例えば、国民の生き方、価値観、労働観、働き方、労働法、人事制度、景気等の動向に関する情報である。後者については、第1に、各段階の社員、労働組合等が想定されよう。それらから求めたい情報としては、例えば、組合員（社員）あるいは労働組合の視点から会社に対する期待、意見、要望、批評、不平・不満等が想定される。第2に、個々の社員に関する情報であるが、個々の社員を対象とした、いわゆる「ヒヤリング」、人事考課、昇進・昇格試験等の状況、職場における社員管理・社員支援活動、その他社員との

交流・接点などを通して収集する。ここから求めたい情報としては、部下社員の知識、技術・技能、能力、実際力等、加えて、職歴、資格、特性（組織的価値に対する認識・実践力、責任性、将来に対する希望・キャリア開発・形成に関する計画等）、さらには自己啓発の現状等である。

こうした社員の人事情報およびその管理をめぐっては、社員の心理状態、賃金、能力開発、キャリア開発・形成、昇格・昇進等に影響を与える。したがって、部下社員の職業（社員）人生に対する上司としての緊張感・責任感をもつことが求められる。もちろん、部下社員を使いこなすとともに、当該部下社員の適性等を把握した上での支援・助言活動を行うなど、会社に対する管理職社員としての責務を果たすべきことはいうまでもない。そして、そのためにも、部下社員の情報管理にあたっては、情報収集の手法とともに、情報の精度の高さや客観性が求められる。この点からも、個々の社員に関する情報収集にあたっては、直属の上司だけによるのではなく、例えば、前任者、当該職場内における他の管理職社員、当該社員の先輩・同僚社員等の評価などの情報にも耳を傾けるといった「多面的観察」[30]によることが求められる。第3に、人事制度を策定する際に重要となる職務情報であるが、これは後述する職務分析、職務評価、職務記述書（職務明細書）の作成などを通じて収集する。

3　人事情報の受け止め方（情報処理）と留意点

企業外部から収集する人事情報については、近年、特に、労働基準法の頻繁な改正、労働者派遣法の改正（規制緩和の拡大）、新たな「労働契約法」の制定等を巡る動向に留意する必要がある。また、いわゆる「粉飾決算」や「産地偽装」などの企業の不祥事がマスコミに取り上げられたことなどから、企業の社会的責任（CSR）やコンプライアンス（法令遵守）の問題が注目された。これに対応する形で、多くの企業に法務部やコンプライアンス部の新設または強化の動きが広まった。こういった労働法や世の中の動向は、人事制度の制定・運用あるいは社員管理に、法的規制やその他有形無形の影響を及ぼすことになる。そこで、このよう

---

[30]　慶應義塾大学ビジネス・スクール編・高木晴夫監修『人的資源マネジメント戦略』（有斐閣、2004年）34頁、前掲注(10)・『コア・テキスト　人的資源管理』57頁のコラム参照。

な事象に鑑みて留意すべきことは、そうした状況下では個人も組織も、ややもすると、「法律に抵触しなければいい」とか「法務部(またはコンプライアンス部)を強化または新設すればいい」、あるいは「コンプライアンス部を設置したからもう大丈夫」、「彼らに任せておけばいい」といった意識が組織内の大勢を占めてしまうことになりかねない。組織内がそうした意識で充満してしまうと、そこでの組織成員は、少なくともそれに関しては思考停止状態に陥ったり、他力本願の組織文化が形成される要素・要因になってしまったりということになりかねない。しかし、法律は守るべき最低のものにすぎないのであり、その義務に従うべきことは当然である。むしろ、今日的風潮を考慮するならば、法令遵守を云々する前に、トップ経営者から一社員に至るまで、「ノーブレス・オブリージュ」(noblesse oblige)、「長たる者の精神」、道義・道徳、職業倫理、信義・誠実、常識等を重視した企業活動・職務の遂行を日々実践することが肝心要であることについて再認識・再確認するべきである。[32]

　要するに、職場経営者として個々の部下社員との交流や各種支援活動を行うにしても、そこから収集した情報をどのように受け止め、どう処理し、どう活用するかという場面において、そうした肝心要のことに留意しておくべきであろう。

4　人事情報の活用上の留意点

　そもそも、人事情報は何のために収集し、何のために活用するのか。つまり、繰り返しになるが、人事情報収集の意義・目的は何かということである。特に、個々の社員に関する人事情報については、職能資格制度と相俟って、社員の育成・能力開発・キャリア開発・形成等を念頭におきながら、社員の配置、異動、

---

31)　それは、例えば、「そうした問題は、新設したコンプライアンス部に任せておけばいい」というような認識になってしまいかねないということである。そうなると、組織の活力を減退させることになるなど厄介な要素をその内部に孕んでしまうことになりかねない。

32)　企業組織の成員各々が企業人として、経済学的には軽視ないし無視されるであろう、こうした意識を高めることと、「働く意味」や「働き甲斐」を自問自答することとは、結果において、表裏一体の関係になることを意味することになろう。要するに、そうすることができる企業の多くの成員は、内に向かっては誇りと帰属意識を高めることができ、外に向かっては企業の社会的責任を積極的に果たそうとする集団になる可能性が格段に高まるはずである。日経CSRプロジェクト編『CSR 働く意味を問う―企業の社会的責任』(日本経済新聞出版社、2007年) 参照。

昇進・昇格等を計画的・効果的に実施するために活用するという目的意識を明確にすべきである。もちろん、人事情報は個々の社員につき数値化したり順位づけを行ったりする際の判断要素にもなるが、それは本来の目的とするところではない。人事情報管理の重要な意義・目的は、既述したとおり、社員の能力開発やキャリア開発・形成などに役立てることであり、また、社員が働くことの意味、組織的価値に対する理解や労使・労々間の信頼関係の維持・向上に役に立つ要素・要因や基礎資料になることなどを通じて、企業の業績向上や発展に繋げる役割・使命を担っている。そこに、人事情報管理が人事管理に貢献する重要な目的・意味があるのはいうまでもない。[33]

【参考文献】
- 慶谷淑夫『演習労務管理の基礎〔4訂版〕』(同友館、1990年)
- 小野公一『ひとの視点からみた人事管理―働く人々の満足感とゆたかな社会をめざして』(白桃書房、1997年)
- 野田宣雄『二十一世紀をどう生きるか―「混沌の歴史」のはじまり』(PHP研究所、2000年)
- 樋口美雄『人事経済学』(生産性出版、2001年)
- 平野文彦=幸田浩文編著『人的資源管理』(学文社、2003年)
- 佐護　譽『人的資源管理概論』(文眞堂、2003年)
- 高橋伸夫『虚妄の成果主義―日本型年功制復活のススメ』(日経BP社、2004年)
- 慶應義塾大学ビジネス・スクール編・高木晴夫監修『人的資源マネジメント戦略』(有斐閣、2004年)
- 二村英幸『人事アセスメント論―個と組織を生かす心理学の知恵』(ミネルヴァ書房、2005年)
- 日経CSRプロジェクト編『CSR働く意味を問う―企業の社会的責任』(日本経済新聞出版社、2007年)
- 中谷　巌『資本主義はなぜ自壊したのか―「日本」再生への提言』(集英社、2008年)
- 茂木健一郎『クオリア立国論』(ウェッジ、2008年)

---

33) つまり、人事情報を収集する主たる目的が、社員を評価（人事考課による点数化）することにあるという認識が、企業・職場内に浸透・充満してしまうことにより、そこでの労使（上司と部下）の信頼関係・協調関係が大きく損なわれ「評価する者、される者」といった見えない壁が形成されかねない。さらにそこでは、多くの社員がお互いに疑心暗鬼になったり、萎縮した雰囲気・人的環境に陥ってしまうことにも繋がりかねない。こうした点に留意して人事情報の収集に当たるならば、その情報は抜群の効果効用をもたらすことが期待できよう。

- 安藤史江『コア・テキスト　人的資源管理』(新世社、2008年)
- 今野浩一郎『人事管理入門〔第2版〕』(日本経済新聞出版社、2008年)
- 岩出　博『新・これからの人事労務―いま働いている人、もうすぐ働く人の〔改訂版〕』(泉文堂、2009年)
- 今野浩一郎＝佐藤博樹『マネジメント・テキスト　人事管理入門〔第2版〕』(日本経済新聞出版社、2009年)
- 水町勇一郎『労働法〔第3版〕』(有斐閣、2010年)
- 菅野和夫『労働法〔第9版〕』(弘文堂、2010年)

第5章　教育訓練・能力開発管理

第1節　教育訓練・能力開発管理の意義

1　教育訓練・能力開発等の用語の意味[1]

　企業は、社員の労働能力の維持・向上あるいは能力の開発などを目的とした各種施策を講じる。通常、こうした企業の取組みを研修、養成、教育、見習、訓練あるいは能力開発などと呼称している。

　これらのうち、教育、研修、養成等には、厳密にいえば各々の意味の異同があるものと思われるが、ここでは概ね同じ意味合いのものとみなすこととする。ところで、教育、研修、養成等は、長期的視点から新しい知識や技術を、また昇進・昇格者に対して必要な知識やその職位（地位）等に相応しいものの考え方を、主に集合教育（座学）によって習得するものといってよい。

　他方、「見習」というのは、OJT（On-the-Job Training）方式の枠内・手段で実施する性格のものといってよく、例えば、新入社員が初めて配置された職場にあって、独り立ちするまでの一定期間、先輩社員や上司の指導の下で業務遂行しながら、従事することが予定されている職務内容を習得するというものである。

　訓練とは単なる知識を身につければ足りるというよりも、いわば「身体で覚える」のに適した技能を、短期間に職場内教育で習得しすぐに役立つことが求められている場合に実施される。それは、例えば、鉄道会社などで実施する安全や事故復旧訓練などが典型的事例といえよう。このような訓練は、共同作業を伴うことから、実践さながらの体験をしてみることが有効・有益である。訓練者は、当該作業の手順を確かめたり、机上の単なる知識と実際の作業との感覚の違いを共

---

[1]　教育、訓練、能力開発という用語の意味については、森五郎監修・岩出博『LECTURE 人事労務管理〔4訂版〕』（泉文堂、2007年）206・207頁参照。

有したりするとともに、関係者の連携機能や技能・技術の確認あるいは向上を目指すことが求められよう。

これらに対して、能力開発の場合は、現在従事している業務に関する知識や技能を磨いたりレベルアップしたりするというよりも、近い将来予想されたり計画を実施しようとしたりする中で、必要となる知識・技能、その他幅広い職務能力を将来に向かって開発しようとする場合に、この呼称が使用される。また、これは経営戦略上の要請から、特定の社員を対象に新たな知識・技能を開発することを目的として実施される場合に当てはまるものと思われる。そして、それは企業間競争が激化していることに伴って、社員を競争上の持続的優位獲得の源泉・手段とするために位置づけるという意義を、今後ますます強めることになろう。

加えて、近年における雇用形態の多様化・流動化あるいは人々の企業に対する意識の変化等について、企業としても考慮せざるを得ない状況下にある。こうした事情の変化と企業の長期展望に立ち、各企業としては、①社員としての業務遂行能力の充実、②経営戦略に沿った新たな能力の開発、③社員個人のキャリア開発・形成に対する配慮、といったような事情から、社員の能力開発を重要視する傾向がますます強まるものと思われる。なお、本書では、養成、教育、訓練等各々を、またそれらを総称して「研修」と呼称することがある。

2 社員の位置づけと教育訓練・能力開発

わが国の企業にあっては、従来から終身雇用制度の下で、企業内教育に力を入れてきた。これに対して欧米諸国では、元来社員を採用する場合、職務記述書と職務明細書に基づいて採用手続が進められるというのが伝統的なやり方である。こうした採用手法とも相俟って、欧米諸国の企業では、必要な労働能力（知識・技能・技術）の教育訓練は、企業外の機関で実施されるというのが一般的考え方であり実態でもある。

ところがアメリカでは、1980年代における経済の低迷が続く中にあって、これを再活性化（reindustrialization）する必要に迫られていたこと、またその後の、いわゆる「人的資源管理」（human resource management : HRM）や「戦略的人的資源管理」（strategic resource management : SHRM）に基づく考え方が進展していたこと、そしてこの考え方の先には「持続的競争優位」を確保しようとの意図

があったことなどから、社員研修を意欲的に導入するようになってきている。

　これに対して、日本の企業の場合は、新規学卒者一括採用が中心であり、企業人としての基礎的能力、例えば、一般常識、態度[2]、意欲、基礎的能力、職業適性、健康などを合否の判断基準として採用するというのが一般的である。これに加えて、わが国には経営とか人事管理とかをいう前に、まず、「人を大切にする」ことがリーダーたる者としての1つの条件であるとする人物像や思想がある。また、雇用社会にあっても、「人は成長する存在である」ことを前提としていること、何よりも和を重視すること、いわゆる「村社会的」人間関係の実態が根強く残っていることなどの影響を受けて人事管理が展開されており、そこでは、例えば、雇用形態の中心は終身雇用制であること、採用後退職までの雇用管理（昇進プロセス・最終的昇進範囲）や経営者の経歴をみれば明らかなように、幅広い職務能力、企業内の各種調整能力等を必要とする管理者や経営者を社内（内部労働市場）から人選・調達しようとすること、年功賃金・年金制度等の制度的理由から労働の流動が活発化しないこともあって、企業内教育訓練・能力開発が重視され、その体系が整備・充実されるに至ったものと思料される。

　ところがここにきて、日本の企業にあっても、雇用形態の多様化、国内外の企業間競争の激化、業務遂行のIT化等、企業を取り巻く環境の目まぐるしい変化の影響もあって、企業経営者の中には、即戦力のある中途採用の幅を広げるなど、従来の採用方式や教育訓練・能力開発の考え方を修正せざるを得ないと考える傾向が強まってきている。

　しかしながら他方で、わが国は国民の労働観、職場観[3]等を含めた価値観の多様化、いき過ぎたあるいはバランスの欠いた「個人主義」の蔓延化現象、さらには技術立国日本としての課題等が山積している。こうした問題山積の壁に直面している日本企業としては、こういう場合こそ長期展望に立って「急がば回れ」の格

---

2) ここでいう「態度」の意味するところは、企業に対する必要な帰属意識や忠誠心、上司の期待に応えようとする積極的な心の体制が備わっていること、職場の同僚と協力する姿勢や仕事に対する意欲が旺盛であること、対人能力（ソシアル・スキル）が一定以上あること、いわゆる「ホウ・レン・ソウ」（報告・連絡・相談）というようなビジネスマンとしての常識などが備わっているなどの状態をいう。

3) 企業や職場とどう向き合い、その関係をどう位置づけし認識するかといったことに対する考え方・価値観をいう。

言どおりに、企業内教育訓練・能力開発の意義と効用を再認識してこれを充実させることによって、企業経営の前提基盤を確固たるものにするという基本戦略を再認識すべきであろう。

3　教育訓練・能力開発の意義

(1)　新規学卒一括採用と企業内教育

　既述したような企業を取り巻く経営環境下にあって、その採用についても即戦力となる中途採用が漸増している。しかしながら、雇用形態の多様化や中途採用の漸増傾向が顕著になっているといっても、採用の中心となるのは今後とも新規学卒定期一括採用が維持されることに変わりはないものと思われる。そうすると、いわゆる新入社員研修を企業内教育によって実施することには、必要性と有益性が認められよう。新入社員はそれまでの学生生活とは異なり、上司や先輩・同僚などの複数の人々と、基本的には指揮・命令と服従という上下関係の下で意識的に協力し合いながら、共通の目的を達成するための人間集団である企業組織の一員として働き、その対価としての賃金の支払いを受けることによって職業人生を営んでいくことになるからである。そこで企業としては、新入社員に対して、そういった実社会の実態とともに、例えば、企業の概要とともに、礼節とマナー、企業における組織人としての立場・責任、協調・協働することの意義、基本的仕事の進め方、企業が求める社員像、職場生活の留意点など、雇用社会で生きるための基本的事項について説示した上で、各々の職場に配置することが必要となる。

　こうした新入社員研修は、彼らの成長過程や環境に伴う今日的若年者の資質、対人関係における彼らの実態を考察するならば、その必要性がますます強まっていることは明らかであろう。

(2)　特殊知識・技能の向上と企業内教育

　知識・技能は大きく2つに分類することができるが、その1つは他の多くの企業においてすでに実践・実用化されているというようなものであり、もう1つは当該企業独自のものである。この2つのうち、前者の知識技能を「一般的知識・技能」といい、後者を「特殊知識・技能」と呼ぶことができよう。

　一般的知識・技能というのは、1つの側面として、産業界ですでに一般化して

おり、安価な労働力や合理化・効率化の徹底による成果などを武器に標準的製品を大量生産し、安価な値段で販売しようとするレベルのものである。

　しかしながら、国際的規模の競争に加えて高水準の賃金国となった、日本の企業が生き残りをかけた経営戦略としては、世界に通用する高付加価値を付けた製品その他のサービスの創造と、それらを世界に認知させるための経営の国際化や同業他社の差別化、いわゆる「オンリーワン」を実践・展開することが求められよう。そうすると、この経営戦略を成功に導くための1つのカギは、一般的知識・技能に加えて、当該企業独自の特殊知識・技能[4]をどの程度高めることができるかということになる。そして、企業はそのために、社員をその方向での確固とした意思と、他の企業を差別化できる質の高い特殊知識・技能をもった人材集団につくりあげることである。この点、教育訓練・能力開発は、それらの前提基盤となる、「企業全体の意識・モメンタム（勢い）」、「特殊知識・技能」、「必要な価値観の共有化」あるいは「企業風土・職場の雰囲気」のレベルアップの実現に不可欠なものとなろう。

(3)　特殊知識・技能等の体系・実態を熟知する社員の育成・継承

　当該企業が新規の経営計画を立案しそれを実行しようとする場合、現実問題として、その計画を実行に移すために必要・適切な人材を外部労働市場から求めようとしても、そう簡単に求められるものではない。仮に、外部労働市場からそういう人材を求めることができたとしても、彼の知識・技能が当該企業の仕組み・特殊技能・その他の実態下でスムーズに適用・発揮され目的が達成されるかというと、そう単純・簡単な経過を辿ることにはならないであろう。こうした場合、例えば、外部労働市場から調達した専門家等に対して、当該企業のシステム、各種慣行、特殊技能、その他関連すると思料される事情・実態等について的確な説明を行ったり疑問点に答えたり、あるいは協同して開発したりすることができる能力をもった社員の存在があれば、高度な一般的知識・技能と当該企業の特殊な知識・技能がスムーズに嚙み合って、当該企業の目的等を達成することが十分可

---

[4]　特殊知識・技能の中には、当該企業独自の、いわゆる「企業秘密」的な知識・技能が含まれている場合も多いと思われる。

能となる。この点からも理解できるように、企業内教育によって当該企業の特殊技能・仕組み等の実態を熟知する社員を育成しておくことが肝心要である。

(4) 企業内教育と社員の企業に対する帰属意識・忠誠心等の醸成

　近年、企業と社員の関係を見直そうとする主張や見解が散見される。それは、例えば、いわゆる「忠誠心」とか「愛社精神」を煩わしいものとして否定し、あるいは帰属意識をさらに稀薄化させて、企業と社員の関係を「権利と義務」という、いわばその場限りの割り切った雇用関係として位置づけるような、個人主義に基づいた企業（職場）観や人間関係を理想とする考え方であろう。また、そこには、1つの職場に集合し目的・目標を共有し協働するという、職業人生における価値・意義に気づかない、あるいはその価値を軽視するような考え方が内在していると思われる。そうしたことも背景となって、企業側も、人件費削減策等とも相俟って雇用形態の多様化を図るとともに、「愛社精神」や「帰属意識」をもつことを期待する対象者については、正規社員、その中でも特にコアとなる人材に限定するという方向へ軌道修正する傾向がある。さらに、企業は、いわゆる「成果主義」的人事管理の方向に傾斜する傾向がみられる。これらのことは、そもそも、人事管理の展開にあっては、国民の世論、価値観等の動向、そして社員の企業（職場）観、職業観等を踏まえたものにならざるを得ないとすれば、当然の帰結ともいえなくもない。

　しかしながら、そのような働き方というのは、一部の専門職には妥当性があるとしても[5]、一般雇用労働者にとっては、職業人生を営む上で長期間にわたり一貫して満足し納得できる働き方といえるかどうか、少なくとも一般論としては疑問の残るところである。仮にそういう働き方について満足できると評価する者がいるとしても、そういう人たちは、スペシャリストであったり、特殊・特別な階層に属していたりといったケースが想定される。

　この点、多くの一般的人々にとっては、少なくとも、程度の問題はあるにしても、帰属意識や愛社精神をもつことができ、職場の同僚や上司との人間関係があり[6]、そうした人間関係の中で企業が掲げた目標の1つ1つをやり遂げ同僚達と達

---

5) それは、例えば、弁護士、公認会計士、税理士、社会保険労務士、弁理士等である。

成感を味わえるような働き方こそが歓迎できるものといえよう。

　この点、企業側から考えてみると、組織の維持・発展の基礎・基盤は、その内部における信頼の高さに負うところが大きい。そして、その信頼を高める基礎は、社員がその目的や価値観を共有できることであり、健全な帰属意識や愛社精神の影響についても軽視できない。そうすると、企業にあっては、一時の必要性から専門家やその分野のスペシャリストなどを雇用形態以外の何らかの形で活用するということはあっても、そうした単なるスペシャリストを常勤の長期雇用の正規社員として採用したいとまでは、通常・一般的には考えないであろう。

　本来、企業の重要な意思決定に携わり、その維持発展のために全力そして誠実に対応するのは、社員がどのような立場・心情にある場合かといえば、それは帰属意識や忠誠心が高い状態にある場合であることを、経営者等の多くは承知しているからである。また、そういう帰属意識や忠誠心をもつ彼らの意識を支えるものは、多くの場合、職務満足・企業（職場）満足であり、社員間の一体感等が旺盛な場合であるといえよう。さらにそれらを後押しするものは、質の高い企業文化や企業およびその職場内に漂っている温かい人間関係などが醸し出す雰囲気である。そして、それらは、その根底に多くの社員の健全な帰属意識が存在してこそ機能するものと思われる。

　こうした視点からも、企業内研修が人事管理制度や日常的職場経営と相俟ってこういった帰属意識、忠誠心あるいは連帯感の醸成に繋がるように意を尽くすべき必要性は、今後とも高まるといえよう。また、当該企業において協働するという働き方の人生における意義・効用について気づかせることも、新入社員研修を

6）　ここでは、ティラーのいう人間観（仮説）、すなわち経済人（機械人）による人間関係ではなく、メイヨー等がホーソン工場での実験を通して打ち立てた「社会人仮説」的人間観に基づいた人間関係だったり、組織的価値を基礎として大いに切磋琢磨したり、語り合ったり、仕事上の達成感を共有できる人間関係を想定している。

7）　また、採用時点では、必要な専門的知識・技能も時が経つと不要の状態が訪れるものである。しかも、組織的価値の大切さを軽視するといった傾向がある人材であるとなると、企業にとって当該人材のその後の処遇に困り果てることになる。現実には、こうしたケースが往々にしてあるということである。

8）　とかく、企業特にその末端職場（現場）の実態と研修時の状況との間には大きな乖離がある場合が多く、研修時にはその気になっても研修を終えて現場に戻れば、いわゆる「元の木阿弥」になってしまうケースが多々ある。その乖離を埋めるためには、常日頃の職場経営が重要である。

含めた社員研修の役割の1つである。

(5) 社員にとっての教育訓練・能力開発

　雇用社会は、今後、雇用形態の多様化等に伴って転職等の機会が増える可能性が高く、加えて定年65歳時代を考慮するならば、多種多様な形での転職の可能性がますます高くなっていくことは間違いない。そうすると、社員としては、各種企業内教育訓練・能力開発を活用することによって職務遂行上の知識・技能等を高めたり、キャリアを積んだりするとともに、それらが他の企業にも通用することをアピールできる工夫をしておくことが将来的に有益となろう。

　そのための基礎となるのは、なんといっても多くの場合、企業の教育訓練・能力開発である。また、社員にとって、企業の教育訓練・能力開発を通して獲得した知識・技能は自分自身の財産となり、いわゆる職歴・キャリアとなっていくものである。つまり、社員自身が主体的・自律的に社員研修の重要性・有益性を自覚し、積極的・意欲的に取り組むことでその効果を上げることができるのであり、その結果としてキャリア形成にも繋がるということである。

　もちろん、教育訓練・能力開発の意義・効用は、企業および個々の社員の受け止め方・意欲・態度などに左右されるものである。また、ここで言及した社員研修の意義はあくまで事例であり、1つの見解の一端について述べたにすぎない。したがって、これら以外にもそれに対する考え方や見解があってしかるべきである。要するに、企業と社員の両者がこの意義と効用についてどのように理解するかであり、また、それをどのように位置づけ、そしてその成果を経営や職業人生にどのように活かすかは、各々の自覚と見識に負うところとなろう。

　この点、特に社員自身が社員研修の重要性・有益性を自覚して、主体的・意欲的に取り組み、その成果を経営者等に対して示す必要があるだろう。そうでなければ今後、経営者は意欲的でない社員に対する教育投資を抑制し、投資効果が期待できる社員に限定した形での社員研修に切り替えることになろう。そして、その兆候は、すでに出ている。

　9） 当該企業独自の特殊知識・技能について、理論化、体系化、説明可能、応用可能等の範囲の拡大化について極力進めることを指す。

そもそも、「人は石垣、人は城」のたとえのとおり、企業経営は人間が中心となって展開されるものであり、社員の労働能力・労働意思と職場環境や企業文化の質・レベルの高さがものをいうことになる。そうすると、結局のところ、その源泉としては企業独自で行う教育訓練・能力開発や社員の自己啓発の成果に負うところが大きいということになろう。

労働能力が高いというだけでは、それを発揮しその成果を上げることは難しいことはいうまでもない。やはり、その成果をあげるためには、企業活動の全ての基礎に社員の帰属意識や忠誠心があり、当該企業の職場やグループ内の人的・物的両面の環境にも精通・適合している一定以上の社員の存在が重要な要件となろう。ここにも、企業内教育訓練・能力開発の意義があるといえよう。

4　教育・訓練・能力開発の基本的内容

4-1　教育訓練・能力開発の体系[10]

日本の企業における教育・訓練・能力開発の体系は、次のような構成になっているのが一般的である。

(1)　**階層別教育・訓練・能力開発**

教育・訓練・能力開発は、職務階層別に実施されるものであり、例えば、新入社員研修、管理・監督者、係長、課長、部長などを対象とする研修である。この研修は、職能や分野の違いを超えて同レベルの階層の職位・職務を担っている社員に共通して求められる知識、技能、態度等に関する教育を目的としている。したがって、この階層教育は、本社の人事部門が一括して計画し実施するのが一般的である。

(2)　**職能別（専門別）教育・訓練・能力開発**

これは、例えば、営業、生産、財務、人事・労務、研究開発等の、分野別・専門別に行う教育・訓練・能力開発ということになる。したがって、この研修では、

---

10)　前掲注(1)・『LECTURE 人事労務管理』204頁以下、鈴木滋『エッセンス人事労務管理』（税務経理協会、2002年）101頁以下参照。

各種知識・技能等について深く掘り下げたものになる。

(3) 問題別（課題別）教育・訓練・能力開発

これは、例えば、国際化教育、コンピューター教育、高齢者の能力開発教育等であり、企業にとって特に重要な経営課題や問題分野に対応して実施される。

4-2 教育訓練・能力開発の方法

教育・訓練・能力開発の方法としては、大きくOJT（On the Job Training）、Off-JT（Off the Job Training）および自己啓発の3つの柱に分類することができる。

(1) OJT（On the Job Training）

これは、職場内教育とか職場内個別指導と訳される[11]ものであり、上司や先任者（先輩の場合が多い）である社員の見習社員として、業務遂行しながら当該職務内容を学ぶという方法である。例えば、新入社員研修の終了後、配置されその配属になった職場において、彼が担当予定の職務に関して、一定期間上司または先輩社員の指導やアドバイスを受けることを通して、いわゆる一人前あるいは一本立ちができる社員に育成するという方式である。このOJT方式は、新入社員教育だけではなく、例えば、昇進や配置換えの場合にも活用される。

この方式による教育は、費用が安く済むこと、理論的に説明することが困難な場合でも、指導者が実際に実演して見せるなどを通して容易に理解させることができることなどの利点がある。しかしその反面では、担当する指導者の指導能力、適性、熱意などの良否によって、その効果が左右されるという難点がある。この点に関する改善策としては、例えば、指導項目、方法・手順等のマニュアル作成、指導者に対する教育・訓練等が考えられよう。

---

11) 職場内教育といっても、集合教育（座学）もあるので、職場内個別指導教育とするのが妥当であると考える。

(2) **Off-JT** (Off the Job Training)

これは、日常の仕事から離れて行われる教育・訓練・能力開発であり、社内 Off-JT と社外 Off-JT に分れる。社内 Off-JT は、職場から離れた、例えば、社内の研修センターとか訓練センターなどで実施する企業内教育である。ここでは、主に階層別と職能別の教育・訓練を中心に行われるのが一般的である。具体的事例としては、昇進に伴っての係長研修、課長研修、部長研修等がこの場合に該当する。

社外 Off-JT の場合は、社外の教育・訓練施設機関、例えば、大学院、各種研究機関、専門学校、海外の大学院等への留学などが考えられよう。

(3) **自己啓発**（Self-development）

自己啓発は、基本的には個人の自主性に基づき自分の時間と費用で学ぶものであるが、近年、この自己啓発に挑戦する社員が増加し、また、これに対して企業側も様々な奨励策を講じるとともに、資金的・時間的・その他の援助を講ずる傾向を強めている。

この背景には、まず、社員側の事情としては、就職難やリストラの横行などに対応しようとする意図や、自己実現等自意識の高まりなどがあること、また、企業側としては、企業間競争の激化の中で同業他社を差別化できるか否かのカギは人材育成の成否にあるとの認識から、社員の各種能力の向上を期待していることなどが考えられよう。加えて企業側としては、個々の社員のチャレンジ精神や社員としての成長志向の行動および企業としてそれを応援することが起爆剤となって組織の活性化などの良い影響が期待できること、自己啓発に熱心であり通信教育や資格取得にチャレンジする社員の意欲に着目し、そういう意欲的な社員を応援したり厚遇したりすることは企業にとっても有益であることなどの判断があってのことであろう。

企業は、こうした自己啓発の奨励策・援助策として、例えば、社外セミナー、講演会等の案内、通信教育講座に関するパンフレット等の配布、修了者に対する受講料等の金銭的援助、受験や講習会出席に対する有給休暇扱いの措置、資格取得者に対する人事登録、資格手当の支給の措置などを講じている。

《付言 - 4》
　ちなみに、労働省（現行、厚生労働省）が1994年にスタートさせた、ホワイトカラー向けの「職業能力開発制度」（ビジネス・キャリア制度）は、事務、管理などの職務に必要な知識を習得させ、教育訓練修了者に「修了認定」を行うというものである。公的資格ほどの説得力はないが、外にも通用するホワイトカラーの能力を認識させる上で有効とされている制度である。

【参考文献】
・鈴木　滋『エッセンス人事労務管理』（税務経理協会、2002年）
・堀田聡子ほか『人材育成としてのインターンシップ―キャリア教育と社員教育のために』（労働新聞、2006年）
・佐藤博樹＝大木栄一＝堀田聡子『ヘルパーの能力開発と雇用管理―職場定着と能力開発に向けて』（勁草社、2006年）
・森　五郎監修・岩出　博著『LECTURE 人事労務管理〔4訂版〕』（泉文堂、2007年）
・佐藤博樹編著『働くことと学ぶこと―能力開発と人材活用』（ミネルヴァ書房、2010年）

第6章　労働時間・休憩・休日管理

第1節　わが国の労働時間管理の特徴と法定労働時間短縮の推移

1　わが国の労働時間管理の特徴

(1) 労働時間（特に、残業時間）による雇用量の調整

　わが国の1つの特徴として、企業経営者は解雇にあたって、終身雇用制の下で、いわゆる「解雇権濫用の法理」[1]や「整理解雇」における4つの要件の具備が求められている[2]。この点、欧米、特にアメリカでは、使用者側の事情や判断等により、ラインの責任管理者が、いつでも解雇できる仕組みになっている（ただし、年齢を含めた差別による解雇は違法となる）。

　こういった事情などから、わが国の雇用調整は、残業時間による調整を中心に行われてきた。こうしたことから、残業時間が構造的に長くなり、それを前提として労働時間管理を実施してきたという背景がある。雇用量を社員数で直接的に調整することができない日本の企業にとって、それは、1つの選択肢であり、雇用を守るための智恵でもあったといえよう。

---

1) この法理は最高裁判決で確立しているが、さらに労働契約法16条において条文化されている。
2) 整理解雇は他の類型の解雇とは異なり、使用者側の責任・事由を原因とし、企業の存続のために経営上必要とされる人員削減を行う解雇である。このことから、従来は労働者側の事由を直接の理由とする一般解雇の場合に比べて、整理解雇はより厳しく具体的な制約が課されてきた。すなわち、解雇の「客観的合理性」と「社会的相当性」という2つの要件をより具体化する形で、裁判上、「整理解雇の4要件」（①人員削減の必要性、②解雇回避の努力、③人選の合理性、④手続の妥当性）が設定されている。ところが、最近の判例では、この4「要件」を「要素」であると解し、この4つの要素などを総合的に判断して、整理解雇の合理性・相当性を導こうとする傾向がみられる（菅野和夫『労働法〔第9版〕』（弘文堂、2010年）489頁以下、493・494頁、水町勇一郎『労働法〔第3版〕』（有斐閣、2010年）182頁以下参照）。

(2) いわゆる「過労死」等に繋がりかねない異常な時間外労働

わが国における労働時間に関する問題・課題の１つは、今日的雇用社会の実態の面からいえば、限度を超えた時間外や休日労働のために、家庭生活やその他の私生活があまりにも疎かになっているサラリーマンの存在である。しかも、近年、いわゆる「心の病」や「過労死」の急増という社会的問題が深刻化している。もちろん、そうした深刻な事態を生じさせている原因が、時間外労働ばかりにあるわけではない。しかし、取り沙汰されている時間外労働が、少なくとも、原因の大きな部分を占めていることは否定できないであろう。

2 労基法改正と労働時間短縮の推移

昭和22（1947）年制定の労基法は、全ての事業場における労働者の法定労働時間について、原則として、１日８時間、１週48時間という最長労働時間を設定した。以来、この労働時間制が40年間維持されたが、昭和62（1987）年に改正され、１日８時間、１週40時間に短縮された。ただし、このときの改正では経過措置が付され、産業界の実情に即して、業種、社員数に応じた段階的な実施（１週46時間・44時間・40時間制完全実施）を行った。また、このときの改正内容としては、新変形労働時間制とフレックスタイム制の導入、年次有給休暇の日数増加と計画休暇制度の導入および事業場外労働と裁量労働の「みなし」時間制の導入も含まれていた。

平成５（1993）年の改正では、一部の事業を除いて週40時間制の実施、１年単位の変形労働時間制、年次有給休暇制度などの改正が行われた。

平成９（1997）年４月１日からは、週40時間制が完全実施された。なお、労働時間に関する労基法の女性保護規定は、このときすでに男女雇用機会均等法の制定（昭和47（1972）年７月１日）に伴って変更されていたが、さらに、この改正によって撤廃された（平成11（1999）年４月１日施行）。

こうした労働時間短縮に対する努力の結果、現在では、少なくとも表向きには、週休２日制もほぼ定着し、また、１人当たりの年間労働時間1800時間の目標を概ね達成した形となっている。しかし、企業間格差やいわゆる「サービス残業」の蔓延等の実態をみれば明らかなように、労働時間を巡る問題は依然として改善の余地が大きく残っている。

3 労働時間短縮実現の体制

わが国は、現在、1人当たり年間労働時間1800時間の完全実現を目指している。この政策目的のために、「労働時間の短縮の促進に関する臨時措置法」を制定している。同法は、①国による労働時間短縮促進計画、②企業内における労働時間短縮の実施体制、③事業主らによる労働時間短縮実施計画、④労働時間短縮支援センターの設置と給付金の支給を骨子としている。

第2節 労働時間の規制

ここでは労働時間の規制について述べるが、その前に、労働時間に関する基礎的用語の意味の違いを確認しておこう。まず、**図表6-1**における、午前9時から午後8時までの「出勤時刻から退勤時刻までの全時間」である11時間を拘束時間と呼び、その拘束時間から休憩時間（**図表6-1**でいうと1時間）を除いた10時間がこの場合の労働時間ということになる。次に、法定労働時間とは、「法律（労基法）により定められた労働時間」のことであり、現在では1日8時間である。**図表6-1**でいうと、午前9時から午後6時までの9時間から休憩時間の1時間を除いた8時間を意味する。所定労働時間とは、「就業規則等で定めた始業時刻から終業時刻までの時間」のことであり、**図表6-1**では午前9時から午後5時までの8時間から休憩時間の1時間を除いた7時間を意味するが、この所定

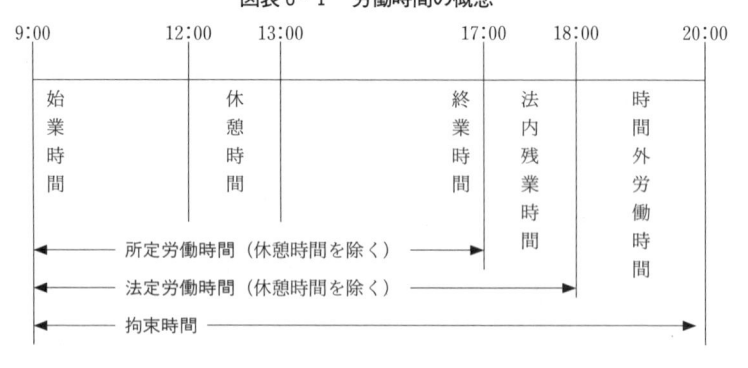

図表6-1 労働時間の概念

時刻	9:00	12:00	13:00	17:00	18:00	20:00
区分	始業時間	休憩時間		終業時間	法内残業時間	時間外労働時間

- 所定労働時間（休憩時間を除く）：9:00～17:00
- 法定労働時間（休憩時間を除く）：9:00～18:00
- 拘束時間：9:00～20:00

図表6-2　労働時間に関連する用語について

種　類	内　　容
拘束時間	出勤時刻から退勤時刻までの休憩時間も含めた全時間をいう。
労働時間	労基法上の労働時間であり、拘束時間から休憩時間を除いた時間をいう。
所定労働時間	就業規則等で定めた始業時刻から終業時刻までの労働時間から休憩時間を除いた時間をいう。
休憩時間	拘束時間中ではあるが、勤務から解放され、労働しないことが労基法上保障されている時間をいう。

労働時間は法定労働時間を超えることはできない。この場合、法定労働時間の8時間から所定労働時間の7時間を引いた1時間は、法内残業時間ということになるが、残業手当を支払う労基法上の義務はない。ちなみに、「労働時間に関連する用語について」は、**図表6-2**を参照されたい。

1　わが国の労働時間法制の仕組みと労働時間の原則

(1)　労働時間の枠組み

労基法は、第4章の32条から41条までにおいて、労働時間、休憩、休日および年次有給休暇について規定し、わが国の労働時間法制の枠組みを定めている。

(2)　労働時間の原則と例外

わが国の労働時間の原則は、1週40時間（労基法32条1項）、1日8時間（同2項）を最低基準としている。ただし、その例外として、①労働時間の弾力化、②一時的例外、③恒常的例外、④みなし労働時間、④裁量労働時間、⑤適用除外、などの措置が用意されている。

2　労働時間の弾力化

(1)　1カ月単位の変形労働時間制（32条の2）

この変形労働時間制は、業務の都合等に応じて、①労使協定または就業規則その他これに準ずるものによって、②1カ月以内の一定の期間における総労働時間が1週平均40時間を超えないよう、③あらかじめ、ある週・ある日の労働時間を特定することにより、④1週の労働時間が40時間を超えても、⑤労基法に違反し

ない、とする制度である。
　この制度は、例えば、病院（特に、看護士）、運輸交通業（鉄道事業における駅員や電車運転士、バス・タクシーの運転手等）、工場等における交替制勤務者等に多く導入されている。

(2)　フレックスタイム制（32条の3）

　フレックスタイム制は、1カ月以内の清算期間における総労働時間等を定め、労働者がその枠内で各日の始業および終業時刻を自分で決定することを条件に、1週や1日の労働時間を規制しないという制度である。
　フレックスタイム制の型としては、①24時間中どの時間帯で労働してもよいもの、②例えば、午前6時から午後10時までといった、一定の時間枠の中から選択するもの、③必ず労働を義務付けられる一定の時間帯（コアタイム）と、労働するか否かを労働者が決定しうる一定の時間帯（フレキシブルタイム）を定めるものなどがあるが、わが国では③の型のものが一般的である。
　フレックスタイム制の導入の目的については、①労働時間短縮、②生産性の向上、③育児・介護を要する労働者への福祉などがあるが、使用者としては、その導入の目的を明確にするなどして、適切・妥当な誘導をしていく必要があろう。

(3)　1年単位の変形労働時間制（32条の4）

　1年単位の変形労働時間制は、①労使協定により、②1カ月を超え1年以内の一定期間を平均し1週当たりの労働時間が40時間を超えない定めをしたときは、その定めにより、③特定された週に40時間を、特定された日に8時間を超えて労働させても④労基法に違反しない、などとする制度である。この制度は、季節等によって業務に繁閑の差があり、繁忙期には相当の時間外労働が生ずるが、閑散期には所定労働時間に見合うだけの業務量がない場合に、労働時間を効率的に配分し、総労働時間を短縮することを目的としたものである。
　また、年間単位で休日の増加を図ることが所定労働時間の短縮のために有効であり、年間単位の労働時間管理を可能とするため設けられた制度である。
　なお、この制度は、あらかじめ業務の繁閑を見込んで、それに合わせて労働時間を配分するものなので、突発的な場合を除き、恒常的な時間外労働はないとい

うことを前提としたものである。

(4) 非定型（1週間単位の）変形労働時間制（32条の5）

　この型は、労働者が30人未満の小売業、旅館、料理店、飲食店に認められる制度である。こうした事業においては、使用者は労使協定により、1週間単位で、あらかじめ各日の労働時間を特定せずに、1日10時間まで労働させることが可能となる。この制度は、急な予約やキャンセルに備えるもので、やむを得ない場合には前日の通知によっても労働時間を変更できることになっている。

　したがって、この変形労働時間制は、日ごとの業務に著しい繁閑が生じることが多く、かつ、その繁閑が定型的に定まっていない場合に、労働時間のより効果的な配分を可能とし、全体として労働時間を短縮しようとする制度である。

3　恒常的例外と一時的例外

3-1　恒常的例外

　10人未満の事業場で一定の業種のものに認められている。具体的には、商業（別表第1の8号）、演劇（同10号）、保健衛生（同13号）、接客娯楽（同14号）については、1週44時間、1日8時間とされている（労規則25条の2）。

3-2　一時的例外

(1) 災害の場合（33条1項）

　災害その他避けることができない事由によって、臨時の必要がある場合であり、その場合、原則として行政官庁の許可が必要である。ただし、事態急迫のために行政官庁の許可を受ける暇がない場合においては、事後に遅滞なく届け出なければならない。時間の上限はない。

(2) 公務の場合（33条3項）

　公務のために臨時の必要がある場合であり、労基法が適用される地方公務員と国家公務員に適用されるものであり、時間の上限はない。

(3) 労使協定による場合（36条）

　労基法36条に基づく労使協定（これを一般に、「三六（サブロク）協定」などと呼ぶ）を締結し、所轄の労働基準監督署長に届け出た場合には、その協定の範囲内で、時間外・休日労働させることができる。ただし、この協定の効力は、その協定の定めるところによって労働させても労基法違反とならない、という刑事法上の効力に限られる。したがって、使用者が労働者に時間外・休日労働を命じることができ、労働者がそれに従う民事上の義務を生じさせるためには、この労使協定（労働基準法）の締結に加えて就業規則、労働協約（労働組合法）、労働契約のいずれかに超過労働の義務規定を置くことが必要となる。

　なお、上限については、厚生労働大臣が基準を定め（36条2項）、例えば、時間外労働の上限は、1カ月45時間、3カ月120時間、1年360時間となっている（平成10年労働省告示第154号別表第1）。ただし、特別の事情がある場合には、前述の上限を超えることが認められており（同告示3条但書）、また一定の事業と業務については（例えば工作物の建設事業、新商品の研究開発業務など）、前述の上限は適用されないことになっている（同告示5条）。

　なお、3カ月以上の変形労働時間制の場合における上限時間は、例えば、1カ月42時間、3カ月110時間、1年320時間と低く設定されている（同告示別表第2）。

　また、育児・介護を要する労働者が希望するときは、上限時間が1カ月24時間、1年150時間とされている（育児・介護休業法17条、18条）。

4　適用除外の措置（労働時間・休憩）

(1) 農水産従事者（41条1号）

　自然的条件に左右される事業、つまり、農業（別表第1の6号）、畜産・水産（同7号）の事業に従事する労働者の場合に適用される。

(2) 管理・監督者（41条2号）

　監督もしくは管理の地位にある者、または機密の事務を取り扱う者である。具体的には、①労働条件の決定や労務管理について管理職に相応しい権限を有していること、②出社・退社について厳格な制限を受けず、遅刻などについて機械的なマイナス評価を受けない者、③その地位に相応しい管理職手当が支給されて

いること、の3つを総合的に考慮して決定することになる。

(3) **監視・断続労働従事者**（41条3号）

「監視に従事する者」というのは、原則として一定部署にあって監視するのを本来の業務とし、常態として心身の緊張度の低い場合をいい、また、「断続的労働に従事する者」とは、本来業務が間歇的であるため、労働時間中においても手待ち時間が多く、実作業時間が少ない実態下にある者をいう（昭22・9・13発基第17号）。監視としては、門番、守衛、メーター監視等のようなものがその典型的な例である。これとは逆に、交通関係の監視、犯罪人の監視等は精神的緊張度が高いので認められない。

5 労働時間の計算方法（38条、38条の2）

労働時間の管理は、原則として、使用者の責任において行われるものである。しかし、それらの中には時間計算を含めて使用者（管理者）による労働時間管理が、実態上困難な場合および相応しくない労働の場合がある。そうした場合について、「一定の時間労働したものとみなす」制度が導入されている。具体的には、①事業場が異なる場合の通算（38条1項）、②坑内労働における休憩時間の労働時間みなし、および③みなし労働時間である。そのうち、ここでは、③について概説しておこう。

5-1 事業場外労働のみなし労働時間（38条の2）

これは、社員が業務の全部または一部を事業場外で行うため、管理者による労働時間の把握・管理が実態上困難な場合である。例えば、営業社員、外回りの新聞記者あるいは出張の場合などである。この場合には、使用者による労働時間の算定を含めた管理が困難となることから、原則として就業規則でこれらの者の所定労働時間を定めておき、この時間を労働したものとみなすことにするという制度である。ただし、常態的にこの所定労働時間を超えているような場合には、労使協定でみなし労働時間を実際の労働時間に近づけて協定することが要請される（菅野和夫『労働法〔第9版〕』（弘文堂、2010年）320頁参照）。

5-2 裁量労働制

裁量労働についてのみなし労働時間制であるが、裁量労働制には専門業務型と企画業務型の2種類がある。裁量労働とは、業務の性質上その遂行の方法を大幅に労働者の裁量に委ねる必要があるため、業務遂行の時間配分の決定や遂行方法について、使用者から具体的な指示をすることが困難な業務のことである。なお、裁量労働におけるみなし労働時間は、労使協定（38条の3）あるいは労使委員会の決議（38条の4）で決定される。その際、裁量労働者の「時間外労働」への対応を意識して、割増賃金見合分のみなし労働時間にしたり、裁量労働手当額を決めたりする傾向がある。しかし、裁量労働制は、自らの裁量で仕事をして成果を出し、それに対して報酬を支払うというのが本来の姿である。

(1) 専門業務型裁量労働制（38条の3）

この裁量労働制は、平成10（1998）年に制定されたものであり、専門的な知識や技術に着目して対象業務が定められている。例えば、新技術の研究開発業務、情報処理システムの分析業務、デザイナーの業務、公認会計士の業務、弁護士の業務など11の業務が定められてきた。その後、平成14（2002）年に情報処理システム活用コンサルティング業務、建築物内の照明器具・家具等の配置のコンサルティング業務、ゲームソフト創作の業務、税理士の業務など新たに8業務が追加されている。

なお、専門業務型裁量労働制を実施するには、期間の定めのある労使協定を締結し、①対象業務、②みなし労働時間数、③対象業務の遂行手段ならびに時間配分につき具体的な指示をしないこと、④対象労働者の健康確保措置、⑤同じく苦情処理措置の導入が要件となっている。

(2) 企画業務型裁量労働制（38条の4）

この裁量労働制は、平成10（1998）年の労基法改正により新設され、平成12（2000）年4月より施行された。当初この企画業務型は、①本社機能を発揮するような事業運営上の重要な決定が行われる事業場（事業場要件）、②労使代表の半数ずつで組織される労使委員会の設置、③労使委員会における全員の合意、④対象業務を適切に遂行するための知識・経験を有する者、などの要件が課されてお

り、その対象者はかなり限定的にならざるを得なかった。そこで、平成15（2003）年に見直しが図られ、①事業要件の廃止、②導入・運用に関する手続の改正（例えば、労使委員会の「全員の合意」を「5分の4以上の合意」に改正）などにより要件が緩和された。

第3節　労働時間規制の意義と労基法上の労働時間

1　労働時間規制の意義

　労基法32条は使用者に対して、労働者に、休憩時間を除き1週40時間（1項）、1日8時間（2項）を超えて労働させてはならない、と定めている。この労働時間規制の意義は、必要な一定の要件を具備しない限り、まず第1に、この規制・原則を超えて時間外や休日に労働させると、使用者は刑罰を科せられる（労基法119条1号）こと、第2に、この原則の労働時間を超えた労働に対して、使用者は一定の割増賃金を支払わなければならない（37条）ことというところにある。なお、この場合、割増賃金の支払いについては、必要な要件を具備しているか否かにかかわらず、使用者に支払いの義務があるのは、ことの事理から当然である。

2　労基法上の労働時間（労働時間の法的概念）

　私たちが、「労働時間」といった場合、労働者の行為の範囲およびその時間が1日あるいは1週間当たりの長さ、という2つの意味を内在している。この点、後者について、労基法32条は、1週40時間、1日8時間と定めている。問題となるのは、前者であるが、これは要するに、労基法上の労働時間とは何かということになるが、労基法は労働時間を定義した規定を置いていない。このため、例えば、始終業時刻前後の準備や後始末時間、仮眠時間、小集団活動の時間等が労基法上の労働時間といえるか否かについて争われることが少なからずあった。

　この点に関して、労基法32条は、「労働させてはならない」と述べていることに着目することで、「労働」を業務関連性、「させる」を指揮命令性（使用者による拘束性）に各々置き換えて、業務関連性と指揮命令性の2つの要素をともに具備しているときに、その時間は労基法上の労働時間に当たると判断するべきであ

る。

　また、労働時間に該当するか否かについて判断するにあたっては、就業規則や労働協約によるのではなく、実態に即して客観的に判断されるべきものであるとする考え方が確立している。そして、これらを基礎として、労働時間とは、労働者が使用者の作業上の指揮監督下にある時間のことであり、労働者が一定の場所に拘束されて待機をしているような時間（手待時間）も、実際に作業はしていなくとも労働時間である。また、参加が義務付けられている講習会に出席する時間も労働時間である。さらに、作業の前後に行う作業の段取りや準備の時間、整理の時間なども使用者の明示または黙示の指揮監督下に置かれている限りは、労働時間である。

　ちなみに、企業内に労働時間短縮推進委員会を設置し、委員の全員の合意によりその委員会で、①1カ月単位の変形労働時間制、②フレックスタイム制、③1年単位の変形労働時間制、④1週間単位の非定型変形労働時間制、⑤一斉休憩の適用除外、⑥時間外および休日の労働、⑦事業場外に関するみなし労働時間制、⑧専門業務型裁量労働制、⑨年次有給休暇の計画的付与に関して決議した場合、当該決議については労使協定とみなされ、さらに、①③④⑦⑧については、労働基準監督署長への届出を免除する労働基準法の特例がある。

第4節　労働時間管理

1　労働時間管理の意義

　労働時間管理の意義は、一般的には、①個々の社員およびその集団において、最も大きな労働の成果が期待できる労働時間の運用の仕組みをつくりあげること、②そして、その仕組み・制度を最大限に活用するよう知恵を絞る役割を担う、職

3）　安枝英訷著・川井圭司改訂『人事スタッフのためのすぐに役立つ労働法―知らないとたいへん労働法の実務〔改訂版〕』（経営書院、2004年）64頁以下参照。
4）　菅野和夫『労働法〔第9版〕』（弘文堂、2010年）286頁以下参照。
5）　この場合における集団とは、例えば、チーム（グループ）、職場、支店、支社、本社、企業全体等をいう。

場経営者による労働時間管理を実践することであるといえよう。その際、職場経営者による労働時間管理の実践にあたっては、現行の労基法や労働協約・就業規則を踏まえて、部下社員の知識・能力・技術を最大限活用することが求められることはいうまでもない。つまり、労働時間管理の意義は、次のような課題に果敢に取り組むことで、働かせ方と働き方の条件を適切・妥当に設定するとともに、職場にあっては公平で合理的・効率的な勤務操配[6]を実現することにより、管理者と社員の信頼関係を深めることである。そうした日々の地道な努力の積み重ねなどを通して、企業の業績と価値の向上に貢献することが可能となる。また、この場合において重要なのは、「経営者・管理者一体の原則」[7]の下、まず、労基法や就業規則・労使協定を積極的に遵守することである。この点、ややもすれば、消極的に遵守することによって、労働組合や労働基準監督署からの追及を免れようとするのが労働時間管理の一部であるかのような錯覚に陥りがちである。しかし、そうした姑息な認識や態度で終始すれば、社員およびその集団の成果を引き出せなくなることに留意しなければならない。ちなみに、適正・適切な労働時間管理による効用について例示しておこう。

① 労働時間の規制・制度を積極的に活用することによって、例えば、優れた人材を採用し定着させること
② 社員の業務遂行において、当該社員の能力を十分発揮でき、労働の成果が最大限具体化することに寄与できること
③ 事故・ケガの防止や心と身体の健康の維持・向上に寄与できること
④ 社員の、いわゆる「ワーク・ライフ・バランス」に寄与できること、また、このことにより社員のモチベーション向上の効果も期待できること

---

6) 勤務操配とは、不規則な勤務体制を常態とする職場等の複数の従業員を対象として、勤務配置を行ったり、当該職場の必要な勤務体制を整えたりすることをいう。例えば、鉄道、航空、その他の運輸事業などを営む現場にあっては、交替制勤務や変形制勤務休制をとっているケースが多いが、こうした職場の管理者等は、多数の従業員を対象に複数の勤務種別等を組み合わせることによって、1日の必要なメンバーを揃えたり、1カ月単位の業務遂行体制を整えたりする。
7) 経営者や人事スタッフは冷静・論理的そして大局的に考え対処できる環境と立場にあるが、職場管理者は従業員と直接的に接しているため、ややもすると、感情が入りすぎることがある。このため、部下社員が深夜まで働く姿に満足したり、感動したりしがちである。ここに、長時間労働に繋がりかねない1つの要因がある。したがって、経営者と職場管理者との関係が機能するように、経営者と職場管理者とが一枚岩になって合理的な労働時間管理が実践されることを期待しての表現である。

⑤ 職場規律や社員間の協力・協調関係の維持・向上が期待されること

なお、労働時間管理の対象は、①労働時間の長さ、②労働時間、休憩時間等の配置、③勤務形態・交替制、④休日・休暇の4つである。

2 労働時間の長さの管理

(1) 労働時間の長さの実態

既述したとおり平成9（1997）年から、週40時間制の完全実施を行ったこと、その他官民の協力体制による労働時間短縮のための様々な取組みを行ったことなどによって、現在では、1人当たりの年間労働時間が形としては、1800時間になっている。かつて、日本企業の労働時間は他の先進国と比較して、長時間労働であるといわれてきたが、最近ではアメリカやイギリスとほぼ同水準となっている。ただし、労働時間の長さについてはドイツやフランスの労働観の問題等があり、単純に比較できない事情があるとしても、有給休暇の取得率、長期休暇の取得、仕事が終了しても帰り難い職場の雰囲気、正規社員を中心とした長時間労働等の問題・課題が残されているのも事実である。

> 【参考：労基法改正】
> こうした状況下、平成20年の労基法改正では、月60時間を超える時間外労働の部分については、割増賃金が5割に引き上げられた（労基法37条1項但書。平成22年4月施行）。

このように、雇用社会の実態は、複雑・深刻の様相を呈しており、労働時間の長さに限ってみても、企業間格差や雇用形態の違いによる格差があるという傾向がみられる。さらに、一方で正規労働者の限度を超える「長時間労働」、「過労死」等の問題があり、他方では非正規労働者の「低賃金」、身分・日々の生活や人生の先行きに対する不透明感からくると思われる「不安感」や「不安定感」といったような問題が顕著になってきており、格差社会の増幅傾向を深めている。

(2) 労働時間管理の主体と責任

労働時間管理の主体と責任は、使用者にあることはいうまでもない。したがって、経営者としては、まず、自らあるいは職場経営者を通して、社員の業務遂行

の実態や職場生活の状況を把握しなければならない。

　加えて、経営者は、企業の業種業態にもよるが、多くの企業では、今や、社員がただがむしゃらに働きさえすれば業績向上に貢献できるという時代ではないことについて認識しなければならない。企業が業績を上げ、維持・発展するための源泉は、労働能力と労働意思の高さであり、社員の智恵や創造力やチーム力である。したがって、企業の経営者・職場経営者がなすべき施策としては、社員の身体・心・頭脳が健康ではつらつとした状態で出勤できるように、あるべき企業文化と職場風土・職場雰囲気をマネジメントすることである。そのための重要な施策の一環として、労働時間管理を位置づけることが求められる。この点、例えば、１週40時間という労働時間の長さは、労働諸科学による「労働時間と生産量の関係」に関する数多くの実験や調査から、労働能率によい結果をもたらす労働時間として確認されたことが妥当性の根拠として、大きく影響したといわれている。もちろん、この労働時間の長さは普遍のものではないのであって、今後とも様々の視点から考察されることになろう。経営者や人事部門のスタッフはそうした科学的考察等を考慮しながら、労働時間の長さを設定することが必要である。要するに、労働時間と生産性、労働の成果および社員の心身の健康とは大いに関係があることが明確であり、そこに、労働時間管理の意義があるということである。

　したがって、経営者は、わが国の労働時間法制の仕組みや枠組み、また、自社の業種業態、職種等を十分考慮した労働時間制度・勤務制度を設定するなど、必要な前提条件を踏まえたうえで、職場経営者を通して、適切・妥当な労働時間管理を実践すべきである。

【参考文献】
・佐藤博樹＝藤村博之＝八代充史『新しい人事労務管理〔第3版〕』（有斐閣、2007年）
・今野浩一郎＝佐藤博樹『マネジメントテキスト　人事管理入門〔第2版〕』（日本経済新聞出版社、2009年）
・水町勇一郎『労働法〔第3版〕』（有斐閣、2010年）
・菅野和夫『労働法〔第9版〕』（弘文堂、2010年）

第7章 賃金管理

第1節 賃金管理の意義

1 賃金とは何か

(1) 労基法上の賃金

　労基法11条は、賃金の定義について、「この法律で賃金とは、賃金、給料、手当、賞与その他名称の如何を問わず、労働の対償（労契法では「対価」、民法では「報酬」と各々表現する）として使用者が労働者に支払うすべてのものをいう」と規定している。この定義から、労基法上の賃金といえるためには、①使用者が労働者に支払うものであること、②労働に対する報酬（対価）であること、の2つの要件を満たしていなければならない。換言すれば、この2つの条件を具備しているならば、その名称がどのようなものであるかに関係なく、支払われるすべてのものが賃金ということになる。具体的には、次のような事例を挙げることができよう。

- 住宅貸与など実物供与の殆どは賃金とはみなされず、「福利厚生施設」に分類される。ただし、住宅貸与されていない社員とのバランスをとるために賃金を補填するような場合には、その金額を限度に賃金とみなされる。
- 業務上必要とされる、例えば、作業服の貸与や出張旅費などは賃金とはみなされない。
- 災害見舞金や結婚祝金など、任意恩恵的なものは賃金ではないとされている。ただし、あらかじめ明確に就業規則などで支給条件が定められている場合には、慶弔見舞金でも賃金とみなされる。また、あらかじめ就業等の規則で定められている退職金や限度額以上の食費補助、税金や社会保険料の補助などは賃金とみなされる。

　いずれにしても、労基法上の賃金か否かの基準は、一般に、就業規則や労働協約などで支給条件が明確になっているか否かである。それは、例えば、家族手当、

物価手当等、一見労働とは直接関係がないようなものであっても、就業規則や労働協約などで支給条件が明確になっていれば、それは賃金である。また、金銭だけでなく、現物またはその他の利益についても、前述の要件を満たせば賃金とみなされる。

(2) 企業（使用者）にとっての賃金

　社員にとって、賃金は労働力の提供に対する労働の対価である。そして、労働者にとってそれは所得の源泉であり、生活の糧となる。これに対して、企業にとって労働の対価として負担する費用、すなわち労働費用は、材料費やその他の経費と同様にコスト（費用）である。また、企業にとって、賃金はその目的（利益）を達成するための手段である。企業が社員に賃金を支払うのは、当該企業の目的、業種業態、経営理念、活動内容等からみて適性のある人材を雇用し、その能力を発揮させることによって、企業の目的を最大限達成しようと考えるからである。その際、企業としては、まず、賃金総額（付加価値[1]×労働分配率[2]）を適正にしなければならない。この場合、企業が不用意に賃金を抑制すれば、必要な人材を採用することが困難になったり、現在成果を上げている有能な社員が他社へ転職したり、あるいは労働意欲を低下させるなどの弊害が生じることになりかねない。逆に、いわゆる「ない袖は振れない」のに振ってしまっては、経営上窮地に陥ることになったり、労使関係管理上禍根を残すことになりかねない。また、賃金総額が適正であっても、賃金制度（個々の社員に対する配分のルール）とそれを基礎とした人事評価に公平・公正さが欠如しているなどの問題があれば、多くの社員に不平不満を抱かせ、社内の信頼が損なわれかねない。そのようなことになってしまっては、企業組織としての連携がスムーズに機能しなくなる。

　この点、特に近年、世界規模での企業間競争が激化する中で、高賃金のわが国の企業が置かれている経営環境の実態を考慮するとき、人件費を抑制しつつ、社員の労働能力と労働意思を維持・向上できるような賃金の支払い方を如何に工夫するかは、企業にとって極めて重要な課題の１つになっている。こうした視点か

---

1) 「付加価値」とは、経営活動によって生み出された価値であり、賃金の原資となるもので支払能力の基礎・基準となるものである。
2) 「労働分配率」とは、付加価値から賃金に分配される割合をいう。

ら考察してみても、賃金管理は企業経営管理、特にその中でも、人事管理における重要な位置・役割を担っているといえよう。

(3) 社員にとっての賃金の意味

　わが国には、現在5000万人を超える雇用労働者がいる。そして、その多くの人々は、企業から支払われる賃金によって生活を営んでいる。このことからしても、求職者や、雇用労働者にとって、月給やボーナスがいくら支払われるかは、大きな関心事である。労使交渉においても、賃金は労働時間とともに、主たる労働条件として位置づけられている。また、労働者に対して、「あなたは何のために働くのですか」と問えば、まず一番に返ってくる答えは「お金を稼ぐため」[3]ということになるだろう。つまり、社員にとって賃金は生活の糧なのである。そもそも社員にとって、お金がなければ生活は成り立たないし、人生を楽しむこともままならない。

　もちろん、賃金の上昇に伴って生活水準が向上し、今や、人々の関心は賃金だけではなくなってきていることも事実である。例えば、「生きがいあるいはやりがいのある仕事」、「専門職的仕事」、「自分の労働能力を発揮できる仕事」、「キャリア開発・形成を図ることができる仕事・働き方」、「私的生活重視の働き方」、「仕事と私的生活の調和のとれる働き方」などというような欲求が強まってきている。

　これらの欲求の背景には、要するに、生活の豊かさとそれに基づくゆとりの進展に伴って生起する人々の価値観の多様化、私的生活の重視、自己実現願望型思考等の存在がある。しかし、それらは生活の基盤となる収入が確保されていることを前提として現われる欲求であって、それが崩れれば、賃金に対する関心が再び前面に出てくることになる。したがって、賃金は、雇用労働者の基本的・不変的関心事である。

---

3) 平成16年労働白書参照。

2　社員に対する人事評価の結果としての賃金

　賃金は、社員にとって、人材評価の指標としての意味がある。そもそも、私たち人間は競争心や自己顕示欲が旺盛であり、「正当に評価されたい」、「認められたい」というような欲求がある。したがって、社員にとって、自分の職場における存在感・重要度、自分の仕事・業績に対する評価は重大な関心事である。そして、それらの評価が具体的に表れる指標の1つが賃金である。ここに、社員が賃金に関心を持つ、もう1つの理由があるわけである。加えて、社員は賃金の額自体もさることながら、むしろそれ以上に他者との比較へのこだわりにおいて関心の度合いがより高くなり、その結果は労働意思に大きく影響を及ぼすことになる。その比較の対象としては、例えば、自分自身の過去の賃金であったり、同期入社の社員、同学歴・同窓の自社あるいは他社の社員、さらには単に世間相場であったりという具合である。

　以上のとおり、賃金は労使各々の立場の違いによってその受け止め方が異なる。また、当然ながら、賃金は労働時間とともに労働条件の主たる内容であり、団体交渉における労使の最も関心の高い交渉事項である。

3　賃金管理の意義

　賃金について、労基法上の賃金、労使双方の立場から見た賃金および社員に対する人事評価の結果としての賃金に着目して各々述べた。加えて、賃金管理の目的は、当該企業にとってコストとしての賃金を適正に維持しつつ、①必要な社員を確保すること、②社員の労働能力と労働意思を高め有効に使いこなすこと、③労使関係の安定を実現すること、などにあるといってよい。

　ところで、個々の労働者と使用者は、労働契約の締結によって個別的労働関係が成立することになるが、企業（使用者）は、この労働契約に基づいて、各社員とその集団を使いこなし、最大限の業績を上げようとする。この場合、特に賃金に着目するならば、各社員が労働能力と労働意思を高め継続して働くかどうかは、①仕事の量・質などからみた賃金の適正さ、②企業内社員間の賃金の公正さ・納得性など賃金支払いに対する社員の満足度、③社会的水準からみて、賃金水準の適正さ・納得性、等に負うところが大きい[4]。他方、企業の賃金支払い能力や経営

の先行きを度外視した賃金支払いを繰り返すということになると、当該企業の経営は、早晩取り返しのつかないことになってしまう。ここに、企業の経営管理の一翼を担う人事管理の主要な役割としての賃金管理が位置づけられる。こうした重要な役割をもつ賃金管理については、例えば、①「賃金管理とは、企業で支払うべき賃金の額や制度のもつ諸機能を人事・労務管理の主要な一環として、賃金に関する諸集団の利害との調整を考慮しつつ、人事・労務管理の目的達成に役立つように管理する一連の統一的な施策である」とか、②「賃金管理とは人事労務管理システムの主要なサブ・システムとして、企業の内外環境要因の影響や規制に適応しつつ、賃金がもつ多くの内容（モジュール）を全体として組織的にとらえて、人事労務管理の目標達成に役立つように計画し運営する一連の総合的な施策である」と定義されている。

第2節 賃金額の管理

賃金管理は、大別すると、賃金額と賃金制度（賃金形態と賃金体系と賃金の支払方法）の管理および特殊賃金（賞与、退職金など）の管理とに区分できる。さらに、賃金額管理は、総額賃金（賃金総額）管理と個別賃金額管理とに分けることができる。そして、前者の総額賃金管理としては、コストとしての適正さが求められ、後者の個別賃金額管理としては、既述したように、個々の社員の賃金に対する公正さ・公平感・納得性などが求められよう。

1 賃金総額の管理

企業経営上、賃金管理の中でも肝心要となるのは、総額賃金管理である。そこで、まず、コストとしての賃金を計画的に支払うことができるかどうかという視

---

4) ちなみに、ハーズバーグ（F. Herzberg）も指摘しているように、賃金がある金額以上になるとそれ以上賃金を上げても、社員の労働意欲はそれ程高まらない傾向があるという側面についても留意する必要があろう。
5) 森五郎『人事・労務管理の知識〔新版・22版〕』（日本経済新聞社、1987年）144頁。
6) 森五郎編著・岩出博＝菊野一雄＝重里俊行著『現代日本の人事労務管理―オープン・システム思考』（有斐閣、1995年）160・161頁。

点から、当該企業における支払能力の限度について、指標などを考慮した上で見極める。こうして、適正な総額賃金を決定することによって、個々の労働者の賃金額を決定するための基礎ができることになる。

　そこで、賃金総額を適正なものにするための管理が求められるが、その算定方法としては、例えば、①「賃金総額＝付加価値×労働分配率」、②「賃金総額＝社員数（L）×生産量（O）÷社員数（L）×付加価値（V）÷生産量（O）×価格（P）×人件費（W）÷付加価値（V）×価格（P）、というような算式がある。こうして算出された「賃金総額」を叩き台として、さらに以下のような吟味を行った後に、適正な「賃金総額」を決定することができる。

　長期展望に立って、企業の維持・発展と健全性を追求するには、付加価値の手堅い伸びを実現するとともに、その動向を見極めることが重要となってこよう。そして、賃金総額を決定するには、付加価値と労働分配率が要素となる。後者の労働分配率の設定にあたっては、業種業態によっても異なってこようが、企業としては、労使による賃金交渉あるいはこれまでの実績や将来に対する見通し、さらには同業他社あるいは同規模・同地域の賃金情報なども考慮しながら主体的に判断し、適正値に近づけなければならない。このように、企業は賃金総額の決定にあたっては、まず、当該企業内部の情報、特に付加価値を基礎として労働分配率を算定することになる。

　こうして、当該企業内の論理や事情によって賃金総額が決定されるが、実はこれで最終決定されたわけではない。つまり、企業内の論理や事情だけで賃金総額を決めることは適切でないし、また、妥当ともいえないということである。したがって、企業としては、賃金総額の決定にあたっては、企業外の賃金相場などの状況についても考慮することになろう。

　すなわち、当該企業の支払能力など、企業内の論理や事情のみによって賃金総額をあらかじめ決定しておき、各社員の賃金額決定の段階において、企業外の、例えば、いわゆる「春闘」などによるベースアップや賃金相場、人事委員会の勧

7）　企業の支払能力をみる指標としては、①人件費（労働費用）＝賃金＋法定内・外福利厚生費＋教育・採用費等、②人件費＝労働分配率×付加価値、③労働生産性＝付加価値÷従業員数、などがある。

8）　森五郎編『労務管理論〔新版〕』（有斐閣、1989年）136頁等参照。

告、労働市場、インフレの状況、最低賃金法、同業他社の動向などを考慮するといった過程を経て、当該企業において適正・妥当と思われる社員個々の賃金額を最終決定する。要するに、当該企業の支払能力の限度内としながらも、賃金相場というものを可能な限り考慮するという手順・手法である。

2　個別賃金の決定

上述したとおり、賃金額は、一般に、賃金支払能力の限度を見極めながら、いわゆる「賃金決定の3要素」(①労働者の生計費、②類似労働者の賃金、③企業の賃金支払能力)に加えて、同業他社の賃金制度・賃金額、賃金相場などを参考にした上で決定される例が多い。

(1) 賃金決定の始点とその後の推移(経過)

わが国における個々の社員の賃金額は、入社時に初任給の形で決まり、その後は初任給を始点(起点)として、賃金制度に則って定期昇給とベースアップ(ゼロの場合もある)分を加算した金額、また、昇格などに伴う昇給分を加え、一定の年齢に達するまで年々積算されることになる。このように、わが国の長期間の個別賃金の推移は、一般的には、初任給に毎年の「定期昇給＋ベースアップ」分を積み上げ、さらに昇格などに伴う昇給分の金額が加算されるなどして上昇していくことになる。

(2) 賃金決定の要素

個々の社員の賃金(特に基本給)を決定する要素としては、年齢、学歴、採用形態・種別、勤続年数、経験年数、職務遂行能力、職務内容等を挙げることができよう。もちろん、これらの要素のどれに、どの程度のウエイトを置くかは、業種業態、企業の実情、労使関係などを考慮して、各企業が独自に判断し決めることになろう。

《付言-5》
　そうすると、例えば、大学卒の同期入社の者であっても、20年・30年の歳月を経て、一方が平社員、他方が部長や取締役ということにでもなれば、その賃金の格差はかなりなものになる。この点からも、基本給の類型としての職務給・年功給・職能給等、さら

に、近年取り沙汰されている「成果主義」に基づく「成果給」の支払い方を含め、どのような制度を導入するかについては、賃金支払対象者の職務等を十分考慮するなど、慎重に判断し、結論を出すべきであろう。

第3節　個別賃金と賃金制度

1　賃金制度

日本企業の労働費用の構成については、**図表7-1**（労働費用の構成）のように整理することができる。そこで、この**図表7-1**に基づき、賃金制度について概観してみよう。まず、どのような賃金制度を導入するか、例えば、定期給与の基本的部分につき、定額制をとるか出来高制をとるかを決めなければならない。定

図表7-1　労働費用の構成

労働費用総額　100			
現金給与総額 82	毎月決まって支給する給与 67	所定内給与 63	基本給　54
			諸手当　9
		所定外給与　4	
	賞与・期末手当　15		
現金給与以外の労働費用 18	退職金　6		
	法定福利費　9		
	法定外福利費　2		
	その他（募集費・教育訓練費など）　1		

注：1　表中の数値は、労働費用総額を100としたときの各要素の構成比を示している。
　　2　主要な要素の定義は以下の通りである。（a）現金給与総額〜労働契約、労働協約または就業規則によってあらかじめ定められた支給条件・算定方法によって支給される給与と、一時的または突発的理由に基づいてあらかじめ定められた契約または規則によらないで支払われた給与の総額、（b）退職金など〜退職金・企業年金の支払い・積み立てに要する費用、（c）法定福利費〜法律で定められた社会保険支払いの企業負担（厚生年金、健康保険、雇用保険、労災保険）、（d）法定外福利費〜企業独自の福利厚生に要する費用（社宅など）。
出所：今野浩一郎＝佐藤博樹『マネジメント・テキスト　人事管理入門〔第2版〕』（日本経済新聞出版社、2009年）188頁表9.1を転載。

額制をとる場合には、月給制、時間給制のいずれかを選択することになる。また、諸手当として、どのような手当を設けるか、さらには賞与・退職金制度を導入するか否かなどについては、企業の判断に任されているが、業種業態、経営の実情、労働の内容、その他の事情を十分考慮して、結論として社員の納得性や労働意欲を高める効果のあるものにしなければならない。

2 賃金形態

賃金形態とは、「賃金を労働時間に基づいて支給するか出来高で支給するかという支給基準」を意味する。それは大きく2つに分けることができるが、その1つは時間賃金であり、もう1つは業績給である。前者には、時給、日給、週給、月給、年俸などがあり、後者には、単純出来高給、保障付出来高給、団体出来高給、各種奨励給、各種割増給などがある。

3 賃金体系の意義と役割

社員の賃金は、総額賃金額を一定の基準で個々の社員に配分することによって決定されるが、この配分基準を制度化したものが賃金体系である。また、賃金体系は企業の経営方針との関係で決められるものであり、具体的には、賃金の支給形態、支給目的、支給基準によって異なってくる賃金支給項目の区分体系であるともいえよう。それは、①基本給、②諸手当て、③所定外（基準外）手当、④賞与、⑤退職金（手当）などを要素として、例えば、**図表7-2**（賃金体系の事例）のように区分・体系化できる。

ところで、賃金体系の概念は、わが国の賃金制度における独自のものであるが、その定義として、以下に例示しておこう。

① 賃金体系の意味は、形式的定義と機能的定義があるとして、まず前者については、「賃金体系とは基本給とそれを補う諸手当とから編成された複合的賃金形態である」といえると説明している。また、後者については、「賃金体系とは定例的に支払われるべき賃金の総額を、人事管理の目的に合うように各社員に配分する基準である」とされている[9]。

② 賃金体系とは、各企業で支払う賃金が如何なる要素から構成され、それらが如何に組み合わされ、また各構成要素は如何なる基準で決定されるか、ということであ

図表7-2　賃金体系の事例

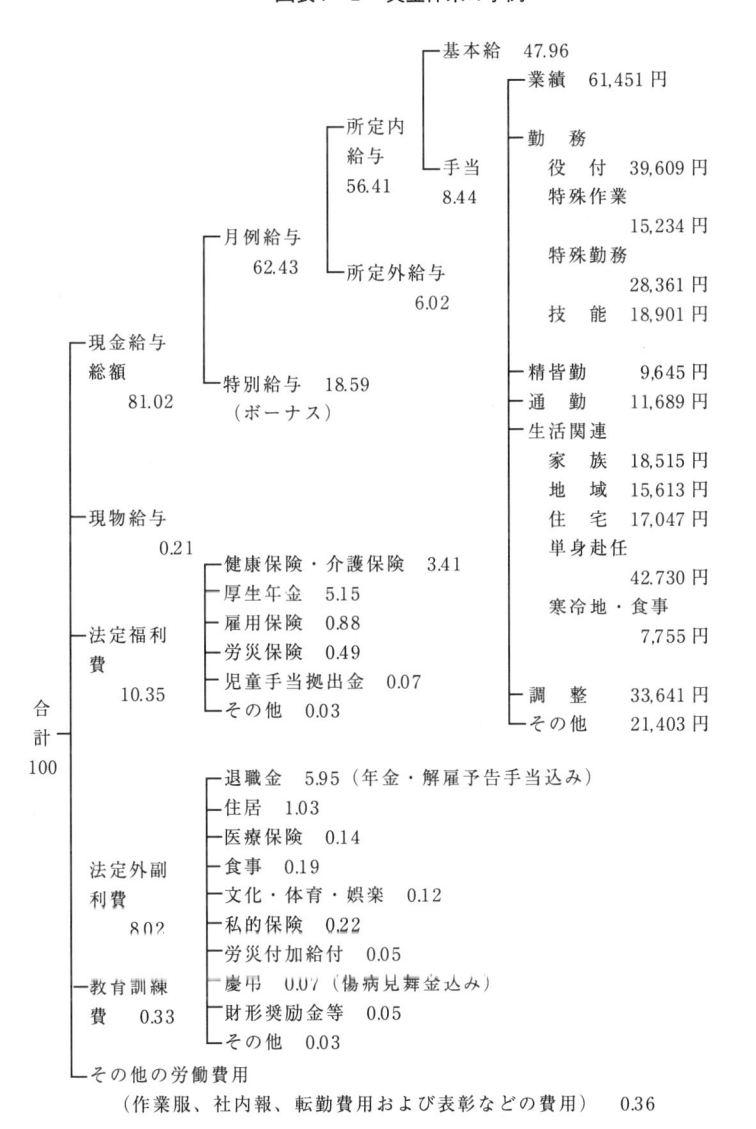

```
合計 100
├─ 現金給与総額 81.02
│    ├─ 月例給与 62.43
│    │    ├─ 所定内給与 56.41
│    │    │    ├─ 基本給 47.96
│    │    │    └─ 手当 8.44
│    │    │         ├─ 業績 61,451円
│    │    │         ├─ 勤務
│    │    │         │    役付 39,609円
│    │    │         │    特殊作業 15,234円
│    │    │         │    特殊勤務 28,361円
│    │    │         │    技能 18,901円
│    │    │         ├─ 精皆勤 9,645円
│    │    │         ├─ 通勤 11,689円
│    │    │         ├─ 生活関連
│    │    │         │    家族 18,515円
│    │    │         │    地域 15,613円
│    │    │         │    住宅 17,047円
│    │    │         │    単身赴任 42,730円
│    │    │         │    寒冷地・食事 7,755円
│    │    │         ├─ 調整 33,641円
│    │    │         └─ その他 21,403円
│    │    └─ 所定外給与 6.02
│    └─ 特別給与 18.59（ボーナス）
├─ 現物給与 0.21
├─ 法定福利費 10.35
│    ├─ 健康保険・介護保険 3.41
│    ├─ 厚生年金 5.15
│    ├─ 雇用保険 0.88
│    ├─ 労災保険 0.49
│    ├─ 児童手当拠出金 0.07
│    └─ その他 0.03
├─ 法定外副利費 8.02
│    ├─ 退職金 5.95（年金・解雇予告手当込み）
│    ├─ 住居 1.03
│    ├─ 医療保険 0.14
│    ├─ 食事 0.19
│    ├─ 文化・体育・娯楽 0.12
│    ├─ 私的保険 0.22
│    ├─ 労災付加給付 0.05
│    ├─ 慶弔 0.07（傷病見舞金込み）
│    ├─ 財形奨励金等 0.05
│    └─ その他 0.03
├─ 教育訓練費 0.33
└─ その他の労働費用
     （作業服、社内報、転勤費用および表彰などの費用） 0.36
```

出所：佐藤博樹＝藤村博之＝八代充史『新しい人事労務管理〔第3版〕』（有斐閣、2007年）108頁を転載。

いずれにしても、賃金体系とは、賃金（給与）が基本給を中心として諸手当など如何なる賃金支給項目から構成されているかという全体像を明らかにする意義と役割を果たしているといえよう。この賃金体系を図示すると、例えば、**図表7-2**のようになる。ここからイメージしてみても、労使は、当該企業の賃金体系図によって、少なくとも、現金給与の総額における、基本給をはじめとした構成要素の全体像を把握することができよう。特に経営側にとっては、さらに法定福利費、教育訓練費等の労働費用を加えれば、労働費用の全体像と各構成要素を把握することができる。こうして、労使は賃金体系よって、賃金の総額や基本給、諸手当等の構成要素の意味・重要度・問題点などについて客観的に把握することができるのである。

4　基本給の主な類型

賃金体系はいくつかの賃金形態から構成されているが、それらの中で基本給は、企業の人事管理の思想を表すものとして最も重要な位置を占めている。つまり、現金給与総額に占める金額の割合が圧倒的に高いこと、諸手当や賞与・退職金などの算定基準にもなること、その決定方法が賃金の性格を質的に規定することなどの意味からも、賃金体系の中核的・中心的な位置にあるといえよう。また、諸手当、基準外手当等は本来補完的なものであり、前提要件が満たされている場合に限って存在するものであって、その変化に伴って改廃されることが予定されているという性格をもつ。これに対して、基本給は、通常あるいは基本的には、一定の年齢に達するまでは上昇するという性格をもっている。さらに、基本給は賃金の性格を実質的に規定する中核的なものであり、昇格、昇進、賞与、退職金などの支払い手続における基準となる。そして、基本給は、総合決定給、年功給、職務給、職能給、職種給等の種類の中からどれを選択するか、あるいは別の新たな種類を設定するかによって、賃金管理の領域にとどまらず人事管理の思想に大きく影響を及ぼすことになる。そこで、基本給を構成する賃金の主な種類（類型）について言及しておこう。

---

9 ）　前掲注（6 ）・『現代日本の人事労務管理』164頁。
10）　白井泰四郎『現代日本の労務管理〔第 2 版〕』（東洋経済新報社、1992年）192頁。

(1) 職務給

　職務給を採用するには、①職務を分析して、②各職務がもつ主たる職務を、能力（知識・熟練）、負荷（精神的負荷・肉体的負荷）、責任、作業環境等について職務評価を行い、③職務分類体系をつくり、④市場賃金を適用する、という4つの要素を不可欠とする。このように、各企業が社内の全ての職務に相対的な価値づけを行い、その価値の大きさに一定の賃金をあてはめるという手法であり、各個人の職務それ自体の相対的価値を評価して賃金構造を決める。これは、要するに、職務に対する賃金の支払いということである。

(2) 職能給

　これはわが国が創出した賃金支払い方式である。職能資格に応じて資格給を定め、それを基本給の額とする。換言すると、職務を遂行する能力の質や大きさを格付し、その資格に応じて賃金を決定する方式であるということができる。この手法は、年功給の矛盾を払拭する「同一能力同一賃金」という職種別・熟練度別賃金の合理性を充足すると同時に、昇格の運用面で滞留年数を設定するなどの年功的配慮も行う方式である。基本的に、俗人的な職務遂行能力に対する賃金支払いという意味を有する。

(3) 職種給

　1960年頃まで広く欧州で適用されていた賃金類型である。大工や旋盤工など社会的に広く通用する職業や職種に対して、その技能の熟練度への賃金支払いとなる属人的な一種の仕事能力給である。

　ちなみに、以上3種類は、いずれも仕事要素によって基本給が決定されることから「仕事給」と呼ばれる。

(4) 年功給

　年功給は、わが国の企業における終身雇用制の下で、日本的な賃金形態として伝統的に成立してきたものであり、社員の年齢、学歴、勤続年数などといった俗人的な基準によって賃金を決定する賃金形態である。これには、職務遂行能力や貢献度を無視して、年齢、学歴、勤続年数などによって機械的・自動的に賃金を

決める属人給体系をとる年功給と、俗人的要素に仕事の価値とか職務遂行能力といった仕事給の要素も加味して決める総合決定給体系をとる年功給とがある。

5　諸手当

諸手当は基本給に附随し、これを補完するものとして、生活費の補充や職務遂行上の環境等の差に応じて支給されるものである。このことから、手当の種類は、生活手当（通勤手当、家族・扶養手当、住宅手当、地域・勤務地手当、単身赴任・別居手当など）、職務手当（役付手当、技能・技術手当、精皆勤手当、特殊勤務手当など）、調整手当（暫定手当、特別手当、初任給調整手当など）、法定手当（時間外手当、休日手当、深夜手当など）、に分けることができる。

6　賞与・一時金

年間賃金の約20パーセントを占める賞与・一時金は、夏季と年末の2度に分けて支給する場合が多い。こうした賞与・一時金については賃金か否かで対立する場合があるが、実態からいえば、これを賃金でないとするのは難しいように思料される。また、月例給与と比較した場合、一時金においては、個々の社員の業績が大きく考慮される傾向があり、人事考課に基づく格差も大きくなる傾向がある。

【参考文献】

- 森　五郎『労務管理論〔新版〕』（有斐閣、1989年）
- 白井泰四郎『現代日本の労務管理〔第2版〕』（東洋経済新報社、1992年）
- 森　五郎編著・岩出　博＝菊野一雄＝重里俊行著『現代日本の人事労務管理―オープン・システム思考』（有斐閣、1995年）
- 晴山俊雄『日本賃金管理史―日本的経営論序説』（文眞堂、2005年）
- 佐藤博樹＝藤村博之＝八代充史『新しい人事労務管理〔第3版〕』（有斐閣、2007年）
- 今野浩一郎＝佐藤博樹『マネジメント・テキスト　人事管理入門〔第2版〕』（日本経済新聞出版社、2009年）
- 水町勇一郎『労働法〔第3版〕』（有斐閣、2010年）
- 菅野和夫『労働法〔第9版〕』（弘文堂、2010年）

第8章　労使関係管理と労働組合

第1節　企業内（レベル）の労使関係と労使関係管理の意義

1　労使関係の意味

1-1　労使関係とは

　労使関係とは多層的であり、企業内の労使関係と企業を超えたそれの2つに大別できる。そして、それは企業（産業）活動において関わり合う個人、集団および組織間各々の関係のうち、労働者と使用者（経営者）間の社会的関係をいう[1]。ここでは、企業内の労使関係を取り上げる。それは、人事管理の枠組み、サブ・システムを構成する「労使関係管理」の対象となる労使関係を意味する[2]。

1-2　個別的労働関係と集団（団体）的労使関係

　企業内における労使関係は、個別的労働関係と集団（団体）的労使関係に分けることができる。前者は個々の労働者と使用者（企業、政府機関等）との関係をいい、両者間で交わされる労働契約によって成立する。そして、その関係が具体的に現われる場面は、通常、個別的労働関係の主たる舞台となる職場である。そこでは、社員は既定の労働条件・就業条件下で働かされるという、「従業員関係」・「労働関係」が展開される。

　後者の集団的労使関係は、使用者（経営者・企業）と労働者の集団（一般的には「労働組合」）の関係をいい、通常、その接点の「舞台」は、労使があらかじめ定めた団体交渉、労使協議、苦情処理会議等の単位として設定した「場（レベル）[3]」

---

1)　白井泰四郎『労使関係論』（日本労働協会、1980年）2頁参照。
2)　奥林康司編著『入門　人的資源管理』（中央経済社、2003年）196頁以下参照。
3)　それは、例えば、本社・本部間、支社・地方本部間、特定職能部門とそれに対応する組合の職域間に設置された労使接点の単位・レベルということになる。

である。例えば、団体交渉では、①賃金・労働時間などの労働条件や就業条件、②その他の処遇、③労使関係を展開するための基本的手続およびその運用等のルールを、労使間で交渉し決定する局面となる。そして、団体交渉に基づく労働協約は、労働契約や就業規則などを規制することになる。

労使関係管理の対象となるのは、通常・一般的には、使用者（経営者）と労働組合との関係、つまり集団（団体）的労使関係である。しかし、入社以降現在までの労働条件・その他の就業条件の更新や改変、あるいは労働関係を展開する過程において生起する利害の対立や紛争などの問題・課題の解決・調整を行う舞台は集団的労使関係だけでなく、個別的労働関係の枠組みの中で行われる場合も想定される。特に近年、「個人主義の進展」、「社員の利害の個別化傾向」、「雇用形態の多様化」などと、いわゆる「経済のサービス化」や「成果主義」、「自己申告制」、「目標管理と年俸制」等が相俟って、個別的労働関係、すなわち具体的には、上司と部下（社員）の間で労働条件、その他の処遇や働かせ方・働き方等を決定する事例が増加傾向にある。

1-3　労使関係をどうみるか

労使関係をどうみるかによって、当該企業の労使関係の展開の行方に大きな影響を与えることになろう。特に、労働組合側が「労使関係」の用語や概念を受け入れず、後述の「労資関係概念」に固執し、敵対・対決の姿勢・態度で使用者（企業・経営）側に対応するとなると、使用者側としては、現実的戦略としては多くの場合、労働法、労働協約・協定、就業規則、その他の規則やルールなどを適宜・適切・適正に適用解釈するとともに、労使関係管理を厳正・的確・慎重に展開することが基本的態度とならざるを得ないであろう。換言すれば、そうした場合の労使関係管理は、法が求める範囲内に限定した運用になってしまう事態も想定されることを意味する。

そこで、ここでは「労資関係概念」に固執する立場に立つ労働組合を対象とする場合については言及せず、労使双方が「労使関係」の用語・概念を受け入れ、

4）　菅野和夫『労働法〔第9版〕』（弘文堂、2010年）596頁、水町勇一郎『労働法〔第3版〕』（有斐閣、2010年）96頁参照。また、労基法92条1項・2項、労契法13条、労組法16条参照。

その関係を対立関係ないし補完的・協調的関係とみることを前提として、以下に述べることとしたい。

1-4　労使関係の根底に横たわる本質的対立要素と労働組合の登場

　雇用労働における雇う者（使用者・経営者）と雇われる者（労働者）の間にあっては、賃金・労働時間などの労働条件を巡る経済的な利害の本質的対立要素がその根底に内在している。つまり、雇う者は企業経営による利潤追求の動機から、「労働者を可能な限り低賃金で長時間働かせたい」との思惑をもつのに対して、労働者はできるだけ良い暮らしをしたいというような欲求や権利意識などの動機から、「できるだけ短時間労働で高賃金を得たい」と望むことになる。[5]

　加えて、そうした労働条件を巡る根本的対立の関係が存在する状況下で、しかも労働者が個別に企業と労働条件の取引交渉を行うことになれば、労使の経済的実力の格差から、どうしても労働者に不利な交渉結果となってしまう。そこに登場したのが、労働者の自発的団結集団である労働組合である。

1-5　労働組合・労使関係の影響

　労働組合は、団結力等を背景に交渉力を強め、個々の労働者に代わり団体交渉を行うことなどを通じて、彼ら（組合員）の労働条件の維持・改善を実現しようとする。もちろん、労働組合のない企業もあるし、未組織労働者の存在もある。しかし、現代社会では、労働組合が存在しない企業にあっても、労働条件等に関し、いわゆる「世間相場」を考慮しないで決定することは非現実的である。[6]したがって、多くの場合、企業側が独善・一方的に労働条件等を決定するのではなく、「使用者と労働組合の関係の中で労働条件等が決まっていく」というシステムなどを通じて形成される「世間相場」の影響を受けるということができよう。要す

5）　こうした労使双方の思惑は、一般論あるいは従来の働かせ方・働き方の場合に間違いなく該当するが、例えば、知的・創造的職務遂行の分野では、経営者・管理者の立場からみても、長時間労働を避けようとするだろう。したがって、今や、そうしたことは全ての労使関係にあてはまるわけではないとみるべき余地もあろう。

6）　労働条件その他の処遇の、いわゆる「世間相場」は、春闘、産業界の実態などの影響を受けて形成される。そして、当該企業にあっては、特に、春闘や同業他社の状況を横睨みしつつ決定するというのが一般的であろう。

るに、労働組合が存在しない企業であっても、間接的であるにせよ、集団的労使関係の影響を受けるということである。

2　労使関係管理の意義

2-1　労使関係管理の展開の必然性と目的

　上述のとおり、労使関係の根底には、労働条件等を巡る本質的対立の要素・要因が内在されている。また、労使間には、経済的格差が存在しているのも事実である。こうした労使関係の状況下にあって、労働組合が登場するに至り、その結果、使用者（経営者）と労働組合の関係が、法的背景の下で展開されることとなった。もちろん、労使が単に使用者と労働組合の関係、つまり労使関係（集団的労使関係）が存在すると認識しただけでは、何も始まらないことはいうまでもない。ここに、労働組合としては、例えば、団体交渉を申し入れ労働条件等の維持・向上を図ろうとする。

　これに対して、使用者（企業・経営者）側としても、労使関係を管理するために労使関係管理を展開する必然性が生じることになる。そして、労使関係管理を展開する使用者の狙いは、労使関係の根底に横たわる本質的な対立の要素・要因を労使双方が乗り越えて、スムーズで積極的な労働関係・従業員関係を構築することである。さらに、良好な労働関係・従業員関係を基盤として、労使が企業の目的に向かって協調することができ、その効果を上げることができるように労使関係の安定化を図ることである。

2-2　労使関係管理の意義・役割

　個別的労働関係の舞台となる職場では、雇用労働・従業関係が展開されることに伴って、社員の不平・不満が生じることが想定される。しかも、場合によっては、何らかの問題や対立・紛争が、一社員や職場にとどまらず、企業全体に波及してしまうこともある。そうした場合には速やかに問題解決を図り、労使の信頼関係を回復するとともに、むしろ、それを契機に信頼関係を深めることが労使双方にとって望ましいことである。また、労働組合としては労働者の労働条件等について、使用者と対等の立場で交渉する権限を法的に保障されているのであるから、当然にその枠組み等を通じて労働条件の維持・向上を実現するために賢明な

活動を展開することになろう。その際、労働組合としては、組合員のニーズを考慮した要求事項を掲げるとともに、使用者側との信頼関係をも維持・向上させることが、効果的に交渉を展開する上でも、あるいは企業の維持・発展を基礎とした労使関係を展望する上でも重要な課題となろう。

そもそも、労使の関係がぎくしゃくしている状況下では、企業が如何に合理的な経営管理組織を確立したり、最善の人事管理制度や手法を導入したり、適正な人事配置を実施したとしても、経営活動の積極的・効果的な遂行を期待することは難しい。こうしたことから、企業としては労使関係と社員関係・労働関係を、いわゆる「車の両輪」として機能させてこそ、日々の事業運営をスムーズに展開することができる。また、必要に応じて組織としての意思決定をスピーディー・的確に行うことができ、当該企業の有する能力や組織機能等を十分発揮できる。ここに、労使関係管理の意義が存在するといえよう。

こうした観点から、企業としては、例えば、労働関係紛争予防の一環として、①個別的労働関係と集団（団体）的労使関係の整合性に留意すること、②企業内に、紛争解決システムを設置すること、③公的紛争解決機関（行政機関・裁判所等）の解決手続などについて、内部と外部の解決システムの関連性・繋がり等に関しても検討を加え、対応方法等に関しても整備しておくことが必要となろう。ちなみに、平成13（2001）年10月、「個別労働紛争解決促進法」が成立した（平成13年法112号「個別労働関係紛争の解決の促進に関する法律」[7]）。

第2節　労働組合

1　労働組合の誕生[8]

1760年以降、世界に先駆けてイギリスに産業革命が起こり、それが世界に拡がった。ところがその後、初期の資本主義の段階における労働者の状態は、極めて悲惨なものであった。この点、例えば、エンゲルスの「イギリスにおける労働者

7）　前掲注（4）・菅野『労働法』705頁以下参照。
8）　白井泰四郎＝花見忠＝神代和欣『労働組合読本』（東洋経済新報社、1977年）3頁以下参照。

階級の状態」や「19世紀初期のフランスの労働者の状態」について研究したグラパンの指摘を引用した著書によれば、「労働時間が16時間ないし18時間（6歳から8歳の児童の場合では、14時間ないし16時間）であった」とか、「婦人労働者は分娩の時間がくるまで工場で働き、分娩後3日ないし4日後には、再び工場に舞い戻って働くという状態」であったとし、「子持ちの女子労働者は母乳を与える時間がないままに、日中子供に麻薬を与えて仕事に出かけた」という。また、「当時の労働者にとって、生きるということは、ただ死なないということにほかならなかった」という。加えて、そうした労働者の状態は、「イギリスに限られたことではなく、アメリカでも、ドイツでも、フランスでも、そしてわが国でも同じであった」という[9]。いずれにしても、現在先進国といわれるどの国でも、多かれ少なかれ、そうした労働者の実態を経てきているということである。

このように、初期の資本主義の中で、一方の極には生産手段をもつ資本家階級が、他方の極にはそれをもたない無産者階級が発生した。そうした労働者の悲惨な状態が顕在化した事由・背景には、産業革命の拡がりと、そのことによる今までに経験したことのない経済的激変・混乱、初期の資本主義の構造的欠陥、人間の欲望等が錯綜したことがあるといえよう。

こうした経過の中で、「組合は酒場から生まれた」といわれるように、過酷な労働の後、労働者は酒を酌み交わしながら怒りを露にしたり、励まし合ったり、雇主の横暴について非難するとともに、その対抗策を話し合ったりするようになっていった。そして、遂には団結して立ち上がり、集団で抗議したり、時には暴力に訴えて機械壊し運動を展開するといった挙に出ることもあった。こうしたことから、雇主等の働きかけにより「団結禁止法」が立法され、それを根拠に検挙されるような事態に追い込まれることもあった。しかし、そうした仲間との団結の意義を感得した労働者たちは、その後も、「これは仲間のためにも何とかしなければならないという他者を思いやる心と勇気と行動力[10]」を失うことはなっかた。それどころか、彼らは勇気を振り絞って立ち上がり行動することを通して、

---

9) 外尾健一『労働法入門〔再版〕』（有斐閣、1973年）10頁以下参照。
10) ここに本来の労働運動の原点があるといってよい。この点、共産主義革命運動家たちはその手段として労働運動を位置づけ利用したが、そうした労働運動は革命闘争に利用され加担したのであって、労働運動の原点といえるものではないのはいうまでもない。

次第に効果的な団結と活動の術を体得することとなり、さらに効果的団結と行動を重ねていくようになった。そして、やがて彼らの団結と行動による影響力は資本家・雇主側も無視できないほどのものとなり、例えば、イギリスでは雇主の中にも進歩的思想をもつ者も現れ、議会工作を行うなどの動きもあって、ついに1824年、「団結禁止法」が廃止となった。その後も約半世紀にわたって紆余曲折があったものの、労働者が「団結することの意義」を実感したということの意味は大きかった。[11]

2　わが国における労働組合の法的地位・立場

　労働法は、労働者が経済的・社会的に使用者に対して弱い立場にあるという、一般論あるいは通常における実態を直視し、一方では第1の柱として、労働時間や賃金などの労働条件の最低基準を法定する。つまり、国家が個別的労働関係に直接関与・規制することによって労働者を保護する。他方では第2の柱として、団体交渉権を中心とした労働三権の保障や、労働委員会を設置するなど行政による関与あるいは支援を展開する。つまり、労働者が自主的に団結し、団結団体の力で彼らの抱えるハンディキャップを自ら克服するための前提条件・枠組みの設定や必要な援助などである。そして、法的措置としては、労働関係における市民法の修正である。すなわち、その結果として現れたものは、前者が労基法等の労働保護法であり、後者が労組法や労働関係調整法（以下「労調法」という）等である。[12]

　こうして労働組合は、社会的に一定の影響力を有する公認の団結団体として位置づけられるようになった。そこで、労働組合の法的地位・立場について労組法は、雇用社会における個々の労働者と使用者（会社）の力関係の実態を考慮して、その1条1項において、「この法律は、労働者が使用者との交渉において対等の立場に立つことを促進することにより労働者の地位を向上させること、労働者がその労働条件について交渉するために自ら代表者を選出することその他の団体行動を行うために自主的に労働組合を組織し、団結することを擁護すること並びに

---

11)　前掲注(8)『労働組合読本』47頁以下参照。
12)　前掲注(4)・菅野『労働法』1・2頁および503頁以下、拙著『鉄道会社の労働法と職場経営論』（東洋館、1998年）2頁以下参照。

使用者と労働者との関係を規制する労働協約を締結するための団体交渉をすること及びその手続を助成することを目的とする」と定め、その目的を明らかにしている。また、2条では、「この法律で『労働組合』とは、労働者が主体となって自主的に労働条件の維持改善その他経済的地位の向上を図ることを主たる目的として組織する団体又はその連合団体をいう。但し、左の各号の1つに該当するものは、この限りでない」として、「一　役員、雇入解雇昇進又は異動に関して直接の権限を持つ監督的地位にある労働者、使用者の労働関係についての計画と方針とに関する機密の事項に接し、そのためにその職務上の義務と責任とが当該労働組合の組合員としての誠意と責任とに直接に抵触する監督的地位にある労働者その他使用者の利益を代表する者の参加を許すもの　二　団体の運営のための経費の支出につき使用者の経理上の援助を受けるもの。但し、労働者が労働時間中に時間又は賃金を失うことなく使用者と協議し、又は交渉することを使用者が許すことを妨げるものではなく、且つ、厚生資金又は経済上の不幸若しくは災厄を防止し、若しくは救済するための支出に実際に用いられる福利その他の基金に対する使用者の寄附及び最小限の広さの事務所の供与を除くものとする。三　共済事業その他の福利事業のみを目的とするもの　四　主として政治運動又は社会運動を目的とするもの」の場合は、労組法上の労働組合ではないと規定している。さらに加えて、同法は、刑事免責（1条2項）、民事免責（8条）、不当労働行為救済制度（7条、27条）、労働協約の規範的効力（16条）、不当労働行為の救済機関としての労働委員会の設置（19条）等を規定し、労働組合に対して団体交渉の助成のために積極的な保護を行っている。

　こうしたことから理解されるように、労組法の基本的態度は団体交渉重視であり、争議行為その他の団体行動を保障したり各種保護を行っているのも、団体交渉を有利に展開し、労働協約を締結することを期待するからにほかならない。したがって、使用者は労働組合の結成や活動を妨害したり、正当な理由なく団体交渉を拒否したりすることができない。このように、わが国の労働法制は、労働者の団結（組合の結成・運営）と争議行為を保障し、労働協約にその効力を付与するとともに、使用者に対し団体交渉の席に着いて誠実に交渉する義務を課している。また労組法は、労働組合に対して団体交渉の促進を中心とした一定範囲の自主的活動を可能とするための法的根拠を与えている。こうした枠組みの舞台装置

を設定したのは、労働組合が集団主義に基づく団結体として自力で使用者と交渉することの方が、個々の労働者が使用者と個別に交渉するよりも、労使対等の関係を実現できるとの確信による。

さらに、労調法は、労組法と相俟って、①労働関係の公正な調整を図ること、②労働争議を予防しまたは解決して産業の平和を維持すること、③もって経済の興隆に寄与することを目的としている（1条）。そして、労調法は、①労働争議の予防・解決のための斡旋（10条以下）・調停（17条以下）・仲裁（29条以下）、②内閣総理大臣による争議行為に対する緊急調整（35条の2）、③安全保持のための争議行為の禁止（36条）、④公益事業の争議行為の予告（37条）等について定めている。[13]

3　わが国の労働組合の特徴

わが国の労働組合側の陣容としては、実際には、様々な組織形態の労働組合が併存しているが、そのほとんどは「企業別労働組合」である（組合数で90％以上、組合員数で80％以上）。そして、産業別段階の労働組合組織としては、この企業別労働組合を単位組合として、産業別労働組合（「産別」と呼ばれる）があり、全国段階では「ナショナルセンター」がある。

3-1　企業別（内）労働組合

企業別労働組合は、例えば、企業が全国規模であるようなケースでは、本社に対応する本部があり、その下部機関として、支社等の企業組織に対応する「地方本部（地本）」、地域や職域（職能）に対応する「支部」、さらに事業所に「分会」などを置くというような場合がある。

わが国の労働組合の特徴は、第1に、そもそも欧米では、ブルーカラーとホワイトカラー（あるいはウエッジ・クラスとサラリー・クラス）は別組織となるのが通常であるのに対して、わが国の場合は、そうした一切の区別はなく、いわゆる「工職混合組合」である。第2に、企業別労働組合は、通常、当該企業の正規社員をもって構成されるとともに、その組合員の中から民主的に選ばれた者が役員

---

[13]　「公益事業については抜打ストを禁じて、公衆の利益を保護せんとするものであり争議行為の予告は、公益に衆知されなければならない」（昭27・8・1労発第133号労政局長発各都道府県知事宛）等の解釈例規を参照。

に就任するという、いわゆる「在籍役員」というのが一般的である。[14] したがって、臨時工、パートタイマー、契約社員、派遣社員等の非正規社員は、原則として組合員になれない。また、当該企業を退職または解雇されるなどして、社員の身分を失った場合には組合員の資格も失うことになる。第3に、企業別組合は、その意思決定や活動に関して、上部団体である産業別組合やナショナルセンターからなんらかの要請を受けることはあっても、組織統制を受けることはなく、自治権が確立されている。第4に、わが国では、労働組合の基本的な組織形態が企業別組合であり、個別企業内の労使関係に関する諸決定は、いわゆる「労使自治の原則」が機能しており、ほとんど外部組織からの介入や統制を受けることなく行われる。第5に、ユニオン・ショップ制を導入している場合には、正規社員であれば、強制的に組合に加入しなければならない。第6に、団体交渉は、通常、当該企業とそれに対応する企業別組合との間で行われる。この点でも、産業別ないし職能別の全国交渉または地域別交渉が中心になっている欧米とは異なっている。つまり、日本の団体交渉では、外部の人間が直接交渉に加わることは殆どないということである。[15] 第7に、1つの企業に複数の組合が併存することが多く、いわゆる「一企業一組合」になかなかなれず、ナショナルセンターについても同様の実態がある。

　こうした特徴をもつ企業別労働組合の役割は、会社との交渉や協議、情宣活動、組織拡大、組織内の意思決定、組合費の徴収・管理等の権限と責任をもって執行

---

14) ただし、かつての国鉄等の場合、スト権（団体行動権）が禁止されていた（公共企業体等労働関係法17条）が、いわゆる「国労」・「動労」は繰り返し違法ストを強行した。これに伴って、国労・動労は解雇された組合役員等を組合の書記や専従役員（いわゆる「首なし専従」と呼ばれた）として雇用した。また、それとは別に、労働組合本部や地方本部のプロパーの書記として大学卒を採用し、後に役員として選出されるというようなケースも散見された。こうした歴史的経緯から現在でも、企業に在籍していない、いわゆる「プロパー役員」や「プロパーの組合職員」の存在も認められる。こうしたことは、オープン・ショップ制や尻抜けユニオンの場合に起こるが、その場合、彼ら（プロパー役員等）が特殊な思想的・政治的使命を帯びて労働組合に送り込まれ、その勢力が組合を牛耳ることとなり、さらには企業経営を左右する存在になることも想定される。そういう視点では、組合員および組合役員を正規従業員に限定するという、ユニオン・ショップ制における、いわゆる「逆締めつけ条項」は、リスク・マネジメントの一環として、労使の1つの検討課題になり得よう。

15) 前掲注（8）・『労働組合読本』170頁以下参照。加えて、このような特徴をもつ結果、日本における団交は相互の事情を尊重するとともに、不要な対立・争い・混乱を避けることを配慮するという、そうした労使協調的な過程を踏む1つの大きな要素・要因となっているといえよう。

し、組合員の労働条件、経済的・社会的地位、生活の質の維持・向上その他労働組合としての社会的責任を果たすための諸運動や活動を展開することにある。

3-2 連合団体

　労働者個人が構成員となっている労働組合を「単位組合」といい、労働組合が構成員となっている労働組合を「連合団体」という。前者の単位組合は、地本や分会をもたない組合（その場合は「単位組織組合」という）と、地本や分会などの下部組織をもつ組合（単一組織組合という）に分けることができる。そして、それらの下部組織は独立の機能を有し、各々１つの組合として位置づけられる（それは「単位扱組合」と呼ばれる）。

　また、単一組合と呼ばれる労働組合が存在するが、単一組合とは、上記の単位組織組合および地本・分会などの下部組織をもつ単一組織組合を、それぞれ組合としてとらえた場合をいう。これには、産業別等に組織され単位組織組合に近い実態を備えているケースもあれば、連合団体に近い実態を有する組合もあり、様々である。

　ところで、労組法上の労働組合であるためには、社団としての実態を具備し、独自の活動を成し得るものでなければならず、そうした要件を具備している組合組織であれば、その地本、分会等は労組法上の労働組合と解すべきであるから、その本部である単一組合は、労組法上は、連合団体とみるべきであろう。[16] つまり、例えば、組合本部の統制下にある地本や分会が、それ自体独立した団体としての組織を有し、代表者の選出方法、財産の管理等、団体としての主要な点についての定めがあり、かつ権利能力なき社団としての実態を有し独自の活動を成し得るのであれば、必要に応じて、本部とは別個の労組法上の労働組合として活動できることとなる。

3-2-1　産業別労働組合（「産別」）

　欧米には、「１つの産業に１つの労働組合」という原則があるが、これに基づ

---

16)　前掲注(12)・『鉄道会社の労働法と職場経営論』７頁以下参照。

き結成されるのが産業別・職業別あるいは職種別組合である。[17]

　日本でも、この産業別組合の形態をとっている組合がある。ただし、日本の産業別組合の場合は、産業別に企業別労働組合が連合した組織で、企業別労働組合の上部団体（連合団体）である。また、それは産業別単一組合（「単産」）と呼ばれる。そして、産別組織の主な役割は、企業レベルで行われた賃金交渉などに関する指導・援助、情報センター的機能、組織拡大・組合教育等である。その他の役割としては、メンバー組合（単位組合）等に対する必要な支援活動などがある。それらの中でも代表的役割は、いわゆる「春闘」[18]の旗振り役であるといえよう。この産別組織の具体例としては、自動車総連、鉄鋼労連、電機連合、ゼンセン同盟、JR連合、私鉄総連などがある。

　ちなみに、これとは別に、個々の企業別労働組合が企業グループ・企業レベルの連合体を形成している場合も散見される。

3-2-2　ナショナルセンター

　全国段階・全国レベルの労働組合は「ナショナルセンター」と呼ばれ、日本全国に存在する労働組合の連帯の中核的組織である。その役割は、例えば、国レベルでの政策や制度の企画・立案と、それらの実現要求・推進活動である。また、春闘その他集団主義の下に、労働組合が統一・連携して取り組むべき運動を創造し、率先垂範したり、メンバーの労働組合等からの要請に応えたり、あるいは積極的に支援・指導・援助を行うなどの活動を適宜・適切に展開することである。

　ナショナルセンターとしては、現在、日本労働組合連合会（「連合」）、全国労働組合連絡協議会（「全労協」）および全国労働組合総連合（「全労連」）がある。ナショナルセンターのこうした取組みが基礎・基盤となって、企業別組合および産業別組合独自の活動・取組みがしやすくなり、その効果が高まることに繋がる。

---

[17]　服部治＝谷内篤博編『人的資源管理要論』（晃洋書房、2000年）198頁以下参照。なお、アメリカの産業別組合の例としては、全米自動車労組（UAW）、全米鉱業労組（UMW）、全米鉄鋼労組（USW）、国際機械工労組（IAM）、全米ホテル・レストラン労組（HERE）などがある。

[18]　春闘は、昭和30（1955）年から始まり、企業別組合の交渉能力の限界を補うとともに、同一産業内の賃金の足並みを揃えて要求を勝ち取ろうと目論んだ戦略の一環であるといえるものである。

3-3 その他の労働組合

前述した以外にも、近年、一定の地域内の様々な分野や職種に就いている人々が組合員となって結集できる「一般合同労組」、また2つ以上の企業の社員が結集する「合同労組」、さらにリストラなどによって解雇された元管理職の人々が結集して立ち上げた、いわゆる「管理職組合」も登場した。

4 ショップ制と組合員の範囲

労働組合としての交渉力を左右するのは、交渉委員の交渉能力に負うところも大きいが、決定的力の源泉は何といっても組織力、つまり組合員数である。そして、それに強い影響力を与える要素がショップ制と組合員の範囲である。以下に、ショップ制と組合の範囲について言及しておこう。

(1) ショップ制[19]

わが国の場合は、ショップ制の形態として、労働組合に加入するか否かはどの時点でも当人の自由、つまり社員の地位獲得と組合員資格の有無が無関係なオープン・ショップ制と、組合員であることは雇用の前提ではないが、入社後、社員としての地位を保つためには組合員でなければならないとするユニオン・ショップ制の、2つの形態がある。さらに、ユニオン・ショップ制には、「使用者は組合からの離脱者・除名者を解雇する義務を負う」とする「完全ユニオン」[20]と、そこまでは義務付けない、いわゆる「尻抜けユニオン」がある。これは、使用者に対する義務付けであるが、逆に、多くのユニオン・ショップ条項は、組合員を正規社員に限定するという、いわば「逆締めつけ条項」を伴っている場合が多い。加えて、わが国にはほとんどみられないが、労働組合員であることを雇い入れの条件とする「クローズド・ショップ」という形態もある。

---

[19] 前掲注(4)・菅野『労働法』528頁以下、白井泰四郎『現代日本の労務管理〔第2版〕』(東洋経済新報社、1992年) 239頁以下、前掲注(12)・『鉄道会社の労働法と職場経営論』28頁以下参照。
[20] 前掲注(4)・水町『労働法』332頁以下参照。

(2) 組合員の範囲

労組法2条は労働組合について定義しているが、その但書で「……監督的地位にある労働者その他使用者の利益を代表する者の参加を許すもの」(同1号)、「団体の運営のための経費の支出につき使用者の経理上の援助を受けるもの」(同2号)、「共済事業その他福利事業のみを目的とするもの」(同3号)、「主として政治運動又は社会運動を目的とするもの」(同4号)のいずれか1つに該当するものは「この限りでない」と規定している。これらの但書のうち、組合員の範囲に鑑みて問題となるのは、但書1号である。これは、使用者の利益代表者の組合加入を禁止するものである。つまり、経営側の立場に立つ者の加入を許している労働組合は、労組法が規定する法的保護が受けられないことになる。[21]

この労組法2条但書1号は、「役員、雇入解雇昇進又は異動に関して直接の権限を持つ監督的地位にある労働者、使用者の労働関係についての計画と方針とに関する機密の事項に接し、そのためにその職務上の義務と責任とが当該労働組合の組合員としての誠意と責任とに直接にてい触する監督的地位にある労働者その他使用者の利益を代表する者の参加を許すもの」、と規定している。この但書の中でも特に留意あるいは注目すべきは、「その職務を責任もって誠実に遂行すること」と「労働組合の組合員としての誠意と責任」との間に相反するものがあるか否か、あるいは両立するか否かである。その趣旨は、使用者の干渉あるいは介入を排除し、労働組合の自主性を確保しようとする点にある。したがって、使用者の利益を代表する者に該当するか否かは、上記の観点から、その者の権限、職務内容(例えば、採用、解雇、昇進・昇格、異動、その他労働関係の方針や計画などに関する機密事項に接する立場にあるか否か、またそれらの程度)等を、当該事業の性格等に即して実質的に判断されるべきものである。[22] もちろん、組合員の範囲については、基本的には、こうした法の趣旨を前提として、労働組合が自主的に決めるべきものであることはいうまでもない。

---

21) 法的保護としては、刑事免責(労組法1条2項)、民事免責(同8条)、法人格の取得(同11条)、不当労働行為の救済(同7条・27条以下)、労働協約の規範的効力(16条)などがある。

22) 柄谷工務店労働関係不存在確認等請求控訴事件—大阪高判昭60・3・19労判454号48頁参照。

5　わが国の労働運動・労働組合の活性化

　労働組合が、組織率の低下・組合員の絶対数の減少あるいは求心力の衰えなど、多くの面で衰退傾向にあるという指摘は否定できない現実であろう[23]。もちろん、こうした現状について、組合側も手をこまねいてきたわけではない。厳しい労働組合の状況から抜け出そうと躍起になっていることは、例えば、全民労協を経て連合への統合を果たした実績、平成15（2003）年の連合定期大会で決定された『運動方針』やUIゼンセン同盟、損保労連、JAM等の組織拡大の取組みからも十分窺い知ることができる。それら以外でも、例えば、労働組合「連合」のシンクタンクとして、昭和62（1987）年に連合総合生活開発研究所（「連合総研」）を設立し、研究者を交えて労働組合の活性化のための検討作業を行うとともに、平成17（2005）年には、その成果を中村圭介＝連合総研編『衰退か再生か―労働組合活性化への道』として勁草書房から出版したこと、UIゼンセンが非正規社員の組織化をクラフトユニオン、ゼネラルユニオンという新しい組織形態の下で進め、大きな成果を上げていること、また、損保労連が業界再編に対応しながら、関連企業の組織化を進め、そのことによって損保業界の健全な発展の一翼を担おうとしていることも事実である[24]。

　一方、わが国の雇用社会の今日的状況等を分析・概観すると、労働運動・労働組合の必要性は、むしろ、高まってきているといえる。そして、その再生の可能性がないわけではない。ただし、従来型の労働運動・組合活動では、この課題の克服は困難であると判断せざるを得ない。そこで、不規則的ではあるが、戦後の労働運動史・組合活動の経緯や問題点を踏まえつつ、本書としての着目点・切り口から、労働運動・労働組合再生のための課題とその克服のヒントなどについて述べてみることとしたい。

---

[23]　中村圭介＝連合総合生活開発研究所編『衰退か再生か―労働組合活性化への道』（勁草書房、2005年）、都留康『労使関係のノンユニオン化―ミクロ的・制度的分析』（東洋経済新報社、2002年）51頁等参照。

[24]　前掲注(23)・『衰退か再生か―労働組合活性化への道』217頁以下参照。

5-1　戦後労働運動の経緯の概要

　わが国の戦後の労働運動は、特異な背景と事情の下に消長・変遷してきたといってよい。それは、①アメリカのマッカーサー元帥を総司令長官とする連合軍総司令部（GHQ）の占領政策の一環として開始されたものであること、②最初のナショナルセンターは、GHQの肝煎りで発足した、共産党主導の「産別会議」であったこと、③したがって、自国の歴史、文化・伝統、価値観等に立脚し、自らの意思に基づき団結して立ち上った労働組合組織ではないこと、④そこには占領政策の一環としての労働組合育成の思惑・目的、その他の政策等があり、その都合や世界情勢によって労働運動の潮流が変転したこと、⑤その後、次第に占領政策の目的・力点が、日本の戦前体制の解体からアメリカの世界戦略優先へシフトし、労働政策も変容・変転するという事態になっていったこと、⑥GHQの労働政策の一環として発足した、共産党主導の「産別会議」（戦後最初のナショナルセンター）後のナショナルセンターで、親米反ソの日本労働組合総評議会（「総評」）は、「講和条約・日米安全保障条約」の締結後、反転して反米親ソに転じるとともに、ソ連や中国の共産主義国家に傾倒していったこと、⑦その結果、国内にあっては泥沼の労使関係や「労々関係」が激化するなど、ますます憎しみと敵愾心を伴った労働運動・労使関係が展開されたこと、⑧その後、泥沼の労使関係からの脱出や企業倒産の防止などを目的として、昭和30年前後に、トヨタ、松下など民間企業の労働組合内部にあっては、いわゆる「民主化闘争」を繰り広げたこと、⑨そして、その成果を上げた多数派と当該企業との間で、いわゆる「労使共同宣言[26]」を締結するなどして労使協調を目指す動きが活発化したこと、⑩他方、官公労は引き続き「労資関係概念」を標榜する激しい闘争を繰り返し行うとともに、労々間の対決、特に、労使協調路線を標榜する他の組合の組合員に対して暴力を含めたいじめや嫌がらせを執拗に行ったこと、⑪その後、昭和57（1982）年12月14日、民間労働組合を中心とした労働戦線の統一を目指して、全日本民間労働組合協議会（「全民労協」）を発足させ現在の「連合」に至っていること、などについて特記することができる。しかし、付言すれば、「全民労協」を発足させ

---

25)　大場鐘作『戦後・日本労働運動小史』（日本生産性本部労働資料センター、1979年）101頁以下参照。

26)　前掲注(12)・『鉄道会社の労働法と職場経営論』89頁参照。

た有意の労働運動のリーダー諸氏をはじめとした多くの人々が目指した労働運動の統一の実現には、未だ至っていないといわざるを得ない。

以上を念頭に置きながら、ここでは、労働組合、組合員、勤労者等を取り巻く現状と、問題・課題と克服のための一端について言及することとしたい。

> 【参考：全日本民間労働組合協議会（全民労協）】
>
> 　昭和53（1978）年ころから、総評、同盟、中立労連および新産別に分かれていた労働4団体を統一するという、いわゆる「労働戦線統一」の動きが社会党右派系と民社党系を中心に活発になった。その流れの中で、まず、民間労組の統一を先行させるべきだという主張が強く出され、その準備が進められた。そして、昭和56（1981）年、その具体的な動きとして「統一推進会」が「基本構想」をまとめ、同年12月には「統一準備会」が発足した。こうして、昭和57（1982）年12月14日、41単産420万人が参加し、全日本民間労働組合協議会（略称「全民労協」という）が結成された。
>
> 　全民労協の性格と目的は、「共同行動を推進するための緩やかな協議体とし、相互信頼の上に立って、民間労働組合に共通する要求の実現と課題の改善に努め、労働戦線統一の拡大・充実を促進し、労働者の経済、社会、政治等の各面における地位の向上を図る」（全民労協運営要領）とした。その構成は、原則として、産別組織を参加単位としている。なお、発足時の議長は樫山利文（電機労連）、事務局長は山田精吾（ゼンセン同盟）であった。
>
> 　その後、昭和62（1987）年に全日本民間労働組合連合会として発展的解消をし、現在は日本労働組合総連合会（連合）となる。

5-2　労働組合・雇用社会を取り巻く現状

5-2-1　労働組合の現状

　わが国の労働組合は、憲法自体が労働三権保障の枠組みを条文化し設定するという、諸外国に類例のない形・扱いを受けるとともに、その趣旨を受けてこれを具体化するため、労組法等の手厚い保護下にある。しかし、その当事者である労働組合の現状は、組織率の低下と組合員の絶対数の減少、組合効果・求心力や社会的影響力等、多くの面で減少・衰退傾向にあるといわれている[27]。例えば、組織[28]

---

27)　前掲注(23)・『衰退か再生か─労働組合活性化への道』総論（3頁以下）・第1章（27頁以下）参照。

率については、平成6 (1994) 年に日本の労働組合員数は戦後最高の約1270万人に達し、組織率24.1％となったが、その9年後の平成15 (2003) 年度労働組合基礎調査によると、組合員数1053万人、組織率19.6％とついに20％を割ってしまった。さらに、平成21 (2009) 年では組合員数約1007万人、組織率18.5％となっている。こうした労働組合の組織率や組合員数の推移をみると、労働組合は、確かにその衰退の兆候を読み取ることができよう。その理由としては、①大企業中心に行われている、いわゆる「スリム化」、②雇用形態の多様化、③業務の外注化、④非正規社員の活用、⑤企業別労働組合であること、⑥企業別労働組合の組合員資格が正規社員に限定されていること、などが挙げられている。

5-2-2 雇用社会等の現状

他方、雇用社会の現状はというと、例えば、パート労働者、アルバイト、各種契約社員、派遣労働者など「雇用形態の多様化」、「成果主義に基づく人事制度の導入」、いわゆる「リストラ」、「長時間労働と過労死」、「メンタルヘルス」、「IT機器を巡る各種弊害」、「職場における人間関係の希薄化現象」、「企業再編の多発に伴う労働関係に関する問題」、「格差社会の拡大」などを巡る深刻な問題・課題が山積している。加えて、わが国は、「なぜか満たされない気持ちで悶々としている人々が極めて多い」とか、「自殺者の人数が1年間で3万人を超えるという深刻な社会的問題がこの13年間連続している」といった難問題を抱えている。つまり、雇用社会と国民・勤労者など多くの人々は、今、そうした現状を打破あるいは是正・改善してくれる救世主が現われることを待ち望んでいるということである。しかも、そうした問題の発生およびそのメカニズムと、今日的雇用労働、労働関係、職場環境等との間には何らかの因果関係があるとみられる。したがって、それらの問題・課題は、企業・職場の労働環境、人間関係、人事制度を含む労働関係等を変革すること、あるいは労働法を再考・改変することなどによって、抜本的に改革・改善できる余地がある。要するに、労働組合こそが、それらの難

---

28) 同上等参照。
29) 平成21年労働組合基礎調査参照。
30) にもかかわらず、争議行為が減っている（厚生労働省「平成20年度労働争議統計調査」）が、このことはある意味で労働運動・労働組合の社会的存在意義が問われるのではないか、それともほかに労働組合として何か高邁な考えと理由があってのことなのか疑問である。

題に立ち向かうべき使命と責任と能力をもっているということである。

5-3　労働運動、労働組合の活性化・再生のための留意点と着眼点
(1)　経営者・管理者の労働組合に対する意識の動向

　労働組合の活性化のための方策を考察しようとするのに、なぜ経営者・管理者の労働組合に対する意識の動向について言及するのかということであるが、ここでは、常識的・一般論的視点から次の1点に絞って述べておこう。要するに、経営者・管理者は、労働者の労働条件、労働環境、職場生活、職業人生、家族生活等に影響を及ぼす存在あるいは立場にあるとともに、同じ企業組織の構成員でもある。また、労働組合にとって、経営者・管理者は労働条件・労働関係・経営の方向性などに関して、交渉したり協議や意見交換を行ったりする相手でもある。そうだとするならば、労働組合の問題・課題について明らかにし、それらを打開する一環として、経営者・管理者の労働組合に対する意識の動向についても把握しようとするのは当然ということである。

　さて、一口に経営者・管理者といっても区々である。また、企業および労働組合の事情、形態、方向性あるいは労使関係の実態なども、彼らの意識の動向に影響を及ぼすであろう。さらには、労働者側の出方次第という側面があることも否定できない。したがって、このテーマについて一律・一概に断定することは適切・妥当でないと思われる。そこで、ここでは、先行研究および筆者の経験論・経験則[31]から、経営者・管理者の労働組合に対する意識の動向について探ってみたい。

　まず第1に、既述したような、戦後のわが国における特異な労働運動の出発と歴史的経緯がある[32]。また、労資関係概念に固執した労働運動・労働組合と遭遇して様々な体験をしたり、労働組合の猛威により企業倒産に追い込まれたり、というような経営者・管理者が存在する。さらに、著書、研修、疑似体験、見聞等により、労働組合に対して負のイメージをもっている経営者・管理者も少なからず

---

31) 国鉄労働組合編『国鉄マル生闘争』（労働旬報社、1979年）、同編『国鉄労働組合40年史』（労働旬報社、1986年）、沼田稲次郎『労働運動の権利』（法律文化社、1972年）、同『団結権擁護論』（勁草書房、1952年）、前掲注(1)・『労使関係論』、前掲注(23)・『衰退か再生か―労働組合活性化への道』参照。
32) 前掲注(25)・『戦後・日本労働運動小史』5～7頁、17～20頁、28～41頁等参照。

存在する。そして、そのような体験等をもつ経営者・管理者の中には、未だにそれらを払拭できず、労働運動・労働組合に対して嫌悪感をもつ者が存在していることも否定できない。

第2に、そうした辛い経験から多くのことを学び、そして、「信頼を基調とした労使関係を重視し実践しなければならない」と確信するに至った経営者・管理者もかなりの割合で存在するはずである。

第3に、労働組合の存在は、経営者・管理者が必要・適度な緊張感を維持し、気概をもって経営・管理に挑戦し続けようとするための1つの源泉である。また、労働組合の存在は経営側にとっても、人事戦略上ばかりでなく、経営全般の視点からも、ないがしろにできない貴重な情報源である。したがって、経営者・管理者は、労使関係における各種接点を活用するなどして、節度ある労使のコミュニケーションを図るべきだろう。その視点からも、「人事管理の執行（運用）体制」の機能を十分果たせるように、人事部門長は常日頃からその体制の点検をしておくことが必要である。事実、このように労働組合を位置づけるとともに、労使関係管理の遂行を実践しているトップマネジメントらは存在する。

第4に、トップ経営者らは、いわば「裸の王様」にならないためにも、経営者・管理者・一般社員の意見等に耳を傾けるなどして、人事管理の執行（運用）体制を強化するとともに、この三者間の意思疎通を図ることが必要である。特に、一般社員の企業に対する不平・不満も含めた、率直な提言・提案等の情報を入手することが重要になる。その意味でも職制から離れた別組織である労働組合は、質の高い貴重な情報を得るために欠かせない存在といえる。しかも、当該企業に

---

33) 逆に、労働者・組合員の中には、19世紀初期のフランスの労働者について研究した、グラパンの指摘、エンゲルスの『イギリスにおける労働者階級の状態』、『女工哀史』、『蟹工船』等を読んで影響を受けた人々も存在しよう。また、共産党、社会党、向坂派（戦後、社会主義協会を創設・日本社会党左派に強い影響を与えるとともに、九州大学教授であった）、新左翼系（革マル、中核、革労協等）等は、労働運動・労働組合に介在し、いわゆる「内ゲバ」や分裂・葛藤などの混乱状態を増幅させた。労働組合の中には労働学校を常設し、マルクス・レーニン思想、政治思想の派閥に所属あるいは傾倒する高名な大学教授・弁護士等を招聘し、組合員とそのリーダーの育成を図った。したがって、この労働学校を終了し、益々過激な組合員・リーダーに転じる者が多数存在した。精鋭化した彼らの中には、労働者を完全解放するために経営者・管理者およびその背後にいる資本家・政府と断固として戦わなければならないとの考えに立って、他の組合員に対して教宣活動を行う者も少なからず存在したことも事実である。

帰属意識を持ち格別の関心を寄せている存在であることから、これほど有益で有難い存在は他に見当たらないと確信する経営者・管理者も少なからず存在する。

第5に、そうはいっても、今日的雇用社会の実態は、いわゆる「市場原理主義」を隠れ蓑に、あるいは「利益優先」・「結果が全て」の価値観を前面に押し出して、社員を顧みない経営者・管理者も未だ少なくない。このこととも関連するが、近年、労働法および雇用社会の個別的労働関係重視と労働組合の退潮という2つの傾向などに乗じた恰好で、集団的労使関係を軽視する経営者・管理者が現われているのも事実である。

以上みてきたとおり、経営者・管理者の労働組合に対する意識は一様ではなく区々である。しかしながら、労働組合の対応次第では、労働組合を嫌悪するというような負のイメージをもっている経営者・管理者から、それらを払拭することも十分可能であろう。

(2) 未組織労働者等の労働組合に対する意識の動向

ここでも、やはり、経営者・管理者の場合同様、戦後の労働運動・組合活動が未組織労働者等の労働組合に対する意識の動向（特に、組合加入の際）に何らかの影響を及ぼしているか否かに関して、読み解く必要がある。

戦後の労働運動・組合活動の一端についてはすでに言及したが、これまで触れてこなかった、労働運動・組合活動の具体的戦術、あるいは企業・職場の人間関係に関する労働運動史、著書・論文あるいは労働判例、筆者の体験等を通して知ることとなった、企業・職場の労働組合を巡る人間関係の一端について触れておきたい。[34]

昭和20（1945）年9月以降、労働組合は、いずれも結成と同時に激しい闘争に突入していった。そして、その闘争が次の組合結成の大きな刺激となり、連鎖的に組合結成が促進されるという状況下で拡大した。それらの中でも、特に、当時

---

34) 竹前栄治『戦後労働改革―GHQ労働政策史』（東京大学出版会、1982年）389頁等、前掲注(25)・『戦後・日本労働運動小史』、前掲注(31)・『国鉄マル生闘争』、同・『国鉄労働組合40年史』、有賀宗吉『国鉄の労政と労働運動(上)(下)』（交通協力会、1978年）、拙論「人事労務管理の本質的課題に関する考察―国鉄人事管理が機能不全に陥った教訓を中心に据えて」東北福祉大学研究紀要27巻(2002年)、1982年3月31日付産経新聞朝刊等参照。

の争議行為で注目されたのは、「生産管理闘争」[35]（または「業務管理闘争」という）および「人民裁判」[36]などと呼ばれる戦術[37]であった。前者の戦術は、その後、京成電鉄、東洋時計、日産化学、三菱重工、日立精機、古川電工など、全国各地の労働組合に波及した。後者の「人民裁判」に類した争議行為も、全国各地で頻繁に実施された。例えば、昭和40～50年代の国鉄で、これに一部類似した、いわゆる「吊し上げ」行為等が頻発した[38]。このため、昭和47（1972）年ないし58（1983）年に限定しただけでも、そうした吊し上げ等による犠牲者が32件確認されている[39]。加えて、管理者以外の他の組合の組合員や未加入組合員（未組織労働者）に対する、暴力行為を含めた「いじめ」や「嫌がらせ」行為が日常的に繰り返し行われた。そうした状況下にある職場にあっては、自己の意思で組合を選択し、組合加入を決めることは、事実上、困難であった。このような職場の実態を無視して、少数派の組合（特に、いわゆる「労使協調」路線を標榜する組合）に加入しようものなら、前述したような「いじめ」や「村八分行為」等を受けることを覚悟しなければならなかった。事実、そうした「村八分行為」や「嫌がらせ行為」などに耐えられずに退職していった職員が少なからず存在した。

こうした事例は、国鉄に限ったことではなかった。例えば、「組合の脱退」[40]、「組合の統制権と組合員の組合批判など言論の自由」[41]、「組合員の政治活動の自由

---

35) この戦術は、「会社側の生産サボタージュに対抗する手段」との大義名分のもとに、経営者を企業施設から締め出し、組合が生産、販売、経理など一切の経営権を握るという戦術である。

36) これは、組合の大会など多数の組合員が集合している場所に経営者や管理者を呼び出し、大衆団交と称して吊し上げるものである。この戦術を最初に導入したのが北海道の三菱美唄炭鉱であったが、このときは所長らが体力的にも精神的にも疲労困憊して、やむなく組合の要求をのむことになったということである。

37) 前掲注(25)・『戦後・日本労働運動小史』17頁参照。

38) 前掲注(34)・「人事労務管理の本質的課題に関する考察―国鉄人事労務管理が機能不全に陥った教訓を中心に据えて」177頁以下、日本労務学会第32回全国大会研究報告論集193頁以下参照。

39) 国鉄当局の調査、昭和57年(ワ)第454号損害賠償等請求事件に係る準備書面、昭62・3・18大分地判、昭和57年3月31日付産経新聞朝刊等各紙等参照。

40) 全金協和精工支部員支払等仮処分申請事件―大阪地決昭55・6・21判時982号148頁、東都自動車賃金支払仮処分申請事件―東京地決昭60・7・23労判456号4頁、東洋高圧労組脱退効力停止仮処分申請事件―東京地決昭41・8・24判時463号15頁等参照。

41) 全電通横浜支部妨害排除仮処分申請事件―横浜地決昭59・8・17判時1138号151頁、東京土建一般労働組合地位確認請求事件―東京地決昭59・8・27労判441号39頁、国労広島地本暴力行為等処罰法違反被告事件―山口地下関支判昭38・1・12国労3巻（刑）374頁。

と組合の統制権」等をめぐるトラブルに関する労働判例の件数・内容等からも明らかである。こうしてみてくると、未組織労働者らの労働組合に対する意識の動向が、その背景とともに垣間見えてくる。ここでは、それらの中から何例かを抽出してみることとしたい。

　第1に、労働者以前に、まず、国民全般が労働運動・労働組合について、例えば、「明朗」、「爽やかさ」、「和」、「穏やかさ」、「清潔さ」といった点で負のイメージを引き摺っているように思われる。また、未組織労働者を含めた労働者全般についても、一般国民の間に漂うそうしたイメージが浸透・定着したまま推移し、今日に至っても未だ払拭されていない側面が垣間見える。

　第2に、戦後の労働運動・組合活動が始まって以来、その本来の動機・目的・意義とは裏腹に、少なくとも結果的には、その存在自体が経営者・管理者はもとより労々間に敵愾心を植え付けることとなったり、争いやいがみ合いの要素・要因を作り出してしまうなど、彼らを幸福にすべきところを逆に、無意味な辛酸を嘗めさせ不幸に陥れてしまったという経緯がある。しかも、その傷が未だに癒えていなかったり、その痕跡を払拭し切れていない状態下に置かれている。

　第3に、労働関係や労働組合という複雑な問題に関して、議論したり争ったりすることは、面倒くさいと嫌悪感を抱く者が少なからず存在している。

　第4に、「組合費を支払ったり、動員を要請されたり、さらには選挙の際にも組合から種々の要請・要求がある。そもそも、所属組合が推薦する政党を支持するのは組合員として当然だとして、事実上、選挙権の行使や政治思想についてまでその自由を縛ってしまうのは間違っている。また、われわれの立場からみて、どのような組合効果があるのか疑問である」と訝しがる組合員が少なからず存在している。

　第5に、個人主義に基づく戦後教育の影響を受けて成長し雇用労働者となった組合員の中には、集団主義に基づく存在である労働運動・労働組合だからといって、われわれを束縛・拘束したり、価値観を押し付けたりすることには納得できないとする者も存在する。

---

42)　国労広島地本厚狭支部組合費請求上告事件―最判昭50・11・28民集29巻10号1698頁、ヤンマー滋賀労働組合制裁処分無効等確認請求事件―大津地判昭54・10・31労判346号68頁、同盟平野金属労組除名処分効力停止仮処分異議事件―大阪地判昭51・3・26労判250号35頁等参照。

第6に、社員の中には、「私は組合に保護してもらうよりも、個別的労働関係の枠組みの中で自分の能力や人間性を磨き、可能な限りレベルの高い仕事をしたいし出世もしたい。また、上司には良好な人間関係の下で鍛えてもらいたいし、評価もしてもらいたい。それを逆に、組合の問題でマイナス評価をされたり、嫌われたりする状態下に置かれるのは望むところではない」と考える者が存在しても不思議ではない昨今である。

　第7に、そうした反面で、近年の職場における「人間関係の希薄化現象」、「心の病」、「孤独感に苛まれている人々の増加現象」等の問題などが、社会的問題としてクローズアップされているが、このことに関連して、集団主義に基づく労働組合の意義・役割と効用が見直される余地がある。

5-4　労働運動、労働組合の活性化・再生のための根幹的課題

(1)　「労資関係概念」[43]に基づく労働運動・組合活動からの脱却

　これまでもたびたび言及したとおり、労働運動・組合活動によって、あるいは労働組合の存在によって、多くの労働者や経営者・管理者らが筆舌に尽くし難いほどの辛酸を嘗めさせられてきた経緯がある。その背景・理由としては、戦後の労働運動の出発点と、既述したようなその後の事情・経緯があったことに留意しなければならない。そして、こうした思想・体質をもった労働運動・組合活動による組合効果の上昇は、今後とも全く期待できないばかりか、運動・活動を展開すればするほど、組合にマイナス効果をもたらすだけであることを指摘しておかなければならない。かつて、本来の労働運動の意義・目的等に反する醜い争いが頻発したが、そこにはそうならざるを得ない大きな要素・要因が包含されていた。つまり、人間関係の最悪状態を惹起する政治的思想を、労働運動・労使関係・職場に持ち込んだからである。その政治的思想とは、マルクス思想に基づき、「産業社会における人間関係の基本は労働者対資本家の敵対的関係である」[44]、「真の意味での労働者の解放は、労働法によっては実現できない。労働法は、市民法を止揚するものではなく、それ自身、ブルジョア法としての冷たい限界をもっている

---

43)　前掲注(10)・『労使関係論』3頁以下、拙論「労資関係概念」フォアマン34巻2号（1983年）55頁、鈴木滋『エッセンス　人事労務管理』（税務経理協会、2002年）196頁参照。
44)　佐護譽『人的資源管理概論』（文眞堂、2003年）199頁参照。

からである[45]」などとする「労資関係概念」であった。ここに、戦後の労働運動・労働組合の分裂・葛藤や、組合間・労々間の熾烈な争いが繰り返されることとなった。

したがって、労働運動・労働組合を再生するためには、まず、この「労資関係概念」に基づいた労働運動から脱却する必要がある[46]。加えて、労働組合として、特定の思想集団や政党の介在を許し、またこれを支持したり、あるいは選挙応援を行うなどの政治活動は控えるべきである。そこには、労働組合の特定の活動家・リーダーにとっては利点も想定されるが、労働組合全体や個々の組合員にとってはどんな利点が期待できるのか、疑問なしとしない。そもそも、雇用労働者が国民全体の約8割を占めていること、人々の価値観が多様化していること、などを考慮するとき、労働組合としてそれを組合員に押し付けたり、選挙運動を目的に動員要請を行ったりすることは、今や、組合の求心力や団結力を高める上で得策ではない。しかも、特定の政党を支持・支援し活用することによって、労働者・労働組合の要求を実現するという時代ではない。労働組合のリーダーは、政治家より組合員とのコミュニケーションを重視して働く現場の声に耳を傾け、同じ企業・職場で協働することの意義・喜び・悲哀を汲みとることなどにエネルギーを注ぐべきである[47]。労働組合のリーダーにとっては、常日頃のそうした活動などを通して働く現場の問題・課題を把握することが有益であり、その使命・役割

---

45) 前掲注(9)・『労働法入門』15頁参照。
46) だからといって、本書としては、現在の労働組合が労資関係概念で充満しているといっているのではない。むしろ、民間労組は、昭和30年代頃までには一定の脱却を果たしたと認識している。一方、官公労にあっても、昭和60年前後にはその是非を巡って一定の結論なり流れをつくったといえなくもない。しかしながら、かつて、労働運動・組合活動として行った悲惨な行為・原風景は、場合によっては、トラウマとなって心の奥底に沈殿することもある。実際に辛酸を嘗めさせられた者はもちろん、その生々しい実態を伝え聞いた者でも、「労働運動というものはそういうことになり得るものなのか」と一旦強烈に認識してしまうと、そのイメージを払拭することは容易なことではない。そのことは、様々な場面で感じとることができるが、それは、例えば、労資関係概念からすでに脱却したと考えている、活動家や組合員、あるいは最初からそういった概念を否定してきたと自負する彼らの中にも、何故かスッキリしないものや整理しきれていないものが、根源的・深層心理的に残っているように感じさせられるところがある。あるいは、未だに労資関係概念について確信して活動している人々に対して、何故かコンプレックスのようなものを払拭できないでいる人々の存在が認められる場面がある。そうだとするならば、労働組合の現在の閉塞状態から抜け出して、爽やかで確かなビジョンをもつとともに、自信をもって労働組合の再生に挑むことはできないのではないかと懸念するからである。

を果たすための全てのベースになるはずである。また、それらが基礎となってこそ、企業別組合・産業別連合体・ナショナルセンター（中央組織）等の各リーダーが、組合員の実情、ニーズ、問題意識、そしてリーダーとしての立場、役割、使命等を共有するとともに、同じ方向性をもって連携し一体となって、働く仲間のために奮闘することができるのである。

　いずれにしても、労働組合のリーダーおよびメンバーは一丸となって、「労資関係概念」を完全払拭するとともに、政治活動にエネルギーを費やすことを控え、その分、雇用労働の問題・課題に専念することが肝要である。それらを実現できれば、日本の労働運動を活性化し、そして再生することも可能である。労働運動・労働組合が衰退するか再生するかの分水嶺は、ここにあるといっても過言ではない。そして、活性化し再生した労働組合の中央組織であるナショナルセンターが、所属組合員をバックに、適切・適正かつ的確・妥当な人事・労働政策の提言を雇用社会の内外に向けて発信できることとなろう。そのようなナショナルセンターの一貫性ある誠実・賢明な提言に対して、多くの組合員はもちろん、マスコミや各政党や政府が注目しないわけがない。[48]

　かつて、管理者や労働者に「あのような組合が牛耳っている職場に出勤し仕事をするのは生きた心地がしない」と言わせるような職場が少なからず存在したが、そうした思いを二度とさせてはならない。また、経営者・管理者、同じ組合の組合員、他組合の組合員、未加入者（未組織労働者）を問わず、全ての人間の尊厳を尊重するとともに、働くことの意義を重視し高め合うことができる労働運動を展開するためにも、そして、労働運動・労働組合の活性化・再生を阻害する要素・要因を払拭する視点からも、労資関係概念に基づく労働運動から完全に脱却しなければならない。

47）　それでなくとも、組合費の徴収は、多くの場合、企業による便宜供与の1つとしての「チェックオフ」として行われる。このため、組合活動家・リーダーは大切な組合員とのコミュニケーションの機会を減らし、組合員の要望、悩みなどを把握できにくくなっている。したがって、労働組合は、組合員のニーズ・期待に適切・的確に応えられない状態・仕組みになってしまっている。

48）　加えて、労働運動・労働組合の役割・立場・実力等を踏まえて、例えば、運動方針、その方向性、具体的取組み、そして組合員との向き合い方のあり様について熟慮し、再考することも想定される。

(2) 労働運動の原点の再認識と実践[49]

　雇用社会にあっては、問題の軽重の程は別としても時代や国家を超えて、経営者が社員を全く顧みることもなく、目先の利益ばかりを追求するといった不純な動機から、悪辣・理不尽な働かせ方をすることが起こり得る。その結果、共に働いてきた仲間が、家族と離散せざるを得ず路頭に迷ったり、住居を強制退去させられたり、さらには「過労死」するような場面に遭遇することが考えられる。

　そこで、労働運動・労働組合の活性化を図るにあたっては、このような場面を想定した上で、「労働観」・「職業観」・「働く意味」に加えて、「労働運動の原点」についても念頭に置くことが望まれる。そこで、ここでは、「労働運動の原点」とは何かについて、ごく分かりやすく解説するが、要するに、「これは見て見ぬふりできない。仲間として何とかしなくてはならない」と思い遣る同士愛的な温かい気持ちと、「社員を顧みなかったり、経営者としての責任を放棄したりするなどの非人間的な行為は許せない」、もちろん「働く意味を全く解さない『働かせ方』を黙認できない」という、道義と正義を重んじる気概である。そして何よりも、そうした熱い想いを仲間のために実行に移す「勇気」と「情熱」である。

　この原点こそは、労働運動の「行動規範」であり、「座標軸」となるものである。それ故に、労働運動・組合活動の全ての活動家・リーダーは、これを再認識するとともに行動規範・座標軸として据え、労働運動・組合活動を日々実践することである。

　ところで、この「労働運動の原点」を踏まえて、例えば、①同じ職場で協働している「非正規労働者」と、②「整理解雇（指名解雇）」いわゆる「リストラ」とについて考えてみると、基本的にどのような理解になるか、結論のみ述べてみよう。まず、①に関して、同じ職場で協働しているという実態に着目するならば、これを見て見ぬふりできないのは当然である。次に②の場合に関しても、たとえ整理解雇のいわゆる「4要件」[50]を具備したとしても、同様に是認できるものでは

---

49)　慶應義塾大学ビジネス・スクール編・高木晴夫監修『人的資源マネジメント戦略』（有斐閣、2004年）129・130頁、拙論「労働運動の原点」フォアマン34巻8号（1983年）95頁、同「組合運動の反省」フォアマン38巻9号（1987年）95頁以下参照。

50)　整理解雇（指名解雇）の「4要件」としては、①人員削減の必要性、②人員削減の手段として整理解雇を選択することの必要性、③被解雇者人選の妥当性、④手続の妥当性の4項目である。なお、詳しくは、前掲注(4)・菅野『労働法』489頁以下参照。

ない。これら2つの事例は、両者とも、その背景には「自分たちに問題なければ見て見ぬふりしよう」とか「自分だけ助かればいい」という、さもしさが透けて見える。それは、労働運動の原点に全く馴染まない考え方であり、態度である。

(3) 集団主義に基づく労働組合の意義・有益性の自覚・自負とその実践

このところ、行き過ぎた「個人主義」がいたるところで猛威を振っている[51]。それに対して、集団主義は鳴りをひそめているというのが実感である[52]。換言すれば、それは、個人主義と集団主義の調和（バランス）が大幅に崩れたということもできよう。そして、わが国の現況を概観してみると、そのことを肯定せざるを得ない部分がある。そうした実情・現象を踏まえて個人主義について考察してみると、そこには、例えば、人間関係を破綻させたり、組織機能を減退させたり、あるいは組織としての意思決定を難しくしたり過度に遅らせたりするという、魔性的要素も包含されているのではないかとさえ思われる。しかも、個人主義を不用意に発揮することによって、当該行為者自身が安心・安定の生活を享受することも、人間性を磨くこともできなくなる可能性が高くなる。そればかりか、お互いに孤立感を味わい、ストレスを溜め合うことにもなってしまう。そして、事を成し、志を遂げることもなく、結局、満足のいく人生を送ることもできないことになりかねないのである。

そうだとするならば、集団主義に基盤を置く労働組合としては、「個人主義」と「集団主義」について何らかの手を打つ必要があると考えてもおかしくないはずである。この見解については、おそらく「そもそも、日本人が『個人主義』の概念に対する正しい理解ができていないことが問題なのだ。したがって、そのことを解消することが先決だ」と主張する識者も出てこよう。しかし、それでは欧

---

51) こういう場合には、「利己主義」あるいは「自己中心主義」と表現すべきかも知れないが、ここでは一応このように表現しておくこととしたい。いずれにしても、個人主義にはそのようになりかねない要素が内在しているというか、利己主義・自己中心主義と隣り合わせの関係にあるというか、悩ましい問題ではある。したがって、個人主義を発揮するに際しては、他者への影響についても留意したり、集団主義との調和を図ったりすることも必要となろう。

52) こうした社会的現象はわが国ばかりでなく、個人主義・自由主義の国であるアメリカにおいても、個人主義と集団主義の浮沈現象が繰り返されており、1990年代以降は、再び「集団主義」の再生を図ろうとする議論が展開されているということである。なお、この点については、水町勇一郎『集団の再生―アメリカ労働法制の歴史と理論』（有斐閣、2005年）参照。

米では、この「個人主義」はこれまで何の問題もなく、うまく機能してきたということかと問えば、そうではないというのが実態のようである。しかも、わが国の場合は、よくいわれるように、「個人主義」の概念に対する解釈が曲解している側面があることも事実である。またそれは、いわば「借り物」あるいは「移入もの」である。加えてそこには、価値観のギャップがあり、それを移入した経緯などの事情もあったといわれている。そうした事情も重なってのことと思われるが、日本人が理解し認識している「個人主義」は「利己主義」あるいは「自己中心主義」であって、「個人主義」ではない旨を指摘されることがあり、実際、否定できないところもあろう。そうなると、利己主義（自己中心主義）による弊害が、欧米に比べ、さらに深刻な問題を惹起してしまう懸念も想定されよう。事実、このことに関しては、すでにその兆候が、わが国の社会の随所に現われているといわざるを得ない。

であればこそ、個人主義と集団主義の問題あるいは両者の関係に関して、集団主義に基づく労働組合としてはまさに当事者であり、その再生の視点からも軽視できない問題である。先述したとおり、労働組合はその組織率、絶対組合員数、求心力等に着目しても、衰退の傾向にあるのは明らかであるといわれている。そして、その衰退傾向の原因・背景の、少なくとも、大きな1つの理由として、この個人主義に起因する問題があるものと分析できよう。そもそも、未組織労働者らが個人主義、いわんや利己主義・自己中心主義の考えを強めれば強めるほど、組合加入に対する拒否反応も自ずと強まるのが自然であろう。そのことに加えて、組合効果が認められないばかりかマイナス効果さえ感じられるとなれば、彼らの労働組合加入問題にどのような影響を及ぼすことになるかは自明の理である。[54]

したがって、労働組合としては、個人主義と集団主義各々の有益性、問題・課

---

53) 水町勇一郎『労働社会の変容と再生―フランス労働法制の歴史と理論』（有斐閣、2001年）181頁以下、前掲注(52)・『集団の再生―アメリカ労働法制の歴史と理論』212頁以下参照。

54) こうしたことに加えて、近年、労働立法の傾向としても個別的労働関係法重視の傾向が強くなっている。また他方では、人々（特に若年層）は自分の置かれた位置・立場やいわゆる「足元」を考慮せずに、その場・その時々の雰囲気や流れに左右されてしまう傾向が強まっているとの指摘もなされている。こうした点も考え合わせると、労働組合こそは、個人主義と集団主義の関係性および両社の各々の問題に対して毅然とした態度で向き合うとともに、組合の内外に向けて、そうした意義、有益性等について大いに発信する社会的責任があるといっても過言ではないように思えてくる。

題等について理解を深めるとともに、両者の関係について、①個人主義と集団主義の調和（バランス）が崩れ、個人主義が突出すると、人間関係の破綻や組織が機能不全に陥ったり、格差社会が浸透・拡大するなどの弊害が発生する恐れがあること、②労働組合は、集団主義に基づき個々人の弱さを克服しようとするものであり、また、集団の団結力で社会的歪みや不公平を是正・調整し、あるいは温かい人的環境をつくったりすることが可能になるなど有益な要素・機能が内在していること、③個人主義と集団主義は、本来、両者の調和を図り補完し合ってこそ、各々の特徴・有効性を発揮できる関係であることについて認識を強める必要がある。

　これらに加えて、労働運動・労働組合の活性化・再生の具体的取組みとしては、例えば、企業別労働組合、産業別連合体、ナショナルセンターなど労働組合のネットワークを最大限に活用した、①「福祉事業の展開」、②「組合員の仕事に関する知識・技能・技術向上等の支援活動」、③「組合員に対する各種相談業務」等が想定される。いずれにしても、労働組合は組合員一人ひとりに注目し見守る姿勢を実践すること、組合員が企業在職中ばかりでなく、希望すれば退職後も福祉事業等の面から引き続き労働組合との関わりを持ち続けられるような仕組みを導入することなどが考えられよう。それは、例えば、福祉事業の展開でいうと、組合員が転勤しても、本人に代わって同じ企業・同じ組合の同僚あるいは所属企業は異なっても組合の仲間が、当該組合員の親に対する一定の世話をすることが可能となり、親にとっては息子・娘の仲間が来てくれたと思い、安心・満足して世話を受けることができる。一方、息子・娘も自分に代わって仲間が親の世話をしてくれているということになれば、安心感や満足感をもつことができ、満たされた精神状態になるだろう。労働組合が、こうした福祉事業などを展開することは十分可能であり、組合にとっても団結力の源泉がもう１つ加わることになり、団結の質・強さも含めてその維持・向上を図ることが期待できよう。

　以上、労働運動・労働組合の活性化・再生について、本書としての着眼点、切り口等から言及した。もちろん、これらは些細な試みではあるが、それでも、例えば、①組合加入を躊躇させる要因[55]（「経営者に睨まれる」、「思想的に偏りがあると見られる」、「組合活動・選挙活動等の負担を感じる」）、②労働組合低迷の今日的要因とその背景[56]（「民間中小・零細企業の未組織の現状」、「産業構造の転換」、「雇用構造

の多様化と適正さに欠ける非組合員資格の適用」、「従業員の個人主義と成果主義処遇の浸透による組合離れ」）等に対応する際のヒントになるのではないかと期待している。

第3節　労使関係と労使関係管理

1　労使関係のレベル・段階・舞台（交渉・協議等の単位）

労使関係とは、通常・一般的には、企業等における使用者（経営者）と個々の労働者または労働組合との関係をいうが、広い意味での労使関係は、企業レベル以外にも産業レベル、全国レベル、さらには、企業の海外進出に伴う国際レベルも加わるなど、多種・多様なレベル・段階で存在する。それらのうち企業内の労使関係は、個々の労働者または労働組合と使用者（経営者）の関係である。その場合の労使関係の舞台（交渉単位等）としては、例えば、企業（本社と本部間の労使関係）およびその支社・支店、職域・職能等に対応する労働組合の地方本部、支部、職域（部会）等が想定されよう。

一方、企業レベルを超えた労使関係のうち産業レベルは、企業別労働組合の産業別連合団体（あるいは産業別労働組合）と産業別使用者団体間の労使関係ということになる。全国レベルの場合は、労働組合のナショナルセンター（中央組織）と使用者団体の全国組織の間で、各々労使関係が展開される。ちなみに、場合によっては、「連合」の代表者と政府（首相や労働担当大臣）との接点の場が設定されることもあり得よう。[57]

どのレベル・段階の労使関係においても、通常・一般的に共通していることは、

---

55)　これは前掲注(23)・『衰退か再生か—労働組合活性化への道』34頁以下によるが、この事実は経験則からいっても全くその通りである。企業・職場にもよるが、表面に現れることはかなり減少したものの、未だに組合員の中には同様の悩みをもっている者が少なくないというのが実態のようである。
56)　岩出博『新・これからの人事労務—いま働いている人、もうすぐ働く人の』（泉文堂、2009年）181頁以下参照。
57)　全国規模の使用者（経営者）団体としては、「日本経団連」、「経済同友会」、「日商」の3団体がある。

いわゆる「春闘」の時期や懸案事項などが生じた場合だけでなく、定期的に意思疎通の場等を設けて、労使の信頼関係を築こうと努力する姿が双方に見受けられることである。そうした場合の手続等のルールについては、前もって労使協定として設定しておく場合、恒例的になっている場合、その都度必要に応じて行う場合などがあり、一様ではない。このように、広義での労使関係ということになると、それは労使の舞台（交渉や協議などの接点）、当事者、目的・議題等も区々となり、多層的構造をもつ労使関係が展開されるということになる。

【参考：「経営者団体」】

経営者団体としては、現在、「日本経団連」（日本経済団体連合会・平成14（2002）年誕生）、「経済同友会」（昭和21（1946）年結成）、および「日商」（日本商工会議所）の3団体がある。ちなみに、平成13年（2001）年までは、「経団連」（経済団体連合会・昭和21（1946）年結成）、「日経連」（日本経営者団体連盟・昭和23（1948）年結成）、「経済同友会」および「日商」の4団体が存在していた。このうち経団連は、加盟企業の意見を集約するなどして、その目的を達成しようとする経済団体であった。経団連は「財界総本山」と呼ばれたのに対して、日経連は専ら労働問題を主たるテーマとする団体であった。平成14（2002）年、経団連と日経連が統合され日本経団連となったため、経営者団体は、現在、3団体となった。

2　労使関係管理の対象となる労使関係

広い意味での労使関係に対して、ここでは人事管理の一環として「労使関係管理」の対象となる労使関係について述べる。それは、人事管理の効果が及ぶ企業内の労使関係に限定される。ところで、労使の間においては、第1に、「労働関係[58]」を展開するために、その枠組み・前提条件となる労働条件・その他の待遇を合意・決定する。つまり、労働力の売買という労使の経済的取引の局面である。このことから、雇用労働における労働関係の根底には、雇う者（企業）と雇われる者（労働者）との間に生ずる経済的な利害対立関係を包含する「賃労働関係[59]」

---

58) 労働関係は労働者が使用者に対し労働力を提供して賃金を得る関係であり、本来、独立対等な労使間の自由な合意に基づいて成立する雇用契約関係である。なお、詳しくは、前掲注（4）・菅野『労働法』1頁以下参照。

の側面がある。第2に、労働関係を具体的に展開する「従業員関係」[60]がある。この場面（職場）では社員は、使用者（上司）の指揮・命令に従って誠実に労働力を提供する。同時にここでは、労使が職能的に協働する関係が展開されるのであり、どこまでその関係を高められるかが、労使双方の利益の高低、質・内容等に影響を及ぼすことになろう。[61]

ところで、こうした労使関係の一方の当事者となる個々の労働者は、通常・一般的には、経済的弱者の立場に立つことになる。このことから、多くの場合、労働者は憲法およびその要請を受けて立法化された労組法を背景として、自発的に労働組合を結成する。そして、労働組合は個々の労働者に代わって、使用者と交渉し労働条件・その他の待遇について合意・決定する[62]。また、第2の従業員関係の舞台・局面、すなわち具体的に業務を遂行する「舞台」（仕事をする職場）は、第1の局面等で決定された労働条件・その他の待遇、すなわち当該労働契約の内容で労働力を提供する局面である。このことを権利と義務の契約論の視点に立っていえば、「社員」だけを外す「債務の本旨」[63]に従い企業（上司・管理者）の指示・命令に従い、誠実に労働力を提供する場面である。また、それと同時に、ここでの局面・場面は、先述したように、労使・労々が職能的に協働する場面でもある。つまり労使関係には、対立と職能的協働の2つの側面があるといえよう。したがって、従業員関係が展開される局面、すなわち業務遂行の局面では、基本的に労働組合等が介在する余地はない。もちろん、労働関係が展開される過程に

---

59) 企業と労働者との間には、根本的に生ずる経済的対立、即ち、企業（使用者）側は「できる限り長い時間、低賃金で働かせたい」と考え、それに対して労働者側は「できるだけ短時間で高い賃金を得よう」とする。ここに労使の対立の根源があり、その関係を「賃労働関係」という。

60) 従業員関係とは労働関係が展開される局面であり、合意・決定した労働条件、その他の就業条件で雇用労働者として労働力を提供する局面をいう。加えてそこでは、独立の自営業と違って、雇用労働は仕事の内容、段取り、方法等についてにわたって、究極的・基本的には他律労働であり、使用者の指示・命令に従って働かされる仕組みになっている。また、労働の成果についても労働者本人に帰属しない。このように、雇用労働の使用者と労働者との究極のもう1つの関係は、論理的には、「命令と服従の関係」であるといえる。

61) 労使双方の利益とは、例えば、経営の成果、企業とその職場の活性化、社員の職業能力等の維持・向上、信頼関係等である。

62) ちなみに、労働者の労働条件・その他の就業条件（労働契約の内容）は、規制力の強い順に労基法、労働協約、就業規則、労働契約等となる。

63) 前掲注（4）・水町『労働法』122頁参照。

おいて、例えば、労働協約の適用・解釈を巡って対立や問題が生じた場合には、当該労働者は企業内における苦情処理機関または団体交渉などの解決システム、あるいは企業外（行政機関、司法機関等）の公的解決システムを利用できることはいうまでもない。[64]

3　わが国の団体交渉・労使協議・苦情処理機関

　団体交渉等の一方の当事者となる労働組合が、近年、衰退の傾向にあるといわれている。しかし、そうはいっても、現代資本主義社会にあっては、実質的・実態的には、通常、労働組合と使用者との集団的労使関係のレベル・舞台で、労働条件・その他の就業条件などが合意・決定され、それが基礎・基盤となって、当該労働組合の組合員以外の社員の労働関係に関しても形成されることに変わりはない。そこで以下では、使用者と労働組合との団体交渉等について述べよう。

3-1　団体交渉と交渉事項

(1)　団体交渉

　団体交渉とは、労働者の集団（通常は労働組合）が代表者を通じて使用者またはその団体と平和的に交渉することをいう。そして、団体交渉は憲法およびそれを受けた労組法を背景とした労使の接点である。そこでは労使が対等の立場で、労働条件その他の待遇や労使関係上の運営手続（ルール）等について、労働協約の締結その他の取決めを目標として取引の攻防を展開する。この点について、憲法は、団結権・団体交渉権・団体行動権のいわゆる「労働三権」を保障している（28条）。そして、労組法が、憲法の趣旨を踏まえて、労働三権の中でも特に「団体交渉権」を中心に据えていることは、その事理からも明らかである。つまり、それは、①労働者が団結することによって、団交の舞台における労使の対等関係が実質・現実に実現すること、さらに、②団体行動権を付与することによって、団体交渉の舞台での経済的取引につき、労働組合側が経営側に対して、対等あるいは強力な立場に立って交渉することが可能になること、としたものである。要するに、団結権・団体行動権を付与する主たる目的は、労働三権の相乗効果によ

---

64)　前掲注（4）・菅野『労働法』710頁、前掲注（4）・水町『労働法』423頁以下等参照。

り団体交渉の機能が一層効果的に発揮されるとともに、労組法の趣旨・目的、そしてその成果にも繋がることへの期待と確信に由来すると理解することができよう。

この点について具体的にみていくと、労組法は第1に、「労働者が使用者との交渉において対等の立場に立つことを促進することにより労働者の地位を向上させること」を主たる目的とする、第2に、「労働者がその労働条件について交渉するために自ら代表者を選出することその他の団体行動を行うために自主的に労働組合を組織し、団結することを擁護すること」、第3に、「使用者と労働者との関係を規制する労働協約を締結するための団体交渉をすること及びその手続を助成すること」の2つを従たる目的としている（1条1項）、第4に、そうした目的規定に沿って、さらに同法は刑事免責（1条2項）および民事免責（8条）を規定して労働組合の活動に伴う市民法上の責任を免責するとともに、第5に、不当労働行為救済制度（7条、27条以下）を規定し、使用者による団体交渉の拒否を禁止している、第6に、団体交渉で合意・決定した労働条件等についての労働協約の規範的効力（16条）[65]・一般的拘束力（17条、18条）[66]につて規定している。これらの中でも、特に労組法7条2号は、使用者が雇用する労働者の代表者と団体交渉することを正当な理由がなく拒むことを不当労働行為として禁止している。これは使用者に労働者の団体（通常・一般的には労働組合）との交渉を義務付けることにより、労働条件等に関する問題について労働者の団結力を強化し、それを背景として労使対等の自主的交渉による解決を促進させることにより、労働者の団体交渉権（憲法28条）を実質的・現実的に実現させようとするものである。

(2) 団体交渉の対象事項

団体交渉の対象事項については、労働組合が交渉事項を申し入れ、使用者がそれを受理する限り問題が生じることはなく、団体交渉の対象事項となろう。また、賃金、労働時間、その他明らかに労働条件と判断できる事項、あるいは組合員の人事の基準のような労働条件と緊密な関連性をもつ事項については、通常、問題なく、団体交渉事項として扱われるであろう。また逆に、企業の経営理念や方針、

---

65) 前掲注（4）・菅野『労働法』596頁以下、前掲注（4）・水町『労働法』345頁以下参照。
66) 同上・菅野608頁以下、同上・水町350頁以下参照。

あるいは政治問題など、当該企業に処分権限がなく当事者能力のない事項につき交渉事項として馴染まない場合については、通常・一般的には、労使間に争いは生じない。問題となるのは、労使の間で義務的団交事項であるか否かの判断が一致せず、使用者が労働組合の申入れ事項を拒否した場合である。ところが、労組法は団交の対象事項の範囲について明確な条文規定を置いていない。そうなると、義務的団交事項か否かについては、憲法や労組法が団体交渉権を保障した趣旨・目的、特に労働条件の対等決定を促進するとともに、労使関係に関し労使自ら主体的に運営していくという、「労使自治の原則」に則って展開することを期待していること（労組法1条）等から当該申入れ事項につき判断することになろう。この点から、義務的団交事項は、労働者の団体（労働組合）の構成員である労働者の労働条件その他の待遇・当該労働組合と使用者との間の労使関係の運営に関する事項であり、かつ使用者に処分可能なものということができよう。このことは、例えば、申入れ事項が当然には義務的団交事項に該当しなくても、それが間接的あるいは当該施策を実施することに伴って、労働条件に明らかに影響を及ぼすことになる案件については、その範囲・部分につき義務的団交事項として団体交渉に応じるべきであろう。[67]

(3) 団交の意義・目的

　団交の意義・目的は、第1に、労使による労働条件の対等決定（労基法2条1項）を実質的に実現すること、第2に、労使が適度な緊張感をもってその舞台に臨み十分な意見交換を行うとともにお互いの意思の疎通を図ること、第3に、団体交渉における労使の建設的な努力の積重ねを通して労使双方の利益・その他の目的を達成すること、第4に、集団（団体）的労使関係の展開に対するそうした労使の真摯な取組みと信頼関係を基礎として企業の維持・発展を期すとともに、労使が連携することにより、企業の社会的責任を一層効果的に果たせるようにすることに繋げることであろう。

---

[67] 同上・菅野『労働法』574頁、水町『労働法』341・342頁、前掲注(12)・『鉄道会社の労働法と職場経営論』58頁以下、国・中労委（根岸病院・初任給引下げ団交拒否事件―東京高判平19・7・31労判946号58頁参照。

3-2 労使協議制

(1) 労使協議制存立の拠所と労使の思惑

　団体交渉は、既述したとおり、労働組合が憲法およびそれを受けた労組法を背景に、個々の労働者に代わって労働条件等の取引を行う機関である。また、その場は、労使が「労働力の売買」や「パイの分配」などを巡って取引する舞台であり、そこでは両者の利害が多くの場合対立する。そして、その対立の結果、交渉が決裂した場合、労働組合はその状態を打開する手段として争議行為に突入することも可能である。このように、団体交渉とは、争議行為を背景とした交渉機関の側面をもつ。これに対して、労使協議制はそうした法的根拠に基づくものではなく、労使の任意による協議機関である。仮に労使協議が紛糾したとしても、労働組合が協議の行き詰まりを打開するためと称して、団体交渉を経ずに争議行為に突入することは許されない[69]。

　ところで、企業が経営の目的・成果をスムーズに達成するためには、当該企業を取り巻く経営環境や諸事情、あるいは企業が打ち出す各種の経営施策と活動、人事制度と運用等に関する労働組合の理解と協力が欠かせない[70]。これに対して、労働組合側も、所属企業の一員として企業の維持・発展を望むという視点から、また、組合員のニーズ・要望や期待に応えるためにも、企業の経営状況に無関心ではいられない。そればかりか、労働条件等に限定されることなく、組合員に代わり、生産・経営の問題などに関しても、経営側に対して忌憚のない建設的な意見・要望・問題点の指摘などについて表明するとともに、労働組合としての、いわゆる「チェック機能」をも果たせる「場」[71]を設定することは、労働組合にとっても望むところである。

　こうして、労使はかつての労働争議による辛酸および反省を経て、成熟した労

---

68)　労働組合が存在している場合の労使協議機関の設置の根拠は、その多くの場合が労働協約である。また、それがない場合は、就業規則またはその他の内部規程等に依っている。

69)　したがって、仮に、労使協議機関の席上で労働条件等の事項について合意ができず、紛糾した場合、団体交渉に移して議論を続行するというのが、特に、大企業では通常見られる処理方法である。

70)　前掲注(1)・『労使関係論』138頁以下、前掲注(12)・『鉄道会社の労働法と職場経営論』93頁以下参照。

71)　労使協議の場は団体交渉とは違って労使の任意による協議機関であり、また、労使の信頼関係を実践する場といってもいいのである。そうした場で労使の信頼関係を深めつつ、労働組合として、効果的なチェック機能を果たすことができる可能性が高くなるものと期待できる。

使関係へと発展させるとともに、その一環として団体交渉とは異なる別の労使の接点、つまり、「労使協議会」、「経営協議会」、「労使会議」などの名称による労使の協議機関を設定した。そして、それらの協議機関は労使の真摯な努力によって、その位置づけ・機能が強められ、さらにはこれを通じて労使の信頼関係自体が高められたことから、導入する企業も拡大した。

(2) 労使協議制の意義・目的

　労使協議制とは、通常・基本的には、団交の交渉事項に馴染まない経営上の諸問題も含めた労使双方の関心事について、労働者の代表と使用者が情報や意見を交換したり、相互の理解を深め意思の疎通を図るといったことを目的とする機関である。したがって、そうした事理からすると、団体交渉と労使協議制は峻別することが合理的であり得策である。[72] そして、使用者（経営者）はそうした成果・実績の下、時には不況等の危機を乗り越え、時には必要な合理化を行い、さらには将来に備える一環として、時代の変化に対応できる企業体質や変革能力を高めておくことである。企業・経営者はこうしたことができてはじめて、社員に対する責任を果たすことができ、労使関係を前に進めることができる。このことを念頭に置いた場合における労使の接点の場は、法と力を背景とした労使の取引の場である団体交渉ではなく、企業の維持・発展と労使の信頼関係を前提とした労使協議である。ここに、労使協議制の最大の意義がある。

(3) 労使協議制が有効に機能する要件

　労働者の代表は労働組合と組合員を、使用者は企業と経営を背負い、各々の使命を帯びて労使関係の舞台で演ずる。そうすると、団体交渉であれ、労使協議であれ、労使双方の代表者（交渉委員、協議委員等）は労働組合・組合員のことだけとか、経営・利潤の追求のことだけといった、一方向・一側面だけを視野に入れ、あるいは前提として事を進めて済むわけがない。いわんや、労使協議の舞台ということになれば、労使はその意味するところを問いつつ、その舞台で演ずる

---

[72] ただし、大企業では団体交渉と労使協議制とを峻別しているが、中小企業の実態は必ずしも峻別されておらず、企業によって区々である。

ことが必須の条件である。[73]

　こうした視点から、労使協議制が有効に機能する要件は、労使が企業の維持・発展を前提とし、団交とは別の舞台・別の視点から話し合うことを通して、例えば、労使が次のような認識を共有することであるといえよう。
① 労使関係には対立の要素ばかりでなく、むしろ、利害を共有する側面が多いこと
② 労使相互の理解を深め、可能な限り同じ方向に向かって歩調を揃えることが労使双方の利益に繋がること
③ 忌憚のない労使の話し合いにより、働く意味や働きがいの問題に言及する可能性が高くなる。そうしたことが契機となって、労使各々のリーダーが経営および社員に対する責任感を強め、社員が労使協議委員を通じて企業に対する帰属意識を高めて、明るい企業文化を醸成することが期待されること
④ そうしたことが基礎となって、労使の信頼関係を高めるとともに、変化に強い柔軟な企業体質の強化、生産性の向上等に寄与することにも繋がること
⑤ 企業（労使）の社会的責任（CSR）を果たすことにもプラス効果が期待できること

(4) 労使協議制の性格・特徴

　労使協議制における労働側の協議委員とは社員の代表者であって、必ずしも労働組合である必要はない。ところが、わが国の労働組合は企業別（内）労働組合であり、また、雇用形態は終身の雇用慣行が大半を占めている。これらのことから、企業別労働組合の組合員は当該企業の社員であり、しかも労働組合は社員のみの排他的組織として職種の違いを超えて単一の形で成立し存在する。このことから、その特徴として、第1に、労使協議制の当事者となる労働組合および使用者（経営者）と団体交渉のそれとは同じということになる。ただし、団体交渉と労使協議の委員構成およびその人員は異なることになろう。第2に、労使協議制における協議事項は、団交に馴染まない事項、例えば、経営の方針、経営計画、生産・販売の計画、組織の改変、生産・事務の合理化・効率化などの経営に関する施策事項から、団交事項となる労働条件・その他待遇に関する事項まで、広い

---

[73] すでに指摘したとおり、労働組合が「労資関係概念」から脱却しなければならないことは、こうした労使協議制を想定すれば、なお一層鮮明に浮かびあがってこよう。

範囲を対象とする。そして、その進行パターンとしては、まず、使用者側協議委員が長期・短期のビジョン・その他の議題について、一通り資料に基づくなどして説明し、これを受けて、労働組合側の協議委員が質問や解明要求あるいは意見や問題点の指摘などの表明をなす、という流れが想定される。つまり、労使協議制は、労働組合が団体交渉の申入れ事項を考えたり、その争点について双方が把握したりするための前段論議の場としての機能を果たす側面がある。第3に、労使協議が労働者の雇用、労働条件等に大きな影響を及ぼす経営や生産に関する事項について事前の協議を行うことから、それらを実施することに伴って生じる諸問題を想定するとともに、そのことを巡って意見交換したり調整を行ったり、あるいは後日団体交渉の議題として別途申入れすることもある。事実、そうした労使協議制における整理・調整等が、社員の不平・不満・苦情や紛争を予防する実績に繋がってきた例も、少なからず認められる。

3-3　苦情処理機関

3-3-1　雇用労働に伴う苦情・紛争の発生と苦情処理機関

　企業にあっては、多数の雇用労働者を集合・協働・連携させるという仕組み・働かせ方を導入し機能させることで、その経営の成果を上げようとする。そして、その成果は、組織成員の協働・連携・組織機能等の出来栄えに左右される。こうしたことから、企業としては、その円滑な運営を展開するための前提条件として、必要な職場の秩序・規律を明確にしたり、労働条件や人事に関する事項の基準を統一的かつ画一的に定めたり、社員の労働意欲を引き出すために人事管理のあり方を確立することが必要となる。

　そうした仕組みや働かせ方は、例えば、各々の視点から次のような意義・効用があるといえよう。

(1)　使用者側にとっての意義・効用
　① 職場の秩序・規律を確立し、多数の社員を有機的に関連づけ統合しつつ企業運営ができること
　② 多数の社員の労働条件を統一的に処理することができ、労働条件の安定と経営の

見通しにも計画性を保つことができること
③ 労使間の権利と義務の不明確性に起因する労使間の争いを防止し、円滑な業務運営を図ることができること

(2) **社員側にとっての意義・効用**
① 社員が安心して協働し自分の能力を発揮する上で必要な職場秩序を維持するためのルールが明確になること
② 雇用労働者にとっては、働く前提条件となる労働条件が明確になること
③ 教育や人事に関する事項の基準等が明確になっていることは、社員のキャリア開発・形成・人生設計、将来の目標や希望を設定する上で有益な情報になること
④ 恣意的な懲戒処分等を防止する大きな要素・要件になること

　この点、労基法は使用者に対して、賃金、労働時間等の労働条件、その他当該事業場の労働者の全てに適用される定めをする場合においては、これに関する事項について定めた就業規則を作成しなければならない（89条）としている。他方、労働組合は労組法を背景として、組合員の労働条件等の維持・向上を実現するために、労使間のルールに則るなどして団体交渉を申し入れ、交渉を行い、その成果として労働協約を締結する。
　こうしたことからも雇用労働者は、就業規則、労働協約等に則って職場生活を全うすべきことはもとより当然である。また、企業はそれらのルールや基準に基づいて、社員の昇進・昇格、人事異動、懲戒処分等、様々な人事上の処遇・取扱いを実施する。ところが現実には、労働関係・社員関係が展開される過程にあっては、どうしても利害の対立や不平・不満あるいは苦情が生じることも否めない。そうした場合、社員の苦情等につき、労使が自主的に解決できる一定の専門的機能を備えた機関の存在が期待されることとなろう。それが、ここで取り上げた労使協定に基づく「苦情処理機関」である。

3-3-2　苦情処理機関の手続・機能・役割
　企業や労働組合が就業規則や労働協約を必要とする理由・背景には、すでに言及したとおり、多数の社員・労働者の労働条件、服務規律等につき、統一的かつ画一的に取り扱う必要性があるからである。加えて、それは労働者が安心して職

場生活を送ることができるとともに、社員に対する人事上の処遇等が恣意（私意）的あるいは不公平にならないようにするためなどの目的・要請に基づくものである。

しかし、それでも万全ということはあり得ず、社員は、就業規則、労働協約等に基づく昇進・昇格、異動、懲戒処分等の発令や処遇その他の取扱いにつき、その適用・解釈を巡って疑義や不満を抱くことがある。そうした場合、当該社員としては、通常・一般的には、上司に相談したり疑義を訴えたりすることになるものと思料される。しかし、相談された上司の対応によっては、却って落胆することとなったり、それでは埒があかないと実感したりすることになることも考えられよう。そうなると、当該社員は疑念をさらに募らせ、場合によっては企業外の紛争処理機関等に持ち込むことにもなりかねない。しかし、そうした段階に至った場合でも、企業内に労使協定に基づく苦情処理機関が設置され、正常に機能しているという状態があれば、当該社員がその苦情処理機関を利用して解決することも期待されよう。ここに、企業内における制度としての自主的解決の方途が労使に開かれることになる。

いずれにしても、企業としては、社員が不平・不満を抱かないようにすることが第一であるが、仮に不平・不満を生じた場合でも、企業内に設置してある苦情処理機関が社員にとって利用しやすい状態・環境にあり、その紛争解決に対する社員の納得度が高いといった実績があれば、そのことが次第に紛争予防の一環として機能することが期待できよう[74]。もちろん、個別的労働関係または集団的労使関係のいずれの観点に着目しても、不平・不満や苦情が存在している状態を放置せず、早急に解決しておくことが賢明である[75]。

なお、苦情処理機関として定めておかなければならないルール（労使協定の条文）としては、例えば、①苦情処理の範囲、②苦情処理機関の設置箇所、③苦情処理委員とその役割・権限、④幹事とその役割・権限、⑤事務局および受付窓口、⑥苦情の申告（申請）に関する事項、⑦事前審議に関する事項、⑧審議に関する

---

74) 前掲注（4）・水町『労働法』425・429頁参照。
75) この点、個別労働紛争解決促進法2条および労働関係調整法2条は、個別紛争と集団紛争の各々について、紛争を自主的に解決すべき義務を当事者に課している。

事項、⑨審議の結果の処理方法、等が想定される[76]。いずれにしても、苦情処理機関は苦情の申告を受け、事前審理・受理・審議など一連の手続を経て、最終的には審議の結果を本人に通知することになろう。

3-3-3 苦情処理機関と団体交渉の関連性

団体交渉は、労組法を背景として設定される労使交渉の場であり、使用者（企業）は、労働組合の団体交渉の申入れを正当な理由なく拒否することは許されない（労組法7条）。その場合、労組法7条の不当労働行為に該当するか否かの重要な判断要素の1つとして、申入れ事項の範囲の問題がある。この点、苦情処理機関がない場合、社員の苦情に関する申入れ事項は団体交渉の交渉事項になり得る。しかしながら、労働協約、就業規則等の適用解釈を巡る個々の社員の苦情等について団体交渉のテーブルに載せ、場合によっては、その見解の不一致を争議行為によって解決するということになると、却って時間もかかり、また、問題を合理的・効果的に解決するという観点から考察しても妥当ではない。そこで、労使は、団体交渉とは別に、こうした問題をより冷静・客観的に吟味・審議する場として「苦情処理機関」を設けたということであろう。それは、まさに労使の知恵によるものである。

そもそも、団体交渉の場は、労働協約を締結することを目的として、あるいは集団的な問題を解決するため、労使が大いに議論する場である。さらに、団体交渉は取引の場であるともいえることからすれば、必ずしも妥結するとは限らないのであって、まとまらないことも想定される。このことは、団体交渉に対する一般的認識といってもよく、また、労組法が予定する団体交渉の意義とも一致するといえよう。これに対して、社員個々人の苦情や紛争を適切・合理的に解決するためには、お互いの主張をぶつけ合って解決できるというものではない。また、社員の不平・不満・苦情については、後述する職場経営の視点からいっても、「まとまらなくともよい」とか「解決できなくともよい」といって済ませられるものでもない。そこで、まず、そうした場に相応しい環境の下で問題の事実関係を明らかにし、これを前提・基礎として労働協約、就業規則等の関係各条文等に

---

76) 具体的には前掲注(12)・『鉄道会社の労働法と職場経営論』70頁以下参照。

照らし、その解釈・適用に誤りがないかどうかなどについて、限定された労使の代表者が冷静かつ客観的に判断し、結論を導き出すことが肝心である。それでこそ、苦情処理機関の機能・役割を果たすことができよう。

3-3-4 苦情処理機関の課題

　苦情処理機関は、日本人の気質・価値観に合わないということもあってか、実際には活用されることが少ない。ところで、企業における苦情処理機関・団体交渉・経営について、国家機関である「立法・行政・司法」にあてはめてみると、国会（立法）に当たるのが団体交渉であり、行政（政府）に当たるのが経営であり、司法（裁判所）にあたるのが苦情処理機関であると一応いえよう。こうした視点からも、苦情処理に関する事項については、団体交渉から分離し、別の舞台、つまり苦情処理機関を設定することが賢明である。また、労使は、苦情処理が日本人の気質に合わないところがあるにしても、その意義・効用を認め合うとともに、その制度・手続および運用などの工夫を凝らし、信頼性を高めるなどの実績を積み上げるべきであろう。[77]

　なお、企業によっては、苦情処理制度とは別に、さらに「簡易苦情処理制度」を導入している事例も散見される。企業が社員に人事異動、出向等を発令する場合、多くの企業は、事前に文書をもって通知するという「事前通知」制度をとっている。簡易苦情処理制度は、この事前通知制度と相俟って、社員に対する人事異動等の発令につき、事前に通知された内容に苦情がある場合、発令の実施日前に解決しようとする制度である。このように、簡易苦情処理は、適正・的確さに加えて迅速な判断が求められる。したがって、この制度では、簡易苦情処理委員としての適性や人員においても、その要請に応えられる要件・体制が求められよう。[78]

---

[77] この点、近年における日本人の権利意識の強まりなど変化が認められることからすれば、今後はその利用者が増えることも想定される。

[78] こうした要請に対する１つの事例としては、前掲注(12)・『鉄道会社の労働法と職場経営論』85頁以下参照。

3-4 労働紛争の外部（公的）解決機関

個別紛争が企業内部において自主的に解決できない場合、あるいは当事者の一方または双方が内部の自主的処理に納得できないなどの場合、外部の解決機関に持ち込むことがある。その場合、紛争一般に関しての公的な解決機関は裁判所であるが、労働関係紛争に関しては裁判所ばかりでなく、行政機関等による紛争解決という選択肢があり、近年、その実績が多く認められる。[79]

3-4-1 行政機関による個別紛争解決

3-4-1-1 労働基準監督署、公共職業安定所および雇用均等室による解決

労働関係紛争が労基法、均等法、職安法などの労働法規違反の形をとる場合には、労働法規の実施を監督する行政機関（労働基準監督署、都道府県労働局雇用均等室、公共職業安定所）が、罰則を背景とする是正勧告などの行政指導を通じて使用者に法違反を是正させることにより、結果的に紛争の解決を実現することがある。また、男女雇用機会均等法上の紛争（募集・採用、配置・昇進、教育訓練、福利厚生等に関するもの）については、都道府県労働局長が当事者に対して、助言・指導・勧告することができる（雇均法17条）。加えて、同局長は、当事者の双方または一方から調停の申請があった場合においては、個別労働関係紛争解決促進法6条1項の紛争調整委員会に調停を行わせる（募集・採用を巡る紛争は除く）、としている（同18条）。

3-4-1-2 都道府県労働局長による個別紛争解決

個別労働紛争解決促進法（平成13年法112号「個別労働関係紛争の解決の促進に関する法律」）に基づいて、個別労働関係紛争の解決を図る仕組みが実現した。

(1) 総合労働相談コーナーの設置による相談等

個別労働紛争解決促進法は、「個別労働関係紛争を未然に防止し、及び個別労働関係紛争の自主的な解決を促進するため、労働者、求職者又は事業主に対し、

---

79) 前掲注（4）・水町『労働法』430頁以下参照。

労働関係に関する事項並びに労働者の募集及び採用に関する事項についての情報の提供、相談その他の援助を行うものとする」と規定している（3条）。これにより、都道府県労働局が局内等各所に「総合労働相談コーナー」を設置し、総合労働相談員により、労働者、求職者または事業主に対して、情報提供や相談業務など労働関係についての相談を広く受け付けることになっている。[80]

(2) 都道府県労働局長による助言・指導

　都道府県労働局長は、個別労働関係紛争の当事者に対して必要な助言または指導を行うことができる（個別労働紛争解決促進法4条1項）。ただし、雇用機会均等法およびパートタイム労働法における紛争については、個別労働紛争解決促進法によるのではなく、雇用機会均等法（16条）および短時間労働法（20条）に基づいて都道府県労働局長が助言・指導・勧告を各々行うことができる、と規定している[81]（雇均法17条、短時労法21条）。

(3) 紛争調整委員会によるあっせん

　当事者の双方または一方から申請があった場合において、都道府県労働局長が必要と認めたときには、紛争調整委員会に個別労働関係紛争（ただし、募集・採用に関するものを除く）のあっせんを行わせるものとする（個別労働紛争解決促進法5条）としている。[82]

(4) 労働委員会による紛争解決

　平成11（1999）年の地方自治法の改正（地方自治法180条の5第2項2号、180条の2参照）と個別労働関係紛争解決促進法の制定に加えて、地方公共団体が条例や要綱を定めることにより、地方労働委員会が個別紛争の解決機能を担うことが可能となり、[83]従来における争議の仲裁や不当労働行為の審査・救済に加えて、個別労働紛争の相談・あっせんを行えるようになった。[84]

---

80) 前掲注（4）・菅野『労働法』715頁以下参照。
81) 前掲注（4）・菅野『労働法』716頁、前掲注（4）・水町『労働法』432頁以下参照。
82) 同上・菅野717頁以下、同上・水町432頁以下参照。
83) 同上・菅野719頁以下、736頁以下、同上・水町393頁以下参照。
84) 各都道府県労働委員会のホームページにその手続の概要が掲載されている。

3-4-2　裁判所による個別紛争解決

　わが国では、労働紛争についても裁判所が取り扱う権限を有しているが、それでは時間と費用がかかり過ぎるし、また、労働関係に関するより専門的な知識と経験を有する者が手続に参加することが望ましいとする意見が高まっていた。こうした指摘などを背景として、平成16（2004）年に労働審判法が制定されるに至り、平成18（2006）年4月から、全国の地方裁判所において個別労働紛争に関する労働審判が実施されている[85]。

　この労働審判手続の大きな特色は、個別労働関係民事紛争の事情を考慮して、裁判官1名に労働関係の専門的な知識・経験を有する者2名（労使各々から1名）を加えた3名の合議体（労働審判委員会）が紛争処理を行うことである（労働審判法1条）。

　ちなみに、訴額60万円以下の金銭請求事件については、原則1回の口頭弁論で審理される少額訴訟手続を利用できることになっている（民訴法368条以下）。

3-4-3　その他

　都道府県の労政事務所や労働部の労政機関などにおいても、個別労使紛争解決の一翼を担っている。ただし、これらの機関の紛争解決権限を正面から規定した法律や条例は存在しない。したがって、法的な性格としては、助言や相談業務という位置づけとなる。

【参考文献】
- 外尾健一『労働法入門〔再版〕』（有斐閣、1973年）
- 白井泰四郎＝花見忠＝神代和欣『労働組合読本』（東洋経済新報社、1977年）
- 大場鐘作『戦後・日本労働運動小史』（日本生産本部労働資料センター、1979年）
- 白井泰四郎『労使関係論』（日本労働協会、1980年）
- 竹前栄治『戦後労働改革―GHQ労働政策史』（東京大学出版会、1982年）
- 白井泰四郎『現代日本の労務管理〔第2版〕』（東洋経済新報社、1992年）
- 佐藤正男『鉄道会社の労働法と職場経営論』（東洋館、1998年）
- 久米郁男『日本型労使関係の成功―戦後和解の政治経済学』（有斐閣、1998年）

85）　同上・菅野772頁以下、同上・水町435頁以下参照。

- 服部　治＝谷内篤博編『人的資源管理要論』（晃洋書房、2000年）
- 水町勇一郎『労働社会の変容と再生――フランス労働法制の歴史と理論』（有斐閣、2001年）
- 都留　康『労使関係のノンユニオン化――ミクロ的・制度的分析』（東洋経済新報社、2002年）
- 佐護　譽『人的資源管理概論』（文眞堂、2003年）
- 慶應義塾大学ビジネス・スクール編・高木晴夫監修『人的資源マネジメント戦略』（有斐閣、2004年）
- 中村圭介＝連合総合生活開発研究所編『衰退か再生か――労働組合活性化への道』（勁草書房、2005年）
- 荒木尚志＝島田陽一＝水町勇一郎ほか『ケースブック労働法』（有斐閣、2005年）
- 水町勇一郎『集団の再生――アメリカ労働法制の歴史と理論』（有斐閣、2005年）
- 佐藤博樹＝藤村博之＝八代充史『新しい人事労務管理〔第3版〕』（有斐閣、2007年）
- 今野浩一郎＝佐藤博樹『マネジメント・テキスト　人事管理入門〔第2版〕』（日本経済新聞出版社、2009年）
- 岩出　博『新・これからの人事労務――いま働いている人、もうすぐ働く人の〔改訂版〕』（泉文堂、2009年）
- 水町勇一郎＝連合総合生活開発研究所編『労働法改革――参加による公正・効率社会の実現』（日本経済新聞出版社、2010年）
- 水町勇一郎『労働法〔第3版〕』（有斐閣、2010年）
- 菅野和夫『労働法〔第9版〕』（弘文堂、2010年）

第9章　福利厚生管理

第1節　福利厚生管理とは

1　福利厚生の目的

　企業の福利厚生は、一般的あるいは基本的には、企業がその雇用する社員を対象として、社員本人とその家族の経済生活の安心・安定、心身の健康保持・増進、教養・文化生活の向上などを目的に行われる[1]。また、人事管理の一環として、労働力の安定的確保・定着、労働能率の維持・向上を図るなど、賃金、労働時間等の基本的労働条件を補完する役割を担うことが期待されている。それは、社員の働く意欲や当該企業に対する誇りや帰属意識を高めたり、人間関係を良好にしたり、労使関係の安定を図ったり、さらにはそれらを源泉・基礎としてチームワーク力を維持・向上したり、組織機能が適宜・適切に発揮するというような、組織体質の醸成に繋がるなどの効果を期待することによるものである。

　近年、「企業福祉」という呼称が散見される。この企業福祉とは、企業が、次に述べる法定外福利厚生の部分・領域を社員とともにつくりあげていこうという理念を表現したものである。

2　法定福利と法定外福利

(1)　法定福利厚生

　福利厚生は、一般に、「法定福利」と「法定外福利」から構成される。法定福利は、事業主が社員を雇うことに伴って法的に義務付けられるものである。そして、その意図・目的は、健康保険や厚生年金保険・介護保険といった社会保険制

　1）　もちろん、それらの背景には人の上に立つ者として、社員の職業人生とその家族の生活に少なからず影響を与える立場にある者としての責任・道義心があってしかるべきである。

度と、雇用保険・労災保険といった労働保険制度などの保険料を企業等に負担させることにより、公的な社会保障システム・社会保障制度の一翼を担わせることにあるといえよう。したがって、法定福利費は、企業が法的義務として負担する性格のものであり、企業の裁量が及ばない。こうして、企業には社員が安心して働けるように、社員の万が一に備えて法定福利費を拠出する義務が課されている。

(2) 法定外福利厚生

一方、法定外福利は法的義務によるのではなく、企業（経営）側の任意に基づくものである。企業が法定外福利を任意に行うにあたっては、第1に、人事異動などの人事施策、その他の経営戦略を積極果敢に実施できるようにするための条件整備の一環として行うこと、第2に、社員の企業に対する帰属意識・忠誠心などの高まりを期待するとともに、それを基礎として社員の労働意欲を高め、社員間の連携を強めて、職場・各職能部門間の連携・活性化を図ること、第3に、家族を含めた社員の生活の安定と充実に貢献することで、社員が業務遂行に専念できるようにすること、第4に、優秀な人材の確保に繋げること、などを理由・目的として、法定外福利施策を発想・導入し展開する。そして、この法定外福利は、さらに「退職金（退職手当）」とそれ以外の法定外福利厚生に分かれる。もちろん、法定外福利は、本来、社員福祉等の向上のために任意に実施されてきた側面があり、現行のそれも、こうした理念を踏襲している。それが「企業福祉」の表現を使用する、1つの背景になっていると理解することもできよう。ただし、前者の「退職金」については、法定外福利の位置づけになっているものの、実態的には、次第に「企業の任意によるもの」として済ませることが、事実上困難な状況になってきている。つまり、退職金の法的性格については、従来から「賃金後払い」とする説と「功労報償」とする説が併存しているが、近年これに加えて、企業のなかに、いわゆる「退職金前払い制度」を導入するという動きが出てきた

---

2) 経営者・管理者がたとえどんなに能力を具備していたとしても、経営戦略や人事戦略・施策を具体的に打ち立てる段階では、社員の見識・能力・各種スキルの程度、彼らの企業に対する帰属意識・忠誠心の程度、経営者・管理者に対する意識、信頼等の程度、社員間の信頼関係の程度などに制限されざるを得ない。

3) 菅野和夫『労働法〔第9版〕』（弘文堂、2010年）238頁、水町勇一郎『労働法〔第3版〕』（有斐閣、2010年）248頁参照。

ことで、「退職金は賃金の後払いである」とする考え方の勢いがさらに強まるものと予想される。

3　福利厚生費の推移と企業負担の増大

　上記のような状況下で、近年、少子高齢化等の進展に伴い、健康保険や厚生年金保険などの保険料が上昇し続けていることから、法定福利厚生に関する企業の負担増が顕著になっている。この点、例えば、日本経済団体連合会の調査結果によれば、1970年代前半頃から、福利厚生費が増え始めたことが読み取れる。そのうち、法定福利費は1980年代から90年代にかけて増額し、87年度で38,917円、97年度で62,896円と推移し、20年後の2007年度には75,936円に増額した。

　これに対して、法定外福利費も、77年度で29,019円（このうち退職金が15,131円）、87年度で56,632円（このうち退職金35,837円）、97年度で85,677円（このうち退職金56,745円）と推移し、30年後の2007年度には99,549円（このうち退職金71,551円）に達した。特に、退職金については、1977年度で15,131円だったものが2007年度には71,551円に膨れ上がった。

　ちなみに、現金給与総額に対するそれらの合計の比率は、1977年度に、18.8パーセントだったものが、30年後の2007年には29.9パーセントに増加している。このことは、福利厚生費が現金給与総額の伸びを上回って増加したことを示している。

> 【福利厚生項目の具体的事例】
> (1)　法定福利の事例
> 　・健康保険、厚生年金保険、労働保険（雇用保険、労働者災害保険）、介護保険、児童手当拠出金、身体障害者雇用納付金等
> (2)　法定外福利の事例
> 　・住宅関連施策（社宅・独身寮・単身赴任寮、持ち家援助、住宅手当・家賃補助、住宅資金貸付、利子補給、土地・住宅の分譲等）
> 　・医療・保健衛生関連（健康診断・成人病診断・人間ドック、健康相談、差額ベッド費用の補助等）

4）　今野浩一郎＝佐藤博樹『マネジメント・テキスト　人事管理入門〔第2版〕』（日本経済新聞出版社、2009年）231・237・238頁参照。

- 生活援護関連（社員食堂等の運営、売店・生協等の誘致、割引販売、被服の貸与等、通勤バスの運行、定期券の交付、ガソリン代の補助、駐車場・駐輪場の設置、託児所・保育所の運営や利用補助、家族援護としての介護士・ホームヘルパーの派遣や費用の補助、法定を超える育児休業・介護休業等）
- 慶弔・共済・保険、金融関連（共済制度、結婚・出産の祝金、災害・傷病見舞金、死亡弔慰金、遺族年金、貸付金、財形貯蓄、社内預金、従業員持ち株制度、団体生命・損害保険、個人年金等）
- 文化・体育・レクレーション関連（各種文化・体育・趣味活動のための施設の提供・維持運営、運動会・社員旅行会の開催、保養所等の運営、体育施設、レジャークラブ等の利用券の供与、ボランティア休暇、自己啓発援助等）

4　企業の福利厚生を取り巻く環境の変化とその対応

4-1　企業の福利厚生を取り巻く環境の変化

　1990年代に入り、バブル経済社会の崩壊とその後始末の膨大な償却負担の発生によって、わが国は経済における深刻な問題・課題を突きつけられた。それは、例えば、①世界的規模の企業間競争が激化している中にあって、わが国企業の高コスト体質の暴露、高齢社会の到来に伴う負担増、労働費用の中に占める現金給与と退職金の割合が顕著であること、②少子高齢の進行とそれに伴う健康保険、厚生年金保険等の保険料が上昇し、福利厚生に関する企業の負担増等が複合的に表れてきていること、③そうしたことなどから、いわゆる「右肩上がりの経済成長」は望めないこと、④現行の賃金体系（特に、賃金カーブ）と経済の動向・実態との間に矛盾が生じていること、⑤わが国の企業は、その他様々な負担や難題を抱えることになるなど、かつて経験したことのないような状況下に置かれていること、⑥企業等に福利厚生の施策が導入された当時と比べて、時代色をはじめ多くの面でその様相・現勢は大きく変化していること[5]、などである。そして、こうした企業を取り巻く環境の変化は、福利厚生に関する施策を展望する上でも不

---

5) それは、例えば、あり余る物的面での豊さであり（ただし、ここにきて、豊さの陰りや格差の広がりなども見えてきているが）、人的側面では、個人主義の高まりと浸透（今や、社員の多くは働くこと、生きることについて如何に自分を表現するか、自分の気持ちや言動について、企業との関係より自分を優先する。つまり、組織人としての資質がかなり希薄になってきているといえる）であり、人々・従業員の価値観、人生観、幸福感、労働観、職場観、人間関係観等の激変・多様化現象などである。

透明さを増す大きな要素・要因となろう。

4-2　福利厚生の再構築の必要性と企業の対応

　こうした激変する状況下にある産業界において、その当事者である各企業は、抜本的・構造的経営改革を迫られているといってよい。この点、産業界はすでに、春闘の賃上げ率を抑えたり、賃金制度を改革したりしている。しかし、それで事が済むといった単純な問題ではない[6]。加えて、福利厚生費が自己増殖する要素・要因をその内部に抱えている[7]。こうしたことから、人事管理の一施策である福利厚生といえども改革の埒外に置くことはできない。極論すれば、企業は法定・法定外を問わず、問題の所在を曖昧にしないという強い意思をもって対処するとともに、問題解決のためにはあらゆる可能性を探るべきである。そのためにも、当該企業としては、第1に、時代の変化とその背景あるいはそれに伴って形成される、国民の価値観やニーズの変化や多様化の状況・実態を的確・厳正に見据える必要がある。そして、福利厚生の再構築にあたっては、従来の考え方・手法に拘泥することなく、そうした変化と根本のところを押さえるとともに、福利厚生の意義・効用を見極める必要がある。第2に、当該企業としての福利厚生に関する理念・座標軸を明らかにすることである。そして、その理念や座標軸を判断基準に据えた上で、当該企業の構成員の意識などを十分把握するとともに、それを導入・実施した際の効果などについて厳正な吟味を加える必要がある。第3に、これを踏まえて、経営側は、労使協議の場を利用したり、個々の社員とのコミュニケーションを盛んにすることなどを通して、その具体的方向性を探るという、当該企業としての主体性ある独自の抜本的改革に繋げるべきであろう。もちろん、その再構築以降も、各施策・テーマの見直しを行い、必要に応じて思い切った改廃を適宜・適切に実行することが肝要である。

6）　そのためにも、まず、国家レベル、産業界・企業レベル、さらには国民一人ひとりのレベルでも、それらに関連すると思われる、既存の価値観のいくつかを再考する必要があるのではないか、そうすれば、問題・課題を適正・的確に把握し、妥当性のある結論を次々と見つけることができるのではないか。それはまさに、「急がば回れ」、「本立ちて道生ず」などの格言に学ぶべき状況下にあるといっても過言ではない。

7）　前掲注(4)・『マネジメント・テキスト　人事管理入門』215・216頁参照。

5　福利厚生の問題・課題の事例と対応

　日本企業の福利厚生の問題・課題としては、既述したような企業および福利厚生を取り巻く環境の変化などを踏まえて今後を展望すると、例えば、以下のような問題・課題の存在について指摘できよう。ここでは、前述した留意点を踏まえつつ、それらに対する取組みの基本的考え方について述べておこう。

(1)　法定福利費増大の問題・課題

　この問題は、既述したとおり、企業が課された法的義務であり任意に改革を行える性格のものではない。しかし、だからといって企業としては、この問題について能動的に対応することは許されないのかというと、決してそうではない。企業も民主主義国家の構成員、あるいは実体経済の主体の一員として、経済団体を通じるなど合法的手段でその実情や問題・課題を大いに訴えたり、あるいは企業としての福利厚生の理念や対案等を発信するなど、能動的に取り組んでしかるべきである。

　さらにいうならば、各企業は法的に義務付けられた保険料の負担などによって、公的な社会保障の一翼を担わされている。それが、企業にとっての法定福利費の負担となって現われる。また、これも既述したとおり、日本の企業を取り巻く環境が大きく変化し、企業の各種負担が増大している。

　ところで、国家が行う公的社会保障制度は、本来、職業などによって国民の間に格差が生じることがあってはならないはずである。このことに着目するならば、現行の公的社会保障制度は、整合性に欠ける部分や歪みがみられるなどの問題があることから、抜本的・構造的に再構成されるべき時期にきているのではないかと思われる。

(2)　確実視される退職一時金・企業年金のコスト増大の問題・課題

　右肩上がりの経済成長を望めないばかりか、今後益々不透明感が漂うであろう経済の動向を直視するならば、日本航空のいわゆる「企業年金」問題は、大企業をはじめとした大多数の企業にとって、他人事とは思えない問題であり、課題である。

このことは、企業側の努力だけでは済まされない問題であって、労使はこれらの問題を共有し知恵を出し合う必要があろう。また、それは一企業単独で解決できる限界を超えた問題であり、今後の経済動向を展望した上で、わが国における賃金のあり様の再構築を視野に入れた取組みがなされなければならないだろう。さらに、国家的社会保障に繋がる問題としても捉えられるべきであり、関係する各界・各分野が本格的な検討を加え、一定の結論を共有する必要がある。もちろん、各企業も当事者として、退職金・企業年金等の問題について、まずは、当該企業内の労使協議機関などの議題として忌憚のない意見交換を行ったり、経済団体等の舞台を活用して議論を展開するなどの動きを盛んにしていくことが求められよう。いずれにしても、この問題は、国民的視点から知恵を結集して、ソフトランディングさせる必要がある。

(3)　いわゆる「ハコもの」に関する問題・課題
　法定外福利厚生の問題・課題は多岐にわたるが[8]、ここでは、いわゆる「ハコもの」に係わる問題・課題に言及しておきたい。「ハコもの」に係わる問題・課題とは、例えば、病院、社宅（独身寮）、体育関連施設、保養所等を所有すること自体の問題であり、それらの運営・経営に関する問題である。法定福利費はそう簡単には削れないというのが現実であり、その分、圧縮の対象となるのは法定外福利費とならざるを得ない。しかし、法定外福利費であっても、その趣旨・目的等を考えれば安易に削ることもできない。そこで、考えられる手立てとしては、その効果の維持を図りつつコスト削減も併せて実現することを目指すことである。その手法としては、例えば、「ハコもの」については、吟味の上、廃止するものと残すものに分けることが考えられる。前者の場合は、さらにその分を外部の施設やサービスを活用する場合と、そのメニューを完全に廃止する場合に分ける作業を行うことになろう。その際、必要に応じてカフェテリアプラン方式の導入も[9]検討する余地があろう。

---

8)　前掲注(4)・『マネジメント・テキスト　人事管理入門』255頁以下参照。
9)　安藤史江『コア・テキスト　人的資源管理』（新世社、2008年）177・178頁参照。

(4) メンタルヘルスの問題と対策[10]

　今や、メンタルヘルスは、企業にとって、危機管理の対象としても位置づけるべき重要な課題である。この点、社会経済生産性本部のメンタルヘルス研究所調査によると、メンタルヘルス対策に力を入れている企業の割合が、2002年では33.3パーセントだったものが、2008年には63.9パーセントに達したことからみても頷けよう。

　ところで、メンタルヘルスの対象となるのは、主としてうつ病などの心の疾患を指し、その原因・背景としては、長時間労働があるとされ、その対策として労基法の改正などが講じられてきた。しかし、本書としては、例えば、うつ病発症の原因・背景としては長時間労働もさることながら、むしろ、例えば、①担当している職務の遂行に行き詰まり疲労困憊してしまうとともに、自信喪失の状態に陥ってしまうこと、②ところが、人は誰でもプライドがあり、そのことを上司や他の誰かに打ち明けることを躊躇してしまいがちであること、③加えて、職場はそれを打ち明ける雰囲気を希薄化させてしまったり、悩みを聞いてもらったり、語り合ったりできる、上司、先輩、仲間、友人等が存在せず、孤立感を深めてしまうこと、④何らかの事情から周囲の人々から無視されるなど、いわゆる「村八分」的状況下に置かれてしまう（少なくとも本人がそう感じてしまう）こと、⑤そうしたことなどから、自己嫌悪に陥ってしまい、「将来に対する希望を全く持つことができない」と思い込んでしまうこと、等これらのうちの1つまたはいくつかの要素が重なった場合に発症してしまう可能性が高いと想定される。しかも、昨今の働く現場の実態・環境は、そうした状況や事態を惹起してしまいかねないような人的要素と物的要素で充満しているといっても過言ではない。それは、例えば、第1に、業務遂行上の意思疎通や指示命令などの手段として、いわゆる「フェース・トゥ・フェース」によるのではなく「Eメール」で行うことが格段に多くなっていること、第2に、「即戦力」、「成果主義」、「組織のフラット化」、「人間関係の希薄化」等がマスコミによって頻繁に取り上げられているが、そうしたコミュニケーション手段と人事制度・社員管理・企業文化や職場環境等とが相俟って営まれる職場の人間関係の先には、人々の心と身体を病に引き摺り込ん

---

[10]　労務研究所『これからの福利厚生の方向を探る』（労務研究所、2009年）114頁以下参照。

でしまう病根が内在することが考えられる。そうだとするならば、企業文化・職場風土、人事制度・働き方などの全般にわたって総点検を実施することが必要である。そして、長期展望に立って、その点検の結果と当該企業の経営の理念・方針などを突き合わせた上で方向性を見極めることが、解決策の1つとなりうるものと思われる。

(5) レク活動と職場の人間関係

　同じ職場で協働しながらも、個人主義の浸透やIT技術の進歩、そしてその無定見な導入と無分別な活用、仕事の個人主義化、さらには合理・論理一辺倒の人事制度（成果主義等）などの価値観を基礎・基盤とする職場雰囲気が醸成・形成されてしまっているのではないかと、筆者は危惧する。「ストレス社会」といわれて久しいが、今度はそのプロセスを経て、いわゆる「無縁社会」（孤独死などはその典型とされよう）と呼ばれる社会現象が生まれるなど、日本国民は家族をはじめとした地域、職場、その他の共同体との繋がりを限度を超えて希薄化させてきている。

　こうした背景には、国内に、個人主義や人権思想などを無定見に善として受け入れるとともに、積極的に喧伝する一部のマスメディアやその他の存在があり、それが大勢となって今日に至っている。それに対して、個人主義や人権思想の過剰な浸透に警鐘を鳴らすなどの動きはあったものの、少数域を出なかったために、そうした流れを変えるには至らなかった。それがここにきて、その行き着く先の[11]犠牲者となってしまった少なくない人々が、憂うべき事態に追いやられている社会的現象といえなくもない。

　人々はこうした憂うべき状況下に置かれ、または知るところとなって、その重大性に気付かされ、家族関係にあっては「家族の絆」を望み、職場にあっては社会との絆を取り戻すための一環として「レクリエーション活動」を再評価する動きになっているということもできよう。また、企業側の視点・立場に立ってみても、職場のそのような人間関係や働かせ方をこのまま継続することになれば、第

11）　それは、例えば、家族その他共同体の機能不全・解体の状態、企業等組織体としての機能不全や職場における限度を超えた人間関係の希薄状態をいう。

1に、日本人特有の情緒能力[12]を含めた人間性や人間力の劣化・変質に伴う生産性やサービスの質等、経営全般にわたってレベル低下現象が起こったり、いわゆる「おもてなし」・「技術立国」（ものづくり）という日本が誇るべきマインド能力・価値観や「和の精神」・チームワーク力によるサービスや製品の出来栄えを損ねることになったり、その他の弊害を惹起したりすることに繋がること、第2に、企業内の各レベル・各段階におけるリーダーなどの後継者育成の仕組み（システム）が機能不全に陥ってしまいかねないこと、などが懸念される。

ところで、労務研究所の「これからの福利厚生の方向を探る」の調査によると、職場レクがコミュニケーションの活性化に効果があるかとの問いに対して、2005年では効果があると思うという回答が46.3パーセント、2006年は39.3パーセントであったが、2008年になると72.6パーセントとなっている[13]。もちろん、この調査だけでは、職場レクが無条件に復活する兆しがあると断定することはできないが、多くの社員と彼らの家族のニーズに応えられる職場レクの内容等になる知恵を出し工夫を凝らすならば、その可能性は十分あるとみることができよう。

そうだとするならば、やはりこの点でも、企業としては、社員一人ひとりの職場で働くことの意味や人間関係に対する意識の実態調査を実施したり、忖度したりするなどして、職場の人的環境の実態等を把握することが有益となろう。その上で、仮に、職場レクに関して再評価の余地ありとの結論に達したのであれば、職場レクのメニューや内容、仕組み等に関して、社員のニーズ、仕事に対する影響等を想定し吟味するとともに、社員の期待に応える形で一つひとつ実施してみることである。そして、実施しながら、レクの主催者・担当者・リーダーが内省しつつ、さらなる改善を加えていくという適度な緊張感を伴った運営を維持することが望まれよう。

(6) 福利厚生コストの適正管理の問題・課題

今や、多くの企業にとって、法定外福利厚生のメニューやその運営に関しての見直しが必要になっている。そして、その見直しを実行するにあたっては、先に

---

12) 藤原正彦『国家の品格』（新潮社、2005年）。
13) 前掲注(10)・『これからの福利厚生の方向を探る』123頁以下参照。

述べた時代の変化などに留意しながら、社員のニーズ等を的確・妥当に把握した上で、何を廃止し、何を維持するのかを適正・的確に結論し具体化することであり、また、新たに何を加えるのかを決定することであろう。そうした吟味の後に決定されたメニューについて、効率的・効果的に運営・経営を行うことによって、企業経営に貢献することができる仕組み・体制をつくることである。そして、この場合、そのことを実現するための手法の1つとして、カフェテリアプラン方式の活用が考えられよう。[14]

もちろん、カフェテリアプラン方式を導入するにあたっては、その前提として、日本の実情、当該企業の事情などに適合すべく、その内容・仕組みなどについて十分検討を加え工夫を凝らした上で、当該企業独自のものにアレンジすることが肝心要となろう。また、導入後については、第1に、法定外福利厚生のあるべき趣旨・目的を問い続けるとともに、カフェテリアプラン方式導入の目的・機能を果たしているかどうかについても併せて点検・追及すること、第2に、法定外福利厚生施策の展開が企業経営に対してどの程度貢献しているかについて検証し、必要な手を打つこと、第3に、メニューごとの利用実績をデーターベース化し、その後のメニューの改善・改廃に反映させること、第4に、各メニューが効率的・効果的な運営・経営になっているかどうかに関して吟味するとともに、それをその後の施策に反映させること、などの節度をもった取組みが求められよう。

【参考文献】

- 森　五郎監修・岩出　博著『LECTURE 人事労務管理〔4訂版〕』（泉文堂、2007年）
- 佐藤博樹＝藤村博之＝八代充史『新しい人事労務管理〔第3版〕』（有斐閣、2007年）
- 安藤史江『コア・テキスト　人的資源管理』（新世社、2008年）
- 岩出　博『新・これからの人事労務―いま働いている人、もうすぐ働く人の〔改訂版〕』（泉文堂、2009年）
- 今野浩一郎＝佐藤博樹『マネジメント・テキスト　人事管理入門〔第2版〕』（日本経済新聞出版社、2009年）
- 労務研究所編『これからの福利厚生の方向性を探る』（労務研究所、2009年）

---

14) 前掲注(10)・『これからの福利厚生の方向を探る』125頁以下参照。

第10章　職場経営

　企業がその目的・成果を達成させるためには、人事管理やその執行体制、組み込まれた各種仕組み・機能などを総合し統合して、企業活動を合理的・効果的に展開することが求められる[1]。そして、職場はそれらを具体的に実践・展開する企業活動の最前線の舞台である。そこでは職場長以下の職場経営者が、人事制度、組織機能、各種仕組み、人事戦略等を十分活かすとともに、それらの適正な運用によって補完・補強しつつ、その役割・使命を果たすために奮闘する。つまり、職場経営者（いわゆる「中間管理職」）は企業組織的にも、またその構成員にも影響を及ぼす存在であるということができる。こうして職場長以下の職場経営者は、トップ経営者（社長等を想定）・トップマネジメント（人事担当役員を想定）・人事担当部長をはじめとした各職能部門長等の指揮・支援の下、人事管理の執行（運用）体制を基盤として個々の社員の能力はもとより、職場の組織能力を全開させることによって、職場目標、ひいては企業目的の達成に貢献する。一方、職場経営者によるそうした成果は、トップ経営者の経営戦略の範囲・可能性・選択肢を広げ、いわゆる「現場力」を強めたり、企業の競争力を高めたり、日常的業務遂行能力の向上に繋がったりする。

　そこで、ここでは職場長以下の職場経営者が、人事管理の執行（運用）体制を踏まえ、部下社員とどう向き合うかを中心に、職場経営について述べていくこととしたい。

---

[1]　もちろん、数学者の藤原正彦氏が、「どんな論理であれ、論理的に正しいからといってそれを徹底していくと、人間社会はほぼ必然的に破綻に至ります」と指摘しているように、合理・論理に偏重した職場経営を展開するならば、職場経営者が部下社員のコミットメントを得ることができたり、組織が機能したり、メンバー間の協力関係・チームワーク力などを高めたりできる範囲は限定的なものにとどまることになろう。この点、藤原正彦『国家の品格』（新潮社、2005年）95頁以下、ダニエル・ゴールマン＝リチャード・ボヤツィス＝アニー・マッキー著・土屋京子訳『EQリーダーシップ―成功する人の「こころの知能指数」の活かし方』（日本経済新聞社、2002年）参照。

第1節 「職場経営」構想

1　本書における「職場」の概念と職場像

(1)　ライン組織とスタッフ組織

　本書でいう職場とは、企業の組織単位の1つとして位置づけられることを要する。そして企業組織は、ライン組織とスタッフ組織から成り立っているという側面がある。前者は、例えば、生産、販売、購買など企業の、いわば表舞台的組織単位（職場）がこれに該当する。これに対して、後者は、例えば、企画・計画、人事などの部門がこれに属する。このように、企業はライン組織とスタッフ組織を結合・連携させ、スタッフ組織にはライン組織を補完・補強する組織機能が組み込まれている。ライン組織は、上部機関から下部機関へと系統順にラインをなして繋がっている組織である。そこには、組織系統として必要な指揮・命令などのコントロール機能を必要とする。これに対して、スタッフ組織の場合は、専門的な知識を発揮して、ライン組織等に対して助言・支援するのが主な役割・任務となる。ちなみに、規模の小さい企業の場合はライン組織だけで事足りることが多いが、その規模が拡大するにつれて、職能が分化してスタッフが発生するというのが一般的である。[2]

(2)　現業機関と非現業機関

　一方、企業組織には、現業機関と非現業機関がある。前者はライン上の現場第一線であり、職能部門ごとの成果・結果が現れる最終場面である。後者は前者の活動が効率的・効果的に展開され、その成果が最大限上がるように、場合によっては、必要な指示・助言・支援などを行うという役割を担う。

　2）　日本経済新聞社編『経済用語辞典』（日本経済新聞社、1997年）450頁、中條毅責任編集『人事労務管理用語辞典』（ミネルヴァ書房、2007年）265頁参照。

⑶ **本書における職場の概念と職場像**

　職場は、一般的には、「仕事をする場」、「勤めている場所」、「職務に従事する場所」、あるいはある種の思いを込めて「現場」という表現がされ、曖昧模糊としたところがある。このように、「職場」とは抽象的概念であり、具体的・現実的には、当該企業における組織上の1つの単位である、「課」・「室」・「営業所」などがこれに該当することになろう。そして、「職場」という呼称が人々にそうしたイメージをもたれるなかで、本書でいう「職場」とは、上述したようなライン組織か、またはスタッフ組織か、あるいは現業機関か非現業機関かについては問わない。本書が予定する職場とは、①企業組織上の単位として位置づけられていること、②一定以上の人員が企業の目的・目標の達成に貢献するために協働する「場」であり、組織単位の1つとして必要な一定の秩序・規律が確保されている環境条件下で職務を遂行するという仕事の第一線を意味すること、③企業の組織単位として、企業経営の目的を達成するために必要な機能・役割が課されていること、④そして、そこは、当該職場の所属社員が組織的価値を尊重し高め合いつつ、一丸となって経営の目的・目標を達成するために協働し、その効果を最大限上げようとする舞台であること、⑤したがって、この舞台は職場の仲間が連携し補完し合い、互いに批評し、切磋琢磨し、時にはぶつかり合い競争したり、挫折を味わったり辛酸を嘗めたり、達成感を共有し、互いの成長に気付き、認め合い、仕事を楽しく思うとともに、働きがい・生きがいを感じることができ、また社員自身の受け止め方次第では、いわば「人生道場」にもなり得たり、といったところである。また、職場経営者とは職場の責任者であり、スタッフ部門等でいうならば、例えば、部長、課長、室長等以下の管理職社員がこれに該当する。一方、現業機関でいえば、営業所長、支店長、駅長等以下の管理職社員が想定される。そこでは所属社員が団結・結集して、当該職場に課された役割・目的を達成すべく職場長の下、一丸となって協働する。それこそが、本書の求める「職場像」である。

2 「職場経営」の方向性とその構想

2-1 「職場経営」構想の背景

2-1-1 世界規模での企業間競争の激化

　近年、経済のソフト化・サービス化による産業構造の変化、経済のグローバル化による世界規模での企業間競争の激化、産業の空洞化、生産コストの増大等に直面して、日本企業は競争力の低下に陥り、少なからぬ企業が終身雇用制（長期雇用）、年功序列等の雇用慣行を見直そうとする動きが顕著になって久しい。この点を詳述すると、1990年代初頭のバブル崩壊以降日本経済低迷の中で、各企業は「人員・設備・負債」という「3つの余剰」を抱えて収益を大幅に悪化させた。さらにグローバリゼーション（国際化）の進展により、日本企業も国際基準での経営を余儀なくされていったことが、この傾向に拍車をかけた。また、同時に日本国内での企業間競争を制限し、外国企業の参入障壁となっていた各種の規制が撤廃され、それまで規制によって保護されていた業種においても競争が激化するに至った。

　こうした中、多くの日本企業は、「3つの余剰」の解消を目指し、経営のあらゆる面で効率化を進めるとともに、高い付加価値を生むための内部改革を進めた。このような状況下にあって日本企業は、①世界最高水準にある賃金レベルを背景とした、高い人件費を低減あるいは抑制すること、②資質の高い人材を確保するとともに、その人材の潜在能力を最大限引き出すことによって競争力向上の決め手とすること、③そのためには、成果主義に基づく賃金制度や昇進制度を導入するとともに、仕事自体の魅力（やりがい）を向上させること、などが必要であるとして、そのことに繋がる各種取組みを展開した。

2-1-2 企業・職場で働く人々の価値観とその働き方の変容・多様化

　企業・職場を取り巻く環境、特にそこで働く人々、すなわち、部下社員の価値観等の変化・多様性の広がりが認められるが、その要因として、第1に、高学歴化と女性の職場進出を挙げることができよう。第2に、人々の自由・平等主義、個人主義の浸透・拡大がある。第3に、それに加えて、人々の権利意識を含めた

各種意識の変化、またはそれらの高まりである。第4に、彼らの価値観、労働観、企業・職場観の多様化である。第5に、職場を構成する人々の意識の変化・多様化現象に加えて、情報通信技術（ICT）の活用に伴う働き方の変化とも関連すると思われる。現代は、前述のとおり、職場の人間関係の希薄化とともに、人間観や人間関係観の変化も顕在化している状況下にある。

こうしたことに関連して、ジョン・P・コッター教授は、「グローバル化が進展し、働き手の教育水準が高くなって、彼らがもはや耳目を集めたいと思わないような環境にあっては、新しいリーダーシップ・スタイルの登場が待たれるのは事実である。しかし、リーダーシップに関わる諸問題のカギを握るのが『スタイル』かというと、そうではなく、大切なのは『質』である。つまり、時代を超えた普遍性をもち、異なる文化や業界においても通用する、リーダーの行動の本質こそが問題とされるべきなのである。表面的で些細なことや、小手先の戦術は、さしたる意味をもたない[3]」と述べている。

職場経営者としては、そうした部下社員または労務指揮下にある人々の心境・考え方などについても、関心と理解を深めておく必要がある。何故なら、それらのことが部下社員らの職務遂行に対する「意欲」の高低等に影響を及ぼす要素の1つに繋がるからである。したがって、職場経営者としては一般社会や雇用社会を含めた、そうした「変化」、特にその事実・実態あるいは彼らの心情などを可能な限り把握した上で、職場経営者としての言動を効果的に展開する必要がある。そこで、ここでは、職場経営者が社員マネジメント上留意しなければならない数多の事柄の中から、以下の3点に関して述べておこう。

(1) 雇用形態の多様化

雇用形態の多様化が進展し、正規社員（正社員・長期雇用制）に加えて非正規社員、例えば、契約社員（有期雇用社員）、パート社員、派遣社員等が増加している。また、労働者に類似するが非労働者として扱われる家内労働者、訪問販売員、フリーランサー（自由契約）等も散見される。しかも、これらに対するマスコミ

---

[3] ジョン・P・コッター著＝黒田由貴子監訳『リーダーシップ論―いま何をすべきか』（ダイヤモンド社、1999年）6・7頁。

等の取り上げ方や、それを受けとる若年労働者を中心とした雇用社会の雰囲気・事情などもあって、それらの情報をとかく聞こえがよく感じたり、非正規社員があたかも賃金労働者の多数を占めているかのように錯覚してしまい、事実や実態を誤って認識しがちである。また、人間は緊張感に欠けた安定的日々を送っていると、とかく現在の境遇の有難さを忘れてしまい、変化を求める欲求が頭をもたげてきたり、いわば隣の芝生が青く見えたり、あるいは「世間がどうであれ自分たちは別だ」というように考えてしまいがちである。こうした様々な要素が重なって、所属会社や職場の些細な不平や不満を契機に、労働意欲が急激に下がってしまうことすら想定される。さらには、転職を考え自分の職務に専念できずに悶々とした日々を過ごしたり、現実に会社を辞めてしまう場合もある。ややもすると、長期雇用制以外の雇用形態で働くことが新鮮に感じられてしまい、そこには、新しい働き方や新しい人生があるのではないかとの錯覚に陥ってしまうことすらある。

　しかしながら、40年を超える長い職業人生のこと、また、少なくとも、特殊・特別な人々を除く、ごく普通の「サラリーマン」の立場を念頭に置いて考えるならば、「終身雇用制」（語源を辿れば「終身の関係」という表現が正しい）という雇用形態による働き方は決して悪くない。そればかりか、いわゆる「山師」的生き方を望まない限り、むしろ、そうした働き方は企業から企業へ渡り歩くといった職業人生よりも、安心・安定した人生を享受することができるに違いない。

　また、職場経営者としては、正社員か非正規社員かを考慮することなく指示・命令を発したり、その他不適切な言動をしてしまうと、場合によっては彼らのプライドを傷つけたり、違和感を覚えさせたりすることにもなりかねない。したがって、職場経営者としては、相手の立場・雇用形態あるいはその場の動向などにも留意して対応するべきである。

《金言‐1》
　日本企業はいまなお社会的組織であって、単なる利潤追求マシンではない。企業の一義的な存在理由は、構成員の幸福と安全を守ることだ。日本は産業化の道を歩み始めたとき、大量の外国の技術を輸入した。だが、これらの技術を活用した企業は、あくまで日本の文化に根差す価値観の上に成り立っていた。
　そこで大切なのは、むきだしの個人主義ではなく組織への帰属意識である。すなわち

> 「終身の関係（Lifetime Commitment）」だ。これは、企業と社員が互いに義務を果たす関係を説明するため、1958年に筆者が初めて使った言葉で、のちに「終身雇用制」と呼ばれるようになった。（2005年3月4日付日本経済新聞朝刊、ジェームス・C・アベグレン著＝山岡洋一訳『新・日本の経営』117頁以下（2005年、日本経済新聞社）参照）

(2) 勤務形態の多様化

　雇用形態の多様化に加えて、勤務形態・就労形態の多様化も散見される。例えば、フレックスタイム制、裁量労働制、在宅勤務、サテライト・オフィス等である。

　このような働き方は、自由と個人主義の考え方を強めている今日の風潮の下では、多くの人々から歓迎される働き方であるかもしれない。しかしながら、そもそもこのような勤務が可能な職種は、研究所やソフト開発などを中心とする限られた場合であるとみるべきであろう。こうした働き方は、他人に拘束される度合いも少なく、煩わしい人間関係から解放され、一見理想的な働き方であると感じてしまう。しかし、同じ職場で協働するという働き方には、例えば、仕事をやり遂げるプロセスで苦労を分かち合ったり、また仕事をやり遂げた際の達成感を共有できるといったメリットもある。また、人間関係が希薄で孤立した、そのような働き方も毎日ということになると、孤独であり苦痛に感じることにもなりかねない。協働する働き方を辞した者が、後年、回顧してみると、足の引っ張り合いも含めた様々な人間模様のある、あの頃の職場が懐かしく思えるようになるかもしれない。とかく、人は誰でも、同じ環境・同じ境遇や立場のままで長期間にわたって過ごしていると、現在置かれている自分の境遇の有難さを忘れて変化を求めたがるものである。そこは職場経営者として冷静に考え、私たち人間の本質やことの顛末を見極めながら、同じ職場で協働することの意義についても再認識するなどして、部下社員との会話を弾ませることも時と場合によっては意義のあるコミュニケーションとなろう。

(3) 人々の職業観、企業・職場観の変容

　従来、人々は学業を終えて1つの会社に就職したなら、定年退職するまで無事勤め上げることが一般的であり、それが常識でもあった。また、「勤め上げる」

という文言からも分かるように、それを成し遂げた人または成し遂げようとして努力している人は世間から信用され、そこから外れた人は信用されない傾向があった。しかし、今や、そうした傾向はかなり薄れてきている。働く者の多くは、会社一辺倒の人間にはならず、むしろ、自分の個性や能力を発揮して、会社から得るものはしっかり吸収し、会社での仕事を通して自己実現を図ったり、労働能力のレベルアップを図り、成長しようとしている。ところが、その一方では、人間関係における情愛の希薄化が進行する中にあって、多くの人々が孤独感と不安感を募らせ、家族や職場やその他の人間関係を通した情愛や絆を求め、帰属意識や連帯意識をもちたいと願っているという、複雑怪奇な様相を呈する時代でもある。

このように、一方では、自由や個人主義化を強め、会社との関係にあっても割り切ったクールで合理的な考え方を標榜し、他方では、孤独感や不安感を募らせ心の拠り所や絆を求めているという、二律背反的ともいえる現象が起こっている。したがって、職場経営者としては、そのあたりの状況や、部下社員個々人の心の内および職場全体の動向についてもできるだけ把握しながら、適宜・適切な話題を提供することが、却って、部下社員の信頼を得たり心の通った会話になったりするかもしれない。いずれにしても、職場経営者は、可能な限り節度ある誠実な職場経営を展開することが求められよう。

2 1 3　今日的職場の問題・課題

職場における今日的問題としては、例えば、メンタルヘルス不全の問題、各種ハラスメントおよび過労死問題を提示することができよう。これらの問題でも、メンタルヘルス不全については看過できない現状にある。しかも、その背景には、平成10（1998）年以降、年間の自殺者数が13年間連続して3万人を超えるという状況がある。特に、この数年でみる限り、その人数は交通事故死者の3倍から4倍に当たる。そして、そのうち、企業で働く人々の自殺者は、約8,000人から9,000人であり、その大半が男性であるとされている。[4]

こうした状況下、慢性的な長時間労働や仕事上のストレス、職場の人間関係な

4）　安藤史江『コア・テキスト　人的資源管理』（新世社、2008年）214頁以下。

どに起因する精神障害や自殺に対する労災申請・認定件数も急上昇中である。例えば、平成20年度において、脳血管疾患および虚血性心疾患等（「過労死」事案）で認定された件数は377件である。ところが、これまでの対応は、その殆どがカウンセリングを中心とした事後的ケアであった。そればかりか、そのケアの仕組み等が十分整備されているとはいえない実態にあるといわれる。この種の問題は、予防的処置の徹底を図るべき性質の問題なのである。この点、厚生労働省は、「事業場における労働者の心の健康づくりのための指針」（2000年）で、4つのケアが継続的・計画的に行われることが重要であるとしている。その4つのうちの1つとして、「従業員と日常的に接する管理監督者が心の健康に関して職場環境等の改善や従業員に対する相談対応を行う『ラインによるケア』」を掲げている。

これに関連しては、本書でも随所で言及しているように、職場経営者は部下社員と日常的に接していることから、社員の異変を察知する可能性が高い。あえていうならば、職場経営者こそ、職場不適応の兆候のある社員に気づき、まず、産業医に相談しその指示を受けつつ、併せて職場長や人事部門のスタッフや本人とその家族等と連携して、適切な処置を講じることが可能なのである。もちろん、彼のその後の勤務についても、産業医の助言を受けながら的確・早急に対応すべきことはいうまでもない。ちなみに、アメリカでは、EAP (Employee Assistance Program) によるメンタルヘルス対策への投資効果が、対策をとらなかった際の損失・補償にかけるコストを大きく上回ることが実証されており、EAPの効果と信頼性が大きく認められている。そのため「Fortune 誌」のトップ500企業の約95％が、社員の心の健康を守るためにEAPを導入しているといわれている。

以上、メンタルヘルス不全の現状の一端について言及したが、今日的職場の問題としては、これ以外にも、例えば、いわゆる「過労死」問題と各種ハラスメント問題がある。しかも、それらの問題に対して、少なくとも、1次の段階で対応すべき適任者は職場経営者である。そして、この3事例（メンタルヘルス不全、

5）　平成21年6月8日厚生労働省発表「平成20年度における脳・心臓疾患及び精神障害等に係る労災補償状況について」参照。

6）　岩出博『新・これからの人事労務—いま働いている人、もうすぐ働く人の〔改訂版〕』（泉文堂、2009年）119頁。

過労死および各種ハラスメント）に対して的確かつ効果的に対処する上で、共通して重要なことは、①事後的なケアより予防することが肝心要であること、②早期の発見と適切な対策・治療が鉄則であること、③職場経営者が部下社員の動向に無関心過ぎることにより、問題を見過ごし悪化させること、④職場経営者が職場長、本人、産業医、人事部門、家族、その他の関係者等の連携を適宜・適切に行うこと、といったことがいえよう。

2-2 「職場経営」の主体とその意図・目的
(1) 「職場経営」の主体
　本書では、職場経営の主体を「職場経営者」と呼称し、その代表者・責任者は、「職場長」ということになる。もちろん、それは、各企業各々の組織上の問題となるが、通常・一般的、あるいは現実的には、「課長」とか「営業所長」ということになろう。

(2) 「職場経営」と呼称する意図・目的
　もちろん、これまでも多くの管理職社員は、管理（マネジメント・コントロール）一辺倒により職場運営や社員管理を行ってきたわけではない。彼らは、多くの場面で、部下社員を叱咤激励し、相談に乗り、温かい配慮をし、支援するなどして、多かれ少なかれ、その役割や責務を果たしてきたことは間違いない。しかし、みてきたように、企業・職場を取り巻く環境、特にその構成員、つまり部下社員の意識等の変化に着目すると、今や、管理・監督的手法だけでは、人も組織も効率的・効果的に動かないことは明らかである。また、本書が後述する内容からも分かるように、今や、管理・制度の範疇によるアプローチだけで事足りるケースは、極めて少ないことも容易に理解されよう。

　そこで本書では、まず、「ライン管理」とか「職場管理」といった呼称を「職場経営」の名称に改めることで、そうした実態を企業人に印象づける端緒としたい。そうすることによって、今や、管理や制度的アプローチだけでは物事がスムーズに運ばないことについて、トップ経営者や管理職社員が共有・共鳴することを促したい。そして、まず第1に、人事管理の執行（運用）体制の機能強化を図ること、第2に、「管理・制度」等によるアプローチから、それにリーダーシッ

プによるアプローチを加えて、両者の総合・複合によるアプローチにパラダイムシフトすることを提唱したい。その出来上がりとして、この提唱に対するトップ経営者、人事担当部長（関係職能部門長を含む）等の理解と職場長に対するバックアップおよび人事管理の執行（運用）体制機能の強化を背景として、職場長以下の職場経営者が具体的事象や場面・局面などに応じて、両者各々のアプローチを使い分け、または両者を組み合わせることなどによって職場経営の成果があがることを意図・標榜する。

加えて、職場長以下の職場経営者が健全な「経営感覚」を旺盛にするとともに、主体的・能動的にその使命・職責・課題に立ち向かうことにより、部下社員の信頼を得る基礎・基盤づくりに繋げることも可能である[7]。部下社員は、従来の管理職社員に対するイメージを越える、そうした上司（職場経営者）の後姿に好感の印象をもつことも期待できよう。

第2節　職場経営者とリーダーシップ

職場経営は、前述のとおり、管理（マネジメント）の概念や制度的アプローチによるだけでは、効率的・効果的に運営することが難しい状況下にある。しかも、職場では、その一員（いわゆる「組織人」）として、必要・有益な「組織的価値」などを共有・共鳴し合い、チームワーク力を高め合うとともに、その目的・目標に向かって、一丸となって邁進すべき場面・局面も多々ある。

そうしたことからも、職場長以下の社員の力を結集することが肝心要となっているが、そのためには、管理（マネジメント）を如何に精緻にするかというよりも、如何に職場におけるコミュニケーションの質のレベルを上げ、心を1つにして仕事を行うことができるかが問われる。ここに、職場経営者がリーダーシップを発揮することが求められる大きな理由の1つがある。

一方、職場経営者は、通常・一般的には、部下社員を通して職場の目的達成に貢献する役割を課されており、個々の部下社員の業務遂行状況および職場運営全体の状況に関して把握し、必要に応じて適切・的確な判断・指示などの対処能力

---

[7]　拙著『鉄道会社の労働法と職場経営』（東洋館、1998年）428頁以下参照。

を備えておく必要がある。そこでここでは、職場経営の重要な位置づけとなる、リーダーシップについて言及しておくこととしたい。

1 マネジメントとリーダーシップ

1-1 管理（マネジメント）とは

　管理については、すでに言及した（21頁以下参照）が、リーダーシップとの関連、あるいは比較する視点から若干付言しておきたい。まず第1に、一般に、マネジャーあるいはマネジメントという言葉で定義されるのは、「日常的な組織管理をうまく、あるいは滞りなく裁いていく技能である」とか「階層とシステムを基礎として計画・組織・命令・調整・統制などを展開することを通じて機能するという、論理的で静的なものである」とか「基準を設け、基準に合わせ秩序を維持・向上させようとする」というものである。それは、例えば、①基準を設け、秩序を保つ、②計画と予算を立てる、③目標を達成するための手順を組み立てるとともに、経営資源を配分する、④組織編成を行う、⑤組織をコントロールする、⑥組織のリストラクチャリングを実施する、⑦人事制度に則り適切に人事評価する、などである。そして、これらに共通していることは、「組織目標を達成すること」を主眼とする活動であるということができよう。第2に、職場経営の範疇でいうならば、職場の状況分析などを行い、人事制度に則り適正・適切に人事評価し、部下社員の業務分担の範囲を決定して、上手く分業を成立させることができる能力ということができよう。具体的には、①職場経営の計画・実施・調整、②問題・課題の特定と解決・克服、③業務管理、④労働時間の管理、⑤部下社員の業務分担範囲の決定、⑥部下社員の職務の適性に関する吟味、⑦職場内の社員間、企業内外の部署・機関等との連携状況の把握と適切な措置、⑧職場規律の把握と適切な措置、⑨職場環境管理、などを適宜・適切に処理していくことである。

1-2 リーダーシップとは

　これに対して、リーダーシップとは、健全で前向きな企業文化等を背景にするなどして、企業が進むべき方向性・ビジョン、施策などを、部下等の脳・心・感性に働きかけることを通して機能させるという、柔軟でダイナミックな社会的現象であるということができよう。そこでは、企業のビジョン、施策などについて

社員に理解させ、納得させ、実現に向かって行動を起こさせたりする。その場合、リーダーは、リーダーシップ発揮の一環として、その対象者の価値観、感情などに訴えかけ、モチベーションやエンパワーメントを起こさせる。そこに、マネジメントがフォーマルな組織、権力・権限に依存するのに対して、リーダーシップはインフォーマルな人間関係に依存するという際立った特徴がある。こうしたことから、組織を動かすリーダーは、性質の異なるマネジメントとリーダーシップの両者を巧みに使い分けて、その効果を顕在化させることが求められる。

　そこで、リーダーシップとは何かである。まず、結論をいえば、それはリーダーとフォロワーとの間に生じる社会的現象のことである。そして、リーダーシップを生み出す第1の源泉は、リーダーの容姿・人間性、言動など全身からほとばしる（あるいは滲み出る）「もの」であり、第2の源泉は、大半のフォロワーが自分自身の眼・耳・感性などによってそれらを受け止め、かつ認識した「もの」である。つまり、リーダーシップとは、リーダーによる第1の源泉と、フォロワーによる第2の源泉との相互作用の結果として生じる社会的現象であるということができる（**図表10-1**を参照）。したがって、単にリーダーであったり、いわゆる「地位の高いひと」というだけで、リーダーシップが自動的に備わったり、帰属したりするものではない。この点について、金井は、「リーダーシップとは、リーダーたる人物がひとり占有するものではなく、みんなで創り出す社会的現象である」、「リーダーの言動とフォロワーの認識の間にこそ、リーダーシップが存在する」、「リーダーシップとは、リーダーのなかに存在するというよりも、リーダーの言動を見たり聞いたり感じたりしてフォロワーの大半がそれをどう意味づけるかという過程（プロセス）のなかに存在することになる」、「リーダーシップとは、リーダーとフォロワーのやりとりのなかから、インターラクティブかつダイナミックに帰属していく過程なのだ」と明快に述べている。[8]

　ところで、「リーダーシップ」という社会的現象の存在を確認する方法としては、例えば、一方で、「振り向けばついてくるフォロワーの大半が存在すること」（クーゼス=ポスナーの基準）、他方で「フォロワーはフォロワーなりに自律していること」（ハイフェッツの基準）の2側面があるといわれている。[9]

---

8) 金井壽宏『リーダーシップ入門』（日本経済新聞社、2005年）62・63頁。

第 2 節　職場経営者とリーダーシップ　267

　いずれにしても、職場経営者と部下社員との相互作用のなかに「リーダーシップ」という社会的現象が生じている場合は、部下社員一人ひとりも、また、職場全体も、そうでない職場と比べて活力が旺盛であるはずである。そうだとすると、ポスナーの基準とハイフェッツの基準に加えて、状況証拠的基準ではあるが、リーダーシップの存在確認のもう１つの基準を示すことができることになろう。すなわち、それは、①職場の活力度、②社員満足度、③職場の目的達成度、などを総合してその存在の有無を判断するという基準である。

　また、既述のとおり、J・クーゼスとB・ポスナーは、フォロワーが「喜んでついていく」という点に、リーダーシップ現象の本質を捉えた。このことに関して、さらに、それでは、どのような人物なら、大半のひとがついていく気になるか、と問い質した。その問いに対して、多数の研究者が「リーダーシップのキィーワードを一言でいうことは難しい」という中にあって、彼ら２人は、ずばり一言で「信頼できるひと」と答えたという。このやりとりについて、金井は「信頼性なしに、リーダーシップはないという捉え方は、リーダーシップの定義に直結した基本中の基本の命題として、認めざるを得ないのではないだろうか。トム・ピーターズでさえ、リーダーシップのような複雑な現象のキーワードをたった１つにしぼるというのは難題だと主張しつつも、『信頼がそれだ』という視点には納得せざるを得ないとクーゼスらを援護している」として、「信頼性」の重要性を指摘している。さらに、金井は「リーダーがフォロワーに影響力を行使するために

---

9)　何故ならば、前者についてはいうまでもないが、後者については、仮に、フォロワーが事の善し悪しを判断する能力や主体性がないために不用意についていったり、何らかの事情からリーダーについていかざるを得ないためについていったり、といった場合も想定される。そうすると、大げさにいうならば、歴史上からみても、フォロワー（国民）がしっかりしていないと、民主主義が機能しなかったり、その他深刻な弊害が発生したり、などとんでもない事態に陥ることが想定される。そこで、「フォロワーなりに自律していること」という、ハイフェッツの基準が提唱されたものと理解される。

10)　前掲注（6）・『新・これからの人事労務』25頁以下参照。

11)　この「信頼性」についてであるが、少なくとも職場経営者に着目していえば、信頼の内容に関しては、「仕事能力」、「実際力」、「情意性」、「実績」等に加えて、部下社員が抱く常日頃の職場経営者の言動、人間性などの積み重ねに対する印象・イメージがどのようなものかということになろう。リーダーシップの発揮能力ということになれば、それは、信頼性を基礎とした職場経営者としての総合力が問われることになるものと思料される。

12)　前掲注（8）・『リーダーシップ入門』66・67頁。

図表10-1　リーダーシップの存在

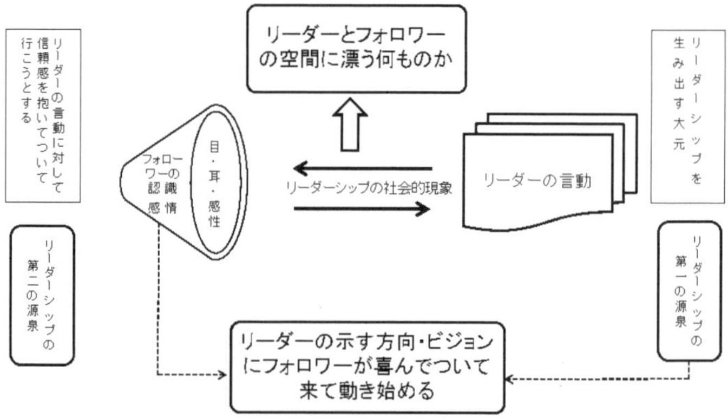

（図：リーダーとフォロワーの空間に漂う何ものか／フォロワーの認識・感情（目・耳・感性）／リーダーの言動／リーダーシップの社会的現象／リーダーシップを生み出す大元／リーダーシップの第一の源泉／リーダーの言動に対して信頼感を抱いてついて行こうとする／リーダーシップの第二の源泉／リーダーの示す方向・ビジョンにフォロワーが喜んでついて来て動き始める）

は、フォロワーがそのリーダーに信頼を寄せていないといけない。リーダーシップは、リーダーによるフォーマルな権限の行使とは関連するがそれとは別ものだ。影響が生まれる過程は、地位や肩書そのものとは違って相互作用的で動態的だ」と述べている。

1-3　マネジメント（管理）とリーダーシップの異同

　管理（マネジメント）とリーダーシップの異同、とくにその違いを理解することができれば、職場経営者は両者を融合させて活用したり、使い分けたり、組み合せたりすることを適宜・適切に行うことができ、その効果を格段に高めることができよう。そこで、ジョン＝P＝コッターの『リーダーシップ論―いま何をすべきか』および金井壽宏『リーダーシップ入門』に依拠して、以下のとおり、両者の違いを念頭に置きながら、各々の役割・特徴について述べておこう。

　その前に、まず、マネジメントとリーダーシップにはともに、①課題の特定、②課題達成を可能にする人的ネットワークの構築、③実際に課題を達成させる、という共通する3つの仕事があるとされている。ところが、そのために用いる具体的手法に両者の違いがある。そこで、以下に、マネジメントとリーダーシップ

---

13)　前掲注(8)・『リーダーシップ入門』65頁。
14)　前掲注(3)・『リーダーシップ論』47頁以下。

の違いを念頭に置いて、両者各々の役割とその具体的手法について例示しておこう。

〈マネジメントとリーダーシップの違い〉
《①マネジメントの役割・特徴》
・複雑な環境にうまく対処するのが、マネジメントの役割である
・マネジメントが整備されていないと、複雑な企業は混沌とした状態に陥り、自壊しかねない。逆にそれがしっかりしていれば、そこでは秩序と一貫性が維持される可能性が高くなる
・マネジメントでは、「計画」[15]を立てる
・組織構造を構築し、ポストを創設すること、適切な人材を充当すること、関連スタッフへ計画を伝達すること、計画実行の権限を移譲すること、実行状況を把握する仕組みをつくること、などである
・マネジメントの基本的特徴は、現在のシステムをうまく機能させ続けることであり、詳細な実行ステップに乗って計画を完遂するために、「コントロール」と「問題解決」によって、込み入った環境を乗り切ることである
・目標を達成するための手順を組み立て、経営資源を配分する
・組織を編成し、人員を配置する
・統制を敷き、問題があれば解決する
・マネジメントは、失敗ともリスクとも無縁であるべきで、普通ではない、稀有なものに頼ってはいけない
・フォーマルな組織、権力や権限に依存する
・マネジメントの武器はコントロールと問題解決である
・複雑な環境に適応するといった要素を含む

《②リーダーシップの役割・特徴》
・変革を成し遂げる力量を指す
・マネジメントの「計画」に対して、リーダーシップでは「進路設定」[16]をする
・企業が進むべき未来の方向性を定め、ビジョンと戦略を描く

---

15) 「計画」とは演繹的な性格をもつマネジメント・プロセスで、目標通りの結果を生むためにつくられるものである。

- その方向性、ビジョンや戦略を社員たちに理解させ、納得させ、実現に向かわせる
- ビジョンを達成するための手段は、「動機づけ」と「啓発」によって組織メンバー（部下社員）の内なるエネルギーを燃え立たせ、人々の心を「統合」することである
- 人間関係上の必要性、価値観、感情などに訴えかけ、「モチベーション」と「エンパワーメント」を推し進める
- インフォーマルな人間関係に依存する
- リーダーシップを重んじる企業文化（職場風土）を組織（職場）にしっかりと根付かせることである

2 職場経営におけるリーダーシップの4つの機能

(1) 指示・指導性機能

　指示・指導性機能は、部下社員に対して、仕事に関する必要な指示・指導を行い、より効率的な仕事の進め方あるいはより高い効果と成果を上げることを実現する機能である。この機能は、社員の積極的・自発的行動を促し、当該職場の目的・目標に対する自主的、意欲的な取組みを促す働きである。したがって、この機能は、職場経営の成果をあげる上で、部下社員に直接働きかけるものであり、これが効果的に機能するか否か、またはその程度はどうかということは、後述する共感性機能等の作用がどのような状態になっているかにかかっている。すなわち、その考課・成り行き如何は、職場の信頼関係の程度に左右されることになろう。

(2) 共感性機能[17]

　共感性機能は、職場経営者が、部下社員の置かれた立場や気持ちを忖度・配慮

---

16)　「進路設定」とは、どちらかというと帰納的であり、リーダーは幅広いデータを収集して、そこから、様々な事柄の説明根拠となるパターンや関係性を見つけ出す。また、進路設定によるアウトプットは計画ではなく、「ビジョン」と「戦略」である。そして、このビジョンと戦略は、事業やテクノロジー、企業文化が長期的にどうあるべきかを示すとともに、この目標を達成するための現実的な道筋を付けるものとなる（前掲注(3)・『リーダーシップ論』52頁）。

17)　前掲注(1)・『EQリーダーシップ―成功する人の「こころの知能指数」の活かし方』17・18頁、34頁以下参照。

したり、組織的価値や職場の目標を共有・共鳴し合ったり、仕事の進捗状況に関心を寄せたりするといった、「仲間意識」とともに、上司としての責任と温かい気遣い・思いやりの態度で接することにより、職場とそこでの人間関係に組み込まれる雰囲気・働き・作用である。[18] 部下社員は職場経営者のこうした地道な日常的取組みの積み重ねによって「明日も職場に出勤して、あの上司や先輩や同僚と一緒に働きたい」と実感できるようになり、意欲的・協力的になるとともに、信頼関係も芽生えることとなる。また、職場経営者は、部下社員の将来の目標に対する助言や支援等を惜しまない共感的態度で、職場をリードすることが大切である。もちろん、それは「仲良しクラブ」的人間関係に陥ったり、部下社員に迎合することを黙認するものではない。そこでは、適度な緊張感があり、自由闊達な雰囲気が醸し出され、各社員の能力が大いに発揮され切磋琢磨する場面が随所にみられるといった、活力溢れる職場の実現を念頭に置いたものである。要するに、この機能は、指示・指導性機能が円滑に作用するための、「潤滑油」あるいは「起爆剤」的役割を担う機能をもつといえよう。

(3) 情報の共有化・意思疎通性機能

情報の共有化・意思疎通性機能とは、当該職場の社員がその目的、課題等に関して共通の認識をもち、同じ方向を目指すことができるように働きかけることである。例えば、部下社員に対して、トップ経営者・職場長などの考え方や方針・職場の目的・目標・その他業務遂行等についての理解と周知を図るとともに、お互いの意思疎通を図ることなどである。この機能は、単に周知すれば済むというものではなく、職場の構成員である部下社員がそれらを理解するとともに納得し、意欲的に仕事に取り組むよう働きかけることである。価値観の多様化、個人主義化等が進展する中にあって、職場長以下の社員が必要な意思疎通を図り、同じ基盤に立つことができるかどうかは職場経営の成果を左右するターニングポイントとなる。

---

[18] これは、職場経営者と部下社員の信頼関係を構築する1つの要素になるものといえる。

(4) 評価・信用性機能

　評価・信用性機能とは、職場経営者が業務を遂行する上で前提となる、周囲からの評価や信用の総称である[19]。いうまでもなく職場長以下の職場経営者は、当該職場の社員の選挙によって選出されたわけではない。それは、会社の人事発令によって配置されたリーダーである。このような実態や経緯の中での評価・信用性機能は、職場経営者自身の実績、職務上の能力、人間性等によって左右されよう。したがって、職場経営者が職場の多くの部下社員から信頼され、評価され、そして自信をもって采配できることが、リーダーシップを効率的かつ効果的に発揮できる大きな要素になるはずである。そして、この機能の優劣は、リーダーシップの発揮はもちろん、前述した他の３つの機能、とりわけ、指示・指導性機能の発揮に大きな影響を及ぼすことになる。

　以上、職場経営者とリーダーシップについてみてきたが、企業経営を取り巻く環境が不可測的に変化する中にあって、職場経営者の役割の範囲・特徴などを考慮すると、リーダーシップによるアプローチの効用は計り知れないものがあることに気づかされる。その有効・有益性は、次のようなテーマに着目してみても容易に想定されよう。

・人事管理の執行（運用）体制の機能を強化・充実させること
・社員のモラルとモラールの維持・向上を図ること
・社員間の融和、社員の協力・連携関係などを促進すること
・自己規制、信頼等の組織的価値の共有・共鳴を促進すること
・職場の活性化を図ること
・職場のレベルアップを図ること[20]
・部下社員のメンタルヘルスの維持・向上
・各種ハラスメントの防止を図ること

---

19) このことに関連して、「リーダーシップ」という社会現象のキーワードをたった１つ挙げるとしたら、それは「信頼」であるということに、殆どのリーダーシップの研究者が納得するといわれる（前掲注(8)・『リーダーシップ入門』67頁参照）。
20) 企業経営者が経営戦略や人事戦略を構想する際、職場の態勢や社員の技術・技能、姿勢等のレベルを考慮せざるを得ない。したがって、職場経営者は企業の方向性を見極めながら、こうした職場（個々の社員および職場全体として）の実力を高めるための活動も視野に入れて奮闘することが期待されよう。

・職場風土・職場環境の健全化とそのレベルアップを図ること

　もちろん、ジョン・P・コッターがいうように、「リーダーシップとマネジメントは、別々の個性を持ちながら、お互いを必要としている。リーダーシップのみが突出してマネジメントが手薄になってしまうのは、逆の場合と同様に困ったこと、あるいは一層手に負えない、ということだ。優れたリーダーシップとマネジメント力をともに備え、なおかつこの両者をうまくバランスさせられるかどうかに真価がかかっている[21]」のである。したがって、マネジメントによるアプローチとリーダーシップによるアプローチのバランスを適切にすることが重要であることはいうまでもない。例えば、職場の秩序や一貫性を維持・向上するとともに、間違いのない職場運営と仕事の遂行をするためには、しっかりとした管理（マネジメント）が必要である。一方、職場長以下社員の総力を結集したり、個々の社員の意識を高めたりすることによって、格段の成果を上げるためにはリーダーシップによるアプローチが有効である。また、社員の意識、技能・技術の面でも抜群のレベルに達したり、さらに上を目指して社員同士が切磋琢磨するといった職場の雰囲気を醸し出すためには、社員の背中を押してくれる背景・存在としての企業文化や職場風土がそのエネルギーの源泉となるが、この場合もリーダーシップによるアプローチの出番が期待される。

第3節　リーダーシップ発揮の基盤・前提条件

1　職場経営者の位置づけと役割

　既述のとおり、①企業経営者が人事管理の基本方針などの重要事項を決定し、②その決定に基づき人事部門は人事に関する計画の立案・制度作りと専管的業務を担い、③職場長以下の職場経営者は直接・具体的な人事管理（部下社員の意欲と能力の向上、快適な職場環境の維持・向上、職場のモラルとモラールの維持・向上、人事評価、部下社員の教育訓練等）を執行するといった、三者による分権的な管理体制が現代人事管理の特徴である。これら三者の中でも職場経営者は、直接社員

21）　前掲注（3）・『リーダーシップ論』48頁。

を通じてその成果を具体的に上げていくという、極めて実践的・具体的な役割を演ずる立場にある。

　ところで、今日のような厳しい経営環境や人々の価値観の多様化・個人主義化の進展を考慮すると、整備した職場環境を基礎・基盤として、部下社員の能力を引き出し、それを最大限発揮させるという職場経営者の役割は増すばかりである。また、職場は分業と競業のシステムであり、職場を構成する部下社員のチームワークを必要とする。加えて、産業界において、いわゆる「組織のフラット化」が進展しているが、こうした人事管理の体制は問題なしとしない。そうだとすると、職場経営者としては、社員に対する姿勢・態度として、管理や制度によるアプローチだけではその役割を十分果たしたことにはならない[22]。その意味するところは、例えば、職場経営者としては、高めた各社員の意欲や能力の単なる加算あるいは寄せ集めに満足していてはならないということである。自らの職場経営手腕を発揮することによって、彼らの、いわゆる「共同作用」あるいはチームワーク（協働すること）の効果を追求し、各社員の意欲と能力を有機的に統合し、組織能力との相乗効果を生み出させ、職場全体としての成果・実績を最大限実現させることが必要である。

　ところで、職場経営者は、いわゆる「中間管理職」としての位置づけ・立場にある。このことに着目すると、職場経営者は、いわゆる「上意下達・下意上達」の促進と調整の役割を担う機会が多いことが想定されよう[23]。具体的には人事管理執行（運用）体制の当事者として、その機能強化を促進しようとする場面で、「下意上達」を実行することが期待される[24]。

　いずれにしても、上述のような環境下で職場経営者は、その究極的役割を果たさなければならない。したがって、そのためには、まず、日常的担当業務を滞ることなく遂行するとともに、職場と部下社員にかかる必要な仕事と関連事項の把

---

22) 特に、指示・命令が、「フェース・トゥ・フェース」によるのではなく、Eメールなどの手段によるということが常態になると、いわゆる「仕事の個人主義化」等による、メンタルヘルスその他様々な弊害の発生が懸念される。
23) ここに、中間管理職のリーダーシップが期待される理由の1つがある。つまり、中間管理職のあり方が組織と社員の生活に大きく影響するといわれる所以がそこにある。
24) この「下意上達」は、リーダーシップの特徴的1つの形であるともいえよう。ちなみに、職場長らのこうした進言に対して、トップマネジメントや人事担当部長等がどのような姿勢・態度をとるかといった点で、彼らあるいは企業としての真価が問われることになろう。

握と適切な対応・処理ができていることが前提条件となろう。そうした基盤・実績があり、部下社員・同僚を含めた周囲から職場経営者として認められ、自らも納得できていてこそ、リーダーシップを存分に発揮できることになるというものであろう。そこで、職場経営者としてのベースとなる業務の一端について以下に言及しておこう。

2　業務管理

　世界規模での企業間競争が激化している経営環境下にあって、新しい製品の開発や技術・技能の革新が目覚ましく、しかもそれらの回転の速さには目を見張るものがある。こうしたことから、各企業は、経営戦略の変更や市場攻略上の方針転換が常態的に起こることを想定しておかなければならない。また、既述したとおり、日本企業は、高賃金・高齢化の実態下にもある。そうした中で、相対的に競争力を維持していくためには、価格競争以外で他の企業に対して差別化を図ることが必要になる。すなわち、それは、製品やサービスの「斬新さ」とか「質の高さ」への飽くなき挑戦の意欲（行動、企業・職場の勢い）と能力（知識、技術、技能等）を企業・職場全体および個々の社員として持ち続けることである。

　ところが、いわゆる「組織のフラット化」の実施などの理由から、技能、技術の継承に支障をきたしている。[25]加えて、ICT（情報通信技術）操作スキルなどの新しい知識・技能に対する適応・対応において、若年社員の方が中高年社員に優るケースが多い。このため、少なからず、上司と部下社員の間に問題が生じることも散見される。

　こうしたことからも、職場経営者は常に当該職場における職場経営者として、必要な知識、技能・技術およびその範囲を特定するとともに、それらを更新することを怠らないように自己啓発等に努めることである。もちろん、そこで大切なことは、ことの性質から、若い世代や部下社員と職場経営者（上司）との必要な業務知識・技能の「棲み分け」を適格に行うことが必要であると思われる。[26]そし

---

25)　企業組織のフラット化は、1990年以降、よりスムーズな人材の交流とコミュニケーションが図られるとして、多くの企業が実施した。

26)　「棲み分け」にあたっては、当該企業にとっての業種・業態を踏まえて、企業経営上から見た重要度の優劣、組織機能、業務遂行、人間関係などの視点から判断するとともに、多くの社員が納得するような結論を得ることが望ましいのはいうまでもない。

て、そのための環境を形成するためには、第1に、人事部門・他の機能部門が「棲み分け」のあり様・考え方の構築に介在することが必要であること、第2に、職場経営者が日常の業務管理の中で、「棲み分け」を必要なものとして、共有・共鳴して前向きに一丸となって対応・実践すること、第3に、「棲み分け」したものを職場内で定着させること、などが考えられよう。

　要するに、職場経営者（上司）が部下社員に軽視されたり、職場経営者の職務遂行に支障をきたすようなことになってはならないということである。いわんや、そのような職場の環境下で職場経営者にストレスが蓄積して、メンタルヘルス問題の原因の1つになるようなことは避けなければならない。

　いずれにしても、職場を預かる職場経営者として大切な役割・責務を念頭に置きながら、次に掲げるような職場管理や業務管理などを的確に行うことが必要である。

(1) 部下社員について
　・担当業務を安全・正確に完遂しているか
　・担当業務について十分理解しているか
　・担当業務の問題・課題を把握し、その改善等に取り組み、その成果を上げているか

(2) 職場について
　・職場環境（人的要素・物的要素）は満足のいく状態下にあるか
　・職場に課された業務を効率的・効果的に遂行しているか
　・職場における社員間の連携・協力は十分なされているか
　・組織機能・チームワークは十分発揮されているか
　・職場内に悪しき労使慣行、適度な緊張感の欠如等はないか

(3) 組織単位として
　・職場としての役割を果たしているか
　・職場としての機能が十分発揮されるとともに経営の目的達成に貢献しているか
　・上部機関および他の関係機関との連携等は十分か

　以上について、職場長以下の職場経営者は点検・把握することになる。その結果、問題点が発見された場合には、それに応じた必要かつ的確な解決あるいは措置を講じることになる。

3　社員マネジメント

(1)　社員の労働意思と能力に関する把握と必要な措置

　職場経営者は業務管理等を行う過程で、部下社員の業務遂行に対する態度・意欲・能力等を把握することになるが、その結果、問題や支障があると判断された場合には、必要な措置を講ずることになる。つまり、職場経営者は企業が求める人材像につき部下社員に対して認識させるとともに、必要に応じて教育訓練、OJT、自己啓発等を念頭において人事担当部と連携するなど、適切な措置を講ずるべきであろう。

(2)　社員の職場生活の把握と必要な措置

　各社員の意欲と能力を高め、職場としての成果を最大限上げることによって経営に貢献することは、職場経営者の最大の使命である。この観点から職場内が適度な緊張感を維持しつつも、各社員が各々の能力を存分に発揮するとともに、社員同士が切磋琢磨し、健全で健康的な職場生活を送ることができ、協調的・融和的な人間関係を営めるようにすることも大切である。したがって、職場経営者としては、部下社員がどのような気持ちや精神状態で職場生活を過ごし働いているかについて把握するとともに、その結果を踏まえて必要な措置を具体的に講ずることになる。

(3)　社員の業務知識、技術・技能、キャリア開発等に対する助言・支援等

　職場経営者は、日常の部下の仕事ぶりを観察しているだけに、その能力不足や優れているところ、あるいは仕事上の適性などを熟知している。したがって、職場経営者としては、人事部門のスタッフと連携しつつ、教育訓練、能力開発、昇格・昇進制度等を踏まえて、①適時に業績のフィードバックを行うこと、②能力開発的な課題や指示・支援を与えること、③キャリア開発の相談にのること、④キャリア計画を援助すること、⑤知識・技能・態度といった職務能力を身に付けさせる活動等を行うこと、などの取組みを積極的に行うことが肝要である。

(4) 社員の人事評価

　社員の人事評価は、納得性・客観性・公平性・一貫性を重視して、また、単なるボーナスのための査定や昇進試験の資料作りの一環としてではなく、社員の能力・意欲の向上や目標設定などをも視野に入れたものとすべきである。特に、人事考課にあたっては、①直接の上司（職場経営者）を第１次考課者の構成員にすること、②第１次考課者の考課を尊重すること、③人事考課は、人事管理の執行（運用）体制を機能させる具体的場面の１つになることについて三者が共有すること、などが肝要である。いずれにしても、適正・的確で多くの部下社員にも納得される人事考課のレベルを維持・向上させることが、企業・職場における労使の信頼関係の醸成に繋がる大きな要素・要因になることは間違いない。

4　職場環境管理

(1) 人的・物的職場環境の整備

　職場環境管理は、人的職場環境管理と物的職場環境管理に分類することができる。前者は職場のモラルとモラールの維持・向上、メンタルヘルスの維持・向上、宥和と適度な緊張感に裏打ちされた活力ある人間関係の醸成、部下社員の意欲の維持・向上、過労死の防止、セクハラの防止、その他のハラスメント（性的嫌がらせを除いた、いじめ、嫌がらせ、からかい行為等をいう）の防止などの措置を講じることであり、後者は部下社員の労働安全・衛生に関すること、各種施設・設備等に関わる取組みを行うことである。

(2) 職場における調整機能の強化

　企業が、その業務を効率的にまたスピーディーに遂行していくためには、職場内の社員間、上司と部下、上部機関等関係する他の機関との意思疎通が欠かせない。また、必要な情報の共有化を図っておくことも重要である。それでも万全なところまではなかなか到達できないというのが常であり、ボタンの掛け違いがあったり、必要な情報・伝達の漏れがあったりということから、人間関係が円滑でなくなり、連携やチームワークが十分機能せず、スムーズに事が運ばないといった事象が多々見受けられる。したがって、職場経営者としては、社員間の意思疎通、情報の共有化等に遺漏がないかどうかについてチェック・配慮し、問題があ

第4節　職場経営の方向性

　企業間の競争が激化する中では、例えば、「顧客志向」の徹底が不可欠であり、雇用慣習や個人の就労意識にも大きな変化が見られる今日では、「画一的」な社員マネジメントの段階にとどまり、結果として、社員個々の潜在能力を引き出せないようでは、企業としての競争力を失ってしまう。前述したとおり、職場経営者の仕事は、部下社員を通じて経営目標を達成し経営に貢献することであって、職場経営者が介在することによって成果が向上するのでなければ、職場経営者の存在意義はない。「命令の仲介役」としての役目しか果たさない職場経営者であってはならない。[27]

　したがって、これからの職場経営者は、職場経営の一層の成果・実績向上に繋げるために、部下社員の「労働意思」と「労働能力」を維持・向上させるとともに、人的・物的の両面で快適な職場環境のレベルアップを図ることが大切な役割・任務となろう。そして、そのための1つとして、「画一的」な社員マネジメント[28]から一歩前に踏み込んで、「個々の社員」に目を向けた「自律的」な社員マネジメントを実践することが求められよう。

1　社員マネジメントの方向性

　職場経営者は職場においてその存在感を示し信頼される存在になる必要があるが、そのためには、部下社員とのコミュニケーションを大切にし、彼らの仕事上の悩みやキャリア開発のこと、また可能な範囲で私的な事柄についても相談されるようになることである。そして、職場経営者と部下社員のそうした交流を通じ

---

[27]　このことに関連して、企業が中間管理職社員の配置を取りやめてフラット化した背景には、中間管理職社員の存在価値が認められないとの判断がなされたことも1つの理由に挙げられたかも知れない。要するに、中間管理職社員に限らず、その存在価値を示さなければ、合理化の対象になるということを認識しておく必要がある。

[28]　前掲注（6）・『新・これからの人事労務』98頁以下参照。

て信頼関係を積み重ねることで、部下社員は次第に当面の業務知識に加えてその周辺の技術・技能のレベルアップにも「意欲」が湧いたり、将来のキャリア開発などの目標や、さらには将来に対する希望をもつことができるようになるものである。また、一定以上のレベルにある部下社員に対しては、コミュニケーションを通して各々にあった課題や目標を設定するとともに、その達成のための適切・妥当な動機付け・インセンティブを与えるなどして、業務知識はもとより、企業と部下社員各自の将来を見据えた技術・技能の向上や、さらに上の段階のキャリア開発を目指させるべく助言や支援を行うことである。そのためには、従前の「画一的」な接し方から脱却し、より「個人」に目を向けた、個々の社員の状況に適した接し方により、各々当該企業の社員としての「モラール」（やる気）と「モラル」（道徳）を引き上げることを目標とした職場経営に変革しなくてはならない。

(1) 「個々の社員」に着目した社員マネジメント

　部下社員が上司（職場経営者）を敵視するような職場の状況下では、職場経営者は社員全員に対し「画一的」に対応し、業務命令の徹底を図ることは意味がある。また、社員に対する要求水準が単なるルーティンの徹底やルーティン・ワークのような低い次元の段階では、「画一的」な社員管理に甘んずることになりかねない。しかし、それでは社員の潜在能力を顕在化させたり、新たなキャリア開発のための支援を行ったりすることはできない。

　しかしながら、今や、職場経営者には部下社員の顕在化している能力以上のものを引き出すことが求められている。それに応えるためには、社員を「画一的」に捉えるのではなく、「個々の社員」に着目して職種等に応じた特性（可能な限り個々の社員の興味・資質・能力）を把握し、それに応じて能力を引き出したり、能力を開発したりするといった取組み、すなわち、企業と部下社員の将来を見越した取組みに挑戦することである。

　そうした職場経営者の日々の取組みの結果、次第に、部下社員の中には、例えば、「かつての自分に比べて格段に仕事ができるようになった」、「技術・技能がレベルアップした」、「自分と企業の将来に有益な技術を先取りすることができた」、「仕事の意義や喜びを感得できたし、そればかりか会社や周囲から評価され、

それが具体的に会社に貢献することにも繋がり、それが報酬という形で具体化しその喜びを実感することもできた」といった事例が出てくることが期待できよう。

「画一的」な管理手法では、よほど自覚のある社員でない限り仕事の技術・技能の向上を図ることは難しいが、逆に「個々の社員」に着目した支援等による対応では一人ひとりの個性を引き出し、レベルアップを図ることがより可能となる。これこそまさに「人を大切にする考え方」であり、個々の社員に着目した職場経営のメリットである。

⑵ 「自律（立）的」な社員マネジメント

価値観の多様化がいわれて久しいが、多くの人々は個人主義に基づく「個の自立」、あるいは「権利意識」や「人権思想の意識」を高める一方で、確固たる自信や目標をもつことができずに、「帰属意識」・「連帯感」・「人間関係の絆」等が枯渇し、孤立感を深めているのではないかと窺える節がある。[29]

そうだとするならば、そういう時代背景があることを考慮・意識して、職場経営者はまず自分自身の迷いを払拭して、自らのスタンスを確立し自信をもつとともに、爽やかで思いやりと誠実な態度で向き合い、部下社員の将来に対するキャリア形成に関する相談に応じたり、目標を与えたり、動機付けを行ったり、場合によってはリーダーとして、職場の方向性や企業が求める人材像について明確に示し、職場の秩序を乱す社員に対しては断固とした態度をとるなどを通じて、信頼される存在になることが求められよう。

このように、職場経営者は常日頃から部下社員とのコミュニケーションを重視することなどを通して、信頼関係を築くといった地道な努力を積み重ねるとともに、それを基礎として部下社員の心を動かし、向上心をくすぐり意欲をかさ立てるような職場経営活動を展開することが重要であろう。また、個々の社員に着目して各々に適った的確・妥当なリードをすることも大切である。

ところで、「自律（立）」的な職場経営を目指すリーダーとしては、そうした自覚のもとに、自ら情報を取りに行き、方針を打ち立て、停滞することなく変化を

---

29) それは、例えば、新興宗教の活発な普及活動状況や、ごく親しい若者同志の他愛ない携帯電話での頻繁なやりとり、「人間関係の希薄化」から「無縁社会」へといった社会現象の推移などからもその一端を垣間見ることができよう。

読み、あるいは変化に応じて各種施策や人事制度を適正・適切に運用し、部下を鼓舞するなどを通して目標達成に繋げる。また同時に、職場経営者は、いわゆる中間管理職層として企業の維持・発展のために「リーダーシップの真骨頂」を発揮できる位置・立場にある。しかも、そのことが、企業の維持・発展と社員の職業人生の充実に繋げることができるか否かに大きく影響する。職場経営者はこうしたことをも自覚し、「主体性・自律性」を具備することが求められる。つまり、職場経営者は他者に依存するのではなく、常に「自分の責任」で物事を考え、自ら率先して行動する立場にあるということである。

こうして、職場経営者は部下社員に対して適切・的確な助言や支援を行うことができる、正にリーダーとして相応しい存在となる。そして、職場経営者は多くの部下社員から信頼される存在となり、感度良好・打てば響くような関係になる。その結果、業務遂行上のやりとりは最小限で済むことになるとともに、職場経営は効率的・効果的になり生産性が向上する。こうしたことは、企業の維持・発展からも、また、社員のメンタル・ヘルスなどの観点からも有益であるのはいうまでもない。もちろん、そこには職場経営者にとってはかなりの負担を強いられる場面・局面が想定されよう。

ところが現代の企業経営にあっては、ICT（情報通信技術）によるコミュニケーションの重要性が現実のものとなっている。そこには、いわゆる「フェース・トゥ・フェース」による人間関係がますます希薄化している現状がある。そうした実態下にあって、今後の企業経営を展望するとき、企業経営者の後継者育成についてはどのようなキャリアを積ませ、どのような役職を経験させれば、リーダーシップを発揮できる有能なリーダー・経営者を輩出できるかが思量される。それに対する答えの1つが、ここで取り上げた職場経営者を経験させることではないかということである。トップ経営者・人事担当部長としてもそのことの有益性を認めるとともに、職場経営者に発令された者も、「職場経営者の経験は将来企業経営者になる者にとって有益である」と確信して、そのことを具現するべく「己の職業人生を問う」といったくらいの確信と覚悟をもって職場経営者として

---

30) リーダーシップの真骨頂とは、職場経営者が、場合によっては、上司や上部機関に対してもリーダーシップを発揮することをいう。

の職務に立ち向かうならば、将来の企業経営者育成上からもその経験は有益なキャリアになろう。こうした点に着目するならば、職場経営者は企業経営者になるための登竜門の１つとして位置づけることも意義あることとなろう。そうなると、将来のエグゼクティブ・オフィサーの候補として期待できる社員には、なるべく早い時期（30歳前後）に職場経営者の経験を積ませることが望ましいという人事戦略も浮上しよう。[31]

2　目標とする職場の状態

(1)　目標とする職場の前提条件

　職場は働く場である。しかも、そこでは複数の社員が各々の役割を担いながら協働する場である。各社員は、労働契約上、「債務の本旨に従った労働力を提供しなければならない」義務がある[32]。つまり、各社員は上司（職場経営者）の求めに応えて、各々の能力を十分発揮するよう全力で職務を遂行する義務がある。また、各社員は自らの仕事を確実にこなすだけではなく、職場全体としての協働が効率的・効果的に展開されるように配慮することも当然求められる。すなわち、社員はお互いが心おきなく能力を発揮できるよう、良好な職場環境を構築するために配慮することも求められる。

　こうした関係性のなかで、職場経営者は労働契約の意義を理解するとともに、部下社員に対する上司としての自覚と一定の責任感をもたなければならない。それに対して、部下社員も企業秩序や職場規律を尊重し遵守すること、各社員は上司（職場経営者）の求めに対して誠実に応えること、仕事上の知識・技術・技能の維持・向上のためには努力を惜しまないこと、といった自覚と意欲があり、またそれらが職場の雰囲気になっている、こうした実態を擁しているとき、本書としては、「目標となる職場」の前提条件を具備していると評価する。

(2)　目標とする職場と社員の状態

　「目標とする職場」とは、単に業務遂行が滞りなく行われているだけでなく、

---

31)　前掲注（３）・『リーダーシップ論』63頁以下参照。
32)　水町勇一郎『労働法〔第３版〕』（有斐閣、2010年）122頁参照。

社員相互の信頼関係に裏打ちされた仕事上の連携がよく、一人ひとりの能力の総和以上の、しかも目標以上の成果を常に追求している姿がそこに認められる職場のことである。[33]

　ところで、今日の経済社会が非常に早くかつ不可測に変化している状況下にあって、企業経営における必要な変革やその成果を効率よくかつスピーディーに達成するためには、トップ経営者や企画・計画部門のスタッフによる戦略・実行計画の策定や、組織・人事制度・情報システム等のインフラの再構築だけで済むものではない。すなわち、企業経営の本質は、むしろ、それらの総合力であり、社員全員の意識・行動の必要な変革による「あるべき姿・体制」の構築とその実践こそが不可欠の要件である。そうした激しく不可測に変化する状況下にあっては、例えば、人事管理に着目してみた場合でも、単なる人事制度の改正・改変ではその変化に対応できない。むしろ、制度の頻繁な改正は、制度に対する社員の信頼を減ずることになり、ひいては企業に対する不信感を募らせることに繋がりかねない。したがって、そうした場合には、安易な制度の改変よりも、例えば、人事担当部長が中心となって人事管理の執行体制の機能を充実させるとともに、職場長に対する支援・フォローを活発化させ、それを受けて職場経営者が人事制度を適切・適正に運用することの方が肝要であり期待もできよう。さらに、その基礎・基盤となるのは、職場の人的環境であるが、それは、例えば、次のような状態がどの程度確保されているかに負うところが大きいといえよう。

- 社員が当該企業・職場への帰属意識と誇りを持つことができるとともに、企業の発展を志向する価値観が共有化されていること
- 競争が激化する中にあって、職場の雰囲気として企業が生き抜いていくために企業・職場と社員がとるべき態度・方向性について一定の理解があること、すなわち、社員の意識・価値観を変革し続ける意思とエネルギーがあること
- 職場の中で、業務の改善・合理化・効率化の必要性がよく認識されており、業務改善意欲や向上心が強く、技術・技能等に関する議論が交わされるというような切磋琢磨する職場風土があること
- 職場に「高信頼・高感度」の人間関係があること[34]

---

33) それは、例えば、後述（287頁）のコミットメントを得ることなども有力な1つの手立てとなろう。

この「高信頼・高感度」の職場を実現することによって、職場における組織上の人間関係が打てば響くような協力的・協調的な関係を創り出し、組織機能が最大限に発揮される状態を醸し出すようになること
・職場経営者が部下社員に対して、叱責・指導が自然にできる雰囲気があること
・職場にあっては爽やかな挨拶や声掛けが実践されていること
・いわゆる「報告・連絡・相談」などが適宜・適切に交わされるなど職場運営およびそれに伴う人間関係を感度良好な環境にすること

以上、目標とする職場と社員の状態やあるべき態勢について述べてきたが、そうなると、このような職場を実現するために、職場経営者としての能力・姿勢・態度が次のテーマとなろう。

第5節　職場経営者に求められるもの

1　職場経営者としての留意点

1-1　職場経営者としての「スタンス」の確立

　部下社員の心を動かし労働意思と労働能力を高めるためには、その前にまず、職場経営者自らが職務と立場に誇りと責任と自信をもつとともに、誠実で一貫性のある態度をとることが求められよう。例えば、職場経営者が自分の仕事に誇りや自信がもてなかったり、部下社員がどのような心境で職場に出勤し働いているのかなどに関して思いを寄せたり、若い部下社員のキャリア開発・形成について検討・計画してみたりすることもなくして、どうして部下社員との信頼関係を構築し、部下社員の意欲・能力を高めることができようか。

　この点、少なくとも一度は、職場経営者としての「働く意味」・「働きがい」あるいは職場経営者としての立場、職務、日々の生活、さらには職業人生についてとことん考え抜いてみることである。そして、「人間皆、いずれはこの世との別れがやってくる」というこの現実・自然の摂理を冷厳に受け止めた上で、さて、

34）「高信頼」とは、当該職場の社員としてお互い共有すべき価値観・規範を積極的に守り、誠実して協力的に言動することについて、大多数の者が賛同している状態をいう。「高感度」とは、いわゆる「打てば響く」あるいは「一を聞いて十を知る」の喩えのような人間関係の状態をいう。

どう生きるのか、職場経営者としてどうあるべきかについて自問・自答してみるのも意義あることであろう。そうすると、結論としては、「一度しかないこの人生を自分なりに精一杯やったと後々思えるような職場経営者になろう」といったような気持ちに辿り着くに違いない。そうした内容、あるいはそれに近い心境・結論に到達することができれば、それまでの職場経営者としてのストレスや不安、あるいは迷いからも解放されるに違いない。そして、それ以後は、心の中にあった靄のようなものが自ずと吹っ切れて精神状態が前向きになり、誇りと自信に裏打ちされた、いい仕事ができるはずである。

　そうした状態を確固たるものにするためには、職場経営者は国家観、人間観、人生観、労働観、企業・職場観等に対する考え方・見識をもっておくことが有益・有効であろう。なぜなら、職場経営者の部下社員に対する言論活動は仕事に直結する内容に限ったことではなく、広範囲に及ぶことになるからである。また、職場経営における問題・課題には、その多くが業務遂行を巡る人間関係・人間問題に関する判断が介在するからである。加えて、職場経営者と部下社員の付き合いというのは、「終身雇用制」[35]を想定すると、長期継続の関係であり、中味が濃く多岐にわたっている。このように職場経営者は、人間関係に関わる問題・課題を処理・解決するといった役割を担うことが多い。このため、職場経営者は部下社員によって管理能力、リーダーシップの発揮能力、考え方、人間性、覚悟のほど、生き様等が見抜かれるところとなりやすい。つまり、職場経営者というのは、ごまかしやその場の繕いやパフォーマンスは効かないことを自覚しなければならない立場・境遇にあるということである。もちろん、部下社員は、通常・一般的には、上司に関するそういった陰口や批判を控える。しかし、それらはいずれ時間の経過とともに、職場の多くの社員に察知されるところとなり通用しなくなろう。つまり、そういった粉飾的姿勢・態度に基づいた対応では肝心な時に、職場経営者がリーダーシップを発揮しようとしても、ついてくる部下社員が殆どいないといったことになりかねないのである。

　こうした事例からも、職場経営者は、多くの部下社員から職場経営者・リーダ

35）　ジェームス・C・アベグレンのいう「終身雇用制」の意味するところは、本来、むきだしの個人主義ではなく組織への帰属意識を意味する、「終身の関係」(lifetime commitment) をいう。

ーとして認知され、あるいは信頼されるために、職場経営者としての「スタンス」を確立することが大切な要件の１つになろう。

1-2　職場経営者（リーダー）の資質と行動

　職場経営者がどのような資質があり、そしてどのような行動や対応をとれば、最も効果的な職場経営に繋がるかという、職場経営者の資質と行動が次のテーマとなる。ところが、前者の議論は、ややもすると、「リーダーたる者は徳がなければならない」とか「決断力と実行力が欲しい」というようなリーダーの「資質論」の展開に終始してしまいがちである。[36] もちろん、職場経営者（リーダー）としての資質が豊富にあった方がいいのはいうまでもないが、資質論の展開は後ろ向きの議論になりかねない。それよりも、職場経営者は自負心と誠実さをもって地道な自己研鑽を積むことを通して、自分流の職場経営者（リーダー）観を確立し、そのスタイルを磨き続けることが大切であろう。

　いずれにしても、実務家である職場経営者としては、その資質を具備さえしていればリーダーシップが発揮されるというようなことではない。大切なことは、職場経営者（リーダー）としての心構えとして、部下社員の立場に立って考えてみることである。そうした部下を思いやる姿勢・態度の積み重ねが部下社員に通じることとなり、彼のコミットメントを得ることとなろう。なお、ここでいうコミットメントとは、例えば、部下社員が上司に指示された課題に対して、上司と同じあるいはそれ以上の意欲と執着をもって取り組んでくれる状態をいう。いわれたことだけやればいいと考えて行動するのと、上司の期待に応えたい、そして、いい仕事をして上司に喜んでもらったらこんな嬉しいことはないと感じて行動するのとでは、仕事の成果は大きく異なる。[37]

　一方、行動するにあたって問題とすべきことは、職場経営者が備えもっている資質と行動力をいつ、どのタイミングで、どのように発揮するかなのである。しかも、その行動は、適宜・適切であり、フォロワー（部下社員）の心を動かすものでなければならない。そうでなければ、職場経営者（リーダー）としての言動

36）　伊丹敬之＝加護野忠男『ゼミナール経営学入門〔第２版〕』（日本経済新聞社、1993年）390・391頁参照。
37）　このことは、ハーツバーグの衛星理論でいうところの「動機づけ要因」に相当することになろう。

の効果は、期待外れの結果となってしまいかねない。ここに、職場経営者としての言動について吟味してみる必要性が生ずることになる。そこで、職場経営者としての言動を行うにあたっての留意点について、以下に例示しておくこととしたい。

(1) 「職場経営者一体の原則」を実行すること

　ここでいう「職場経営者一体の原則」[38]とは、職場長以下の職場経営者間で、少なくとも、職場運営上あるいは仕事の歩調を合わせなければならない問題・事柄で認識のズレ・齟齬が生じないように、職場長を中心に意思統一を図り、一枚岩になって事にあたることをいう。先人が実体験の積み重ねを通じて辿り着いた、この「職場経営者一体の原則」は、職場の役割や使命あるいはその目的を効率的・効果的に達成させるため、部下社員が上司の指示・命令に違和感や不安感をもつことなく安心・納得して職務に専念できるため、などに有効である。また、それは、社員間の連携・協力を迅速・スムーズに展開するための1つの要素あるいは前提条件になる。さらには、職場経営者同士の信頼関係を促進するための合言葉として活用することも有益となろう。加えて、職場秩序の乱れなどの異常事態に陥った場合、職場経営者がこの原則の下に一致団結し、その正常化に向けて効果的かつ迅速に対処する際の有効な前提要件や手立てになることが期待されよう。

(2) 職場経営者の指示・伝達等は言語明瞭であること

　部下社員に対して指示・指導等を行う場合には、言語明瞭で意味も具体的で分かりやすいように行うとともに、行動を起こすときは、曖昧さを払拭して確信をもって実行することが大切である。

(3) 部下社員に働きかける態度として理屈や権限の行使を避けること

　職場経営者が特に正論をもって部下社員に働きかける場合には、理屈や権限で

---

38) 通常・一般的には、「管理者一体の原則」といわれているが、ここでは本書に合わせて「職場経営者一体の原則」と呼称する。

ねじ伏せたり、それを滲ませたり、丸め込んだりするような言い方・態度は、厳に慎むことが最も大切なリーダーとしての心構えである。

(4) 問題解決の取組み姿勢・態度に関しての留意点

　難解な問題であればあるほど、周到な準備を怠らず、また問題の核心については、特に粘り強く部下社員に説明し、少なくとも疑問点・曖昧な点を払拭するとともに、意図した流れおよびその勢いが当該職場の大勢になるよう誠実な態度で取り組むことが大切である。また、その顚末に関しても想定できる範囲で知らせることが、多くの場合その後の職場経営に有益となろう。そして、そうしたプロセスを踏んだ後の行動は、タイミングを見極めて集中的かつ迅速に行い完了することが、多くの場合、大事をなす上で有効である。

(5) 部下社員とのコミュニケーション能力の向上

　職場経営者は、部下社員を通じて企業の目的達成に貢献する。したがって、部下社員とのコミュニケーションは職場経営者としてのすべての原点であるといっても過言ではない。そもそも、職場経営者の役割・使命は、部下社員とのコミュニケーションによって、①部下社員の意欲と能力を高め、②部下社員が適度な緊張感の下で競い合ったり、切磋琢磨したりすることによる意義・効果について気付いたり、③協働すること、すなわち、「チームワーク」力を向上させることを通じて、企業経営の目的達成に貢献することにある。そして、その際、それら2つの変数（労働意思と能力）、中でも前者の意欲を高める上で最も肝心なことは、職場経営者が部下社員にどれだけの影響力を行使できるかにかかっている。この点に関連して、人間関係のバイブルとして、世界的ベストセラーになった、D・カーネギーの代表作『人を動かす』の中に、次のようなくだりがある。

《金言‐2》
　議論や理屈で打ち負かしても、相手は決して納得しない。逆に反感をつのらすだけだ。人を動かすには、相手の立場に立ち、望んでいることをつかめ。正当に評価せよ。誠実な心で接すれば、人は必ず心を開く。人を動かすには人の心を動かすことだ。

　もちろん、D・カーネギーのいう、このことを常に実践することは、そう簡単

なことではない。しかし、いっていることは、誠にそのとおりであり、コミュニケーションをスムーズに展開し、その効果を発揮して所期の目的を達成するためには、私たちの心に留めておかなければならない大切なことである。

また、コミュニケーション能力向上の秘訣としては、よくいわれているように、いわゆる「聞き上手」になることであろう。特に、部下社員とのコミュニケーションではこのことを強く意識して、例えば、相手の主張ばかりでなくその背景を十分汲みとることも必要であるし、会社や職場に対して何をいいたいのか、どんな悩みや不安・不満があるのか、等についても理解しながら、まさに「全身耳にして」聴かなければならない。もちろん、コミュニケーションを行うにあたっては、まず、その場の状況判断が必要であり、会話の内容に対応した態度や表情で進めることは当然である。単なる談笑の場合には、「聞き上手」を発揮するとともにそれに見合った、リラックスした態度で臨むべきであろう。また、昇進・昇格制度を含めた人事制度、福利厚生制度等に関する知識を十分にしておくことも、職場経営者としてのコミュニケーション能力を高める大事な要素となろう。

職場経営者がどのような常識や時代認識をもち、あるいは部下社員の意識（心の状態）をどのように捉えてコミュニケーションを展開するか、その日々の積み重ねによって、部下社員の職場経営者に対する信頼の程度やその内容のかなりの部分が決まってくる。このことからも、職場経営者は常日頃から、新聞、その他による自己啓発等を通じて時代感覚や一般常識を身に付け、また、部下社員の様々な問題に対する考え方や意識をできるだけ把握しておくことが、職場経営上有効な前提条件となろう。

(6) 職場に必要な「勢い」をつくること

孫子曰く、「善く戦う者は、これを勢いに求めて人に責めず」（兵勢編）と。何事もそうであるが、個人であれ組織であれ、何か事を成そうとする場合には、そこには何がしかの「勢い」が必要である。この必要な「勢い」が形成されていないと、多くの場合、人間集団というものはなかなかスムーズに事が運ばないものである。このことは職場運営にもそのまま適合することであり、たとえ、どんなに有能な職場経営者がいても、あるいはどんなに立派な組織・制度・設備等が完備されていても、そこに「勢い」（それをやろうとする「ムード」といってもよい）

がなければ、期待どおりの成果を得ることは難しい。

　そこで、職場長以下の職場経営者としては、「職場経営者一体の原則」を基礎として、その方向性・ビジョンを示し、知恵を出し合い、さらには人間の機微や集団心理・集団の行動力学等を汲み取り、巧みに応用するなどして、少しでも「勢い」をつくり上げることが大切である。そのためにも、職場経営者は常日頃から高信頼の職場を目指すとともに、人間関係や雰囲気を大切にし、社員とのコミュニケーションを重視するなど、部下社員のこと、職場内の雰囲気や人間関係に関する情報を可能な限り把握しておくことである。

(7) 職場経営者の姿勢・態度（不断の自己啓発の実行）

　前述したとおり、職場経営者は部下社員の潜在能力を十分に引き出すとともに、彼・彼女らの能力を結集させることによって、職場の役割・目的を達成することはもとより、さらにその上乗せをすることが期待されよう。その実現のためにも、職場経営者は一時の成果に満足することなく、常に知識、技術等の進歩・発展を前向きに受け入れる職場風土を醸成することが求められる。そこで、職場経営者は、その一環として、「切磋琢磨する職場」・「学習する職場」そして「成長し続ける職場」を目指すことを合言葉に、職場が一丸となるよう導いて行くのも有効な手立てになるかもしれない。そのこととも相俟って、社員一人ひとりの技術の進歩・発展あるいは変化に対する関心・意識にも影響が出てくることになろう。したがって、職場経営者はその先頭に立って多くの部下社員をそうした方向に巻き込んでいくことが求められる。

　部下社員は、見ていないようでいて、上司（職場経営者）の一挙一動に注目している。部下社員は、リーダー（職場経営者）の掛け声だけでは動かない。部下社員を動かすためには、その心を動かさなければならない。彼らの心を動かすためには、職場経営者自身が学び行動するという率先垂範の態度を示すことである。そうすれば、部下社員も、次第に技術の進歩・発展およびそれらを学ぶことの面白さ・必要性・有益性に気付くとともに、職場経営者の示す方向に賛同してつい

---

39) こういった視点からも、勢いの有無・濃淡の背景にあるのは、企業文化・職場風土であることに留意するとともに、常日頃からその点検・ブラッシングなどの取組み運動を展開することが必要である。

てくる。いずれにしても、職場経営者による自己啓発の率先垂範は部下社員の心を動かす、少なくとも1つのインセンティブになることが期待できる。

2　社員満足度の向上

2-1　快適な職場環境の実現

「快適な職場環境」とは、「人的環境（人間関係）」と「物的環境（設備等）」の両者ともに良好な環境をいう。社員の意欲を高め、能力を引き出すために「快適な職場環境」の実現は必要不可欠である。ここでは、特に「人的環境」の整備上の留意点を述べるが、物的環境の整備についても改善に努めることが大切である。

(1)　「高信頼・高感度の職場」の実現

職場経営者は、部下社員が労働契約の債務を形式的に履行している状態について満足してはならない。職場経営者としては、そこからもう一歩前に進めて、部下社員を巻き込みながら「高信頼・高感度」の職場に繋がる仕事上の連携・協力関係を日々実践することの大切さを共有・共鳴させることが必要である。そして、職場経営者は、多くの部下社員が組織的価値を基礎・基盤として感度良好な連携・協力関係を実践・展開するとともに、そこから形成される職場の雰囲気を大切にして、それを職場風土にまで高めていくように先導することである。もちろん、そうした職場の変革へ向けての取組みに対して水を差すような言動に対しては、職場長以下の職場経営者が毅然とした措置を講ずるべきことはいうまでもない。そして、職場経営者は、部下社員が何のわだかまりもなく各自の能力を発揮し、快適で充実した職場生活を送ることができ、成長することができ、技術・技能や人間性を高め合うことができる、といった職場環境になるよう、その意を尽くすことである。さらに職場経営者は、部下社員が1人、2人と次第にその能力を十分発揮することはもとより、それまで自分自身でさえも気付かなかった、新たな能力を発見・開発したり、チームワーク力が向上したり、達成感を味わい合ったりと、部下社員が各自の成長あるいは同僚や職場の雰囲気の変化を少しでも実感できるところまでもっていくことである。

(2) 公平・適正な人事評価と報酬

　人事評価については、すでに言及したが、ここでは職場経営者と人事評価に着目して再度取り上げることとしたい。

　職場経営者は、通常・一般的には、部下社員の評価と報酬に対する一定の権限と責任をもっている。また、職場経営者は、企業が採用した人材を適正に評価するなどして、企業に貢献できる人材に成長させる責任の一端を担っている。そこで重要になることの１つが、職場経営者と部下社員の間に介在する「人事評価」の問題である。

　部下社員にとって、どんなによい上司であると思って働いていても、そして、常日頃その上司から高い評価を受けていたとしても、人事評価では評価されず、報酬にも反映されなかったということになれば、部下社員にとって、常日頃の評価は却って「あの評価は単なるリップサービスだったのか、……何だったのだろうか」と訝しく感じてしまうに違いない。そして、部下社員は失望し、場合によっては、その上司（職場経営者）と行動をともにすることさえ躊躇してしまうかもしれない。

　逆に、部下社員の職場経営者に対する印象が今ひとつであっても、人事評価・報酬や昇格・昇進が納得できるということになると、部下社員は上司に対する印象を見直し、やる気を旺盛にするかもしれない。こうしたことからも、職場経営者としては、まず第１に、自社は社員に対して何を期待しているのか、そして、人事評価制度は社員の何をどう評価すべきとしているのか、その趣旨・意図について理解を深めておく必要がある。同時に、そうした着眼点に立って、職場経営者（人事評価者）としては、部下社員に課している業務遂行との関連・繋がりでいうと、着眼点をどこにおいて評価すればいいのか、といったところを押さえておく必要があろう。人事評価制度を熟知し部下社員の仕事ぶりなどをよく把握するとともに、そういったところを押さえることができれば、的確な評価に繋げることができよう。第２に、既述したとおり、職場経営者は、部下社員との常日頃のコミュニケーションにおいても、自分の立場を自覚し、誠実な態度で言動することが大切である。第３に、被評価者は、とかく同期入社などの他者との比較に関心をもつものである。こうした点からも職場経営者としては、人事制度、この場合には、特に人事評価制度について熟知しておくことが有益である。つまり、

人事評価制度を熟知しておくことによって、自社の人事評価制度の意図に対する理解が深まるとともに、部下社員の仕事ぶりのどこをどう注目し評価すべきかが見えてくるからである。また、そうしたことによって、職場経営者は、場合によっては、部下社員の疑問点等に対し的確に説明できることにも繋がるからである。

　いずれにしても、人事評価は、部下社員に対して、企業が公式かつ具体的に評価結果を通知するものであり、場合によっては、常日頃のコミュニケーションを水泡に帰してしまいかねない。そればかりか、人事評価が職場経営者（場合によっては企業も含めて）と社員との信頼を損ねてしまうこともあろう。逆に、職場経営者が公平・適正な人事評価を行い、それに対して部下社員も納得することができれば、彼・彼女らは上司の人事評価の結果を信頼するとともに、職場（企業）に貢献しようと能動的・積極的な気持ちになるに違いない。ここに、職場経営者による公平・適正な人事評価の重要性がある。

(3)　職場経営者と「職場に集合して働くことの意義」

　職場経営者が、部下社員の職業人生・働き方に着目して、職場に集合して働く働き方ならではの充実感を味わうことができる職場を目指すことも大切である。近年、個人主義化が進み煩わしい人間関係を避けたがる傾向が強まっているとともに、働き方が多様化する中で、人々のなかには、職場に集合して働く働き方の意義や利点について、深く考えないまま敬遠してしまう傾向がみられる。あるいは、そのような意義や利点を実感できる職場を実現できるとしたら、そんな素晴らしいことはないが、現実には不可能であると思い込んで諦めてしまっている部下社員も少なからず存在しているに違いない。

　職場経営者としては、そのような風潮下にあればなおのこと、職場に集合して働く働き方こそが、人間らしい人生を送るのに最も適した働き方であるということを実感できる職場環境を醸成するとともに、お互いにそれを具体的に享受できる職場環境になるように奔走すべきである。しかも、これを実現することは、部下社員の働く意欲と能力を高め、企業の業績に貢献できるというだけでなく、働いている部下社員がその働き方に納得・満足し、安心・安定感を味わえる可能性が高まることに繋がるので、職場経営者がその実現のために、先頭にたって奔走することは価値ある取組みであるといえよう。

(4) 職場経営者と「礼儀・挨拶・声掛け・笑顔」を大切にする職場の醸成

　近年、礼儀を重んじる気風が希薄になってきているように感じられる。しかし、時代の風潮がどのように変遷しようとも、企業の組織単位としての職場を機能させる源泉あるいは要素の1つが、「礼儀」、「声掛け」、「笑顔」であることについて、誰も否定しないだろう。そもそも、節度ある礼を尽くされて嫌がる者はまずいない。

　このようなことを考えると、例えば、仕事がスムーズに回らない場合、その原因が仕事それ自体にあるというよりも、むしろ、そこには極めて些細な人間関係に起因する問題が内在されていることも少なくない。それは、例えば、「最初に会ったときの印象がどうも……」とか「私に挨拶もしない」、あるいは「あの社員の顔つきや態度が気に食わない」というような問題がネックとなっている場合が結構多いのである。ところが、逆に、「彼は礼儀を心得たなかなか感じのいい人間だ」となると、仕事の内容に多少の問題があっても、事がスムーズに運ぶ場合が多いというのが、これまた事実である。

　それらの是非はともかくとして、要するに、礼儀や挨拶や笑顔は、人間関係をスムーズに営むための、いわば「潤滑油」のような役割を果たすことは間違いない。また、それは、「高信頼・高感度」の人間関係を構築するためのベースにもなる機能をもっている。そうだとするならば、職場経営者としては、これを踏まえて節度のある礼儀や挨拶や声掛けあるいは笑顔を交わせる職場風土を醸成するよう、まず自ら、朝の出勤時の爽やかな挨拶から実践することである。

2-2　職場経営者と部下社員の「職務満足度」の向上[40]

　人は誰でも、金銭的欲求以外にも各種欲求や願望をもっている。例えば、同じ目的・目標に向かってともに働き、その達成感を分かち合いたいとする「協力・協働の欲求」、新たな能力の開発などに対する欲求である「成長欲求」などをもっている。そもそも、このような高次元の欲求が強く感じられる職場は、それだけ各社員の意欲が旺盛であり、しかも、それを受け入れる職場の環境・雰囲気が良好であるということである。

---

40) 前掲注(6)・『新・これからの人事労務』24頁以下参照。

そうだとすると、職場経営者としては、部下社員のそうした意欲あるいは心理状態を具体的に把握するとともに、少なくともその意欲に応える取組みを実施すべきである。また、当該企業の業績向上にも直結する職場の活力・レベルアップに最大限の関心を払うのは当然である。したがって、各社員および職場の実態にマッチした手段・方法で、社員のそういった高次元の欲求が可能な限りかなえられるよう、職場経営者としては、例えば、以下のような取組みを実施することである。

(1)　具体的な「職場目標の設定」と「達成手段の明示」
・職場に提示される経営目標を、職場の置かれている状況や社員の力量を考慮し、具体的な職場目標に再編し設定することは職場経営者の重要な仕事である
・その際、単に「経費節減を図ろう」、「収入を増やそう」などのように目標を抽象的に表現するのではなく、達成基準を指標化（数値化）し、改善度合いや達成度合いを具体的に目に見える形で表すことが重要である
・さらに、目標の達成のために（＝目標としての指標改善のために）何を行えばよいか、という「達成手段」についても、職場経営者が知恵を絞って工夫するのは当然であるが、部下社員の参画意識・主体性を高める意味でも、部下社員を巻き込んで知恵を出し合って結論を出すことが肝心要となろう。また、設定した「職場としての目標」と「達成手段」については、明示するとともに職場長以下の社員で共有することである

(2)　個々の社員に応じた目標の設定
・職場の目標と達成手段を明示した後は、個々の社員と面談を行うなどして個別の状況を把握し、社員が適切な目標・課題を設定できるよう助言・支援などを行う

(3)　目標達成のための助言・支援の実施
・目標設定後は、その実現のための支援活動を徹底的（あるいは献身的）に行う
・部下社員の向上心や、盛り上がっている職場の雰囲気に水を差すような言動を許さない職場雰囲気を構築することも重要である。もちろん、部下社員の自由・闊達な意見の表明や批評を封じ込めるようなことがあってはならないのはいうまでもない
・社員からの提案等は最大限に尊重し、少なくとも提案者には検討結果についてコメ

ントを添えて返したり、有益な提案に対しては報奨制度により適切・適正に評価するなど、次に繋がるような対応をすることが大切である

(4) 成果の明示と適切な評価・処遇の実施
・設定した目標に対する達成度を明確にするとともに、個々の社員にも成果に応じた適宜・適切な評価を行い、その評価に応じた処遇がなされるように努力する
・直接成果を処遇に結びつけることが困難な場合でも、賞賛・激励等の手段を駆使して、達成感を次の取組みのエネルギーに転化させる努力を行うことが重要である
・職場としての目標を達成した場合には、何らかの形で達成感を皆で味わえるような場を設定する

2-3　社員の企業・職場満足の維持と向上[41]

どの企業の新入社員研修等でも、「当社こそは世の中で役に立っている企業である」と強調する[42]。このことはいつの時代にも、日本人は「世の中の役に立つ企業の社員になって世間から認められたい」との願望をもっていることを意味している。また、人々は、自分の会社の本社ビルが立派だったり、学生などによる就職先人気企業のベスト10に入った、ということを誇りに感じるものである。その他所属企業の社員待遇を含めた様々な事柄を理由に、「わが社は社員を大切にする企業だ」と感じとることができると嬉しくなるものである。

こうした社員の気持ち・心理状態を忖度しつつ、部下社員が企業・職場に帰属意識を高め全力を尽くして働こうと確信するときの、部下社員の気持ちを推し量って、職場のレベルアップを図ろうと奮闘したり、部下社員の背中を押したりするのも、職場経営者・リーダーとしての役割であろう。そこで、社員は所属企業・職場との関係において、どのような状態・立場に置かれたり、どのような扱いや処遇・評価をされたり、あるいはどんなことに満足すれば、企業・職場満足

---

41) 前掲注(6)・『新・これからの人事労務』26頁以下参照。
42) 既述のとおり、CSR（企業の社会的責任）に対する、欧米の認識は、要するに「法律に抵触しないこと」であるが、わが国における受け止め方・認識は、近江商人の「三方よし」の精神に示されているとおり、「企業は世の中のため人のために、あるいは国家・国民のために役に立つ存在でなければならない」とするものである。私たち日本人は伝統的に企業の存在をそのように認識していることを示している。

を享受し労働意思や能力を高めて、企業・職場に貢献しようとするのか考察してみよう。

その点に関する第1の着眼点としては、まず、そのための前提条件ということになるが、段階的に、①社員自身が仕事を十分こなせること、②担当する仕事に関する力量が周囲から認められるようになること、③仕事ぶりやその成果について周囲から一目置かれたり、頼りにされたりする存在になること、④上司などから将来を嘱望されるようになること、などであろう。

第2の着眼点としては、①人的職場環境が確保されている（勤務・職制、各種ハラスメントの心配がないなど、職場規律・職場秩序が一定以上のレベルにある）こと、②物的職場環境が充実している（例えば、騒音・臭気等がなく、採光、空調、安全はもとより、職務内容に応じた机の配置、オフィスデザイン、オープンスペースの確保など、快適な就労環境を確保されている）こと[43]、③職場のモラルとモラールが一定以上のレベルにあり、個々の社員および職場としての向上心・成長意欲などが高い（例えば、職場での自己啓発や切磋琢磨が盛んであるとともに、職場の雰囲気としてもそうした前向きの活動・動きを歓迎するムードがある）こと、④融和的な人間関係が営まれているとともに、必要・適度の緊張感も醸し出されているなど、節度をもった職場の雰囲気が形成されていること、などがある。

第3の着眼点として、個々の社員および職場の雰囲気としては、①人事制度およびその運用に関して、企業経営者・職場経営者に対する一定以上の信頼感をもつことができること、②企業・職場の一員としての誇りをもつことができるとともに、帰属意識・愛社精神をもつことができること、③この企業で精一杯努力すれば、職業人としての能力と人間性の両面の成長を図ることができると思えること、などである。

第4の着眼点として、会社との今後の関係については、①終身雇用制を基本にしており、職業人生の面で安心感があること、②企業・職場が心の拠り所となっている面があること、③この企業で意欲的に仕事をこなすとともに、会社の将来を見越した上で積極的に必要と思われる知識や技術のレベルアップを図りたいと前向きの気持ちになることができること、④この会社で最後まで勤め上げたいと

---

[43] 安藤史江『コア・テキスト　人的資源管理』（新世社、2008年）177頁以下参照。

の確信をもつことができること、などである。

　こうした条件が一定以上のレベルにあり、各社員が満足感を享受できる状態下にあれば、当該企業・職場の状態は社員にとって「企業・職場満足」の範囲に達していると評価できることになろう。職場経営者としては、部下社員が「職場満足」の域に達していると感じとれる状態にレベルアップするとともに、さらに向上するようにその意を尽くすことである。

　そのためにも、職場経営者は、あるときはトップ経営者の代理としての役割を果たし、またあるときは職場の実態をよく知る者として、また部下社員のよき理解者として、職場の実態・状況などについて上部機関や経営者に上申することなどを通して、経営者や上部機関と部下社員との接点に立つ者として、ここはまさにリーダーシップを発揮する場面である。職場経営者のそうした真摯な姿勢・取組みこそが、トップ経営者から一社員までの企業全体が一体感をもち一丸となった企業活動に繋がることになろう。そして、この場面こそが職場経営者（いわゆる「中間管理職」）が発揮するリーダーシップの真骨頂であるといえよう。

3　職場運営および社員育成上の留意点

⑴　仕事には徹底して厳しく対応する

　仕事に関して、職場経営者が部下社員をいくら厳しく扱っても、少なくとも、長い目で見るならば、部下社員から尊敬され信頼されることはあっても、恨まれることはない。むしろ、こうした職場経営者の姿勢・態度は、職場内におけるリーダーシップのキーポイントの１つになるに違いない。職場経営者は、そのように考えていいし、そう受け止めて前向きに対応するべきであろう。ただし、そこにはいくつかの前提条件が必要である。例えば、その１つは、当該部下社員から上司あるいは職場経営者として認められていること、２つめは、愛社精神および部下社員の成長を願ってのものであること、３つめは、職場経営・社員マネジメントには節度・けじめが大切であり、仕事を離れた時の爽やかさ・優しさ、そして分け隔てのない公平な態度をとることなどである。これらの要素・態度が兼ね備わっている限り、たとえ、当初は多少の行き違いがあったとしても、いずれは、部下社員から理解され信頼されることになっていくことになろう。職場経営者は、こういう場合の行き違いを恐れてはならない。これを恐れず乗り越えてこそ本物

のリーダー・職場経営者としての域に達することができるし、フォロワー・部下社員からの「信」を得ることにもなろう。こういう本物のリーダーになることにより、職場経営者としての自信がつき、職場経営者としてのいい仕事ができ、やりがいを感じることができるとともに、部下社員や他の同僚の職場経営者からも認められ、さらには一目置かれる存在になる。そもそも、部下社員は職場経営者をよく観察しており、本音では、仕事ができる毅然として頼りになるリーダー・上司を求めているからである。

(2) 部下社員に仕事を通した感動を体験させる

　人生には様々な感動がある。それら多くの感動の中でも、仕事を通した感動は格別である。緊張感が連続した仕事の後の「ほっ」とした時の何ともいえない開放感・充足感、1つの仕事を成し遂げた時の「達成感」、特に、これらを職場の仲間と共有でき、「やったね……」と握手を交わすことができた時、そこには何ものにも代え難い満足感や充実感がある。また、全力で仕事に打ち込み、次第に自分の仕事の腕が上達していくことを実感できたとき、特に、それが先輩や上司の指導の下に行われたとき、その感動の味わいはまた格別のものがある。

　職場経営者としては、偶然に頼るのではなく、部下社員がこうした仕事を通した感動の体験ができるような機会をできる限り多くつくってやることである。それは、特に入社後間もない若年社員にとって、社員マネジメント上有効である。また、仕事のできる先輩社員には、後輩社員を指導する機会を設けることが有益である。そうすることによって仕事の意義についての理解が深まり、また、職場仲間としての連帯感をもつことの素晴らしさを知ることになる。こうして、このような仕事上の充実感や達成感を職場の仲間とともに積み重ねていくにつれて、部下社員は仕事に身が入り、また、職場に集合して働くことの意義・効用について気付くことになろう。その結果、仕事に対する取組み姿勢が確かなものになり、職場における人間関係の面でも健全で積極的姿勢が自然に出てくるようになる。大きなプロジェクトを成す時にも、取組み途中に目に見える小さな成果が出るように仕組み、小さな成功体験を次の取組みへの原動力として、モチベーションを常に維持できるように工夫することが、部下社員を導く成功の秘訣である。

(3) 仕事ができる社員を育てる

　職業人として「仕事ができる」ことくらい、生きていく上でゆとりと落ち着きと自信を与えてくれる術は他には見当たらない。部下社員の観点に立って見た場合、「仕事ができる」という自信と余裕は、職場生活はもちろんのこと、家庭生活、その他の場面において、積極的・協調的な人間関係を営むことができる大きな要素・要因の1つになる。

　部下社員には、まず、このことを伝えるとともに、理解と納得を深めるよう働き掛けることが大切である。また企業やその職場の側から見た場合、「仕事ができる社員」とその集団である職場こそは労働能率がよく、その成果を上げる可能性が高いといえる。そして、人材とその質こそが組織発展のカギを握っていることを考え合わせると、「仕事ができる」社員を育てることが、職場経営者としての大きな役割の1つであることは間違いない。

　そうだとすると、職場経営者として次に肝心なことは、「仕事ができる人材の育成」である。そのためには、まず、そういう社員が育ちやすい職場環境、すなわち、既述した「快適な職場環境」を醸成することから始めることが効果的である。時代が変遷し、雇用形態や勤務形態の多様化がどのように進展しようとも、職場は「賃金を得て働く場」である。このことは、誰も否定することはできない。また、社員にとっても、「仕事ができる」ということは、職場にあって、あるいは職業人にとって、自信と精神的ゆとりと安心・落着きをもたらす必須の条件となる。そこで、仕事ができる人材を育てることであるが、そのためには、まず、職場経営者自身の労働観・職場観を確固たるものにすることである。加えて、職場の成員が「職場は仕事をする場である」との当然の価値観の共有化と、その認識のレベルアップを図ることが大切である。その取組みが浸透しレベルアップが図られれば、職場は適度な緊張感をもち、仕事のできる社員がより信頼され、その雰囲気が格段に高まることとなろう。要するに、仕事ができる社員を育てやすい職場環境が自ずと整うことになるということである。

　ここのところができれば、職場経営者としては、既述したように、社員に対して「仕事には徹底して厳しく対応する」また「仕事を通した感動を体験させる」という、この2つのことをよりスムーズに実践できるだろう。これに加えて、「評価されたい」「認められたい」という人間共通の願望に注目し、部下社員に対

して「褒める」「認める」を適宜・適切に実行することも大切であり効果的でもある。この点、既述したD・カーネギーの著書の中にも、人の心を動かすには「正当に評価せよ」(289頁の**金言-2**)とあるように、やはり、人は誰でも、褒められたり認められたりすることによって心が動くということなのであろう。これがもし、誰からも評価されず認められもしなかったなら、いわんや無視あるいは軽視され、そこに居場所がないと感じたなら、どんな人間であっても、意気消沈し意欲を喪失してしまうに違いない。職場経営者は、そうした人間の機微を感得し部下社員の成長を願いつつ、コミュニケーションを大切にすることである。

第6節　危機管理

1　「職場規律」に対する危機管理

(1)　職場規律の定義

　職場規律とは企業・職場の目的を達成するために、個々の社員およびその集団としてのあるべき行為・態度などの拠り所として決められたものであり、また、ことの事理から当然求められる配慮、その他職場秩序を保持するための行為の基準・標準をいう。そして、その核心は、「勤務」と「職制」の厳正・尊重である。

(2)　職場規律は職場経営の最前提条件

　一定の職場規律が保持されていることが、企業存立の最前提条件である[44]。その職場規律が紊乱状態に陥っているということは、効率的・効果的職場活動を展開するための前提条件が阻害されることを意味する。そうだとすると、職場経営者としては、まさに職場の危機的状態であるとの認識を強める必要がある。したがって、職場経営者は職場規律の重要性を認識し、その維持・向上のために気を抜くことなく継続的に取り組む必要がある[45]。

---

[44]　拙論「人事労務管理の本質的課題に関する考察—国鉄人事労務管理が機能不全に陥った教訓を中心に据えて」東北福祉大学研究紀要27巻(2002年)177頁以下、日本労務学会第32回全国大会研究報告論集(2002年)193頁以下参照。

(3) 職場規律に対する危機管理行動

　職場規律に対する危機管理の取組み方としては、職場における人的要素および物的要素の両面にわたって適宜適切に職場点検を実施することである。その点検を実施した結果、見過ごしにできない問題点を発見した場合は、それを芽のうちに摘み取ることである。また、職場の乱れに繋がるような問題点を発見したときは、①直ちに措置できるもの、②準備や手続などを要するもの、③上部機関の指示や助言を要すると思料されるもの等に分類し、各々に応じた適切・妥当な措置を速やかに講じることである。この場合、上部機関に上げるべきか否かに関して、少しでも疑問が生じた事案については、躊躇することなく上げることである。その他、定期的職場点検だけでなく、職場経営者としては、常日頃から職場の動向に関心を持ち点検活動を展開し、職場規律の乱れに繋がるような問題がある場合には、該当する社員等に対して注意喚起をするなど、適宜適切な措置を講じることが肝心である。

　要するに、職場経営者の姿勢・態度として、部下社員が快適な職場環境下でその意思と能力を十分発揮して仕事ができるように配慮する観点から、その前提条件を阻害する行為については断固排除する意思を鮮明にするということである。ちなみに、点検活動を行うにあたっては、常識的社員から違和感をもたれるようなやり方、例えば、「チェックしてやる」式の態度は厳に慎まなければならないのは当然である。そもそも、それらを実施する趣旨が、多くの部下社員から理解されるような手段・方法、あるいは態度で行うことが大切である。それは、例えば、情報収集や点検活動を行うにあたっても、その対象となる社員の中に自然に溶け込み、違和感をもたれないようにすることが成果を上げる秘訣でもあるからである。

　ところで、職場規律の乱れが形成されるプロセスは、悪慣行が成立する場合のそれと類似性が高く、また、悪慣行に汚染された職場が正に職場規律が乱れた状

---

45) 近年、職場において少なからずの人々が各種ハラスメントに悩まされたり、心の病に陥ったりしている実態がある。職場経営者はこうしたことにも留意して、「部下社員がどんな精神状態で出勤し働いているか」あるいは「個々の社員および職場全体として、安心・安定した気持ちで思う存分その意思と能力を発揮して働ける職場環境がどの程度整っているか」などの観点にも留意して職場経営を行うことである。

態そのものといえる場合もある。したがって、この点からも職場規律の乱れに対する最善の予防策は、悪慣行の場合同様、職場内を点検し、未然にその芽を摘むことである。「見てみぬふり」や「臭いものには蓋」式の管理姿勢をとることは許されない。そのような姿勢自体が職場規律の乱れを惹起することとなったり、あるいは、助長させる要素・要因になったりしかねないことを肝に銘じておかなければならない。要するに、それは管理権の放棄であり、職場経営者としての大切な仕事を放棄したことを意味することを認識すべきである。この視点からも職場経営者は、その役割とそれに対する責任感を自覚するとともに、問題点を見抜ける見識、眼力等を錬磨しておくことが肝要である。

2　適度な緊張感の欠如・ルーズな仕事ぶり等に対する危機管理

　職場が活力ある状態を維持するためには、その成員がお互いに適度な緊張感をもち、マンネリ化やルーズな仕事の進め方を排除するなど、メリハリの効いた職場環境をつくり上げることが必要である。また、「仲良しクラブ的人間関係」の職場、つまり、職場内の緊張感が希薄であり、仕事より仲間同士の日常的、あるいは目先の私的損得勘定や人間関係に関心が集中し、仕事のことや職場の動向については二の次になっているような態勢・雰囲気であってはならない。そういった職場は、ややもすると「気楽でいい」などと考えがちであるが、次第にそこには単調でマンネリ化した雰囲気が漂い、次第にやる気のない、あるいは無責任な社員が1人、2人と顕在化するとともに、職場内にそうした彼らの発言力が増し、建設的発言に対して冷ややかな空気が漂い始め、勤務がルーズになり、勤務と職制が機能しなくなるというようなことになりかねない。さらに、それらに対して職場経営者も無気力でルーズな管理を続けるという連鎖反応を引き起こすことになると、職場規律の状態はますます悪化の一途を辿り、非効率な職場運営になってしまう。そうした職場は組織としての機能が減退し、企業経営の目的達成に対する貢献ができないばかりか、かえってその足を引っ張る存在となろう。

　このように、職場に限らずどのような組織や人間関係（労使関係のようなものも含めて）であっても、適度な緊張感をもつことは組織の維持・発展、あるいは活力ある組織や人間関係を実現するための必須の要件である。それが欠如したところには、どうしても安易で無責任な考え方、非協力的で後向きの態度などで充

満した人間関係・空間が生まれやすい。しかも、こうした経緯や体質を伴った職場規律の乱れは、いわゆる「階級闘争至上主義」に基づいた労働組合活動を原因として引き起こされる、職場荒廃の問題よりも、場合によってはかえって厄介ですらある。そこで次に、こうした適度な緊張感の欠如や社員・職場としての目標喪失等によって引き起こされる職場規律の乱れに対する予防策について、その一端を述べよう。

　従来から、大量生産方式は、労働の単調感を生みマンネリ化し、人間疎外を生み出すとされてきた。どのような業種業態の企業の中にも実態として、「毎日同じことを繰り返す単調な仕事である」と受け止めざるを得ない職務や職種があるのは否めない。職場経営者は日常の部下の仕事ぶりを観察し、その能力的な不足や仕事上の適性などを熟知しており、最も効果的な助言と指導ができる立場にあることを考慮すると、この問題に対する職場経営者の対応方としては、例えば、①適時に業績のフィードバックを行うこと、②能力開発的課題を与えること、③業務上の目標設定の相談にのること、④目標実行の支援をすること、⑤些細なことでも気づいたことに応じて慰労したり褒めたりすること、などの取組みが考えられよう。

　職場経営者としてはこれらを参考にするなどして、自分流の対処方を体得し、正々堂々自信をもった助言・指導・支援を精一杯やることが重要である。職場経営者が自信と節度をもって、メリハリのきいた行動をし、その一環としてのコミュニケーション活動を積極的に展開することが、適度な緊張感を維持しマンネリ化を防ぎ、活力ある職場の実現に繋がることになろう。

3　いわゆる「ハラスメント」や「過労死」等に対する危機管理

　1996年、米国三菱自動車がEEOC（雇用機会均等委員会）に提訴され、莫大な損害額が請求されたことが日本でも報道された。また、わが国でも、セクシュアル・ハラスメントに関する裁判例が散見されるようになった。さらに、平成9（1997）年に改正され平成11（1999）年4月1日に施行された、男女雇用機会均等法（雇用の分野における男女の均等な機会及び待遇の確保等に関する法律）21条によって、職場におけるセクシュアル・ハラスメントを防止するために事業主の雇用管理上の配慮義務が課されることとなった。この場合の事業主が配慮すべき具体

的事項について、労働大臣による指針（平10・3・13告示第20号）が定められた。こうして、職場におけるセクシュアル・ハラスメントを排除しようとの機運は、マスコミ、世論等の高まりなどの動きもあって急速に高まっている。一方、いわゆる「過労死」問題についても、マスコミ等で取り上げられるばかりでなく、電通過労自殺事件（最判平12・3・24民集54巻3号1155頁）をはじめ、多くの裁判所や労働基準監督署によって業務災害としての認定がなされるようになってきている。

　いずれにしても、セクシュアル・ハラスメントや過労死の事案で裁判所に提訴され、それが事業主の責任であるということになれば、金銭的にも社会的信頼の面からも企業として大変な損害を被ることは間違いない。また、それだけにとどまらず、当該職場が受けるダメージは計り知れないものとなる。したがって、職場経営者としては、この観点から各種ハラスメントや過労死問題についても危機管理の対象として位置づけ、適宜適切な措置を講じる必要がある。特に、セクシュアル・ハラスメントについては、既述した男女雇用機会均等法およびその「指針」、就業規則等によりその予防のための適切な取組みを実施するとともに、発生した場合の事後処理についても、的確で効果的な措置を講じなければならない。

4　社員の不祥事に対する危機管理

　社員マネジメント上、見逃すことのできないものの1つとして、社員の不祥事がある。何故なら、社員の不祥事は、刑事事件をはじめとしてありとあらゆるケースが想定されるが、その多くの場合、不祥事を引き起した本人はもとより企業にとっても、大きなダメージを受けることになりかねないからである。したがって、職場経営者としては、社員マネジメントの一環としてこれを未然に防止する必要がある。ここでは次の3点について言及する。

　その1は、そもそも、社員が不祥事を引き起こす背景には、職場環境、特に、そこで営まれる人間関係の内容・レベルに、問題や要素・要因の一端があるというケースがある。そこで、このことに着目して、既述の職場規律とも直接関連するが、当該職場の所属社員が不祥事を起こそうとする誘因を、排除あるいは抑止することが肝心となろう。そして、その手立てとしては、例えば、職場経営者が部下社員とのコミュニケーションを盛んにすることなどにより信頼関係を深めるとともに、キャリアの開発・形成・将来の希望・目標、働く意味等について意見

の交換をすることなどを通して、規律ある明るい職場環境の確立に繋げることが考えられよう。つまり、前向きで活力ある企業文化と相俟って、そうした職場の雰囲気・人間関係の繋がりが抑止力となって、社員の不祥事を起こさないようにするという、「抑止力の強化」である。

　もちろん、社員が不祥事を起こす気にもならないような職場環境を創り出すというのはそう簡単なことではない。しかし、社員の不祥事は、職場経営者や職場生活などに何らかの不満や不安があったり、または心が満たされていないといった場合に引き起こす可能性が高くなると考えられる。逆に、もし、社員が職場における仕事や人間関係に満足しており、また、社員としての目標や希望がある場合には、故意に不祥事を起こそうなどという気持ちにはならないであろう。ここに、職場経営を通して社員の不祥事を防止する余地があるのである。

　その２は、要するに、職場経営がしっかりと行き届いているため、不祥事を起こさせる隙を与えないということである。そして、しっかりした職場経営とは、例えば、職場規律、経理、金銭問題、社員の勤務ぶり、言動等に対する関心と、それらの把握が行き届いている状態であるということができよう。

　その３は、常日頃の職場経営・社員マネジメントの取組み、例えば、社員との幅広いコミュニケーションを通して得た各種の社員に関する情報がものをいうことになる。つまり、社員の動向、例えば、「最近、金遣いが荒くなった」、「サラ金から借金があり、厳しい取立てにあっているようだ」、「とにかく、様子がおかしい」等々の情報を得たり、察知したりすることなどを通して、特定の社員が不祥事を引き起こす恐れがあることを予知または察知し、それに適切・スピーディーな手を打つことで不祥事を未然に阻止することである。

第７節　職場経営者と「職場で働くこと」の意義・効用

　「生きていくこと」、「食べていくこと」で精一杯のときは、「働くこと」の意味を考えることもなく、黙々と働くというのが通常・一般的な私たち人間の姿であろう。ところが、生活が豊かになったにもかかわらず、なおかつ勤勉に働かなければならない場合には、「働くこと」の理由・意味が必要になってこよう。

　近年、この２、３年間を除けば、仕事（職業）を人生の中心に据えたり、そこ

に生きがいを求めたりすることが疎んじられる風潮が浸透してきている。その背景には、自由主義、個人主義等と物的豊かさが相俟ってもたらされた社会的環境があったものと思われる。そういった社会環境では各人が余程しっかりしないと、投機性と偶然性の強い「その日暮らし」の人生になりかねない。このようなことから、人々の仕事に対する動機づけの根本にある「人は何故働くのか」あるいは「働くことの意味を問う」といった問題に対して、金銭的・経済的豊かさの追求とは異なる新たな説明が必要となった。いずれにしても、自由・平等・個人主義・価値観の多様化などが進むとともに混迷を深める現代日本と、企業・職場を取り巻く厳しい環境下にあって、職場経営者としては、「職場で働くことの意義・効用」について自問自答して、納得できる一定の持論や見解をもち、自分の言葉で語れるようにしておくことは、「職場経営者としてのスタンス」を確立する上でも、あるいは部下社員との会話を有益なものにするためにも必要であり大切なことであると思われる。

そこで、序章で取り上げた「労働観」などを踏まえ、あるいは参考にしつつ、ここでは職場経営者としての立場・視点から、「職場で働くことの意義・効用」について考えていきたい。

1 スポーツ・芸術・その他の趣味・文化活動の限界

もし、「あなたは明日から毎日が日曜日です」といわれたとしたら、どうだろうか。このことについて、ある人は、「時の経過とともに、次第に人生の空虚さをしみじみ感じ、生きる目的や希望をもつことができにくくなったり、自分の居場所がないと感じたり、急に老けこんだりしてしまうのではないか」というかも知れない。これに対して、別の人は、「働かなくとも食べていけるなら、これにこしたことはない。仕事の代わりに趣味や芸術などの文化的活動やスポーツをやって楽しい毎日を過ごすことができる」と、楽観的にいうかもしれない。しかしながら、これらの日々は長続きせず、次第に挫折感や虚しさをしみじみ味わうこととなるであろう。なぜなら、長年働いてきた者にとって、ビジネス（報酬）の

---

46) 森五郎監修・岩出博著『4訂版・LECTURE 人事労務管理』（泉文堂、2007年）423頁以下、橘木俊詔＝佐藤博樹監修・橘木俊詔編著『働くことの意味』（ミネルヴァ書房、2009年）参照。

第7節　職場経営者と「職場で働くこと」の意義・効用　309

かけらも見いだせない生き方というのは、いかにつまらないものであるかを実感することになる可能性が高いからである。そればかりか、つまらなさから辛さへと深刻の度合いを深めていくことになるだろう。そもそも、趣味などというものは、仕事があってのものであり、毎日が趣味中心の生活となれば、そこには、早晩、何の意義も生きがいも感じられなくなってしまうに違いない。さらに、芸術・文化・スポーツなどが、人生の中心、生きがいの拠り所になれば、人々は早晩様々な壁にぶつかり、より深刻な挫折感や虚しさを味わうこととなるに違いないからである。この点に関して、野田教授は、その著書『21世紀をどう生きるか』87頁以下で次のように述べている。

《金言－3》
　いったん芸術や文化や学問が職業に代わって生活の中心に据えられ、それ自体が多くの人々の生きがいの主たる源泉ということになってくると、たいへん難しい問題が生じてくる。なぜなら、そうした広い意味での文化活動は、人間の才能と分かちがたく結びついており、そこから生きがいの源泉になり得るような価値ある業績を生み出せるのは、才能に恵まれたごく限られた人々でしかないからである。言い換えれば、社会の多くの人々にとっては、文化活動は、職業生活に付随する「素人のすさびごと」としてのみ、生活を豊にする価値あるものなのである。そもそも、これらの分野における優れた作品の鑑賞は、それ自体ある程度の才能や教養を必要とする。そして、そのことが、社会の中に容易に乗り越えがたい身分上の壁をつくり出し、およそ同胞倫理と相反する結果をもたらすのである。教養的・趣味的文化における壁は、あらゆる身分的差別のうちでも、もっとも内面的で、かつ乗り越えることの難しいものである。[47]

2　「働くこと（仕事）」の意義・効用

仕事独特の緊張感やハードさが、私たちの人生にとって必要なメリハリを与えてくれる。加えて、雇用労働の場合には、その多くの企業に、昇進・昇格その他の人事制度があり、人事評価が実施される。したがって、そこでは人々の利己心や競争心がくすぐられることにもなる。また、仕事だからこそ、嫌なことでもで

---

[47]　野田宣雄『二十一世紀をどう生きるか―「混沌の歴史」のはじまり』（PHP研究所、2000年）89・93・94頁。

きるということもある。さらには仕事となれば、自分の水準では済まされず、他者や世間（顧客等）の水準に引き上げざるを得ない。こうした視点からも、人々が仕事を通して人間性や仕事能力を磨いたり、人生の目的を見つけたりすることができる。

　このようにメリハリを利かして充実した人生を実現するためにも、その前提条件・基盤としてしっかりとした「職業人」になることが必要であり大切であるといえよう。そこで以下に、「働くこと（仕事）」の意義・効用の事例について箇条書きにしてまとめておこう。

〈仕事と人生〉
・仕事は、芸術や文化や学問のように、特別な才能がなくとも、人生の中心に据えることができる
・人生の中心に仕事をおくことができるからこそ、人生の空虚さや「その日暮らし」の不安感や無職の辛さから解放され、豊かな人生を送ることができる。逆に仕事が生活とは無関係に存在する人生というのは、実に味気ないものである
・仕事をやり遂げたという達成感こそ、仕事をすることの幸福の第1である。この達成感を味わいたいがために、私たちは仕事をステップアップしていくともいえる
・仕事では辛いことも多い。しかし、仕事独特のハードさが、一種の緊張感を強いることとなり、それが私たちの人生にとって必要な張り合いになることもある

〈仕事と自己の社会的存在感〉
・仕事をするのは「食うため」ばかりではない。社会的な存在感を実感するためにも、仕事は不可欠である
・人は、日々不安や自信喪失の念にさいなまれながらも生き抜いているが、このような中にあって、自分の仕事が他者、特に職場の同僚や身近な人々に認められたり、役に立ったりしたことが実感できた時の喜びは格別のものがある。特に他者の喜びの原因が自分の仕事にある、と感じたときの喜びは何物にも代えがたい

〈仕事と成長〉
・「好きこそものの上手なれ」とよくいわれるが、意欲を持って臨める仕事が能力を向上させることは自明だが、嫌いな仕事であるからといって、能力向上が望めないわけではない。しかも、仕事はある程度深く掘り下げてみなければ、自分にとって

適職か否かは分からない
- また、仕事（職業）・商売だからこそ、嫌なこともあえてできるのである。仕事となれば、自分の水準ではなく、世間（顧客）の水準に引き上げざるを得ない。それが、職業道徳であり、プロ意識である。そして、仕事のそうした性格が人々の人間性や能力を磨き、そして鍛えてくれる理由の1つなのである

3 「職場に集合して働くこと」の意義・効用

　自由と個人主義が進展していることを考慮するならば、「できるならばなるべく職場に拘束されたくない」、「出退勤に柔軟性を持たせたい」、「職場の煩わしい人間関係から解放されたい」と願う人々が増える傾向にあることも頷ける。しかしながら、元来、人間は群れをなす動物であり、1人では生きられない性向を有していることも事実である。狭い専門に閉じこもり孤立無援になると、温かい人間関係に触れたい、という欲求が生まれてくるのも、これまた自然の成り行きであり人間なのである。事実、例えば、在宅勤務者、研究者、一人事務所で働いている弁護士や会計士等の人々は、仲間内の研究会や各種会議を定期的にまたは臨時に開催し、その終了後には何かと理由を見つけては、いわゆる「ノミニュケーション」を行っている。これは何を物語っているのであろうか。その理由は、種々あるとは思うが、少なくとも、常日頃の孤独な働き方の寂しさや満ち足りなさを回復したい、癒したいという気持ちがどこかにあるのも1つの理由であると思われる。このことからもいえることは、私たち人間は、要するに、ないものねだりのところがあるということである。そして、私たちは、孤独に耐えることが最も苦手なのである。

　いずれにしても、どのような形態の働き方にも各々長短があり、また、毎日毎日同じパターンの働き方を繰り返していると、とかく私たちは、「隣の芝生が青く見える」といった心境に陥ったり、ただ単に「変化」を求めたりするものである。このような中で、職場経営を展開するにあたって、職場経営者は、業務遂行やその他の職場生活がマンネリ化しないように、工夫を凝らすことにも意を注ぐ必要がある。また、同時に、部下社員とのコミュニケーションを重視し、各々の所属職場に集合して働くことの良いところに気づかせ、そして自らも実感できるようにすることである。なぜなら、部下社員の心を動かすには、まず、職場経営

者自身が、現在働いている企業・職場の社員としての職業人生を誇りに思うことができ、その働き方についても納得しているということが大切だからである。そこで、各々の所属職場に集合して働く働き方の意義・効用について、いくつか例示しておくこととしよう。

- 人間には誰でも「認められたい」願望があるが、職場におけるチームワーク重視の働き方にこそ、それを得る機会が多い
- 職場の人間関係は煩わしいこともある反面、同じ職場でその目的を共有して働く仲間であるが故に価値観や関心事を共有できる
- 共通の目的・目標に向かって協力し合って働くことの充実感、特にそれをやり遂げたときの達成感を共有し、その喜びを分かち合うことができるのは同じ職場で協働する働き方ならではのものである
- 職場に集合し協力し合って働くという、チームワーク重視の働き方こそが切磋琢磨する機会が多くあり、人間性と仕事の腕を磨く最良の方法である
- 「人生、思い出と感激である」という言葉があるが、それを実現する源泉は人間関係であり、その可能性の高い場の1つが「職場」である
- 孤立無援の寂しい人生から解放される
- 「人間らしく生きたい」ということについては、誰も否定しないと思うが、その意味するところは、個性を大事にすることと同時に、社会との繋がりをもって生きるということである。このことからいえば、職場に集合して協働するという働き方は、まさにこの「人間らしい生き方」に直結する

【参考文献】
- 黒井千次『働くということ―実社会との出会い』（講談社、1982年）
- 三隅二不二『リーダーシップ行動の科学〔改訂版〕』（有斐閣、1984年）
- D・カーネギー著・山口博訳『人を動かす〔第2版〕』（創元社、1990年）
- 山田雄一『人の活かし方・組織の活かし方』（日本経団連出版、1992年）
- ジョン・P・コッター著・黒田由貴子監訳『リーダーシップ論―いま何をすべきか』（ダイヤモンド社、1999年）
- 野田宣雄『二十一世紀をどう生きるか―「混沌の歴史」のはじまり』（PHP研究所、2000年）
- 梅澤　正『職業とキャリア―人生の豊かさとは』（学文社、2001年）
- 小関智弘『働くことは生きること』（講談社、2002年）

- ダニエル・ゴールマン＝リチャード・ボヤツィス＝アニー・マッキー著・土屋京子訳『EQリーダーシップ―成功する人の「こころの知能指数」の活かし方』(日本経済新聞社、2002年)
- 佐藤博樹編著『変わる働き方とキャリアデザイン』(勁草書房、2004年)
- 田中良雄『新編職業と人生―仕事とは何か生きるとは何か　住友古老の知恵』(ごま書房、2005年)
- 野村　進『千年、働いてきました―老舗企業大国ニッポン』(角川書店、2006年)
- 日経CSRプロジェクト編『CSR「働きがい」を束ねる経営』(日本経済新聞社、2006年)
- 杉村芳美『職業を生きる精神―平成日本が失いしもの』(ミネルヴァ書房、2008年)
- ロバート・K・グリーンリーフ著・金井壽宏監訳・金井真弓訳『サーバントリーダーシップ』(英治出版、2008年)
- 佐藤博樹編著『働くことと学ぶこと―能力開発と人材活用』(ミネルヴァ書房、2010年)

事項索引

●A～Z

CSR（企業の社会的責任） 18,19,70,71,152,205,233
EAP 262
OFF-JT（OFF-the-Job Training） 23
OJT（On-the-Job Training） 23,156

●あ

アウトソーシング 112
アセスメント 127
アメリカ的価値観 79

●い

育成の論理 92
委託募集 122
一企業一組合 204
一般的知識・技能 159,160
一般的特殊能力 109,112,113
イノベーション 96
インセンティブ 92,292

●う

運命共同体 94

●え

エンパワーメント 266

●お

オープン・ショップ制 207

●か

解雇権濫用の法理 168
快適な職場環境 301
外的与件 3
外部環境 36
「画一的」な社員マネジメント 279
学習する職場 291
各種ハラスメント 263

格別の存在（人的資源） 31
価値観 116
　　――の多様化 117,274
加点主義 60,62,67,69,81,97,129,141
カフェテリアプラン（方式） 249,253
過労死 263
簡易苦情処理制度 238
監視・断続労働従事者 175
完全ユニオン 207
管理 20,21
管理過程 21
管理・監督者 174
管理機能 27
管理権の放棄 304
管理サイクル 21

●き

企業経営者になるための登竜門 283
企業（職場）観 36,63,121
企業（職場）満足 162,297～299
企業秩序 283
企業に対する帰属意識 54,73,128,137,164,261,281,284,297
企業の社会的責任（CSR） 17,107,110,230
企業の発展を志向する価値観 284
企業の本質 15
企業文化・職場風土 16,18,29～32,50,66,71,79,93,100,106,110,113,116,118,144,162,164,181,233,251,265,270,273
帰属意識・愛社精神（コミットメント） 17,30,32,39,129,298
規範的効力 229
キャリア開発・形成 54,91,129,137,140,143,149～154,157,163,184,285
キャリア・カウンセリング 127
共感性機能 270
協力・協働の欲求 295
金銭依存症 133
近代合理主義思想 25

近代的労務管理　119
勤務形態　33

●く

クローズド・ショップ　207
グローバル・スタンダード　77,80

●け

経営　20
経営協議会　232
経営資源　27
経営者・管理者一体の原則　179
経営方針　105,113,116,144
経営理念　16,66,105,113,116,144,183
経営労働秩序　29
計画（planning）　22,269
「経済」思想　8
経済のグローバル化　257
経済のソフト化・サービス化　257
刑事免責　229
契約自由の原則　122
「結果がすべて」の価値観　55,68,78
結果重視　102
顕在能力　96,109
現場力　151,254

●こ

コアタイム　172
公開性　141
工業化経営　60
高信頼・高感度の職場　284,291,292
拘束時間　170
公的紛争解決機関　199
個人主義（化）　71,121,137,158,217,
　　　　　　222〜224,274,294
個別的労働関係　185,195,199,201,218,236
コミットメント（帰属意識・愛社精神）　17,30,
　　　　　　32,39,129,298
顧問契約　112
雇用管理上の配慮義務　305
雇用形態　32,33
　　──の多様化　35,121,212,258
雇用納付金　123

雇用ポートフォリオ論　85
雇用労働　212
コントロール　269
コンプライアンス（法令遵守）　16,18,78,152

●さ

在籍役員　204
最大限利潤　14〜18
債務の本旨に従った労働力の提供　113,227,283
裁量労働制　176
座標軸・方向性　67,79
産業の空洞化　257
産業別組合　206
産業別単一組合（単産）　206

●し

資格制度　44
指揮・指導（directing）　22
始期付解約権留保付労働契約　123
自己実現　4〜10
自己申告制　196
自己創造　4
自己中心主義　223
仕事の個人主義化現象　68,78,98,251
自己表現の場　6,7
指示・指導性機能　270,272
市場原理主義　79
事前通知制度（人事異動・出向等の）　238
持続的競争優位　157
持続的優位獲得　157
しっかりとした「職業人」　310
実際主義　64,101〜104,107,134
実際力　64,92,104,107,131,134,143
実際力評価（点）　131,138,140
資本家階級　200
社員格付制度　42〜44
社員関係　199
社員区分制度　39〜43
社員のキャリア形成　149
社員マネジメント　279
社員満足度　292
社会の責任（CSR）　18,19,70,71,152,205,233
社会的つながり　7,9

316　事項索引

社是　144
従業員関係　195,198,227
従業員満足　29,147
習熟能力　96
終身雇用制（終身の関係）　48,49,80,81,124,
　　　　　　　　　　　　259,260,286
集団主義　121,203,217,222～224
集団（団体）的労使関係　195,199,228,230,236
集団的労使関係管理　25
習得能力　111
春闘　90,187,206
上意下達・下意上達　274
使用従属性　113
上司に対する信頼　129
情緒能力　252
情報化経営　60
情報の囲い込み　137
情報の共有化・意思疎通性機能　271
職位（制度）　44,116
職業観　221
職能給　90
職能資格等級（基準）　47,65,366
職能（職務遂行能力）　52
職能的協働　227
職能部門　20,27
職能要件　61,109
職場環境　212
職場規律　283,302
職場経営者（ライン管理者等）　28,33,34
職場生活上の質　51
職場秩序　302
職場風土　53,181,273
職務主義　147
職務遂行能力　45～49,53
職務中心主義　43
職務による採用　125
職務分類制度　37,43,44,74
職務満足（度）　162,295
ショップ制　207
所定労働時間　170,172
初任配置　124
自律的社員マネジメント　279
尻抜けユニオン　207

人権思想　71,251,281
人事委員会の勧告　187
人事管理の執行（運用）体制　28,29,214,254,
　　　　　　　　　　　　263,274,278,284
人事管理の複線化　56,72,98
人事考課の第1次評価者　91
人事に関する専管的業務　34
新変形労働時間制　169
信頼関係　82,130,150,284
「信」を得る　300

●す

スタッフ組織　255
ストック型雇用制度　64

●せ

成果主義　35,37,57,60～69,77,81,83,97,98,
　　　　108～110,161,225,250,257
政治的思想　218
成長し続ける職場　291
成長欲求　295
整理解雇　168
世界経済のグローバル化　95
世間相場　185,197
切磋琢磨する職場　291
絶対基準　53
絶対能力　53
潜在能力　109
選抜の論理　92

●そ

総合決定給体系　194
総合労働相談コーナー　240
相互の依存関係（社員間の）　84
属仕事主義　43
属人主義　43,147
俗人的な基準　193
即戦力　35,96,111,121,250
組織（organizing）　22
　──の永続性（ゴーイング・コンサーン）　17
　──の価値観　19
　──のフラット化　35,250,274,275
組織機能　100

組織系統　255
組織構造　269
組織戦略　20
組織忠誠　73
組織的価値　17, 50, 52, 55, 63〜73, 80, 84, 97,
　　　　　102, 113, 133, 137, 140, 154, 256,
　　　　　264, 271, 272, 292
　　──の軽視　35
組織統制　204
組織文化　76, 77, 113, 153
組織労働　100
ソフトランディング　249

●た

退職金前払い制度　94
多面的観察　152
多面評価制度　127
単位組合　205
単位組織組合　205
単一組織組合　205
団体交渉重視　202

●ち

チェック機能（労働組合としての）　231
チーム力　181
　　──の減退　35
忠誠心　128, 164
直接募集　122
賃金カーブ　57, 82
賃金形態　192
賃金決定の3要素　188
賃金原資　90
賃金支払能力　188
賃金総額　183, 187
賃金相場　187
賃金体系　190, 192

●て

定額制　189
定期人事異動　148
適正要員数　119
適正利潤　15〜17
出来高制　189

●と

統制（controlling）　22
道徳的な活動　5
特殊な知識・技能　159, 160
特殊能力　99, 111, 113, 149
トップマネジメント　28
努力過程（プロセス）　109

●な

内部環境　36
仲間意識　137

●に

日本型雇用制度　70
日本的価値　50
人間関係の絆（繋がり）　10, 281
人間関係の希薄化現象　35, 218
人間重視の精神　42
人間疎外　305
人間中心主義（思想）　30, 42, 43, 49, 51, 69, 106,
　　　　　125
人間と職業　133
人間（人間関係）観　36
人間の機微　291, 302
人間の本質　3, 4, 12

●ね

年功給　89
年功主義　81
年功制　108
年俸制　196

●の

能力主義　57, 62
ノーブレス・オブリージュ　19

●は

働き方　151
「働く意味」・「働きがい」　79, 109, 221, 285, 308
働くことの意義・効用　133
発揮能力　102

318　事項索引

●ひ

ビジョン　269
ヒトを採用する　125
非物質的活動　1
評価・信用性機能　272

●ふ

付加価値　187
複線型人事管理制度　56, 72, 98
物質的諸活動　1
フレキシブルタイム　172
プレゼンテーション　127
フレックスタイム制　169
紛争解決システム　199

●へ

ベースアップ　187

●ほ

ポイント制退職金制度　95
包括一元管理（人事管理）　60
包括的雇用契約方式　147
報告・連絡・相談　285
法定労働時間　170
法内残業時間　171
法令遵守（コンプライアンス）　16, 18, 78, 152
ポスト工業化　56
保有能力　61
翻訳的機能　65
翻訳的役割　113

●ま

マインド能力　252
マネジメント　265, 266
マルクス思想　218
マンネリ化（職場・労働の）　304, 305

●み

みなし労働時間　175
脈絡のある働かせ方　143
民事免責　229
民主化闘争　210

●む

無縁社会　6
むきだしの個人主義　50, 259
無産者階級　200
村八分行為　216

●め

メンタルヘルス　35, 212, 250
メンタルヘルス不全　261, 262

●も

目標管理（制度）　83, 196
問題の発見力・解決力　113, 269

●ゆ

ユニオン・ショップ制　204, 207

●よ

要員査定　118
要員算定　120

●ら

ライン組織　255

●り

利己主義　223
利己心　15
リストラ　212
リーダーシップ　263〜266, 275, 299
リーダーの行動の本質　258

●る

ルーズな仕事　304

●れ

連合団体　205
連帯意識・連帯感　261, 281

●ろ

労使委員会　176
労使会議　232
労資関係概念　196, 213, 218, 220

労使慣行　276
労使協議会　232
労使共同宣言　210
労使自治の原則　204,230
労使による賃金交渉　187
労働意思　100,116,131〜135,143,164,
　　　　　181〜185,279,285
　――と能力　113,298
労働運動の原点　200,221
労働観・職場観　23,39,151,158,221,301
労働関係　195,198,199,212,235
労働市場　36

労働者間格差　14
労働生活の質　29
労働秩序　55
労働能力　100,116,131,133,143,164,181〜185,
　　　　　279,285
労働の多面性　12
労働の本質　4,5
労働分配率　187
論理・合理主義　79

●わ

ワーク・ライフ・バランス　93,179

著者紹介

佐藤　正男（さとう　まさお）

1945年　宮城県生まれ
1976年　日本国有鉄道中央鉄道学園大学課程卒業
　　　　国鉄・鉄道労働組合中央執行委員組織部長
　　　　JR東日本・山形鉄道(株)代表取締役
　　　　(株)ウンノハウス常務取締役
　　　　関西外国語大学等を経て
現　在　東北福祉大学教授
著　書　『鉄道会社の労働法と職場経営論』（東洋館、1998年）

経営人事管理論

平成23年4月15日　初版1刷発行

著　者　佐　藤　正　男
発行者　鯉　渕　友　南
発行所　株式会社　弘文堂　　101 0062　東京都千代田区神田駿河台1の7
　　　　　　　　　　　　　　TEL 03(3204)4801　振替 00120-6-53909
　　　　　　　　　　　　　　http://www.koubundou.co.jp
装　丁　松　村　大　輔
印　刷　港北出版印刷
製　本　牧製本印刷

ⓒ 2011 Masao Sato. Printed in Japan

[JCOPY] 〈(社)出版者著作権管理機構　委託出版物〉
本書の無断複写は著作権法上での例外を除き禁じられています。複写される場合は、そのつど事前に、(社)出版者著作権管理機構（電話 03-3513-6969、FAX 03-3513-6979、e-mail:info@jcopy.or.jp）の許諾を得てください。

ISBN978-4-335-35503-5